中国财政绩效报告（2019）

——地方经验

CHINA FINANCIAL PERFORMANCE REPORT
-Local Experience

中国财政学会绩效管理研究专业委员会课题组 著

中国财经出版传媒集团

经济科学出版社
Economic Science Press

图书在版编目（CIP）数据

中国财政绩效报告．地方经验：2019/中国财政学会绩效管理研究专业委员会课题组著．—北京：经济科学出版社，2019.4（2019.8重印）
ISBN 978－7－5218－0487－4

Ⅰ.①中… Ⅱ.①中… Ⅲ.①财政管理－研究报告－中国－2019 Ⅳ.①F812.2

中国版本图书馆CIP数据核字（2019）第072181号

责任编辑：王　娟
责任校对：杨　海
责任印制：邱　天

中国财政绩效报告（2019）——地方经验
中国财政学会绩效管理研究专业委员会课题组　著
经济科学出版社出版、发行　新华书店经销
社址：北京市海淀区阜成路甲28号　邮编：100142
总编部电话：010－88191217　发行部电话：010－88191522
网址：www.esp.com.cn
电子邮件：esp@esp.com.cn
天猫网店：经济科学出版社旗舰店
网址：http://jjkxcbs.tmall.com
北京季蜂印刷有限公司印装
787×1092　16开　28.75印张　520000字
2019年5月第1版　2019年8月第2次印刷
ISBN 978－7－5218－0487－4　定价：89.00元
（图书出现印装问题，本社负责调换。电话：010－88191510）
（版权所有　侵权必究　打击盗版　举报热线：010－88191661
QQ：2242791300　营销中心电话：010－88191537
电子邮箱：dbts@esp.com.cn）

课题组成员

组　长：白景明
副组长：程北平　王泽彩
执　笔：王泽彩　石英华　李　婕　苏京春　刘天琦
指　导：刘尚希　罗文光　傅志华　程北平　杨远根
协　助：刘小聪　姚春红　陈建增　罗　杰　崔竹英
　　　　李　骏　尹宁宁　欧婉笙

协力支持：广东省财政厅
　　　　　广东省广州市财政局
　　　　　广东省佛山市南海区财政局
　　　　　上海市财政局
　　　　　上海市闵行区财政局
　　　　　北京市财政局

序

全面实施预算绩效管理是建立现代财政制度的重要组成部分。党中央、国务院对此高度重视。习近平总书记在党的十九大报告中强调,要加快建立现代财政制度,建立全面规范透明、标准科学、约束有力的预算制度,全面实施绩效管理。李克强总理提出,要将绩效管理覆盖所有财政资金,贯穿预算编制、执行全过程、做到花钱必问效,无效必问责。2018年9月,中共中央、国务院印发了《关于全面实施预算绩效管理的意见》,围绕"全面"和"绩效"两个关键点,对全面实施预算绩效管理作出重要部署,提出要不断创新预算管理方式,更加注重结果导向、强调成本效益、硬化责任约束,力争用3~5年时间基本建成全方位、全过程、全覆盖的预算绩效管理体系,实现预算和绩效管理一体化。

党的十八大以来,按照党中央、国务院有关要求和预算法规定,财政部积极深化预算绩效管理改革,财政资金使用绩效不断提升,中央财政已经初步构建起以项目支出为主的一般公共预算绩效管理体系,部分地方也结合实际作出有益探索,基本形成了绩效目标设定、支出责任评价和结果运用三位一体的全过程绩效管理,为全面实施预算绩效管理奠定了良好基础。但应该看到,我国现行全过程绩效预算管理,主要针对的是一般公共预算支出中一定资金规模以上的项目支出,而部门预算中占比60%的资金却被排除在外。同时,占全部政府预算支出比重40%左右的政府性基金预算、社会保险基金预算和国有资本经营预算也未纳入绩效管理。这表明,政府事关宏观经济稳定和民生保障的投入在较大程度上缺乏资金使用安全性制度保障。此外,绩效管理在各级财政的推广高度不均衡,中央和大部分省本级一般公共预算中的项目支出采行了绩效管理,而占80%的一般公共预算支出、80%的政府性基金支出和90%的社会保险基金支出的市、县、乡三级财政却未采行，致使绩效管理约束有力的功效难以充分发挥。这样的预算绩效管理形势显然不利于促进各级政府有效地配置财政资源，切实提高财政资金产出效率。可见，深化预算绩效管理改革任重道远。

早在20世纪90年代中后期，部分经济较为发达地区的地方政府就启动了财政预算分配制度改革，在实践中逐步摸索和建立具有中国特色、符合中国国情且相对较为完善的地方预算绩效管理模式，广东、上海、北京是其中的主要典型。三个地区的预算绩效管理体系改革植根于中国的制度土壤和社会环境，并逐步形成了各具特色的预算绩效管理模式。他们的探索启发我们去思考很多问题：一是政府财力规模越大越要加强管理；二是预算绩效管理在我国推进不仅可行，而且有效；三是必须继续深化预算绩效管理改革。同时我们也可以从上海、广东、北京的实践中悟出我国预算绩效管理框架的四个特征：一是预算绩效管理是建立在多部门、大政府基础上的；二是改革必然会走向把政府预算、部门和单位预算、支出政策和项目预算绩效管理全部纳入预算绩效管理；三是有必要构建事前、事中、事后绩效管理闭环，将绩效理念和方法深度融入预算编制、执行监督全过程预算绩效管理链条中；四是各级政府逐步探索把一般公共预算、政府性基金预算、国有资本经营预算、社会保险基金预算四本预算全部纳入绩效管理，实现全覆盖的预算绩效管理体系。这三个地方的改革再一次表明，中国的改革具有中央指方向、定思路、出基本制度，地方探索试水创经验反推改革全面落地的特征。

本书分为五章：第一、二、三章主要为广东、上海和北京的预算绩效管理改革实践，分析了三个地区预算绩效管理形成的基本原因和动力，阐述了不同地区预算绩效管理的具体做法、成效与经验，并对预算绩效管理过程中面临的难点和问题进行了总结，提出了广东、上海和北京下一步工作的重点与展望。第四章为预算绩效管理改革的逻辑——对地方典型案例的比较分析，从共同点和相异之处两个方面具体阐述了中国地方预算绩效管理改革的背景、路径、阶段和主要做法，着重对广东、上海和北京三个地区预算绩效管理改革的差异进行了重点比较分析。第五章为中国预算绩效管理改革的总体设想。基于广东、上海和北京预算绩效管理的地方经验，提出短期应持续健全预算绩效管理制度体系，中长期要加速推进三年滚动预算编制以及持续推进预算绩效管理改革的总体对策建议。

　　总之，本书以分析广东、上海和北京的经验模式为支撑，探讨构建中国式预算绩效管理，尤其是地方政府全覆盖的预算绩效管理体系模式，选择这种研究范式，目的是把局部和全局联系起来，具体来说，是总结财政绩效改革自下而上模式的特点。当然，出版本书的目的还是抛砖引玉，希望学术界和实践部门更多地关注和研究如何更好地推进预算绩效管理体系建设，共同推动我国全方位、全过程、全覆盖预算绩效管理体系建设大踏步前行。

白景明

2019 年 5 月 21 日

目 录

绪论 …………………………………………………………………… (1)

第一章　目标导向：广东省预算绩效管理先试先行 ………………… (5)

第一节　多动因并举：预算绩效管理破冰之地 ………………… (5)
一、预算绩效管理破冰的直接动因 ………………………… (5)
二、预算绩效管理破冰的深层动因 ………………………… (6)

第二节　多动作配合：预算绩效管理成效显著 ………………… (11)
一、开启事后重点评价 ……………………………………… (11)
二、规范责任主体自评 ……………………………………… (13)
三、绩效目标为前提 ………………………………………… (15)
四、决算数据为支撑 ………………………………………… (17)
五、预算绩效管理踏石留痕 ………………………………… (19)

第三节　多特色并行：预算绩效管理经验结晶 ………………… (21)
一、全过程："四三二一"全覆盖 …………………………… (21)
二、预算绩效目标管理特色鲜明 …………………………… (25)
三、预算绩效自评为主 ……………………………………… (65)
四、第三方参与预算绩效管理的全过程跟踪 ……………… (81)
五、部门整体支出预算绩效强化效率导向 ………………… (99)
六、预算绩效标准体系覆盖各个行业 ……………………… (115)

第四节　多制度联动：预算绩效管理分级体制机制健全 ……… (124)
一、绩效评价制度健全 ……………………………………… (125)
二、绩效自评形成主流 ……………………………………… (126)
三、事前绩效目标审核把关严格 …………………………… (126)

1

第五节　一枝独秀：广州市预算绩效管理改革 …………………… (127)
　　一、预算绩效管理独具特色 ……………………………………… (127)
　　二、预算绩效管理改革成效显著 ………………………………… (130)
　　三、预算绩效注重监管绩效 ……………………………………… (140)
第六节　聚焦项目：佛山市南海区预算绩效管理抓重点 ………… (145)
　　一、预算绩效管理注重项目绩效 ………………………………… (145)
　　二、预算绩效管理讲求部门联动 ………………………………… (146)

第二章　全过程、全覆盖：上海市预算绩效管理实践探索 …………… (149)

第一节　市区街镇三级联动，上海市预算绩效管理实现纵向到底 …… (149)
　　一、预算绩效管理改革动因 ……………………………………… (150)
　　二、预算绩效管理改革成效显著 ………………………………… (151)
　　三、注重全面：全过程、全方位、全覆盖、全透明的预算绩效
　　　　管理 …………………………………………………………… (165)
　　四、绩效管理改革需要克服的难点问题 ………………………… (171)
　　五、探索基于优化流程的预算绩效管理 ………………………… (173)
第二节　以结果为导向，闵行区预算绩效管理的实践探索 ……… (176)
　　一、预算绩效管理改革的动因和发展历程 ……………………… (177)
　　二、闵行预算绩效管理的实践探索 ……………………………… (180)
　　三、部门共舞、公众参与：建立全过程预算绩效管理机制 …… (245)
　　四、预算绩效管理改革的成效及难点 …………………………… (251)
　　五、全面实施预算绩效管理工作展望 …………………………… (255)

第三章　全过程、全成本：北京市预算绩效管理新探索 …………… (258)

第一节　奠定基础：北京市财政制度与公共管理体制改革 ……… (258)
　　一、优化财政收支结构成为预算管理改革新形式 ……………… (259)
　　二、公共财政制度改革为预算绩效管理改革打下基础 ………… (262)
　　三、公共管理体制改革成为预算绩效管理改革助推力 ………… (266)
第二节　改革动因：内外在动因与主客观动因并存 ……………… (270)
　　一、预算绩效管理改革的动因 …………………………………… (271)
　　二、预算绩效管理改革的阶段 …………………………………… (279)

第三节　做法突出：事前、事中、事后全过程预算绩效管理体系 …… (285)
　　一、建立和完善预算绩效管理组织保障体系 ………………… (287)
　　二、事前评价：建立绩效目标管理和事前绩效评估体系 …… (292)
　　三、事中评价：建立绩效运行跟踪管理体系 ………………… (314)
　　四、事后评价：建立财政支出绩效评价和再评价体系 ……… (317)
　　五、事前、事中、事后相结合的财政支出政策绩效评价 …… (346)
　　六、建立财政支出绩效结果反馈和应用体系 ………………… (353)
第四节　成效显著：预算绩效管理的格局化、常态化与责任化 …… (361)
　　一、构建多方共同参与、全方位预算绩效管理的鲜明格局 … (361)
　　二、创新开展事前绩效评估，建立全过程化预算绩效管理
　　　　体系 ……………………………………………………… (363)
　　三、建立重点绩效评价常态机制，加强评价结果应用管理 …… (364)
　　四、促进财政绩效与政府绩效相结合，硬化绩效责任约束 …… (364)
　　五、探索全成本绩效预算管理，推动提升政府的行政效能 …… (366)
第五节　经验启示：探索预算绩效管理的精准化、精细化发展 …… (368)
　　一、事前、中、后评价相结合的预算绩效管理 ………………… (368)
　　二、预算绩效目标对预算绩效管理体系的导向 ………………… (369)
　　三、绩效评价结果应用强化融入绩效管理理念 ………………… (370)
　　四、绩效跟踪运用管理防范项目绩效目标偏离 ………………… (371)
　　五、绩效评价、再评价的结果反馈与应用提升 ………………… (371)
第六节　难点与展望：全过程、全成本预算绩效管理再推进 …… (372)
　　一、北京市预算绩效管理的难点 ………………………………… (372)
　　二、北京市预算绩效管理的展望 ………………………………… (375)

第四章　地方预算绩效管理改革的逻辑
　　　　——对地方典型案例的比较分析 ………………………… (377)

第一节　地方预算绩效管理改革的共同点 ……………………………… (378)
　　一、地方预算绩效管理改革的背景 ……………………………… (378)
　　二、地方预算绩效管理改革的路径和阶段 ……………………… (389)
　　三、地方绩效预算管理改革的主要做法 ………………………… (394)
第二节　地方预算绩效管理的相异之处 ………………………………… (400)
　　一、地方预算绩效管理差异的总体分析 ………………………… (400)

二、北京事前绩效评估管理模式——绩效管理关口前移 ………… （401）
三、广东财政预算绩效指标库服务全过程预算绩效管理 ………… （402）
四、北京探索全成本绩效预算管理新模式——基于成本收益
　　分析的绩效管理 ……………………………………………… （403）
五、上海、广东财政与人大配合互动推进预算绩效管理 ………… （403）
六、广东部门整体支出绩效管理规范化 …………………………… （405）
七、广东1规程+1指南+1指标提升第三方评价质量 …………… （405）

第三节　地方预算绩效管理实践经验启示 ……………………………… （406）
一、绩效预算改革充分体现中央地方联动，地方先行先试的
　　改革路径 ……………………………………………………… （406）
二、全过程绩效理念和管理机制逐步形成 ………………………… （407）
三、预算绩效管理提高了预算透明度，推动政府决策的民主化、
　　科学化 ………………………………………………………… （408）
四、通过绩效预算改革推动政府治理体系重塑 …………………… （408）

第五章　基于成果管理：中国预算绩效管理改革的总体设想 ………… （409）

第一节　短期目标：持续健全预算绩效管理制度体系 ………………… （409）
一、树立国家治理视角下的预算绩效理念 ………………………… （410）
二、营造预算绩效管理的良好法制环境 …………………………… （410）
三、完善预算绩效管理框架体系 …………………………………… （415）
四、协调政府与预算单位参与绩效管理 …………………………… （415）
五、建立分领域、分行业、分层次预算绩效评价指标体系 ……… （416）
六、预算绩效目标与预算评价方法的选择 ………………………… （416）
七、强化预算绩效评价结果应用 …………………………………… （417）
八、探索权责发生制下的成本绩效预算编制 ……………………… （418）

第二节　中长期目标：探索细化中期绩效框架 ………………………… （418）
一、探索制定中期绩效预算框架（MTPF） ……………………… （419）
二、探索科学规范的绩效预算编制 ………………………………… （421）
三、构建中期预算与年度绩效预算的联动机制 …………………… （423）
四、注重中期预算编制的分析预测质量 …………………………… （424）
五、促进绩效预算与政府会计改革融合 …………………………… （425）

第三节　逻辑趋势：全面实施预算绩效管理的对策建议 ………… （426）
　　一、完善财政绩效评价框架体系 …………………………… （426）
　　二、探索引进社会第三方机构技术和服务 ………………… （438）
　　三、研究绩效评价成果应用的可行性对策 ………………… （439）
　　四、加快培育和发展预算绩效管理专业人才队伍 ………… （441）
　　五、统一规范预算绩效管理信息系统建设 ………………… （442）

绪　　论

一、全面实施预算绩效管理是政府治理和预算管理的深刻变革

在40年的改革和发展历程中，财政改革始终走在前列，充分发挥了保全局、保长远的作用。预算管理是财政管理的核心，预算制度是财政制度体系的基础设施，绩效预算的核心则是将绩效管理引入了预算管理，以推进政府决策的科学化、民主化，提高政府的工作效率，确保财政资金合规、安全、有效。而预算绩效管理则是不断完善预算管理制度的重要手段，其中，绩效评价工作开展为政府部门提高政策的科学性、准确性提供了依据，为政策设计科学、执行有效提供技术保障，绩效目标管理则为优化政府管理流程提供可能，对财政支出政策，甚至宏观经济社会政策形成一种外部制约。预算绩效管理过程中，部门等相关主体都始终面临着接受绩效评价的压力，从而督促其在项目、政策的决策和执行等阶段，都能严格按照规定的运行程序开展工作。绩效评价信息为政策制定、调整、修正、延续和终止提供依据，提高财政支出政策的有效性和精准度，也为人大预算监督提供了新的载体，地方人大以绩效评价信息对政府部门进行预算监督。绩效评价结果的公开丰富了预算公开的内容，进一步提高了财政透明度，更有利于社会公众监督。绩效预算管理正逐步嵌入政府治理体系中，推动政府治理体系和治理能力的现代化。

因此，全面实施预算绩效管理是推进国家治理体系和治理能力现代化的内在要求，是深化财税体制改革、建立现代财政制度的重要内容，是优化财政资源配置、提升公共服务质量的关键举措。党的十九大报告从顶层设计层面提出要"全

面实施绩效预算管理",旨在破解当前预算绩效管理存在的突出问题,以全面实施预算绩效管理为关键点和突破口,推动财政资金聚力增效,提高公共服务供给质量,增强政府公信力和执行力。

二、地方经验是全面预算绩效管理改革的重要落实与推进

国内外实践表明,在中央统一领导、地方分级管理的行政管理体制框架下,在分级财政体制条件下,预算管理改革的推进和审核,都是中央和地方联动,很多情况下是地方率先探索、形成局部经验后反推中央全面实施,有时即便为中央确定了改革理念,也多为地方将理念实践具体化,从而证明中央理念的合理性并推动改革在全局逐步落实。

中国改革开放以来,在中央统一领导下,不同区域经历着不尽相同的改革发展之路。很多领域的改革遵循渐进式的路径,地方在中央倡导下开展改革试点,或自发地先行先试,积极进行改革创新探索,地方一些成功的经验和做法被吸纳到国家层面出台的政策、制度里,换言之,中央出台的制度、政策在一定程度上体现了一些地方成功的实践和探索。从这个角度看,地方的改革实践也是推进预算制度变迁的重要驱动力。从财政支出的总体格局看,地方支出占大头,加上转移支付资金,地方财政支出占全国支出的比重超过80%。因此,典型地方预算绩效管理改革实践对推进其他地区预算绩效管理改革具有重要的借鉴意义。总体来看,预算绩效管理改革作为深化预算管理制度改革的重要方面,是在中央的倡导下推进的,但一些地方的积极探索和成功实践,为全面实施预算绩效管理改革的推广和实施也提供了借鉴参考。此外,对典型地区、典型案例的比较,分析其相同和相异之处,能够更好地厘清地方绩效预算管理改革的逻辑。

回顾21世纪以来各地在深化预算管理制度过程中围绕绩效开展的改革,特别是早期地方实施财政支出绩效评价改革试点的情况,以及广东、上海、北京地区开展预算绩效管理工作的经验共同表明,预算管理改革的推动与形成具有一定的原因,其中,财政支出压力大,收支矛盾尖锐是推动改革的直接动因;当地领导的重视与支持,人大立法机构的参与推动是实施改革的重要推动力;而市场化程度高,较发达的经济基础等因素为改革营造了良好的外部环境。同时,根据对广东、上海、北京三个地区预算绩效管理改革评估发现,多层次的预算绩效管理制度框架提供制度支撑,科学的预算绩效目标管理发挥源头把控作用,完备的绩效

评价指标体系提供技术保障，绩效评价的结果应用机制强化绩效评价的约束力，这四个方面构成了预算绩效管理的主要做法。

回首地方预算绩效管理改革进程，比较研究发现，各地方政府预算绩效管理无论在改革时点、改革力度、改革方式，还是在改革进展和成效等方面都存在较大的差异性。各地绩效预算管理改革有先有后，进展不平衡，成效差异大：从横向看，不同省市之间，不同地区之间进展不平衡，改革成效存在明显差异；从纵向看，省市县不同级次政府之间绩效预算管理改革进展不平衡，横向和纵向的不平衡制约着地方预算绩效管理改革工作的推进和效果的发挥。

但是，地方政府预算绩效管理改革过程中也形成了一定地方特色，如广东省在多年扎实的绩效预算管理实践的基础上，建立了体系完整、分类科学、设置规范的财政预算绩效指标库。作为收录和管理全面实施预算绩效管理所使用绩效指标的数据库，实现了五个转变，即从定性信息向定量数据的转变，从财政部门自建自用向各级各部门共建共享转变，从静态编制向动态管理转变，从单向使用向综合应用转变，从绩效依靠"人为判断"向"数字应用"转变，绩效管理的质量和效率明显提升。为有效推进预算绩效管理工作，进一步扩大影响力，上海市财政局与各区逐步建立起政府人大报告机制，上海各区财政局在每年年末将预算绩效管理工作总结向区委区政府与人大进行汇报，一方面在区委区政府与人大的指导之下安排来年的预算绩效管理工作，另一方面也引起预算部门主管领导的重视，有利于后续预算绩效管理工作的推进。其中，普陀区与青浦区在上报政府与人大的基础上，与区人大、监察局、审计局形成了良好的信息共享合作机制，将预算绩效管理结果、绩效审计结果等实施共享，形成了显著的绩效合力，提高了财政资金支出的绩效性。北京市绩效预算管理则在事前绩效评估管理方面富有特色。2010年，北京市在全国创新推出了事前绩效评估模式，将重大政策及民生项目纳入事前绩效评估范围，通过邀请人大代表、政协委员和业内专家参与预算的审核和评估，严把入口关，防止"拍脑袋决策"，从源头上提高预算编制的科学性和精准性。2018年，北京市继续加大事前绩效评估力度，对所有新增政策和新增事业发展类项目全部开展事前评估，评估结果作为项目（政策）入库和预算安排的必备要件，并不断创新事前绩效评估方式方法，建立财政支出项目（政策）随时申报、随时评估、随时入库工作机制；此外，2018年，北京市还开始重点探索全成本绩效预算管理新模式——基于成本收益分析的绩效管理，确定了以"部门职责—保障范围—行业标准—投入成本—工作数量—施政结果—绩效考核"为闭环的成本分析绩效预算工作思路，建设以"质量、成本、效益"为核心内容的指标体系，推动建立"预算安排核成本、资金使用有规范、综合考评讲绩效"的全成本绩效预算。因此，以广东、上海、北京为首的中国地方特色的预算绩效管理体系逐步形成。

三、确立短期与中长期改革目标，建立中国特色的绩效预算制度

《国务院关于深化预算管理制度改革的决定》要求健全预算绩效管理机制。当前，我国包括预算绩效目标管理、预算执行动态监控、预算绩效评价在内的全过程预算绩效管理改革正在深入有序推进。从实际情况看，还存在诸多不足，主要表现在：绩效评价标准体系尚不健全，评价指标不能覆盖所有预算资金，评价指标和评价内容在一定程度上存在脱节现象，亟须建立行业标准库，明确技术标准；评价工作固化于填报报表和编制报告，弱化了单位自我纠偏的功能，评价重投入和过程评价，轻结果评价，评价结果与预算挂钩，并实施责任追究的机制尚没有确立，等等。2018年9月，《中共中央 国务院关于全面实施预算绩效管理的意见》的正式公布，更是从六个方面为建立和完善预算绩效管理体系指明了方向：一是要构建全方位预算绩效管理格局，实施政府预算绩效管理，将各级政府收支预算全面纳入绩效管理；二是要建立全过程预算绩效管理链条，建立绩效评估机制，强化绩效目标管理，做好绩效运行监控，并开展绩效评价和结果应用；三是完善全覆盖预算绩效管理体系，要求各级政府将一般公共预算、政府性基金预算、国有资本经营预算、社会保险基金全面纳入绩效管理；四是健全预算绩效管理制度，完善预算绩效管理流程，健全预算绩效标准体系；五是硬化预算绩效管理约束，明确绩效管理责任约束，强化绩效管理激励约束；六是加强保障机制的建立，继续加强绩效管理组织领导，加强绩效管理监督问责和加强绩效管理工作考核。因此，全面推进预算绩效管理的任务仍十分艰巨，为此亟须对我国预算绩效管理实践进行系统性总结，坚持问题导向，确立短期与中长期改革目标，明确未来改革方向和措施路径，逐步探索建立中国特色的绩效预算制度。

第一章
目标导向：广东省预算绩效管理先试先行

第一节 多动因并举：预算绩效管理破冰之地

15年前，广东省财政厅对民营科技园（区）建设专项资金4.2亿元实施绩效评价，成为地方财政支出绩效评价破冰之举。15年来，从财政支出绩效评价到预算绩效管理，广东一直走在全国的前列，形成了具有广东特色的预算绩效管理体系。广东成为我国预算绩效管理破冰之地的动因并非是单一的，而是直接动因与深层动因并存的。从直接动因来看，2003年的"非典"疫情的冲击对财政资金提出的应急压力是最为直接的原因，而从深层动因来看，广东得以率先得到经济发展则成为其能够首先探索预算绩效管理的基础条件。

一、预算绩效管理破冰的直接动因

2003年，对多年来始终走在改革开放康庄大道一线的广东省来说，注定是不平凡的一年。在《广东省2003年预算执行情况和2004年预算草案的报告》中，时任广东省财政厅厅长刘昆这样说道："受'非典'疫情冲击，在营业税和其他税收受到极大影响的情况下，有针对性地采取了一系列行之有效的增收节支措施，促进增收。""一是狠抓增收节支，为'非典'防治工作提供强有力的资金保障。从5月1日起，除人员工资、科技、教育、重点建设安排、帮助困难群众解决生产生活的资金及其他法定支出外，省级预算内一般性支出、预算外支出和政府性基金支出一律压支5%，支持了防治'非典'等重点支出需要。全省各级财政用于'非典'防治的经费23.68亿元，其中省财政6.5亿元；二是制订、落实相关减免税费政策措施，帮助受'非典'影响严重的行业渡过难关，全省直接减少困难企业约9亿元的负担；三是大力支持公共卫生建设。用于公共卫生建设的资金15亿元（通过基金预算调入资金安排），支持公共卫生事件应急处理机制、疾病预防控制体系和卫生执法监督体系建设；用于定点医院建设的资金1.1亿元，提高定点医院的应急救护能力。"

"非典"疫情来势汹汹，财政资金收入锐减，增收节支成为头等要务，与此同时，大批量行业企业多方受损，减税之举不得不做，还必须做实，公共卫生建设方面还必须咬住不放松，应急处理、疾病防控、应急救护、医院建设等方方面面的资金都要落到实处。

在这样一个主要的线索事件的推动下，广东省作为我国财政资金状况最好的一批省份，成为最早一个积极开展预算绩效管理的省份，成为我国预算绩效管理的破冰之地。

二、预算绩效管理破冰的深层动因

当然，"非典"疫情只是2003年开展预算绩效评价的直接动因之一，这背后的动因更加深入。正如时任广东省财政厅厅长刘昆曾经评价的那样："广东'阳光财政'的建设得益于在改革开放中广东先行一步，为公共财政管理改革及早启动、不断深入创造了条件。"

（一）优越的经济发展和经济增长基础

从数据上来看，广东一直是我国先进生产力的代表。2003~2018年，广东国内生产总值从2003年的15 844.64亿元，一路直线上升，如图1-1所示，截至2017年，广东的国内生产总值已经增长到89 705.23亿元，15年以来，国内生产总值的增长幅度接近5倍之多。可以说，优越的经济发展和经济增长基础是广东省能够成为预算绩效管理的破冰之地以及领跑之地的深层动因之一。

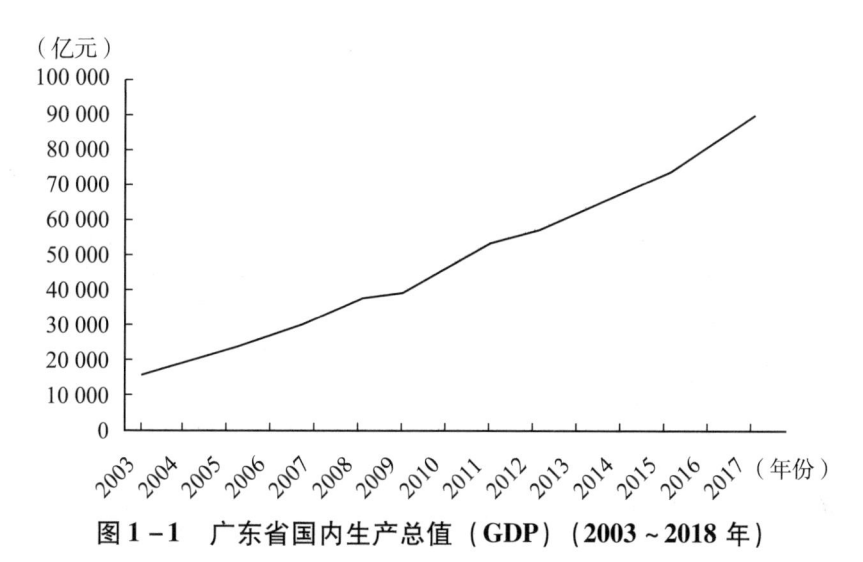

图1-1 广东省国内生产总值（GDP）（2003~2018年）

资料来源：中国国家统计局官方网站，图表由笔者制作。

（二）近乎独一无二的经济地位

以2003年的数据为例，广东2003年地区生产总值为15 844.64亿元，是当年北京地区生产总值5 007.21亿元的3倍之多，是当年上海地区生产总值6 694.23亿元的接近2.5倍，并远超当年地区生产总值顺位第二的江苏省12 442.87亿元，如表1-1所示。广东丰厚的经济发展成果造就其在当年发展中近乎独一无二的经济地位，这是广东能够在全国范围内首先开展公共财政管理改革探索的先决条件。

表1-1　　　　　　　　2003年全国各地区国内生产总值数据

地区	地区生产总值（亿元）
北京市	5 007.21
天津市	2 578.03
河北省	6 921.29
山西省	2 855.23

续表

地区	地区生产总值（亿元）
内蒙古自治区	2 388.38
辽宁省	6 002.54
吉林省	2 662.08
黑龙江省	4 057.4
上海市	6 694.23
江苏省	12 442.87
浙江省	9 705.02
安徽省	3 923.11
福建省	4 983.67
江西省	2 807.41
山东省	12 078.15
河南省	6 867.7
湖北省	4 757.45
湖南省	4 659.99
广东省	15 844.64
广西壮族自治区	2 821.11
海南省	713.96
重庆市	2 555.72
四川省	5 333.09
贵州省	1 426.34
云南省	2 556.02
西藏自治区	185.09
陕西省	2 587.72
甘肃省	1 399.83
青海省	390.2
宁夏回族自治区	445.36
新疆维吾尔自治区	1 886.35

资料来源：中国国家统计局官方网站，表格由笔者制作。

（三）良好稳定的财政资金条件

广东财政收入颇为稳定，自 2003 年以来，这一数据一路攀升，经历了高速增长。如图 1-2 所示，以比较好观察且能够最好反映经济发展状况的一般公共预算收入数据为例，广东 2003 年至 2017 年一般公共预算收入保持了良好的持续增长，从 2003 年的 1 315.52 亿元一路攀升至 2017 年的 11 320.35 亿元，增长幅度达到 8 倍之多，与国内生产总值的增长幅度步调协调，反映出广东近 15 年以来宏观经济的良性发展。

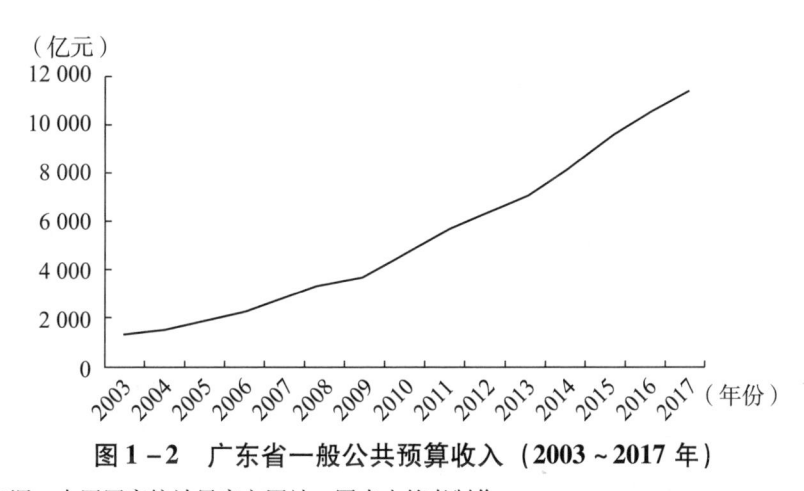

图 1-2　广东省一般公共预算收入（2003~2017 年）

资料来源：中国国家统计局官方网站，图表由笔者制作。

（四）相对宽松且充裕的财政资金条件下对分配科学化的更高追求

尽管正如在直接原因中分析的那样，广东在 2003 年受到了"非典"疫情的影响，增收减支压力剧增。然而，从相对数据来看，广东财政资金条件在 2003 年当年还是处于领跑全国的位置。如表 1-2 所示，广东当年地方财政一般预算收入达到了独一无二的 1 315.52 亿元，是当年北京市一般预算收入 592.54 亿元的 2.2 倍，是当年上海市一般预算收入 886.23 亿元的 1.5 倍，达到了当年 GDP 水平处于第二顺位江苏省一般预算收入水平的近两倍。这样的财政资金条件，可以说在全国范围内是相对宽松且充裕的。而预算绩效管理相关工作，作为一项国家治理的深入探索，必然源自宽松且充裕的财政资金条件下，广东对财政资金分配更加科学化、合理化、透明化、高效化的更高追求。而这也应当作为广东成为我国预算绩效管理破冰之地的重要深层动因之一。

表1-2　　2003年全国各地方财政一般预算收入数据

地区	地方财政一般预算收入（亿元）
北京市	592.54
天津市	204.53
河北省	335.83
山西省	186.05
内蒙古自治区	138.72
辽宁省	447.05
吉林省	154
黑龙江省	248.86
上海市	886.23
江苏省	798.11
浙江省	706.56
安徽省	220.75
福建省	304.71
江西省	168.17
山东省	713.79
河南省	338.05
湖北省	259.76
湖南省	268.65
广东省	1 315.52
广西壮族自治区	203.66
海南省	51.32
重庆市	161.56
四川省	336.59
贵州省	124.56
云南省	229
西藏自治区	8.15
陕西省	177.33
甘肃省	87.66
青海省	24.04
宁夏回族自治区	30.03
新疆维吾尔自治区	128.22

资料来源：中国国家统计局官方网站，表格由笔者制作。

第二节　多动作配合：预算绩效管理成效显著

广东预算绩效管理实践，沿着时间轴，从实践动作的覆盖面来看，主要可以从四个方面进行总结和观察。

一、开启事后重点评价

2003年，广东省在全国率先探索民营科技园建设补助资金项目绩效评价，自此拉开了广东预算绩效管理改革的序幕。围绕中央决策和部署，省委、省政府重点工作，以及财政改革需求，绩效重点评价以财政项目支出使用绩效为改革试点，经过十五年的改革，评价范围已经拓展至政策支出和整体支出，从一般公共预算拓展至政府性基金预算、国有资本经营预算、社保基金预算，实现全覆盖；评价形式从财政部门组织专家开展转变为第三方独立实施绩效评价，实现公信力提高；评价制度从综合性制度向专项制度逐步规范，实现规范性操作；评价结果逐步从反馈机制、报告机制、预算挂钩机制向信息公开机制转变，实现全民监督。

（一）改革历程及主要做法

概括15年重点评价的改革，每个阶段主要做法如下。
2003~2007年：以项目支出为评价重点，财政部门组织专家队伍根据评价项目特点，设计指标体系、确定评价流程、制定评价方案，并通过绩效自评、书面评审、现场核查等环节，得出评价结论并出具绩效评价报告。将评价报告反馈给有关部门的同时，向省政府报告。其中，2004年在全国率先成立省级财政支出绩效评价的专门机构，并印发了由省政府批准的《广东省财政支出绩效评价试行方案》；2005年时任中共中央政治局委员、省委书记张德江到省财政厅视察时，对省财政厅开展的项目绩效预算试点探索工作给予了高度肯定，称之为财政工作的"一个创举"；2007年印发《广东省欠发达地区基础设施建设和经济发展专项转移支付资金绩效评价操作规程（试行）》。

2008~2010年：除项目支出的重点评价外，还重点开展了产业转移竞争性分配资金的绩效重点评价。2008年，广东省政府印发了《关于省级财政专项资金试行竞争性分配改革意见的通知》，省财政厅印发《省级财政专项资金竞争性分配绩效管理暂行办法》《广东省产业转移工业园发展资金绩效评价操作规程》等一系列制度，通过召开评审预备会、现场答辩会和专家评审会确定获得财政专项资金的产业园区，由省财政厅组织专家前往实地进行重点产业转移园区竞争性扶持资金使用绩效专项督查，并对资金使用效益进行重点评价，评价结果作为下年度资金安排的重要依据。

2011~2013年：绩效评价范围逐步由单个项目支出拓展到政策和综合类评价。除财政部门邀请专家参与评价项目外，还引入第三方机构独立开展绩效评价。通过绩效自评、书面评审、现场评价和综合评价4个环节，综合评定项目支出、政策或整体支出的绩效结果，根据绩效结果调整预算安排，并将绩效评价结果向省政府报告、提交人大代表审议和在门户网站上公开。2011年印发《关于印发推进广东省财政绩效管理改革指导意见的通知》；为规范第三方评价行为，印发《关于引入第三方评价财政资金使用绩效的意见》和《省财政部分专项资金实施第三方绩效评价试点工作方案》。2011~2013年，开始了对基本公共服务均等化、省"十件民生实事"专项资金、省直部门厉行节约执行情况等政策的重点评价。

2014~2015年：绩效重点评价范围由单个项目支出延伸至到期项目和一般性转移支付，并探索部门整体支出绩效评价。2014年印发《省级财政到期资金使用绩效评价暂行办法》，针对设立年限为3年以上的专项资金进行跨年度总体评价；印发《广东省财政一般性转移支付资金使用绩效评价暂行办法》，对一般性转移支付资金进行总体评价。2015年出台《广东省省级部门整体支出绩效评价暂行办法》，探索部门整体支出绩效评价。

2016~2018年，规范和完善委托第三方评价的管理机制，扩大重点评价深度和广度，提高绩效重点评价质量。绩效重点评价的范围从一本预算拓展到四本预算，由项目支出转为整体支出；评价的规模从30多个扩展到200多个，实现财政资金全覆盖。2016~2017年印发了《预算绩效管理委托第三方实施工作规程（试行）》《预算绩效管理委托第三方实施业务指南》和《广东省财政支出绩效评价报告质量控制和考核指标体系框架（试行）》。2017年紧扣部门职能和年终决算，重新研究部门整体支出绩效评价指标体系，印发了《广东省省级部门整体支出绩效评价管理办法》。2018年初，将38份重点评价报告编印成册提供省人大代表参阅；将对264项约1 762亿元财政资金进行重点评价，强化第三方评价全过程跟踪、指导、监控和报告点评制度，提高绩效评价质量。

（二）改革成效及经验总结

第一，绩效理念逐步深入人心。通过开展绩效重点评价，预算绩效管理理念逐步树立，逐步改变了广东省当时存在的"重收入轻支出，重分配轻管理、重数量轻质量"的财政管理现状，开始重视财政支出绩效问题，重视支出的责任和成本，重视产出和效果，做到了花钱必问效。

第二，财政资金使用效益逐步提高。通过预算绩效评价结果与部门预算安排挂钩的方式，减少低效无效资金，整合财政资源，最大限度地将有限资源配置到效益最佳的部门并发挥最大效益。

第三，促进了政府建设的高效透明。通过把评价报告向人大报告和在网站上公开的方式，促进了各级各部门提高行政和服务水平，将政府部门的活动置于公众监督之下，提高了公众对政府的信任程度，推进了高效、透明政府的建设。

（三）对今后改革的启示

下一步，绩效重点评价将在实现全覆盖的基础上，通过进一步简化评价内容、优化评价内容、提高评价质量，强化评价结果应用等，逐步提高评价的质量和公信力；并以此促进财政资金使用效益的稳步提高，推动建立高效责任透明的政府。

二、规范责任主体自评

2004年，印发《关于省级部门预算单位开展财政支出项目自我绩效评价工作有关问题的通知》，布置省直部门开展财政资金使用绩效自评。2005年，省财政厅向省政府报送了《关于2005年省级财政支出项目自我绩效评价工作情况的报告》，时任省委副书记、省长黄华华同志对此作出"推行自我绩效评价制度，有利于提高财政资金使用效益。实践证明自我绩效评价是个好制度，今后要坚持下去"的重要批示。自此，绩效自评工作已经成为我省每年的规定动作，经过多年发展，绩效自评范围从省级部门预算500万元及以上的支出项目拓展至全部的专项资金和部门整体支出，自评指标体系从 1 类扩展为 3 类，自评管理从书面审核转变为报告公开，结果应用从部门通报转变为接受公众监督。

（一）改革历程及主要做法

绩效自评改革的历程及主要做法如下。

2005~2010 年：搭建自评指标体系，明确绩效自评工作程序。研究制定采购类、基建类、修缮类、奖励补贴类和其他 5 类绩效自评指标表，基础信息采集通用表和自评报告格式，形成年度自评方案；通过布置培训、预算单位自评、省财政厅组织专家初审、向各部门预算单位反馈审核意见、征求意见后组织复审、正式下达审核结论等程序，组织对省级部门预算 500 万元及以上的支出项目进行绩效自评，并将自评结果进行通报。

2011~2016 年：构建自评信息系统，完善多种形式审核自评。精简绩效重复信息，明确了绩效自评三级共性指标框架，修订了基础信息表和自评报告格式，形成方案并对部门进行培训；开发广东省财政绩效管理信息系统，预算部门通过自评子系统进行申报，提高工作效率；通过第三方机构初审、地市绩效经办人员复审、财政部门再审的环节，提高绩效自评审核质量。

2017~2018 年：规范自评工作规程，建立自评报告公开机制。通过研究自评规程、分类制定指标体系、整合信息内容、优化自评流程等，布置预算单位对部门预算 500 万元及以上的项目支出、全部专项资金和全部部门整体支出根据 3 类指标体系进行分类自评，其中有条件的预算部门还委托第三方机构开展绩效自评；并将自评报告在预算单位门户网站或专项资金平台上进行公开。

（二）改革成效及经验总结

第一，强化了部门和单位的责任意识。通过绩效自评，树立了财政资金"谁使用、谁负责"的绩效理念，自评结果通报和公开促使部门单位主动承担起绩效自评的工作，强化了预算单位的绩效责任主体意识。

第二，提高了部门和单位的管理水平。通过绩效自评，检验财政资金支出项目是否达到预期目标，项目资金使用是否有效，自觉规范和加强部门单位财政支出项目管理和财政资金使用管理，促进部门单位不断完善内控管理，提高绩效管理水平。

第三，扩大了绩效管理的覆盖面。通过自评，从部门预算500万元及以上的项目支出拓展至全部专项资金和整体支出，绩效管理覆盖了一般公共预算财政支出的所有项目和所有一级预算单位，为绩效重点评价夯实了基础。

（三）对今后改革的启示

下一步，广东省将根据全面实施预算绩效管理的要求，完善《广东省省级预算绩效自评规程》，规范自评行为，完善自评的长效机制；同时，继续简化流程和内容、研究部门自评报告公开模板和要求，进一步提高自评工作质量。

三、绩效目标为前提

2004年至今，广东省预算绩效目标管理紧跟财政预算改革的步伐，从制度规范、申报内容、申报形式、审核模式、业务流程和结果应用等方面不断创新，逐步形成了广东特色的绩效管理模式。截至目前，绩效目标管理范围从500万元以上（含500万元）的支出项目扩展至项目库的所有项目，数量从500多个增加至10 000多个；管理办法从省级预算到专项转移支付逐步规范；绩效目标在作为预算编制前提的基础上，并将其提供人大审议和在一定范围内公开。

（一）改革历程及主要做法

纵观15年的预算绩效目标管理发展，大体上可划分为如下4个阶段，主要做法如下：

2004~2006年：广东省财政厅研究制定绩效目标申报内容并将之嵌入年度预算支出申报表中，作为预算编制的一栏内容，倡导部门进行申报"项目绩效目标及主要指标"；申报的绩效目标仅作为备案。

2007~2010年：广东省财政厅研究制定了《财政支出项目绩效目标申报表》，与年度预算编制通知同步印发；编制年度预算时，预算部门申报部门预算500万元及以上的项目支出绩效目标并与预算编制同步申报；财政部门对申报的绩效目标内容进行审核。凡是申报的绩效目标与预算同步下达审核认可意见。2008年明确部分专项资金绩效目标申报要求，对产业转移工业园资金通过事前绩效目标审核进行竞争性分配。

2011~2014年：在部门预算编制50个工作日前，预算部门通过广东省财政绩效管理信息系统申报绩效目标；财政部门根据项目特点和属性，聘请各类专家对口审核，通过网上评审、集中评审和交叉审核出具绩效目标评审意见。评审结果作为进入预算编制的前置条件，未通过绩效目标审核的原则上不列入部门预算。其中，2011年印发了《广东省省级部门预算财政支出绩效目标管理工作规程》和《广东省省级部门预算财政支出绩效目标管理内部工作规范》。

2015~2018年：绩效目标与中期财政规划编制、项目入库同步申报，具体包括整体支出绩效目标、一级项目（中期财政规划项目）绩效目标、二级项目（年度明细计划）绩效目标3类；通过预算部门自审＋第三方机构初审＋财政部门复审的方式进行审核，未通过审核的原则上不得列入项目库，相应不得列入年度预算。2018年，将149份一级项目绩效目标编印成册提供省人大代表审议；建立了广东省财政预算绩效管理指标库，初步收集了20类266项资金用途2 589个绩效指标，为绩效目标申报的指标化管理奠定了基础；研究制定《广东省财政厅专项转移支付绩效目标管理暂行办法》和《广东省财政厅专项转移支付绩效目标管理内部规程》。

（二）改革成效及经验总结

第一，有利于财政资源的科学、有效配置。通过实施绩效目标管理，要求部门单位依据职能设定具体的项目绩效目标，明确所申请的资金如何使用及所要达到的预期目标，促进了部门预算申报更加科学、合理，有效地解决了部门"海报项目"、盲目请款的现象，优化了部门预算编制，增强财政资金分配、管理的科学性。

第二，有利于对预算支出全过程的跟踪、问效。绩效目标管理机制的建立，确立了绩效目标对预算支出全过程的约束力，绩效目标作为申报项目预算的前置性条件，确认的绩效目标作为项目预算安排、执行和绩效督查、绩效评价的重要依据，促使预算部门树立了"请款要有项目、项目须报绩效目标、项目实施有绩效监测、项目完成后绩效评价、评价结果有应用"的财政绩效理念的形成，进一步完善广东省财政绩效管理改革。

第三，有利于提高部门单位行政效能。设定具体的绩效目标，促使部门单位从源头上规范项目支出管理，提前研究下一年度重点工作，规范和加强项目库建设；同时，早做项目立项准备，充分研究论证，科学合理地申报项目，确保项目支出预算编制真实可靠，使预算资金的申请变得谨慎，进一步规范部门单位请款用款行为，增强部门单位财政支出预算编制、执行的绩效观念，提高部门支出责任和行政效能。

（三）对今后改革的启示

下一步，紧密结合项目库管理和预算编制改革，简化申报内容，推行绩效目标清单化、指标化管理；加强绩效目标审核，探索事前新增重点项目绩效评估，做实做细绩效目标管理。同时，参照财政部做法，结合广东省实际，推行专项转移支付资金与绩效目标一并下达。

四、决算数据为支撑

根据财政部对决算工作的总体部署和要求，按照预算管理制度改革和现代信息化、大数据财务数据管理的需求，运用现代网络平台技术克服决算单机版数据在收集、汇总、审核、上报中安全、时效、可靠性较差的弱点，广东省从2013年开始，探索建立联通全省各预算单位的可将决算数据通过网络填报、汇总、审核、批复、查询、分析的系统。

（一）改革历程及主要做法

截至目前，广东整个决算数据基础管理网络系统的建立可分两个阶段。第一阶段：完成省一级部门决算网络系统建设，实现省直部门一级预算单位部门决算数据通过网络系统填报、汇总、审核、批复、查询、分析。省一级部门决算网络系统建设已于2016年全部完成。第二阶段：完成市一级网络决算系统建设，实现市一级预算单位通过部门决算网络系统填报、汇总、审核、批复、查询、分析决算数据，各地级以上市财政部门汇总决算数据后通过纵向网接入省一级网络决算系统。目前全省已完成（或正在实施）市一级网络决算系统建设的地市共有13个，暂未实施的地市8个。

（二）改革成效及经验总结

新《预算法》对加强决算管理工作，提高决算信息质量、发挥决算在财政财务管理中的作用提出了更高的要求。随着信息技术在发展，单机版已不能满足决算工作在财政管理业务中快速发展的需要。决算数据基础管理网络系统的建立，极大地促进了决算工作管理水平带的提升。所取得的成效主要有以下几个方面。

第一，数据存储、发送、备份、审核等安全性、可靠性高。单机版无法做到集中备份和远程备份存储，导致全省历年积累的数据存储安全存在较大隐患，且单机版软件本身没有自动备份的机制和条件，一些突发情况或错误操作往往会造成单位数据丢失，而网络系统能够将历年的数据进行存储、发送和自动备份。

第二，改变数据存储模式，由单机模式改变为网络模式，实现数据共享，提高数据利用价值。原单机版决算软件采用本地数据存储模式，数据集中在国库等相关业务处室工作人员手中，各业务部门查阅决算数据只能找各相关业务部门，该种方式极大地限制了决算数据利用率，且因决算数据存储于个人工作电脑，不利于数据的安全存储。

第三，对接总账、预算业务系统，为决算填报单位减负，提高决算报送效率。系统在兼容单机版数据格式的基础上，扩充了各类数据接口，通过系统可以将总账系统、部门预算系统中相关的数据提取到部门决算系统中，便于财政部门决算进行数据核对、查询及分析，也便于基层单位了解财政掌握数据，提高数据填报质量。

第四，自动提取决算公开数据，强化决算公开力度。系统支持"三公"公开报表任务，可实现决算报表自动提取决算公开数据。系统内置分析数据交互功能，可以将财政经过汇总分析后的部门决算公开数据、文档下发至主管部门，主管部门可修订决算公开数据及文档，并上传至财政部门。

第五，基础业务平台，扩展各类统计报表。原有单机版决算报表软件仅支持决算报表任务，不可进行扩展。系统配套参数定义客户端，可实现报表扩展及增加，可实现各类决算报表之外的定制及下发，提升日常工作效率。

（三）对今后改革的启示

截至目前，广东省本级已经建设完成决算数据基础管理网络系统并通过系统进行了报送审核，13个地级市已建设完成市本级的决算数据基础管理网络系统，其余8个地市正在会同厅信息中心计划进行集中部署，统一推进。今后将联合信息中心，加快推进8个地市的决算数据基础管理网络系统建设。广东会在2019年完成所有市一级决算数据基础管理网络系统的试运行工作，并通过纵向网将决算数据接入省一级决算数据基础管理网络系统。

五、预算绩效管理踏石留痕

自2003年预算绩效管理工作从民营科技园建设补助资金项目绩效评价拉开序幕以来，已历经15年的积极深入改革。沿着时间轴，综合以上四个方面实践开展的相关情况，可将广东预算绩效管理大事项纵览总结为如表1-3所示。

表1-3　　　　　　　　广东预算绩效管理大事项纵览

事项名称或简述	时间范围	内容概要
事后重点评价开启广东绩效管理改革	2003年至今	一、2003~2007年：以项目支出为评价重点，财政部门组织专家队伍根据评价项目特点，设计指标体系、确定评价流程、制定评价方案，并通过绩效自评、书面评审、现场核查等环节，得出评价结论并出具绩效评价报告。将评价报告反馈给部门的同时，向省政府报告。 二、2008~2010年：除项目支出的重点评价外，还主要开展了产业转移竞争性分配资金的绩效重点评价。由省财政厅组织专家前往实地进行重点产业转移园区竞争性扶持资金使用绩效专项督查，并对资金使用效益重点评价，评价结果作为下年度资金安排的重要依据。 三、2011~2013年：绩效评价范围逐步由单个项目支出拓展到政策和综合类评价。除财政部门邀请专家参与评价项目外，还引入第三方机构独立开展绩效评价。通过绩效自评、书面评审、现场评价和综合评价等四个环节，综合评定项目支出、政策或整体支出的绩效结果，根据绩效结果调整预算安排，并将绩效评价结果向省政府报告、提交人大代表审议和在门户网站上公开。 四、2014~2015年：绩效重点评价范围由单个项目支出延伸至到期项目和一般性转移支付，并探索部门整体支出绩效评价。 五、2016~2018年：绩效重点评价的范围从一本预算拓展到四本预算，由项目支出转为整体支出；评价的规模从30多个扩展到200多个，实现财政资金全覆盖。

续表

事项名称或简述	时间范围	内容概要
绩效自评规范主体责任	2004年至今	一、2005~2010年：研究制定5类绩效自评指标表，基础信息采集通用表和自评报告格式，形成年度自评方案；通过布置培训、预算单位自评、省财政厅组织专家初审、向各部门预算单位反馈审核意见、征求意见后组织复审、正式下达审核结论等程序，组织对省级部门预算500万元及以上的支出项目进行绩效自评，并将自评结果进行通报。 二、2011~2016年：精简绩效重复信息，明确了绩效自评三级共性指标框架，修订了基础信息表和自评报告格式，形成方案并对部门进行培训；开发广东省财政绩效管理信息系统，预算部门通过自评子系统进行申报，提高工作效率；通过第三方机构初审、地市绩效经办人员复审、财政部门再审的环节，提高审核质量。 三、2017~2018年：通过研究自评规程、分类制定指标体系、整合信息内容、优化自评流程等，布置预算单位对部门预算500万元及以上的项目支出、全部专项资金和全部部门整体支出根据3类指标体系进行分类自评，其中有条件的预算部门还委托第三方机构开展绩效自评；并将自评报告向社会公开。
事前绩效目标审核作为预算安排的前提	2004年至今	一、2004~2006年：研究制定绩效目标申报内容并将之嵌入年度预算支出申报表中，作为预算编制的一栏内容，倡导部门进行申报"项目绩效目标及主要指标"；申报的绩效目标仅作为备案。 二、2007~2010年：研究制定了《财政支出项目绩效目标申报表》，与年度预算编制通知同步印发；编制年度预算时，预算部门申报部门预算500万元及以上的项目支出绩效目标并与预算编制同步申报；财政部门对申报的绩效目标内容进行审核。凡是申报的绩效目标与预算同步下达审核认可意见。其中2008年对产业转移工业园资金通过事前绩效目标审核进行竞争性分配。 三、2011~2014年：在部门预算编制50个工作日前，预算部门通过广东省财政绩效管理信息系统申报绩效目标；财政部门聘请各类专家对口审核，通过网上评审、集中评审和交叉审核出具绩效目标评审意见。评审结果作为进入预算编制的前置条件，未通过绩效目标审核的原则上不列入部门预算。 四、2015~2018年：绩效目标与中期财政规划编制、项目入库同步申报，具体包括整体支出绩效目标、一级项目（中期财政规划项目）绩效目标、二级项目（年度明细计划）绩效目标3类；通过预算部门自审＋第三方机构初审＋财政部门复审的方式进行审核，未通过审核的原则上不得列入项目库，相应不得列入年度预算。2018年，建立了广东省财政预算绩效管理指标库，为绩效目标申报的指标化管理奠定了基础。

资料来源：广东省财政厅。

第三节　多特色并行：预算绩效管理经验结晶

一、全过程："四三二一"全覆盖

近年来，广东省财政厅锐意进取、积极创新，以"深化预算绩效管理改革"为中心，重点实施预算绩效管理的"四三二一"（四大环节、三个体系、两项要件、一个核心）改革，扎实推进全过程预算绩效管理体系建设，预算绩效管理工作效果、影响力和公信力不断提升。

（一）强化四大环节，推动预算绩效全过程管理

抓好预算绩效管理中目标管理、绩效监控、绩效评价、结果应用管理等四个重要环节，构建"事前绩效审核、事中绩效督查、事后绩效评价、评价结果应用"的预算绩效管理框架。

第一，全面推行预算绩效目标管理。制定印发《广东省省级部门预算项目支出绩效目标管理规程》，明确所有纳入省级项目库管理的事业发展性支出和部门整体支出列入绩效目标申报范围，绩效目标的审核情况作为编制部门预算的前置条件，并将核准的绩效目标作为开展绩效监控、绩效评价的依据。2016年审核财政支出项目绩效目标，一级目标1 215个，二级目标9 002个。2017年，研究制定兼顾共性与个性、定性与定量的《广东省省级财政专项资金绩效目标管理信息表》，完善绩效目标格式化、信息清单化、指标数字化、评审标准化、管理信息化，切实提高绩效目标管理的规范性和实用性。

第二，积极推动预算绩效目标运行监控。一是探索预算绩效目标绩效监控模式。利用现有的广东省预算绩效管理信息系统和省级财政专项资金管理平台、全省财政资金在线监督系统，构建广东省预算绩效运行监控机制。二是拓展绩效目标监控工作覆盖面，将绩效目标监控实施范围覆盖到全部省直单位，并建立根据绩效目标进行项目实施阶段性反馈的工作方法。三是按照建立健全预算绩效管理体系要求，完善绩效监控工作流程，简化填报流程，精简填报内容。四是依托绩

效运行监控平台，根据各单位反馈的绩效目标运行监控材料，分析项目实施情况，对实施过程中偏离绩效目标的项目及时督促整改。

第三，不断拓展预算绩效评价覆盖面。一是扩大绩效自评，"十二五"期间实施绩效自评项目 2 000 多个，2017 年继续扩大范围，将所有省级财政专项资金和部门整体支出增列入 2017 年度及以后年度的绩效自评范围。二是抓好重点评价，对接各年度经济社会发展和预算管理改革重点领域，确定年度绩效管理重点和开展工作，2016 年组织开展 22 类、278 项资金绩效评价，涉及金额约 6 000 亿元；推进评价机制创新，绩效评价范围逐步实现"部门整体支出、专项资金、财政政策和财政管理"的横向覆盖，近年来对基本公共服务均等化、扶贫资金等 600 多项重点项目进行了绩效评价。三是探索部门整体支出绩效评价，在 2016 年 6 个省直部门试点的基础上，扩大到 12 个进行整体支出绩效评价，逐步实现"项目支出"向"综合支出"的绩效评价转变。

第四，逐步推进预算绩效评价结果应用。将评价结果作为下一年度预算的重要依据，评价结果较差的不再安排预算，如 2015 年收回 4 项使用绩效较差的专项资金 35.86 亿元；将部分重点项目绩效评价结果专题呈报省政府，为实施经济社会发展重大决策提供绩效参考，将评价结果反馈主管部门，落实部门绩效管理责任；将评价结果反馈人大、审计等有关部门，加大外部监督力度。此外，将评价报告向社会公开，并探索部门单位绩效自评报告公开，建立绩效责任约束；逐步建立和完善绩效评价问责制度。

（二）构建三个体系，提高预算绩效管理规范化水平

第一，构建规范的预算绩效管理制度体系。在"一个办法＋X 个规程＋X 个细则"的预算绩效管理总体制度框架下，按照"层级配套、功能协调、覆盖到位"的要求，抓好建章立制，建立完善的预算绩效管理制度体系。据统计，"十二五"期间广东省各级财政共制定有关预算绩效管理的制度办法 150 多项。一是立足"高"字，在顶层设计上下功夫。从依法行政的角度出发，研究拟订《广东省预算绩效管理办法》，全面阐述预算绩效管理的含义、对象、内容、职责分工和管理要求，强化预算绩效管理的法制基础。二是立足"广"字，在理顺机制上下功夫。针对预算绩效管理的原则、范围、方法和机制，制定《广东省省级部门预算项目支出绩效目标管理规程》《广东省预算绩效评价管理规程》《预算绩效管理委托第三方实施工作规程（试行）》和《广东省省级预算绩效自评工作规程》等

综合性管理制度。三是立足"深"字，在业务操作上下功夫。针对各类财政资金不同特点和绩效管理要求，制定《省级财政到期资金使用绩效评价暂行办法》《广东省财政一般性转移支付资金使用绩效评价暂行办法》等专项办法；针对绩效管理不同层面的业务程序、工作规程、协调机制等，制定《省级部门预算项目支出绩效目标管理内部工作规范》《预算绩效管理委托第三方实施工作规程（试行）》等一系列业务规范。

第二，构建科学的第三方管理体系。在工作方式上，实行第三方专家全程参与机制，除组织专门的第三方评价工作外，在绩效目标审核、绩效自评、重点评价等重点工作中，充分借助第三方机构的力量；在工作程序上，严格按照《预算绩效管理委托第三方实施工作规程（试行）》等规定，规范引入第三方工作程序，并规范第三方实施独立评价工作程序；在工作业务上，以《预算绩效管理委托第三方实施业务指南》为范本，帮助第三方机构了解预算绩效管理基础概念、操作流程、常见问题、典型案例和注意事项等，有针对性地指导第三方机构开展具体工作；在工作质量上，建立第三方评价的监督和考核机制，考核评估结果与委托服务费用支付以及以后年度选取承担预算绩效管理工作资格挂钩。

第三，构建完备的绩效评价指标体系。一方面，在现行通用指标体系基础上，结合各年度重点评价项目的不同特点和个性要求，在三级共性指标下分别研究设置具体、可量化的个性指标，确保评价正确导向和评价结果质量。另一方面，注意指标信息积累，向省直有关部门和市县财政部门收集绩效评价指标，进一步补充完善评价指标体系，建立一套覆盖广泛、适用性强的指标体系。

（三）完善两项要件，夯实预算绩效管理工作基础

第一，完善预算绩效信息化管理。在"金财工程"的总体框架下，创建涵盖专家评审、部门预算、财政专项资金、财政综合支出绩效管理，以及评价指标和标准库、项目库、专家库、资料档案库在内的财政绩效管理信息系统，实现预算绩效工作信息化管理；并着力升级完善绩效管理信息系统功能和模块设置，继续完善"6库、6子系统、6化"的财政绩效信息管理平台，逐步实现绩效管理数据一体化、业务规范化、流程简单化、操作实用化、进度动态化、工作时效化。

第二，建立专业的绩效管理机构和队伍。在财政部门系统，2016年省财政厅

将绩效评价处更名为绩效管理处，职能范围扩展到预算绩效管理的各个领域；市县财政系统整体推进，截至2016年底，全省各市、县（市、区）142个财政部门均已开展预算绩效管理工作，基本成立了负责预算绩效管理工作的科（股），据初步统计，有200多人专职承担预算绩效管理任务。在省直部门系统，预算绩效管理实现省级部门404个一级预算单位全覆盖，各省级部门均在内部固定了相关职能处室、单位并指定专人负责绩效管理相关工作；在第三方机构，专家队伍和第三方机构蓬勃发展，建立绩效评价专家库，入库专家1 287人，建立省级第三方机构库，共86家第三方机构入库。

（四）把握一个核心，突出绩效管理质量及结果应用

严控绩效管理质量方面，一是创新绩效评价模式。对部分资金量大、涉及面广、情况较复杂的财政资金，如十件民生实事资金等，进一步探索由一家机构独立评价向多家机构联合评价模式的转变。二是探索绩效评价标准化建设。在总体评价体系的基础上，选择部分符合条件的评价项目，探索运用系统的层次分析方法，设计有关评价模型的设立原则、功能、流程和标准等，构建统一规范、科学合理的绩效评价数学分析模型，提高绩效评价标准化管理水平。三是建立评价报告点评机制。在第三方评价报告撰写和修改等基础工作完成后，召集有关第三方机构、主管部门对评价报告进行点评，表扬和推广格式规范、论证严谨、材料充实、结果公正的优秀报告，及时纠正评价报告中出现的错误，提高报告的规范性、严密性。

刚化结果应用方面，一是建立绩效评价结果反馈和整改机制。定期将评价结果按程序反馈被评价单位并向被评价单位印发评价情况通报，逐步建立有效的绩效管理结果反馈和通报机制；结合强化资金管理和提高资金使用效益的要求提出有针对性的合理化建议，形成《评价结果应用建议书》，提供有关部门，强化主管部门的绩效责任主体意识，并跟踪整改落实情况。二是完善评价结果与预算安排的有效衔接机制。将评价结果作为完善资金管理和下一步预算安排的重要参考。如专项资金到期确需延续安排的，由广东省财政厅会同省直有关部门对存续期间的专项资金进行定期评估，监督检查、专项审计和绩效评价发现违法违规问题，情节严重或整改无效的，或绩效评价结果等级为低以下的，应撤销专项资金或压减额度。三是规范绩效信息公开机制。拓宽绩效信息公开范围和渠道，进一步规范信息公开的主体、程序内容和方式，提高绩效信息的可靠性、准确性。

二、预算绩效目标管理特色鲜明

2018年1月25日,在广东省十三届人民代表大会一次会议上,一位人大代表正在翻阅一本306页的重点项目预算绩效目标材料。据了解,这是广东省第一次专门将149项重点项目的预算绩效目标申报表编印成册提交省人大会议审议。由此,广东省财政厅进一步完善了绩效目标信息随同与预算报送省人大的制度,主动接受监督。主要做法有以下几个方面。

第一,扩大管理范围。将所有申请进入省级财政资金项目库的事业发展性支出项目、部门运转类支出中500万元以上(含500万元)的项目支出、省级财政专项资金使用总体计划、转移支付资金、部门整体支出均纳入省级预算绩效目标申报审核范围,由广东省财政厅在预算编制前进行统一布置,绩效目标管理基本实现了对一般公共预算各类型支出的全面覆盖。

第二,设置数字指标。业务部门根据申报项目特点和属性,从广东省财政预算绩效管理指标库中选取适用的共性指标和个性指标外,还从指标库中选取指标出处(依据)、指标标准值、历史指标值、数据来源等信息项,科学设置数字指标,确保绩效目标的量化可测。绩效指标逐步从定性信息向定量数据转变,实现了指标数据的可衡量、可分析、可比较。目前,广东省财政预算绩效管理指标库已初步收集了20类266项资金用途,2 000多个绩效指标,包含共性指标50个、个性化指标1 900多个和备选指标700多个,还在不断完善和拓展。

第三,创新审核模式。通过采用"业务部门绩效自审+第三方初审+财政部门复审"的方式,对列入年度预算3 791个项目的绩效目标进行3家联审。在业务部门申报和自审的基础上,通过规范程序择优委托3家专业第三方机构对部门进行辅导和初审;在此基础上,由财政部门对初审项目进行复审,重点审核资金量大、安排周期长、影响面广的重点项目,审核的质量和效率得到显著提高。

第四,细化审核标准。针对列入目标申报范围的一、二级项目和部门整体支出,广东省财政厅分类制订了《广东省省级部门预算绩效目标审核指标表》,围绕"合规性、完整性、相关性、可行性、合理性",建立了包括5个一级指标、12个二级指标的审核指标体系,明确了具体审核标准,由受托的第三方机构和财政部门对照审核指标进行评分和出具审核意见。

第五，强化结果应用。绩效目标设置作为项目入库的资格要素，对未申报绩效目标的项目，不得进入项目库；绩效目标审核结果作为预算安排的重要依据，对未通过审核的项目，原则上不得列入预算安排；绩效目标管理情况随同预算项目一并提交省人大参阅，并与预算同步批复、同步下达、同步公开。

第六，优化管理流程。

第七，形成绩效目标评审。"广东省省级部门预算项目支出绩效目标初审意见表"和"广东省省级部门预算项目支出绩效目标评审指标和标准表"如表1-4、表1-5、表1-6所示。

表1-4　　广东省省级部门预算项目支出绩效目标初审意见表

项目编号：　　　　　　　　　　　　　　　　　项目申请单位：
项目名称：　　　　　　　　　　　　　　　　　主管部门：
项目金额：　　　　　　　　　　　　　　　　　省财政厅资金主管处室：

评审指标				业务处评审意见	专家		评价处	
一级指标		二级指标						
指标名称	权重	指标名称	权重		评审意见	评分	评审意见	评分
合规性	10	项目合规性	5					
		支出内容合规性	5					
相关性	20	项目支出相关性	10					
		绩效目标相关性	10	—				
可行性	45	论证充分性	15					
		不可替代性	10					
		内部条件充分性	15					
		外部条件充分性	5					
完整性	25	目标设置规范性	10	—				
		指标设置科学性	10					
		材料完整性	5	—				
总分								

评审结论：□绩效目标符合申报要求，可纳入部门预算申报范围（总分≥80分）。
　　　　　□绩效目标不符合申报要求，需重新填报（总分<80分）。

资料来源：广东省财政厅。

表1-5　广东省省级部门预算项目支出绩效目标初审意见表

项目编号：　　　　　　　　　　　　　　　　　　项目申请单位：
项目名称：　　　　　　　　　　　　　　　　　　主管部门：
项目金额：　　　　　　　　　　　　　　　　　　省财政厅资金主管处室：

评审指标				业务处评审意见	专家		评价处	
一级指标		二级指标						
指标名称	权重	指标名称	权重		评审意见	评分	评审意见	评分
合规性	10	项目合规性	5					
		支出内容合规性	5					
相关性	20	项目支出相关性	10					
		绩效目标相关性	10	—				
可行性	45	论证充分性	15					
		不可替代性	10					
		内部条件充分性	15					
		外部条件充分性	5					
完整性	25	目标设置规范性	10	—				
		指标设置科学性	10	—				
		材料完整性	5	—				
总分								

评审结论：□绩效目标符合申报要求，可纳入部门预算申报范围（总分≥80分）。
　　　　　□绩效目标不符合申报要求，需重新填报（总分＜80分）。

资料来源：广东省财政厅。

表1-6　广东省省级部门预算项目支出绩效目标评审指标和标准表

评审指标				指标说明	评审标准
一级指标		二级指标			
指标名称	权重	指标名称	权重		
合规性	10	项目合规性	5	项目是否符合有关法律、法规和政策的要求	项目符合有关法律、法规要求的得5分；不符合的得0分
		支出内容合规性	5	支出内容是否符合相关预算管理规定和资金管理办法等的要求	支出内容符合部门预算管理规范或相关资金管理办法要求的得5分；不符合部门预算管理规定或相关资金管理办法的得0分

续表

评审指标				指标说明	评审标准
一级指标		二级指标			
指标名称	权重	指标名称	权重		
相关性	20	项目支出相关性	10	项目的实施是否有利于落实本部门单位中期发展规划、年度计划；项目支出内容是否体现本部门单位职能定位的要求	项目实施有利于落实本部门单位中期发展规划、年度计划，且体现单位职能定位的，得10分；基本体现本部门单位中长期发展规划、年度计划及单位职能要求的，得[5，8]分；不符合本部门单位中长期发展规划、年度计划和单位职能要求的，得0分
		绩效目标相关性	10	绩效目标及其指标的设定与项目属性特点和支出内容关联程度	绩效目标设定与项目属性特点和支出内容整体相关，得10分；部分相关，得[4，8]；基本不相关，得0分
可行性	45	论证充分性	15	是否经过可行性研究或论证；项目在设计上是否不存在影响目标实现的较大缺陷	1. 项目有可行性研究或论证，得5分；没有的得0分。 2. 项目在设计上基本不存在影响目标实现的缺陷的，得10分；存在部分缺陷的得[4.8]分；存在较大缺陷的得0
		不可替代性	10	项目是否可由本部门已有项目替代或升级	项目不能由本部门已有项目替代的，得10分；项目可由本部门已有项目部分升级后替代的，得[4，8]；项目完全可由本部门已有项目替代的，得0分
		内部条件充分性	15	项目实施所需的组织保障、技术支持、资金的监管机制、实施进度安排等内部条件是否充分具备	1. 项目组织保障措施健全的，得3分；基本健全的，得（1，2）；不健全的，得0分。 2. 完全具备项目实施所需的技术支持，得5分；基本具备，得（2，4）；尚不具备，得0分。项目实施不需要具备相关技术支持的，直接得5分。 3. 项目资金管理措施完善，得5分；基本完善，得（3，4）；不完善的得0分。 4. 项目实施进度安排合理，得2分；基本合理，得1分；不合理的，得0分

续表

评审指标				指标说明	评审标准
一级指标		二级指标			
指标名称	权重	指标名称	权重		
可行性	45	外部条件充分性	5	项目实施依赖的部门单位协调、政策环境、舆论氛围、自然资源、社会经济发展状况等外部条件的支持程度	外部条件有利于项目实施的，得5分；部分有利于项目实施的，得（2，4）分；不利于项目实施的得0分
完整性	25	目标设置规范性	10	绩效目标是否全面涵盖质量、成本和效果等内容；预期提供的公共产品和服务的数量及质量是否具体明确、合理和可量化	1. 绩效目标全面涵盖质量、成本和效果等内容的，得5分；绩效目标不涉及质量、成本和效果或没有填写绩效目标的，得0分。2. 预期提供的公共产品和服务数量及质量具体明确、合理和可量化的，得5分；预期提供的公共产品和服务的数量及质量不明确、不合理、不可量化的，得0分
		指标设置科学性	10	绩效指标是否能准确、客观和系统反映绩效目标的具体设定，构成绩效目标内容的重要组成部分	绩效指标准确、客观、系统的，得10分，绩效指标较准确、客观的，得[5~8]分；没有填写绩效指标的，得0分
		材料完整性	5	是否按要求完整填报绩效目标申报表、是否完整报送有关申报材料	1. 按要求完整填报绩效目标申报表的，得2分；填写不完整的，得0分。2. 根据材料报送要求，完整提供申报材料的，得3分；部分提供申报材料的得（0，3）分；没有提供项目支出绩效目标相关材料的，得0分
总分	100		100		

资料来源：广东省财政厅。

专栏1：广东省省级部门预算项目支出绩效目标管理规程

PART1：关于印发《广东省省级部门预算项目支出绩效目标管理规程》的通知

省直有关部门：

为规范省级部门预算财政项目支出绩效目标管理，增强项目支出预算的科学性，促进项目按预定目标有效实施，切实提高财政资金使用绩效，根据财政部《财政支出绩效评价管理暂行办法》和省财政厅《广东省财政支出绩效评价试行方案》等规定，省财政厅制定了《广东省省级部门预算项目支出绩效目标管理规程》，现印发给你们，并提出要求如下，请贯彻执行。

一、及时将《广东省省级部门预算项目支出绩效目标管理规程》转发所属项目单位。

二、认真落实绩效管理责任。财政支出绩效目标是项目支出预算安排、执行以及绩效评价的重要依据。各主管部门单位作为财政支出绩效目标管理的责任主体，要进一步增强绩效观念和责任意识，对绩效目标的规范性、合理性、科学性和可行性负责，并按照经省财政厅审核下达的绩效目标，有效组织项目实施和绩效管理，切实提高财政资金使用效益。

三、按时保质申报绩效目标。按照往年部门预算"一上"时间安排，省级部门预算财政项目支出绩效目标申报工作需在每年度6月中旬完成。请按照要求及早组织布置本部门单位绩效目标申报各项工作，采取有效措施，确保按规定时间保质保量完成本部门单位部门预算财政项目支出绩效目标的申报工作。并按照审核意见及时组织不符合要求的项目重新修改填报绩效目标。绩效目标不符合要求的项目支出不能纳入部门预算"一上"上报部门预算建议范围。

为规范省级部门预算项目支出绩效目标管理，增强项目支出预算的科学性，促进项目按预定目标有效实施，切实提高财政资金使用绩效，根据财政部《财政支出绩效评价管理暂行办法》和省财政厅《广东省财政支出绩效评价试行方案》等规定，制定本规程。

一、适用范围

本规程适用于省级部门单位为完成其特定的行政工作任务或事业发展目标、纳入省级部门预算编制范围的项目支出绩效目标管理。项目支出包括：

（一）省财政安排资金500万元（含500万元）以上的项目支出；

（二）省财政连续2年（含2年）以上安排资金的跨年度项目支出；

（三）省财政厅确认的其他重要项目支出。

二、绩效目标管理内容

绩效目标管理包括：绩效目标申报、审核、下达、调整确认、结果应用等内容（见附件1：广东省省级部门预算项目支出绩效目标管理流程图）。

三、绩效目标申报

（一）绩效目标申报主体。

绩效目标申报主体为编制省级部门预算并申请项目支出的省级部门单位。

（二）绩效目标申报内容及材料。

绩效目标申报内容主要包括预期产出和效果、衡量产出和效果的相关绩效指标等。具体应报送以下材料：

1. 部门单位项目支出绩效目标申报材料的正式文件；

2. 《广东省省级部门预算项目支出绩效目标申报表》（以下简称绩效目标申报表，附件2）纸质表格一式2份及电子文本，包括以下主要内容：

（1）项目基本情况：申报单位和主管部门，项目的名称、类型以及申请的依据、可行性和必要性等；

（2）项目资金情况：资金来源及支出明细预算等；

（3）绩效目标情况：项目实施进度计划，预期目标和相关绩效指标，保障绩效目标实现的措施等；

（4）以前年度绩效评价情况：以前年度部门单位绩效自评等级，省财政厅下达的绩效等级；

（5）主管部门审核意见。

3. 其他与项目支出绩效目标相关的资料。

（三）绩效目标申报要求。

1. 合规性。绩效目标要符合国家法律法规和其他相关制度规定；

2. 相关性。绩效目标要符合部门单位职能，体现本部门单位、本行业发展规划以及项目实施内容，并与相应的财政支出范围、方向和效果等紧密相关；

3. 全面性。绩效目标内容要明确、全面，涵盖有数量、质量、成本和效果等方面的目标任务；要结合项目特点设定相关的绩效指标，客观反映项目绩效水平和目标实现程度。

4. 可行性。绩效目标要经过充分论证和测算，符合客观实际，切实可行。

（四）绩效目标申报时间。

省级部门单位拟列入下年度部门预算的项目支出，原则上在每年度部门预算

"一上"50个工作日前按本规程规定申报绩效目标。具体申报时间省财政厅以正式文件通知。

（五）绩效目标申报流程。

1. 主管部门按照要求确定下一年度部门预算项目支出编制范围。

2. 主管部门和项目单位按照本规程规定，申报项目支出中所有子项目的绩效目标，填写绩效目标申报表。

3. 主管部门按项目汇总本级及下属各子项目的绩效目标，填写绩效目标申报表，并将该项目各子项目的绩效目标申报表附后。

4. 主管部门按照本规程规定，认真审核本级及下属单位申报的项目支出绩效目标，在绩效目标申报表"主管部门审核意见"栏中出具"绩效目标符合申报要求，建议安排资金"的审核意见并加盖公章。

5. 主管部门将本规程规定的绩效目标申报材料报送省财政厅。

6. 主管部门在按上述要求报送绩效目标申报材料后，如有根据省委、省政府决定等原因新增的项目，可在部门预算"二上"时将新增项目绩效目标申报材料报送省财政厅。

四、绩效目标审核

（一）绩效目标审核内容。

省财政厅对主管部门报送的项目支出绩效目标进行审核，内容主要包括：

1. 形式审核：绩效目标申报材料是否齐全，绩效目标申报表填列内容是否完整；

2. 内容审核：绩效目标申报内容是否符合本规程规定的绩效目标申报要求；

3. 省财政厅认为需要审核的其他内容。

（二）绩效目标审核依据。

1. 国家相关法律、法规和规章制度；

2. 国家、省的经济社会发展规划或专项规划（方案）；

3. 财政方针政策和资金管理办法，相关行业政策和标准；

4. 部门单位职能职责及工作规划；

5. 其他相关资料。

（三）绩效目标审核意见反馈及确认。

1. 省财政厅原则上在每年度部门预算"一上"20个工作日前，将项目支出绩效目标如下审核意见反馈给主管部门：

（1）绩效目标符合申报要求，可纳入部门预算申报范围；

（2）绩效目标不符合申报要求，重新填报。

2. 主管部门收到省财政厅项目支出绩效目标反馈意见后，对绩效目标不符合要求的项目支出，由本级或退回下属单位修改，于10个工作日内重新报送省财政厅审核。

3. 省财政厅在收到重新报送的项目支出绩效目标10个工作日内，将以下审核意见反馈给主管部门：

（1）绩效目标符合申报要求，可纳入部门预算申报范围；

（2）绩效目标不符合申报要求，不能纳入部门预算申报范围。

4. 主管部门在部门预算"一下"后，如需要结合部门预算编制情况调整项目支出绩效目标的，可在部门预算"二上"时将调整后的项目支出绩效目标重新报送省财政厅审核确认。

5. 省财政厅对省级部门单位在部门预算"二上"时报送的新增项目绩效目标申报材料进行审核确认。

五、绩效目标下达

（一）省财政厅在部门预算"二下"后，将项目支出绩效目标审核结果下达给主管部门。

（二）主管部门将省财政厅审核通过的项目支出绩效目标下达给所属项目单位。

六、绩效目标调整确认

经省财政厅审核下达的绩效目标在项目实施过程中原则上不予调整。但项目单位如遇到特殊原因确实需要调整原绩效目标的，必须将调整后的绩效目标报主管部门审核同意后，报省财政厅审核确认。

七、绩效目标结果应用

（一）省财政厅审核的项目支出绩效目标作为申报部门预算的前置条件和项目支出预算安排的重要依据。

（二）省财政厅下达的项目支出绩效目标作为项目支出预算执行和绩效评价的重要依据。

八、绩效目标管理职责

省级部门预算项目支出绩效目标管理由省财政厅统一组织，省财政厅、主管部门及项目单位分级实施。

（一）省财政厅负责统一组织、实施省级项目支出绩效目标管理。包括制定绩效目标管理工作规范，指导和监督绩效目标申报，审核和下达绩效目标等。

对于预算金额较大、专业技术性较强、社会影响面较广的重要项目支出，省财政厅组织相关行业领域专家对部门单位申报的绩效目标进行论证、审核，确保绩效目标符合本规程规定。

（二）主管部门是本部门项目支出绩效管理的责任主体，负责本部门绩效目标管理工作。包括填报本级项目支出绩效目标；指导、汇总、审核、下达所属单位财政支出项目绩效目标；按规定及时报送本部门项目支出绩效目标；检查、督促所属项目单位按照下达的绩效目标使用资金及开展绩效评价等。

（三）项目单位是本单位项目支出绩效管理的责任主体，具体实施本单位绩效目标管理工作。包括确定项目支出绩效目标并及时报送主管部门；对主管部门退回不符合要求的绩效目标进行修改并重新申报；按照下达的绩效目标使用资金及开展绩效评价等。

PART2：《广东省省级部门预算项目支出绩效目标申报表》

（　　　年度）

填报单位（盖章）：

<table>
<tr><td rowspan="7">项目基本情况</td><td colspan="2">申报单位</td><td></td><td>主管部门</td><td></td><td>主管部门编码</td><td colspan="2"></td></tr>
<tr><td colspan="2">项目名称</td><td></td><td>项目负责人</td><td></td><td>联系电话</td><td colspan="2"></td></tr>
<tr><td colspan="2">项目属性</td><td colspan="2">1. 新增项目□
2. 延续项目□</td><td>项目起止时间</td><td></td><td>预算科目名称及编码</td><td>类：
款：</td></tr>
<tr><td colspan="2">项目类型</td><td colspan="2">1. 基本建设类□
2. 行政事业类□
3. 其他专项类□</td><td>其中：新建□
其中：采购类□</td><td>扩建□
修缮类□</td><td colspan="2">改建□
奖励补贴类□</td></tr>
<tr><td colspan="2">项目申请原因（包括依据、可行性和必要性）</td><td colspan="6"></td></tr>
<tr><td rowspan="7">项目资金情况</td><td rowspan="7">资金来源（万元）</td><td>项目</td><td colspan="2">上年度资金</td><td colspan="2">本年度申请资金</td><td colspan="2">本年实际安排资金（由财政部门填）</td></tr>
<tr><td>合计</td><td colspan="2"></td><td colspan="2"></td><td colspan="2"></td></tr>
<tr><td>经费拨款（补助）</td><td colspan="2"></td><td colspan="2"></td><td colspan="2"></td></tr>
<tr><td>预算内收费</td><td colspan="2"></td><td colspan="2"></td><td colspan="2"></td></tr>
<tr><td>基金预算拨款</td><td colspan="2"></td><td colspan="2"></td><td colspan="2"></td></tr>
<tr><td>预算外资金</td><td colspan="2"></td><td colspan="2"></td><td colspan="2"></td></tr>
<tr><td>其他资金</td><td colspan="2"></td><td colspan="2"></td><td colspan="2"></td></tr>
</table>

续表

		项目	上年度资金	本年度申请资金	测算依据及说明
项目资金情况	支出明细预算（万元）	合计			
		1.			
		2.			
		3.			
		4.			
		5.			
		6.			
		……			
绩效目标情况	预期目标	预期提供的公共产品和服务的数量： 项目支出的预期效果：			
	保障绩效目标实现的措施	项目组织机构： 相关管理制度： 工作措施（方案、规划等）：			
	项目实施进度计划	项目实施内容	开始时间		完成时间
		1.			
		2.			
		3.			
		4.			
		……			
	绩效指标	指标名称	上年度实际水平	本年度计划完成水平	指标内容/计算公式
		1.			
		2.			
		3.			
		4.			
		……			

续表

<table>
<tr><td rowspan="5">评价情况</td><td rowspan="5">以前年度项目绩效评价情况</td><td rowspan="2">年度（前三年）</td><td colspan="2">项目绩效等级</td><td rowspan="5">本年度项目自评计划：

列入_____年度自评范围</td></tr>
<tr><td>自评等级</td><td>省财政厅评定</td></tr>
<tr><td></td><td></td><td></td></tr>
<tr><td></td><td></td><td></td></tr>
<tr><td></td><td></td><td></td></tr>
<tr><td colspan="2">其他需要说明的情况</td><td colspan="4"></td></tr>
<tr><td rowspan="2">审核意见</td><td>省级主管部门审核意见</td><td colspan="4">审核人：　　　　　单位公章　　　　　年　月　日</td></tr>
<tr><td>省财政厅审核意见</td><td colspan="4">审核人：　　　　　单位公章　　　　　年　月　日</td></tr>
</table>

注：1. 本表一式两份报省财政厅。2. 本表可在 cztpjc@126.com 邮箱下载，密码510030。

填表人（签名）：　　　　　填表日期：　　　　　联系电话：

填报单位负责人（签名）：

PART3：《广东省省级部门预算项目支出绩效目标申报表》填表说明

一、适用范围

本表适用于申请部门预算项目支出预算时填报。

项目支出是指省级部门单位为完成其特定的行政工作任务或事业发展目标、纳入省级部门预算编制范围的项目支出。包括：省财政安排资金500万元（含500万元）以上的项目支出；省财政连续2年（含2年）以上安排资金的跨年度项目支出；省财政厅确认的其他重要项目支出。

二、填写说明

（一）年度：填写编制部门预算所属的年份或申请使用专项资金的年份。如：2011年编制2012年部门预算，填写"2012年"。

（二）项目基本情况。

本表"项目基本情况"栏的内容与部门预算《项目预算支出申报表》相应栏目内容相符，填写时注意两表的衔接。

1. 申报单位：填写项目用款单位。

2. 主管部门：填写项目主管部门（一级预算单位）全称。

3. 主管部门编码：按照省财政厅规定的各部门预算编码填列。

4. 项目名称：应与项目立项申请名称一致。

5. 项目负责人：填写项目用款单位负责人。

6. 联系电话：填写项目用款单位负责人的联系电话。

7. 项目属性：分为新增项目和延续项目，在所选项目后面的"□"中划"√"。其中：新增项目是指本年度新增的需列入本年度（部门预算）安排的项目；延续项目是指以前年度（预算）批准的、在当年度（预算中）继续安排的项目。

8. 项目起止时间：填写项目计划开始时间和计划完成时间。

9. 预算科目名称及编码：按照财政部统一的预算支出功能科目名称及编码填列，至款级。

10. 项目类型：分为基本建设类（其中分为新建、扩建和改建）、行政事业类（其中分为采购、修缮、奖励/补贴）、其他专项类，在所选项目后面的"□"中划"√"。

11. 项目申报原因：填写项目申请原因，包括项目申报依据、可行性和必要性以及有关背景情况等。

（三）项目资金情况。

1. 本表"项目资金情况"栏的内容与部门预算《项目预算支出申报表》相应栏目内容相符，填写时注意两表的衔接。

2. 测算依据及说明：需要填列所申请项目各项明细支出的测算依据及说明。

3. 其他栏目按表中要求填写。

（四）绩效目标情况。

1. 预期目标。本栏的内容与部门预算《项目预算支出申报表》相应栏目内容相符，填写时注意两表的衔接。

项目支出绩效目标要符合《广东省省级部门预算项目支出绩效目标管理规程》的要求，内容明确、细化清晰。要有明确的绩效总目标和阶段性（年度）绩效目标，阶段性（当年）绩效目标要根据项目的特性和具体实施内容，分年度、分阶段从数量、质量、成本和时效等方面进一步细化，形成具体可衡量的目标任务。

2. 保障绩效目标实现的措施：为确保项目目标实现的支撑条件，包括项目组织机构、相关资金、项目管理制度，以及工作措施（方案、规划等）。

3. 项目实施进度计划：针对项目特点设定分阶段的项目具体实施内容计划，清晰、明确填报每个阶段的项目实施内容、开始时间、完成时间。

4. 绩效指标：结合项目实际设定衡量预期产出和效果的绩效指标（个性指标）。绩效指标要尽可能量化测算，能够进行比较、综合、分析和评价。要分别填报每个指标的名称及其上年度实际完成水平、本年度计划完成水平，并说明指标的具体含义和计算公式。

（五）评价情况。

1. 以前年度项目绩效评价情况：反映项目前三个年度资金使用的绩效等级情况，按本部门单位自评绩效等级以及省财政厅下达的审核结果（绩效等级）和重点评价结果（绩效等级）分别填写。

2. 本年度项目自评计划：填写本项目计划列入自评的年度。

（六）其他需要说明的情况：填写项目有关其他方面需要说明的情况。

（七）审核意见。

1. 主管部门审核意见：主管部门按照《广东省省级部门预算项目支出绩效目标管理规程》要求，对本级及下属项目单位的绩效目标进行审核、汇总，出具"绩效目标符合申报要求，建议安排资金"的审核意见并加盖公章。

2. 省财政厅审核意见：省财政厅按照《广东省省级部门预算项目支出绩效目标管理规程》要求进行审核，出具审核意见，并加盖省财政厅公章。

专栏2：广东省"十件民生实事"专项资金使用绩效评价

PART1：《广东省"十件民生实事"专项资金使用绩效评价暂行办法》

为提高广东省"十件民生实事"专项资金（以下简称民生资金）的使用效益和效率，充分发挥专项资金对改善民生的作用，强化支出责任，完善资金管理，根据财政部《财政支出绩效评价管理暂行办法》和经省政府同意印发的《广东省财政支出绩效评价试行方案》等有关规定和要求，制定本办法。

第一条 总则

（一）评价含义。

民生资金使用绩效评价是指根据设定的绩效目标，设置、选择合适的评价指标和评价标准，运用科学、合理的评价方法，对广东省民生资金使用全过程及其支出的经济性、效率性、效果性和公平性进行客观公正的综合评判。

（二）评价原则。

1. 科学规范，简洁实用。评价工作采用科学、实用的方法和工具，设计简洁有效、可操作性强的指标体系，遵循规范的绩效评价流程，依法依规对民生资金使用绩效实施分类评价。

2. 整体委托，分工合作。为强化评价的客观性，提高评价的公信力，评价工作通过政府购买服务方式整体委托第三方机构独立实施；同时，明确财政部门提供技术指导服务、民生资金主管部门和资金使用单位提交绩效信息和依据等责任要求，合理分工合作，提高评价效率和质量。

3. 独立客观，公开公正。民生资金使用绩效由第三方独立开展评价工作，评价过程向社会公开，接受社会各界的监督，确保评价工作的客观、公平、公正。

4. 公众参与，突出民意。评价过程吸纳公众参与，借助访谈、网络平台等方式，接受公众评议，汇聚民间智慧；突出民意导向，开展满意度调查，将群众满意度作为评价的重要标准。

（三）评价依据。

1. 国家相关法律、法规和规章制度。

2. 省政府制定的国民经济与社会发展规划和方针政策，民生资金项目的具体规划与资金管理办法。

3. 省财政厅制定的相关评价制度与管理规定。

4. 相关行业政策、行业标准及专业技术规范。

5. 民生资金项目申报和批复的相关材料。

6. 其他相关资料。

第二条　评价对象与范围、内容与方法

（一）评价对象是民生资金的使用绩效。

（二）评价范围是年度内省财政安排的民生资金及其所有支出项目。

评价基准日根据省财政民生资金年度下达时间确定（即在资金下达后的第二年 6 月实施评价）。

（三）评价内容。

1. 前期准备。包括民生资金项目论证决策的规范性，绩效目标设置的科学性和完整性，项目组织机构和制度措施的保障水平。

2. 实施过程。包括民生资金投入、管理和使用的及时性和规范性，项目实施的规范性与监管水平。

3. 项目绩效。包括项目预设绩效目标的实现程度，项目实施的经济性、效率性、效果性和公平性。

4. 财政部门认定的其他内容。

（四）评价方法。

根据民生资金实际情况综合运用目标比较法、网络评议法和满意度调查法等多种评价方法。

1. 目标比较法。将民生资金项目实施效果与绩效目标进行对比，综合分析绩效目标的实现程度。

2. 网络评议法。建立网络评议渠道，收集省内网民对广东省民生资金项目实施效果的意见和建议。

3. 满意度调查法。由第三方机构在现场评价时对民生资金项目受益群体进行抽样调查，了解民众对项目实施绩效的满意情况。

4. 财政部门认定的其他方法。

第三条 评价指标和标准

（一）评价指标体系共由四级指标和基础信息表构成。一、二、三级指标全面涵盖项目立项的前期准备工作、项目实施过程和项目绩效水平（见附件），对项目进行全方位、全流程的评价；第四级指标和基础信息表由评价主体（第三方机构）根据具体某项民生资金属性创建。

（二）评价标准包括计划标准和行业标准。计划标准是指以民生资金预先制定的目标、计划、预算、定额等数据作为评价的标准值；行业标准是指将参照国家公布的行业指标数据和技术标准制定相应的评价标准值。

第四条 评价程序

评价工作程序主要分为前期准备、评价实施、提交评价报告三个阶段。

（一）前期准备。

1. 选定第三方评价机构及签订委托合同。省财政厅根据民生资金不同特性，按照广东省政府办公厅印发的《政府向社会组织购买服务暂行办法》等规定选购、确定第三方机构，并签订合同，整体委托第三方独立开展绩效评价。

2. 制定和下达民生资金绩效评价通知和评价方案。

（二）评价实施。

1. 绩效自评。资金使用单位和有关主管部门按照评价通知的要求，真实、客观、认真填报基础信息表及有关佐证材料，按要求及时完成自评书面报告。

2. 自评审核、分析。第三方对民生资金使用单位和有关主管部门提交的绩效自评资料进行收集、分类整理，组织专家评价小组对所有项目的自评材料进行评审、分析，为开展现场评价提供情况参考。

3. 现场评价。第三方根据民生资金属性、区域分布、自评情况，按照比率随机选取现场评价对象，组织专家评价小组开展现场评价。

4. 综合评价。第三方根据现场评价结论，并参考自评报告和对自评情况的审核、分析结果，对民生资金使用绩效进行全面、综合评价。

（三）提交评价报告。

第三方依据综合评价情况撰写评价报告，评价报告经省财政厅初步审核后，由第三方与主管部门交换意见；第三方根据交换意见将修改完善后的评价报告提交省财政厅审核验收。

评价报告内容涵盖项目概况、绩效自评、书面评审、现场评价、综合评价结果等内容，主要包括对被评价对象的概述、评价指标分析、评价结论、存在问题、具体改进措施和建议等。评价结果根据综合评价意见分为优、良、中、低、差五个等级：100~90分为优；89~80分为良；79~70分为中；69~60分为低，59分以下为差。

第五条 评价保障

（一）组织保障。

建立财政部门、主管部门、资金使用单位和第三方分工明确、各负其责的组织体系。财政部门负责评价工作的组织管理、指导、协调和监督；主管部门负责配合开展第三方评价工作，指导实施单位配合第三方评价工作；资金使用单位负责做好绩效自评工作，配合第三方评价工作，收集、报送基础资料；第三方负责独立、客观、规范开展各项评价工作。

（二）服务保障。

为提高第三方机构的评价能力，确保第三方评价的质量和效率，财政部门要完善绩效管理信息系统，建立第三方评价监督管理及质量监控机制，加强对第三方机构的业务培训和指导，为第三方评价提供技术支撑。

第六条 报告公开与结果应用

（一）报告公开。

第三方评价报告经省财政厅组织审核验收后，由第三方机构通过新闻媒介等形式向社会公开，接受社会公众的监督。

（二）结果应用。

1. 评价结果将呈报省政府，作为省政府完善民生政策决策的重要依据。

2. 评价结果将反馈有关部门（单位），用于检验民生资金支出执行效果，促使部门（单位）进一步加强民生资金管理，提升绩效管理水平。对评价过程中发现的问题，有关部门（单位）应制定切实可行的整改措施，并将落实整改情况及时报送省财政厅。

3. 评价结果将作为安排民生事项预算支出的绩效依据，以优化民生资金支出结构和资源配置。

PART2：广东省"十件民生实事"专项资金使用绩效评价指标体系

广东省出台了"十件民生实事"专项资金使用绩效评价指标体系，具体指标体系如下所示。

广东省"十件民生实事"专项资金使用绩效评价指标体系

评价指标						指标说明
一级指标		二级指标		三级指标		
名称	权重（%）	名称	权重（%）	名称	权重（%）	
前期工作	20	前期研究	7	论证决策	7	资金投向和结构是否合理，是否符合相关管理办法，符合公共财政扶持方向及资金设立目标
^	^	目标设置	6	目标完整性	3	反映目标设置是否包含公共产品数量、质量、成本内容，是否具体化到指标及其目标值
^	^	^	^	目标科学性	3	反映资金绩效目标设置是否明确，合理、细化、量化；资金绩效目标是否与项目属性特点、支出内容相关，体现决策意图，同时合乎客观实际
^	^	保障机制	7	组织机构	3	反映保障项目实施的机构是否健全、分工是否明确
^	^	^	^	制度措施	4	反映是否制定了相应的资金、项目管理制度以及项目实施方案（计划）
实施过程	30	资金管理	17	资金到位	5	反映各类资金的到位情况，包括到位比率及到位及时性
^	^	^	^	资金支付	4	反映各类资金的实际支出情况
^	^	^	^	财务合规性	8	反映资金支出规范性，包括资金管理、费用支出等制度是否严格执行；会计核算是否规范反映是否存在支出依据不合规、虚列项目支出的情况；是否存在截留、挤占、挪用项目资金情况；是否存在超标准开支情况

续表

| 评价指标 ||||||指标说明 |
| 一级指标 || 二级指标 || 三级指标 |||
名称	权重（%）	名称	权重（%）	名称	权重（%）	
实施过程	30	项目管理	13	实施程序	8	反映项目实施过程是否规范，包括是否符合申报条件；申报、批复程序是否符合相关管理办法；项目招投标、调整、完成验收等是否履行相应手续等
				项目监管	5	反映主管部门对项目的检查、监控、督促等管理情况
项目绩效	50	经济性	5	预算（成本）控制	5	反映对项目成本（预算）控制、节约等情况（支出是否节约）
		效率性	10	完成进度及质量	10	反映项目实施（完成）的进度及质量等情况
		效果性	30	社会经济效益	25	反映项目实施直接产生的社会、经济效益，主要通过项目资金使用效果的个性指标完成情况反映
				可持续发展	5	反映项目完成后，后续政策、资金、人员机构安排和管理措施等影响项目持续发展的因素，以及项目实施对人、环境、资源是否带来可持续发展
		公平性	5	公共属性	5	反映项目与增加公共利益、公共福利和保障公共安全方面的相关联程度，项目实施是否造成社会不公而引起纠纷、诉讼、信访、上访甚至违法犯罪

注：1. 三级指标下的四级指标及其对应信息点，由第三机构根据民生资金支出项目属性特点个性化设立，体现项目差异性。

2. 四级指标说明及评分标准由第三方机构根据民生资金支出项目情况再行确定。

PART3：广东省2016年十件民生实事财政资金使用绩效评价报告

一、基本情况

（一）资金背景。

广东省委、省政府历来高度重视民生工作，在推进广东省经济转型发展的同时，着力解决一批人民群众关注的民生问题。2011年省委、省政府在广东省委十届八次全会第一次全体会议上提出，要把保障和改善民生，作为建设"幸福广东"的重头戏。今后，每年省里都要做几件改善民生的实事，形成制度长期坚持。各市和各省直部门也要根据实际，切实抓几件改善民生的实事，并向社会公开承诺。

以此为指导思想，从2011年开始，省委、省政府围绕"加快转型升级、建设幸福广东"的核心任务，周密部署，以民生需求为导向，从百姓盼望出发，每年在社会保障、教育、就业、医疗等民生领域推出十件民生实事，写入每年的政府工作报告中；2016年省政府围绕广东省"十三五"的建设发展目标，继续将关系人民群众切身利益的热点难点问题作为政府重点督办任务，分解给相关职能主管部门扎实推进，推进的结果将适时向社会公布。

（二）评价资金概况。

2016年全省各级财政共投入2 366.76亿元，其中省级投入941.05亿元，分别比2015年增长10.63%和4.53%，2011～2016年全省财政民生实事的资金投入平均增长率为19.43%（见图1），集中力量为人民群众办好底线民生、困难弱势群体帮扶、住房保障、农村生产生活条件、医疗卫生、教育公平、创业就业、污染治理、公共安全、防灾减灾等省十件民生实事，以求解除人民群众后顾之忧，给人民群众生活带来看得见、摸得着的变化，推动经济社会和谐发展，促进社会公平正义。

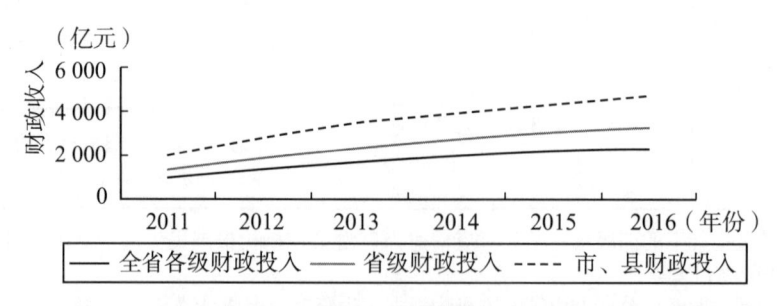

图1 广东省2011～2016年十件民生实事财政投入情况

同时，为确保每件实事落到实处，省政府把十件民生实事分解为50项具体工作任务，分别由22个省直单位牵头组织实施，涉及55项省财政专项资金603.58亿元（详细情况见附件2）。本次评价重点是以上列入省政府重点督办事项的十件民生实事工作任务及其涉及的资金。

（三）绩效目标。

广东省一直以保障和改善民生作为各项工作的落脚点，围绕2018年率先实现建成全面小康社会的目标，2016年十件民生实事以持续增进民生福祉，让更多的人享受到广东经济社会发展成果为绩效目标，在扶持水平、覆盖范围、供给规模、体系建设等方面提出了具体的工作目标（详细情况见附件3），让群众得到看得见、摸得着的实惠。

二、评价结果

（一）整体评价结果。

按既定的评价程序、方法及评价指标体系，综合书面评价和现场评价的评分情况，最终评定2016年十件民生实事类财政资金使用整体绩效得分为82.28分，绩效等级为"良"，见表1。

表1　　　　　　　2016年十件民生实事资金绩效得分情况表

序号	实事名称	综合评分	等级
一	巩固提升底线民生保障水平	81.50	良
二	加大对困难弱势群体帮扶力度	81.74	良
三	强化低收入住房困难群体住房保障	80.00	良
四	改善农村生产生活条件	80.50	良
五	改善基层医疗卫生服务	82.00	良
六	促进教育资源公平均衡配置	85.71	良
七	促进创业就业	80.64	良
八	加强污染治理和生态建设	74.91	中
九	强化公共安全保障	87.90	良
十	抓好防灾减灾	87.86	良
	合　计	82.28	良

（二）满意度调查结果。

为更合理地对民生实事资金进行评价，评价小组通过各层面对资金进行综合满意度调查。调查采用公众调查（即发放调查问卷）、文献调查（查阅广东省省情调查研究中心、广东省统计局等专业部门涉及民生的调查报告，以及其他第三方机构绩效评价满意度调查结果等）及个案走访三种方法，针对公众对民生相关政策的认知度，受众的满意度进行综合研究分析。其中向公众及受众发放调查问卷1 925份，共回收有效问卷1 849份，有效回收率为96.05%；样本涵盖不同城乡、不同户籍、不同性别、年龄、教育程度、职业以及不同收入状况的人群。

根据广东省省情调查研究中心公布的《2016年广东省地方服务型政府建设系列调研报告》，结果显示，2016年广东省地方政府公共服务总体满意度为72.23分，较2015年（71.87分）提高0.36分，达满意度测评8年来最高水平。根据问卷调查结果及个案走访发现，社会公众对2016年十件民生实事落实情况基本持满意态度，总体满意度为82.10%，比上年增加了5.6%，绝大多数民生服务领域满意度稳步提高，但环境保护、社会保障、医疗卫生、城乡差距仍是民生建设的薄弱环节。

三、主要成绩

（一）稳步提高社会保障水平，底线民生保障水平继续保持在全国前列。

1. 社会救助方面。全省底线民生保障工作和水平有了明显提高（详见表2），有效保障社会弱势群体基本生活权益，城乡低保、农村五保、残疾人和孤儿生活保障等底线民生保障水平保持在全国前列，有力保障广东率先全面建成小康社会目标的实现。

表2 底线民生保障补助标准及人数一览表

序号	底线民生保障	补助标准	实际补助人数
1	城乡居保基础养老金	月人均110元	2 543万人
2	城镇、农村低保补助补差	月人均450元、225元	170万人
3	农村五保集中、分散供养	年人均9 600元、7 600元	23.4万人
4	孤儿集中、分散供养	月人均1 340元、820元	集中供养8 860人、分散供养26 947人
5	残疾人生活补贴、重度护理补贴	年人均1 200元、1 800元	生活补贴约51万人、重度护理补贴约64万人
6	城乡医疗救助	年人均2 516元	资助参保236万人、直接救助121万人

2. 社会保险方面。推进各类社会保险扩面征缴，基本实现人人享有社会保障的目标，常住人口社保卡覆盖率达93.5%，五大险种累计参保2.7亿人次。全面实现医疗保障均等化。截至2016年底，全省医疗保险参保人数达10 150万人（职工医疗保险3 814万人，居民医疗保险6 336万人），完成年度计划的

102.5%，参保率稳定在98%以上，实现制度和人群两个全覆盖。

3. 社会福利方面。一是加大对困难弱势群体帮扶力度，出台实施《广东省民政厅广东省财政厅关于建立事实无人抚养儿童基本生活保障制度的通知》，在全国率先用省级财政资金对"事实无人抚养儿童"发放生活保障金，截至2016年底，符合条件的16 207名事实无人抚养儿童获得省级专项资金的补贴，享受到了政策温暖。二是安排用于社会福利事业的彩票公益金17 200万元支持发展养老服务业，超过预期达到50%以上的目标。截至2016年底，全省养老机构共有2 725家，养老床位数38.6万张，每千名老人拥有床位30.4张。相比2015年分别增长1.68%、12.87%和6.29%。三是对因遭遇意外事件、突发重大疾病或其他特殊原因导致基本生活出现严重困难的家庭和个人给予临时救助。2016年全省共实施临时救助138 053户次，政府救助支出20 017万元，编织起社会救助托底线、救急难的"安全网"。

（二）基本民生服务供给规模持续扩大，群众获得感增强。

1. 就业形势总体稳定，基本实现充分就业。2016年全省城镇新增就业147.1万人，总量居全国第一，完成年度目标113.7%；失业人员实现再就业62.47万人，就业困难人员实现就业16.99万人，促进创业12.27万人，城镇登记失业率2.47%，低于全国平均水平。完成劳动者技能晋升培训25.1万人次，完成年度目标任务的114%，就业局势总体保持稳定。截至2016年底，全省由人社部门建设或认定的创业孵化基地达到536家，同比增长11%，累计进驻企业5.9万家，带动就业50.35万人，初步形成覆盖珠三角辐射粤东西北区域的战略布局。

2. 教育均衡优质发展，教育现代化水平不断提高。2016年全省有教育强镇1 574个、教育强县（市、区）132个、教育强市20个，覆盖率分别为99%、99%和95%；县域义务教育发展基本均衡覆盖率达到100%；"全面改薄"校舍项目建设开工率、竣工率和设施设备购置项目完成率均位居全国第2位，2016年全省义务教育标准化学校覆盖率达96.26%，高中阶段教育和高等教育毛入学率分别达95.6%和34%，为高水平普及15年基础教育奠定基础。

3. 优化医疗卫生资源配置，提升综合服务可及性。

（1）在改善基层医疗卫生服务方面：一是优化服务设备，为62个县级人民医院公立医院配置76种基本设备，冷藏车配置完成率126.47%。二是加强卫生人才队伍建设，全面实施住院医师规范化培训，结业考核学员981人，实际培训合格率为94%，高于90%的预期培训目标。全省150家县级公立医院设置专科特设岗位300个，提升了县级公立医院的专科能力。三是继续支持乡镇卫生院业务用房改扩建工作,卫生院和社区卫生服务中心基础设施建设达标率分别为89.3%和98.0%,分别比去年提高8.5%和2.7%,将乡镇卫生院病床使用率提高了1.85%,改善了患者就医环境。

(2)在提高服务经费标准、保险报销比例方面:2016年全省共筹集基本公共卫生服务项目补助资金538 315.17万元,人均补助资金为50.20元,超过国家人均45元的目标要求,全省居民电子健康档案建档率为89.93%,高于75%的目标要求。全省城乡居民医疗保险政策规定的住院报销比例平均达到76%,最高支付限额平均提高到52万元。普遍开展普通门诊统筹和门诊特定病种制度,将高血压、糖尿病、精神分裂症等28种门诊特定病种纳入医疗保险报销范围,门诊特定病种报销比例实行与住院一致,普通门诊统筹报销比例超过50%,全面实现住院和门诊的双重保障。

4. 强化低收入困难群体住房保障,居住环境明显改善。2016年全省城镇保障性安居工程新开工目标总数为84 862套(户),实际完成开工套数为89 419套(户),实际完成105.4%。其中:棚户区改造安置住房81 783套(户),占总目标任务的104.2%。新增发放租赁补贴7 636户,占总目标任务的120%。2016年全省农村危房改造已开工120 864户,开工率为100%;竣工116 430户,竣工率96.33%,改善了广大农户的安居条件,使特殊群体共同分享改革开放和社会发展的成果,有效促进了社会和谐稳定。

(三)城乡差距有效缩小,农村民生保障水平得到进一步提升。

1. 进一步优化农村金融环境,打通了农村金融服务的"最后一公里"。各试点地区县级综合征信中心均已建成并投入使用,录入居民信息约261万条、企业或个体户信息约22万条;共建成助农取款点8 182个,安装助农取款机10 437台,实现助农取款16.05亿元;共建成农村金融服务站6 704个,共创建信用村5 514个,已建设信用村数量占行政村总数比例为83%。在金融服务"三农"方面也成效显著,实现农村产权抵押担保贷款26.73亿元、政银保合作农业贷款2.39亿元、妇女小额担保财政贴息贷款2.28亿元和金融扶贫贷款4.93亿元,有效缓解了农村融资难、融资贵的问题。政策性农业保险险种增至18个,保障范围已包含省内主要的种植和养殖品种,全年共投入财政资金8.04亿元,保费收入7.45亿元,理赔支出5.53亿元。基层的农业保险体系已经初步确立,为广大的种养户提供更多的风险保障。

2. 农村基础设施建设进一步完善,城乡差距进一步缩小。2016年,全省15个地级市94个县(市、区)村村通自来水工程建设全面铺开,全年完成投资

49.46亿元，超出年度计划4.27亿元。截至2016年底，全省农村集中供水率达到87.1%，共新增覆盖农村自来水人口168万人，提升农村自来水普及率2.4%。加快构建"总馆+分馆+服务点"的服务三级矩阵空间布局，创新探索政府保障和社会参与的良性互动模式，建立"政府主导+社会参与"的运行管理机制。同时，积极引导群众在文体广场示范点开展各类文体活动，打造地方特色群众文化品牌活动。2016年共完成农村公益电影放映27.14万场，观影人次达4 323万人次，保障了农村观影的公益性、均等性、便利性。数字电影交易服务平台全年推出"新片"495部，两年内新片占2016年新增影片比例达72.73%，国产高票房影片进入农村市场的速度和数量再次提升。

3. 公共服务事项实施"一站式"办理、"一条龙"服务，服务便捷性提升。截至2016年底，县、镇、村三级公共服务平台建设完成率分别为99.17%、98.38%和98.44%，有效整合现有各类基层公共服务平台的场所、设备、人员、经费等资源，将面向基层群众的公共服务事项纳入县、镇、村（社区）三级综合平台集中办理，基本做到村民办事"足不出村"，一定程度上解决群众办事难、办事不方便的问题。

4. 精准识别、精准施策，脱贫攻坚实现良好开局。2016年，全省各地动员了32.67万名干部进村入户，对14个地级以上市1.9万个村的70.8万相对贫困人口进行精准识别，完成了176.5万名扶贫对象的精准识别、建档立卡，启动实施各类帮扶项目5.47万个，部分帮扶项目已初见成效，培训贫困劳动力38万人次，贫困人口新增就业6.1万人。据统计，2013年至2016年，我省共有147.96万人实现稳定脱贫，其中：2016年全省57.36万人实现稳定脱贫。广东正按照"三年攻坚、两年巩固，到2020年如期完成脱贫攻坚任务"的目标要求，努力在全面建成小康社会上走在前列。

（四）法律援助机制进一步完善，食品出行安全防线进一步巩固，群众基本权益保障水平稳步提升。

一是欠发达地区15个地级市和93个县（市、区）共108个法律援助服务窗口均已完成标准化建设；制订实施支持欠发达地区法律援助青年志愿者行动计划，141名法援青年志愿者已派驻上岗，受到当地群众和法律援助机构的普遍好评；"互联网+法律援助"服务平台已启动建设，提升全省法律援助工作的信息化水平。二是启动"智慧食药监"项目建设，初步建成食品药品监管基础应用平台，食用农产品快检、食品溯源等系统已上线运行。在全省1 146个农贸市场（含超市）开展食用农产品快速监测工作，完成年度任务的114.6%；共开展快检蔬菜和水产品共计272.18万批次，任务完成率为111.56%。三是全省完成公路安全生命防护示范工程817.9公里，超额完成年度任务，为人民群众出行创造更加安全畅通的公路交通环境。

（五）生态环境质量实现总体改善，助力美丽广东建设。

2016年全省城镇生活垃圾无害化处理率超过90%，农村垃圾有效处理率超过80%，村庄保洁覆盖面达到95%，农村垃圾分类减量比例超过27%，农村人居环境明显改善。通过实施生态县污水处理厂和15个生活污水处理示范县的镇村污水处理项目，提高了区域生活污水收集率和管网覆盖率，有助于逐步实现污水处理设施县域、镇、村全覆盖。2016年，省级生态公益林补偿标准提高到每亩26元，省级以上生态公益林提高到7 212.42万亩，占国土总面积的26.8%，占林业用地的43.9%，位居全国前列。全省森林覆盖率达58.88%；森林蓄积量增加1.32亿立方米，森林储碳总量提高到3.2亿吨，森林生态效益评估总值增加到13 910亿元，进一步筑牢了南粤森林生态安全屏障。

（六）防灾减灾能力进一步增强，为促进经济社会全面协调可持续发展提供有力保障。

截至2017年7月，广东省气象局对地质灾害易发区100个超期运行区域自动站进行升级改造，使得升级改造后的站点来报率和完整率高于中国气象局98.5%的行业标准要求；沿海海岛关键区增加布设海岛自动气象站10个，填补了一些海岛无自动气象站的空白。2016年全省没有发生重大动物疫情，畜禽产品市场供应稳定，肉菜价格稳定，保证了广大群众的正常生活，维护了社会稳定。2016年狂犬病人病例报告48例，较2011年的202例降幅达76.24%，保证了人体健康和生命安全。畜禽死亡率较往年降低0.5%，减少直接经济损失5亿元，促进了畜牧业健康持续发展，提升了畜产品国际市场的竞争力。

四、存在问题

要在国家治理现代化目标下，以公共服务精准供给和保障改善民生，就要精准识别群众的最迫切的需求，精心制定服务规划，精细预算服务资金，精确提供服务内容和服务管理，切实增强群众的获得感，提升群众的满意度。尽管"放管服"改革的逐步推进，各项惠民便利化改革措施落地，群众的获得感和满意度取得了显著的增强与提升，政府部门职能也逐渐从管理型向服务型转变，但离群众期盼还有一定的差距，公共服务在需求识别、资金预算、规划设计、服务方式、监督管理等环节仍存在不同程度"不精准"的问题，基本公共服务供给的有效性尚有提升的空间。

（一）部分资金预算编制不科学，分配因素信息不准确，资金安排靶向性不足，影响资金效应的发挥。

政府各部门是十项民生实事的倡导者和执行者。随着政府在社会治理中引导和统筹作用的不断增强，政府运行是否高效、资金使用是否节约，直接影响到全社会的资源配置效率。因此，各部门如何以民生服务需求为导向，在有限的财政投入下，科学、精准地安排资金优化服务配置，提高资金使用效率和服务效能成为各部门实施绩效预算管理的关键问题。此次评价表明部分项目仍存在绩效意识不强，资金预算安排不精准，资金使用效率不高，支出效益未达到预期的问题。一是与分配因素相关的信息数据不准确。因素分配法是目前财政资金分配广泛采用的方法，主要是基于该类资金直接相关的因素信息（如项目类型、受益群体及数量、财力系数等）为基础，按照一定的权重进行分配。如果这些因素信息不能真实、完整、合理和准确，则严重影响资金分配的公平公正性。如，学前教育困难家庭幼儿资助对象是在公办幼儿园或普惠性民办幼儿园就读的本省3~6岁常住人口家庭经济困难儿童、孤儿和残疾儿童，其分配的基本因素应该是实际入园就读的困难儿童人数。但主管部门未能精确获取各县（市、区）困难儿童的在园人数，因此该项资金以各县（市、区）在园儿童人数的10%作为基础因素进行分配，造成"供求过剩"和"供不应求"并存的情形，如揭阳榕城区有部分幼儿园申请资助的家庭不足10%，但为完成任务，把资助名额分解到各幼儿园落实完成，而揭西县有部分幼儿园的资助资金却无法满足需求。同时，学前教育困难家庭幼儿资助范围只限定于公办幼儿园（含公办性质幼儿园）和普惠性民办幼儿园（目前广东有4 568所非普惠性民办幼儿园，约占全省幼儿园总数的27%），现场评价发现，存在部分家庭经济困难幼儿因入读非普惠性民办幼儿园而不符合资助条件，无法享受该项资助政策。二是分配因素不合理。"村村通自来水工程"是以项目受益人口数作为资金分配因素，未考虑工程投资规模、工程实施条件差异、地方财力等因素，以致地方资金筹措压力巨大。据统计，省级财政补助占各地工程总投资额的比例平均占比仅为26.54%，河源、惠州、江门、清远等几个地级市的占比更是不足20%。由于农村自来水工程较难盈利，社会资本参与建设的积极性不高，而地方政府举债融资建设又受到严格管控，以致部分地方出现工期延误，工程缩水，项目可持续性运营困难等问题。例如：乐昌很多镇都属于石灰岩地区，由于石灰岩的地质特性，采用塑料管道容易起火，必须采用镀锌钢管，造价相对要高一倍。整个乐昌市"村村通"的总投资预算达到2.13亿元，省财政补贴4 840万元，包括285宗分散型集中供水工程和12个乡镇的标准化水厂建设，其余1.65亿元就只能靠村民自筹或贷款。资金不足使工程难以如期进行。三是需求把脉不精准，政策实际效应略有偏差。随着珠三角产业的梯度转移，经济发展对人才类型、岗位职业技能、就业方向等都提出了新的要求，但个别主管部门没有适时调查各类企业用工现状以及对人力资源的需求情况，并及时发布相关调查结果，求职者和培训机构不能适时全面了解当地的就业需求和形势，影响了求职者的就业发展选择，同时造成培训机构无法紧跟市场需求，开设对路专业，更新培训内容，创新培养模式。如河源市培训机构主要偏重汽车修理、美容美发等职业的技能培训，与本地生态农业和现代产业企业用工需求不匹配，无法帮助企业吸纳就业，在一定程度上偏离了就业政策扶持的预期目标。

（二）部分民生项目实施进度未达预期，预算资金执行率整体偏低，影响资金使用绩效。

部分基建类项目预算资金执行率偏低。一是基建类项目行政审批进度缓慢。按照现行管理制度，基建项目需经过立项、设计、投资概算等多项审批程序，涉及发展改革、国土、住建、环保、代建、施工方等多方面协调，相关审批完成至少需要大半年时间，造成项目预算资金支出滞后。例如，揭阳榕城区特殊教育学校于2017年8月才获得省国土厅的土地调查规划备案手续批复，现待市人民政府对项目建设用地的批准。项目用地手续办理缓慢，影响了项目建设进度，项目资金无法按预算如期支出。二是个别项目由于前期论证不到位，导致建设内容无法符合要求而需要进行重大调整，进而使项目推进迟缓。如：河源广工大协同创新研究院获批区域性（创业性）创业孵化基地建设前期论证时，未长远计划创业基地运行，对物业的权属未进行充分论证。2016年7月，河源市委市政府要求所有市直部门兴办的创新创业中心都要有自己的物业，致河源市创业创新孵化基地项目不能按照原来的方案进行建设。由于上述原因，截至2017年3月底，"区域性（创业性）创业孵化基地项目"的3个省级特色性创业孵化基地建设项目和区域性创业孵化基地建设项目（跨年度基建类项目）共6 000万元预算资金支出率为0。

（三）部分民生服务在供给策划上缺乏系统性，部门横向协调联动服务机制不顺畅，"重建轻用"的现象仍旧突出。

一是"重建轻用"，部分服务项目实施后与公众需求错位，不切合实际。有关部门在服务供给策划时多以部门自我管理为出发点设计有关要求和举措，依赖任务指标、责任考核等驱动各级部门履行供给职责，再加上相关配套举措或工作指引未及时下发，导致有些服务落地实施后与公众需求错位，应有效益得不到发挥。例如：文化设施是开展群众文化活动的重要载体，在群众生活周边的图书馆、文体广场等文化设施为改善和丰富群众文化生活提供了便利。但在文化服务设计规划时，注重对设施覆盖率的建设，缺乏对设施建成后的使用规划和日常管护等内容的设计规划，以致图书馆或文化站等阅览室空置、文体设施因无人维护而毁损等情况较普遍，甚至一些村民还把广场当成了庄稼晾晒场。部分试点地区对图书馆、文化馆总分馆制建设方向和目标概念模糊，总馆和分馆之间在资源、人员、服务、经费等方面没有务实的落地措施，总馆和分馆之间的合作、文化管理部门与部分镇街政府之间的合作仍保持着传统的群文工作观念，采用传统的资金使用模式，把有限的资金用在购置分馆设施设备上，项目未能发挥应有的社会效益。二是部分惠民项目落地实施需要多个部门协同，很难由单个部门完全承担，为此建立了跨部门的联席会议工作机制。但在运行中出现沟通不顺畅、信息交换不及时等问题，部门间的信息壁垒尚未完全打破。以最低生活保障为例，申请人家庭经济状况和实际生活情况调查涉及的部门包括民政、教育、残联、公安、人社、住建、税务、金融、工商等，需要相关部门提供相关的准确信息，以供民政工作人员甄别申请人是否符合扶持标准。但从实际了解到，由于居民家庭经济状况核对信息系统尚未实现与税务、公安、教育等部门通过数据接口形式实现信息直接连通，民政不能动态实时核对相关信息，主要的核对方式还停留在民政部门出具查询函件，将相关查询核对信息提交给有关部门适时反馈的方式上。这种工作方式下，民政部门无法负荷低保申请人批量信息核对的工作，工作效率低，也不适应低保工作动态管理的要求。同时，对申请人经济状况信息核对的及时性和准确性也造成一定影响。三是信息化互联互通水平低。在信息化和全球化发展的今天，信息技术正以空前的影响力和渗透力，推动政府管理理念、手段和方式发生变革，提高政府科学管理水平。主管部门纷纷顺应信息化的发展趋势，在政务服务、市场管理等方面利用信息化为群众提供人性化、便民化的服务。但是从现场评价的情况来看，仍有相当部分地方部门的信息化基础设施建设比较薄弱，数据的采集、计算、存储和查询调用，仍用传统的方式进行；部门间信息数据壁垒依旧没有打破，信息平台重复建设、各自为政的问题依旧存在。

（四）服务资源不足，服务方式落后，服务效率不高。

一是服务人员不足。在推进民生各项工作过程中，需要工作人员走村入户宣传发动，对扶持对象的基本情况进行摸底调查，以保证惠民政策能准确落地实施。但实际情况却是因为人员配置不足，无法及时、全面地核实扶持对象的情况，甚至因对政策一知半解、业务不熟悉，以致工作出现错漏，引发扶持对象的不满。

如底线民生、救助扶困等惠民政策是以孤儿、五保、事实无人抚养儿童等困境群众作为保障和管理对象，资金分配也以上述对象人数作为分配基数的。因此，只有精准地掌握每类对象的人数、困境情形等基本情况，并随时了解其相关情况的动态变化情况，才能准确地预测资金量和提供针对性的服务方式和内容。目前，各地民政部门主要依靠街道、村委等基层工作人员的走访调查结果，或者是聘请专人管理复核结果来获取扶持对象的基本情况或变动情况。但是受经费、人力、信息开放共享程度不高等影响，民政不能及时准确掌握扶持对象的实际变动情况，以致不能科学、准确地预测资金量，导致实际支出数与资金预测数差异较大，造成出现财政资金沉淀或缺口。在现场评价时，发现湛江市遂溪县2016年最低生活保障补助资金各级财政共投入9 769.6万元，总支出3 696万元，结余6 073.6万元，结余资金占当年收入总额的62.17%。在医疗卫生服务、教育、农业政策保险、文化等领域同样存在类似的情况，农业政策保险甚至因为部分农村协保员经验欠缺、业务不熟，对农业保险政策一知半解，在实际操作中，经常出现出险时对报损清单（报损面积、报损户数、农户信息）收集不及时，填写报损清单有误，查勘定损后不能及时签发理赔认定书等情况，影响农业保险保费的正常理赔，引发受灾农户的不满。二是专业人才匮乏。随着民生财政逐渐加大对教育、医疗、文化等领域的投入，其硬件设施配置布局逐渐合理，总量稳步上升，群众享受服务的可及性增强。但是人力资源配置失衡的情况尚未得到根本性的解决，经济欠发达地区专业人才匮乏，以致部分惠民服务效果不高。如清远、汕头等市的卫生院和村卫生站因专职服务人员不足，以致下达基本公共卫生服务任务低于10%，肇庆市官圩卫生院部分0~36个月儿童没有中医药健康管理服务记录；梅州、揭阳等市特殊教育教师严重紧缺，大埔县特殊教育学校在籍学生96人，其中85人采取送教上门的方式就读，而该校专职教师仅有9人，揭阳市全市甚至没有1名专职教师，残疾学生受教育的权利难以得到保障。三是基层工作中以人为本的服务意识的理念淡薄。一方面，部分基层工作人员管理思想贫乏，因循守旧，积极主动性不足。如广东省精准扶贫精准脱贫三年攻坚时间已过半，但是仍有个别地区（如揭西县）依然对精准扶贫、精准脱贫工作存在观望态度，未积极督促和指导，以致精准扶贫工作进展迟缓，扶贫专项资金的支出率几乎为零。另一方面，缺乏担当精神，遇到困难回避，遇到问题绕开。部分项目的推进进度比较滞后，究其原因，为当地财力不足资金缺口大、受村规民俗限制无法实施、手续程序复杂烦琐、协调工作难度大等。这些常见的梗阻在项目实施前就可预见，工作人员可以在项目正式实施前提前介入做好应对。但往往大多数的基层工作人员是在资金到位后开始实施项目时,才着手协调、处理,一旦处理不顺畅,就影响了项目的实施进度,进而影响资金使用效益。如多个地区因教育与国土部门就特殊学校建设用地未得到有效协调以致无法动工建设,因农村6~7月不能动工盖房的民俗影响了农村危房改造建设进度,乡镇卫生院因地方财政困难、自行无法筹集资金造成工程建设中断等。出现这种情况,最关键的还是工作人员对项目推进缺乏紧迫感和责任感,缺乏豁出去推进工作的担当精神,满足于按上级要求、按部就班。

(五)监督管理执行未精准到位,资金效益打折扣。

一是在项目实施过程中监管不到位,未能及时纠正偏差行为,以致部分项目存在质量管理隐患。例如:廉江市养老院建设未能提供建筑主材料送检合格的《检测报告》、进场钢筋和商品混凝土平行验证记录等资料,工程建设质量难以认定和确保;部分农户不愿意参照《农村危房改造抗震安全基本要求(试行)》《农村危房改造房屋鉴定技术导则》等要求投入资金建设改造房,以致部分重新修建房屋质量安全存在隐患。现场核查的茂名市电白区重新修建的房屋多为砖混结构,砖厚180mm,不满足当地抗震设防烈度7度要求,房屋质量安全存在隐患;由于未对拆除危房的时限做出规定,东源县灯塔镇个别农民搬入新房后,原有的住房没有及时拆除,仍在危房中乘凉或存放物品。上述工程或项目安全隐患极大,主管部门均未能限时做出纠正处理。二是在资金使用上,个别项目资金支出无审批手续,未按规定程序和用途支付、使用资金。三是配套的工程建设管理工作指引和水质监测机制等相关制度存在滞后性,导致项目实施过程中缺乏操作依据,使得许多地方虽然已完成农村自来水工程建设,但水质监测合格率未达到国家标准,农民群众饮水安全难以得到保障。根据卫生计生部门组织开展的2016年全省饮用水卫生监测结果,在全省设置的3 620个农村饮用水卫生监测点所监测的7 285份水样中,42项水质常规指标总体合格率仅为55.24%,不合格指标主要包含微生物及消毒剂相关指标等。

五、意见建议

(一)完善服务需求管理体制,提高服务供给的适配性。

一是建议实事求是地根据群众的需求,结合区域经济社会发展情况,动态调整服务供给的范围、标准、方式等有关内容,通过梯度累计推动公共服务均衡发展。针对民生需求建立一个完整的服务需求管理体系,包括第三方机构参与,在服务供给政策出台前,对需求进行调查、分析、整合,并传递给决策部门进行参考决策,将服务需求与服务供给进行无缝对接。二是建议各级政府各个部门要通力合作,建立有效的合作机制,充分利用信息技术力量,提高政府公共服务的质量、效率和透明度。针对性地对群众开展需求调查与意愿收集的活动，并通过分析群众反馈的信息数据研判变化趋势，为部门做出科学的服务决策和提供恰当有效的公共服务提供信息参考。三是建议各部门对基本公共服务供给质量进行全过程监督，重视公共服务供给的有效性，重塑服务流程，提升服务水平。

（二）强化树立精准理念，提升民生服务有效供给。

一是建议以民生需求为导向，从部门必须办、办得了、办得好的角度出发，系统性地设计民生服务规划，科学、精细地预测资金量，尽力而为、量力而行，与实际财力相适应。二是建议在精确规划的基础上，广泛吸引社会资本参与，创新提供方式，提高公共服务共建能力和共享水平。三是建议以开放的姿态应时而变，主动修正、优化民生政策和民生服务规划，使民生服务更加适应时代发展和群众需求，让市民生活得更加富裕、更加便捷、更有幸福感和获得感。

（三）切实更新观念，转变工作作风，提升服务水平。

一是建议强化树立"以人为本，为民服务"的服务意识，加强政策培训和业务知识培训，更新固有观念，提高思想觉悟，引导基层工作人员端正履职态度。二是建议完善绩效考核机制。要充分利用目标绩效考核，分层分类设计考核指标体系，并将责任明确到人、细化到岗，以实绩用人，激励和督促部分基层工作人员转变"懒政""怠政"的工作作风，提高服务效率。三是建议各部门针对存在的问题，做好分析研究，提出有效的改进措施，堵塞漏洞，提升服务水平。

PART4：2016年十件民生实事绩效目标情况

民生实事名称	绩效总目标	阶段性目标
第一件事	到2015年，粤东西北地区底线民生保障水平达到全国平均水平，珠三角地区达到全国前列；到2017年，全省底线民生保障水平达到全国前列	城乡居民养老保险基础养老金标准2020年达到每人每月150元； 孤儿生活保障水平从2015年起达到并保持全国前六名； 城乡低保水平、残疾人生活津贴与护理补贴水平从2015年起达到并保持全国前十名； 农村五保供养和城乡医疗救助水平2017年达到全国前十名

续表

民生实事名称	绩效总目标		阶段性目标
第二件事	一是健全困境儿童分类保障制度，建立困境儿童福利保障服务体系； 二是进一步加快发展养老服务业，对用于社会福利事业的彩票公益金，50%以上的资金用于支持发展养老服务业； 三是鼓励欠发达地区乡镇（街道）、村（社区）残疾人专职委员做好残疾人事业工作； 四是对因遭遇意外事件、突发重大疾病或其他特殊原因导致基本生活出现严重困难的家庭和个人给予临时救助	事实无人抚养儿童项目	第一季度：印发关于建立事实无人抚养儿童基本生活保障制度的通知，下拨省级财政补助资金，督促各地安排保障资金，启动事实无人抚养儿童申报、审核工作。 第二季度：督促各地落实保障资金、全面开展资金审批发放工作，指导各地建立事实无人抚养儿童统计台账。 第三季度：督促各地全面落实资金发放工作、上报统计台账（包括发放花名册及汇总表等）。 第四季度：对各地资金落实及发放情况开展督查，确保保障金发放到位
		发展养老服务业项目	第一季度：向各地印发相关工作要求，摸查资金安排落实情况。 第二季度：开展落实督查，总结推广经验，对未按要求落实资金的地区提出整改要求，限期落实整改。 第三季度：全面督查整改情况，确保全年目标任务的完成
		残疾人专职委员项目	第一季度：制定印发全省实施方案，督促各地结合实际制定印发本地区整体实施方案；制定印发补贴资金管理暂行办法和《广东省关于加强残疾人专职委员队伍建设的意见》，要求各地将乡镇（街道）残疾人专职委员纳入当地公益性岗位。 第二季度：收集基础数据，建立专职委员"实名制"管理系统，督促各级残联对本地区补贴对象进行核查，建立完善残疾人专职委员电子信息管理档案；逐级上报补贴对象名单、人数、加大政策宣传力度。 第三季度：对各地补贴标准和资金落实情况开展督促检查，做好资金监督工作。 第四季度：对各地落实情况全面开展督查及绩效评估
		临时救助项目	第一季度：在"救急难"试点单位及临时救助工作进展较快的地级以上市开展调研，总结推广经验。 第二季度：督促尚未出台市级临时救助办法的广州、茂名、揭阳三市于6月底前制定出台相应实施细则。 第三季度：对各市临时救助政策出台情况、救助标准、办理流程及时限、资金使用发放等方面开展全面督查，确保完成全年目标任务

续表

民生实事名称	绩效总目标		阶段性目标
第三件事	到2016年，全省完成棚户区改造78 500户，其中城市棚户区改造73 340户、国有工矿棚户区改造5 160户，不断提升配套基础设施和公共服务设施建设水平，使棚户区居民的居住条件得到明显改善。预计完成新增低收入住房保障家庭租赁补贴6 362户。2016年全省安排120 864户农村危房改造任务，其中分散供养五保户15 363户、建档立卡贫困户（不含分散供养五保户）37 146户、未列入建档立卡的低保户、贫困残疾人家庭和其他贫困户共68 355户。国家下达的广东省46 500户危房改造任务包含在2016年省安排的农村危房改造任务中	城镇保障性安居工程项目	第一季度：落实目标责任分解到项目，做好前期准备工作； 第二季度：累计新开工3万套（户）棚户区改造； 第三季度：累计新开工5万套（户）棚户区改造； 第四季度：累计新开工7.85万套（户）棚户区改造
		农村危房改造项目	第一季度：组织各地合适农村危房最急需改造对象存量； 第二季度：累计完成4万户农村危房改造任务开工建设； 第三季度：累计完成7万户农村危房改造任务开工建设； 第四季度：累计完成12万户农村危房改造任务开工建设
第四件事	到2020年，城乡经济社会发展一体化体制机制基本建立，农村社会治理体系和农村基层组织制度更加完善，农民民主权得到更好保障，农业支持保护体系、农业社会化服务体系、适合农业农村特点的农村金融体系更加健全，农业现代化水平和农民生活水平进一步提升，农村经济社会发展更具活力	加强农村公共服务设施建设和公共服务产品提供	1. 建成15个县（市、区）图书馆、文化馆总分馆制； 2. 在粤东西北地区建设或完善100个乡镇文体广场； 3. 完成26万场农村公益电影放映任务； 4. 实施饮水安全巩固提升工程，推进94个县实施村村通自来水工程建设，全年完成投资46.9亿元
		完善农业保险制度和农村金融服务	1. 推进54个试点县普惠金融"村村通"，乡村金融服务站和助农取款点实现行政村全覆盖； 2. 2016年新增生猪、家禽、荔枝、龙眼、香蕉、木瓜6个险种，全面实施家禽、生猪和岭南特色水果政策性农业保险

第一章　目标导向：广东省预算绩效管理先试先行

续表

民生实事名称	绩效总目标	阶段性目标	
第四件事	到2020年，城乡经济社会发展一体化体制机制基本建立，农村社会治理体系和农村基层组织制度更加完善，农民民主权利得到更好保障，农业支持保护体系、农业社会化服务体系、适合农业农村特点的农村金融体系更加健全，农业现代化水平和农民生活水平进一步提升，农村经济社会发展更具活力	加强基层组织建设和公共事务管理	1. 有效整合现有各类基层公共服务平台的场所、设备、人员、经费等资源，将面向基层群众的公共服务事项纳入县、镇、村（社区）三级综合平台集中办理，逐步实现公共服务事项"一站式"办理，"一条龙"服务； 2. 将省财政转移支付地区的行政村办公经费补助提高到每年6万元，村干部补贴提高到每月2 200元
		坚持精准扶贫、精准脱贫	启动实施2016~2018年脱贫攻坚工程，规划到户、责任到人，对全省相对贫困人口、相对贫困村情况开展全面摸查核准，开展建档立卡、动态管理，推进扶贫开发，调整珠三角和粤东西北扶贫结对关系，加快形成全社会参与的扶贫大格局
第五件事	立足卫生强省建设，优化医疗卫生资源配置，构建与全省国民经济和社会发展水平相适应、与居民健康需求相匹配的整合型医疗卫生服务体系，为建设卫生强省、打造健康广东，奠定医疗卫生基础	在卫生资源配置方面，一是完善县人民医院医疗设备配置，加强乡镇卫生院标准化建设，提升县人民医院和乡镇卫生院的服务能力，尽快达到县域内住院率90%以上、实现大病不出县的目标；二是聘请和培训卫生人才队伍，为提高医疗卫生工作质量和水平提供人才支持。另外，通过实施基本公共卫生服务项目，使常住居民逐步享有均等化的基本公共卫生服务，并通过提高城乡居民的补助标准和保障水平，减轻参保人医疗费用的支出，进一步提高了城乡居民的生活质量	
第六件事	全省教育整体水平达到全国先进水平，全面建成教育强省和人力资源强省。到2018年，教育结构更加优化，教育服务体系更加健全，教育公平保障、教育发展质量、教育贡献程度、教育治理水平位居全国前列，教育现代化取得重要进展，基本建成教育强省和人力资源强省。到2020年，实现更高水平的普及教育和惠及全民的公平教育，教育现代化发展水平高，基本形成在国内有广泛认同度、在国际上有一定影响力的南方教育高地	完善各类教育发展保障机制	地市属中职学校（含技工学校）的免学费补助标准提高到每年3 500元； 省直属高等职业院校生均综合定额标准提高到每年6 000元； 农村寄宿制学校生均住宿费补助标准提高到每年200元； 学前教育困难家庭幼儿资助标准提高到每年1 000元； 将山区和农村边远地区学校教师补贴政策实施对象扩大到公办普通高中和公办幼儿园在编在岗工作人员，补助标准提高到人均不低于每月800元； 对少数民族地区少数民族大学生就读本专科期间按每生每年发放10 000元学费和生活费补助
		扩大教育资源覆盖面，提升教育普及率	建成10所标准化特殊教育学校

续表

民生实事名称	绩效总目标	阶段性目标	
第七件事	完成省政府部署的民生实事、供给侧改革和精准扶贫工作中的就业和失业保险工作目标。实现全年城镇新增就业110万人，城镇失业人员再就业50万人，就业困难人员再就业10万人，城镇登记失业率控制在3.5%以内。实现年内应届高校毕业生就业率达90%以上，"双困"毕业生就业率达100%，农村富余劳动力转移就业率保持在90%以上，全年促进创业10万人	一、对50个左右省级优秀创业项目每个给予5万~20万元资助，对10个省级示范性创业孵化基地每个一次性奖补50万元，支持10个左右区域性（特色性）创业孵化基地。按照"优化大环境、搭建大平台、统筹大活动、育成新机制"的总体思路，统筹推进创业带动就业工作	第一、第二季度，启动广东"众创杯"创业创新大赛筹备工作，启动第二批创业孵化基地评选工作；第三季度，举办前述大赛和确定孵化基地名单；第四季度，向省级优秀创业项目拨付资助资金，向省级示范性孵化基地拨付奖补资金，向第二批区域性特色性孵化创业基地拨付建设支持资金
		二、发放社会保险补贴、岗位补贴等各项就业创业补贴20亿元，重点扶持高校毕业生、就业困难人员就业	各地要统筹兼顾，分类施策，精准发力，支持扩大和促进就业，统筹做好高校毕业生等重点群体就业工作。每季度拨付创业就业补贴约5亿元，全年累计发放20亿元以上
		三、补贴参加技能晋升培训的劳动者22万人次。提高劳动者技能，促进劳动者就业	第一季度：完成20%，补贴4.4万人次；第二季度：完成50%，补贴11万人次；第三季度：完成75%，补贴16.5万人次；第四季度：完成100%，补贴22万人次
第八件事	省级生态公益林补偿标准提高到每亩26元	优化生态公益林布局，推动生态公益林扩面提质，健全完善生态公益林效益补偿机制	
	启动练江流域普宁、潮阳、潮南3个纺织印染环保综合处理中心建设，年底前完成园区基础设施和污水集中处理厂等环保设施主体工程建设	以产业集聚强化工业污染治理，以水污染防治工程建设改善水环境质量。从而完成练江污染整治"一年有进展，三年见成效，六年除黑臭"的总体目标	
	对纳入计划的生态发展地区污水处理厂按日处理能力每万吨1 000万元予以一次性补助	支持生态发展地区污水处理厂在建和新建的污水处理管网建设、污水管网养护和污水处理设施运营	

续表

民生实事名称	绩效总目标	阶段性目标
第八件事	启动15个示范县的镇村污水处理项目建设	指导全省15个生活污水采用PPP模式处理示范县（市、区）推进污水处理设施建设工作，逐步实现污水处理设施区、县域、镇、村全覆盖
	全面完成"一县一专场"建设任务，村庄保洁覆盖面达到90%，农村生活垃圾分类减量比例达到30%，80%以上的农村生活垃圾得到有效处理	深入开展农村环境连片整治，建立健全农村垃圾收运处理体系和管理长效机制，实现农村废弃物无害化处理，基本完成全省村庄整治任务
第九件事	1. 全省1 000家农贸市场（含超市）开展食品安全快速检测工作，推进食用农产品快检能力建设，推动食用农产品市场开办者管理责任和经营者主体责任的落实	
	2. 启动智慧食药监项目建设是通过加快推进广东省食品药品安全监管信息化（智慧食药监）建设，力争率先走出"智慧食药监"第一步，利用大数据、云计算等手段提高广东省食品药品监管信息化水平。建成全省统一的食品药品监管数据中心以及覆盖省、市、县（市、区）、乡镇（街道）四级食品药品监管部门的统一信息网络，形成互联互通、信息共享、业务协同、统一高效的信息化系统，创新监管模式，提高监管效能，保障人民群众饮食用药安全	
	3. 支持欠发达地区司法行政部门办理法律援助事项及公职律师事务所开展法律援助业务是通过青年志愿者行动，以强调公益、服务自愿、适当补助为原则，增强欠发达地区的法律援助服务力量。通过发放欠发达法律援助办案补贴，解决欠发达地区日益增长的法律援助服务需求，优化欠发达地区的法律援助供给结构，使欠发达地区法律援助案件补贴与群众需求及市场发展相匹配。建设"互联网+法律援助"服务平台，优化广东省法律援助服务的供给结构，提高法律援助的供给数量和质量，依靠机制创新和科技创新，在政府的宏观调控下，引入市场机制与多元化服务主体，创造公平、公正、持续、有效的法律援助服务环境，形成政府购买、市场竞争和志愿者参与的复合型公共服务供给机制，构建政府主导、多元化、社会化的法律援助供给体系	
	4. 公路安全生命防护工程建设"平安公路"，力争基本消除示范路段中风险水平为Ⅳ级和Ⅴ级的路段，探索公路安全生命防护工程处置技术，制定广东省公路安全生命防护工程有关技术指南、管理制度，形成贯穿排查、设计、施工到评估的有示范作用的全套技术体系和管理制度体系，逐步形成省内公路安全生命防护工程技术专家组，打造技术人才团队	

续表

民生实事名称	绩效总目标	阶段性目标
第十件事		1. "平安海洋"项目目标：在原有沿海海洋气象观测网的基础上，通过原址新建或选址新建方式，在广东省近海海域内，沿海海岛关键区增加布设海岛自动气象站10个。"平安山区"项目目标：完成自动气象站设备的调研和选型，并在粤东西北12个市（韶关、揭阳、河源、梅州、云浮、清远、潮州、茂名、阳江、汕头、湛江、汕尾）山洪地质灾害易发区中挑选100个区域自动气象站进行重点建设。根据项目目标，省气象局制订了阶段性季度目标

2. 动物疫病防控方向项目总目标：全面提升粤东西北地区动物防疫能力，努力确保不发生区域性重大动物疫情。具体目标：（1）依据《动物疫病强制免疫计划》，高致病性禽流感、高致病性猪蓝耳病、口蹄疫、猪瘟四种动物疫病群体免疫密度常年维持在90%以上，其中应免畜禽免疫密度达到100%；（2）依据《动物疫病监测计划》《流行病学调查方案》等，四种动物疫病监测抗体水平达到70%以上；（3）按照《狂犬病防治技术规范》等实现犬只狂犬病免疫覆盖率逐年提升；（4）按照《重大动物疫情应急条例》《突发重大动物疫情应急预案》《动物H7N9禽流感应急处置指南（试行）》等，实现疫情和突发事件早快严小处置；（5）实现产地检疫、屠宰检疫申报检疫率100%，养殖环节病死畜禽无害化处理监管率100%，生猪耳标上市佩戴率100%，动物卫生风险管理范围逐步扩大，种畜禽动物疫病净化省级评估验收通过20~30家；（6）维护好从化无规定马属动物疫病区，为香港马会赛马场项目的落地建设，助力从化经济发展打好基础，增加从化、广州乃至广东的新的经济增长点

3. 两区域性避风锚地、三个示范性渔港建设项目目标：启动并建成上述2个区域性避风锚地、3个示范性渔港，建设内容和建设标准应达到《广东省现代渔港建设项目实施方案》规定的建设内容标准。2016年绩效阶段性目标：第一季度，启动锚地、渔港用海论证、环评和相关海域使用申请、审批等工作。第二季度，启动锚地、渔港勘察，初步设计招标工作，确定锚地、渔港设计单位。第三季度，启动施工图设计和投资评审工作，确定财政投资总额，确定建设施工单位和监理单位。第四季度，锚地、渔港开工建设，加强项目监管 |
| 一是服务人员不足 | 第一件事：提高底线民生保障水平

省民政厅 | 如底线民生、救助扶困等惠民政策是以孤儿、五保、事实无人抚养儿童等困境群众作为保障和管理对象，资金分配也以上述对象人数作为分配基数的。因此，只有精准地掌握每类对象的人数、困境情形等基本情况，并随时了解其相关情况的动态变化情况，才能准确地预测资金量和提供针对性的服务方式和内容。目前，各地民政部门主要依靠街道、村委等基层工作人员的走访调查结果，或者是聘请专人管理复核结果来获取扶持对象的基本情况或变动情况。但是受经费、人力、信息开放共享程度不高等影响，民政不能及时准确掌握扶持对象的实际变动情况，以致不能科学、准确地预测资金量，导致实际支出数与资金预测数差异较大，造成出现财政资金沉淀或缺口。在现场评价时，发现湛江市"事实无人抚养儿童"项目2016年省级财政按预算申报数下达资金2 785万元，实际支出287.03万元，支出率仅为10.31% |

续表

一是服务人员不足	第四件事：政策农业保险	韶关市农业局	农业政策保险甚至因为部分农村协保员经验欠缺、业务不熟，对农业保险政策一知半解，在实际操作中，经常出现出险时对报损清单（报损面积、报损户数、农户信息）收集不及时，填写报损清单有误，查勘定损后不能及时签发理赔认定书等情况，影响农业保险保费的正常理赔，引发受灾农户的不满
二是专业人才匮乏	第五件事：基本公共卫生服务	清远、汕头等市卫计局、肇庆市官圩卫生院	清远、汕头等市的卫生院和村卫生站因专职服务人员不足，以致下达基本公共卫生服务任务低于10%，肇庆市官圩卫生院部分0~36个月儿童没有中医院健康管理服务记录
	第六件事：支持学前教育发展资金	梅州、揭阳等市教育局、大埔县特殊教育学校	梅州、揭阳等市特殊教育教师严重紧缺，大埔县特殊教育学校在籍学生96人，其中85人采取送教上门的方式就读，而该校专职教师仅有9人，揭阳市全市甚至没有1名专职教师，残疾学生受教育的权利难以得到保障
三是基层工作中以人为本的服务意识的理念淡薄	第四件事：精准扶贫精准脱贫	揭西县财政局	我省精准扶贫精准脱贫三年攻坚时间已过半，但是仍有个别地区（如揭西县）依然对精准扶贫、精准脱贫工作存在观望态度，未积极督促和指导，以致精准扶贫工作进展迟缓，扶贫专项资金的支出率几乎为零
	第六件事：特殊教育提升计划资金	省教育厅、河源市源城区特殊教育学校、揭阳市榕城区特殊教育学校	现场核查发现，存在多个地区因建设用地无规划、用地手续不完善等问题影响了特殊教育学校新建、改扩建工作的推进。如：河源市源城区特殊教育学校、揭阳市榕城区特殊教育学校等。一是在项目论证立项时，教育部门与财政、国土等部门协调不充分，未能提前规划落实建设用地，导致财政资金到位后无法立即实施。二是资金下达到项目单位后，由于各地区教育部门与国土部门在项目土地使用及管理上未能得到有效协调，从而使项目无法开展，影响项目进度，致使财政资金闲置、未能充分发挥其社会经济效益
	第五件事：乡镇卫生院标准化建设项目	省卫计委、肇庆市广宁县古水镇中心卫生院	2016年全省各县级财政应统筹资金共15 881.19万元，实际到位6 673.58万元，资金到位率为42.02%，资金及时到位率偏低。由于地方财政困难，乡镇卫生院亦未能自行解决，造成工程建设中断。如肇庆市广宁县古水镇中心卫生院由于县级配套资金无法到位，导致卫生院标准化建设只完成土建建设，尚未开展装修工程，影响使用效果。资金缺口可能会导致项目烂尾，也会导致挪用其他专项资金的风险，从而影响资金的绩效

续表

			问题五：监督管理执行未精准到位，资金效益打折扣
一是在项目实施过程中监管不到位，未能及时纠正偏差行为，以致部分项目存在质量管理隐患	第二件事：用于支持发展养老服务业	廉江市民政局、廉江市养老院	没有提供建设工程的主材《检测报告》，项目质量、安全管理存在隐患。2016年"用于支持发展养老服务业"涉及三大类十一项扶持内容，其中有10.88%的专项资金用于工程建设项目或基础设施的新建、改建、扩建。2017年8月4日，现场核查湛江廉江市养老院项目时了解到，该项目总投资7 138 420.37万元，其中省级财政资金300万元，属于新建项目。作为建设工程项目，及时送检建筑主材，获得评定"合格"的《检测报告》是关键环节，而当日湛江廉江市养老院没能提供建筑主材送检合格的《检测报告》、进场钢筋、商品混凝土平行验证记录等资料，存在质量、安全管理隐患
	第三件事：农村危房改造	茂名电白区住建局、河源东源县住建局	部分农户不愿意参照《农村危房改造抗震安全基本要求（试行）》《农村危房改造房屋鉴定技术导则》等要求投入资金建设改造房，以致部分重新修建房屋质量安全存在隐患。现场核查的茂名市电白区重新修建的房屋多为砖混结构，砖厚180mm，不满足当地抗震设防烈度7度要求，房屋质量安全存在隐患；由于未对拆除危房的时限做出规定，东源县灯塔镇个别农民搬入新房后，原有的住房没有及时拆除，仍在危房中乘凉或存放物品。上述工程或项目安全隐患极大，主管部门均未能限时做出纠正处理
二是资金使用上，个别项目资金支出无审批手续，未按规定程序和用途支付、使用资金	第三件事：城镇保障性安居工程（棚户区改造）	广东省铁合金厂棚户区改造项目	城镇保障性安居工程（棚户区改造）对政策理解、执行出现的偏差。查阅《广东省国有工矿棚户区改造省级补助资金管理办法》中第四章第七款明确规定："补助资金用于补助政府组织实施的国有工矿棚户区改造项目……补助资金不发放到个人，不得用于国有工矿棚户区改造中回迁安置房之外的住房开发、配套建设的商业和服务业等经营性设施建设支出。"但2017年8月2日，在广东省铁合金厂棚户区改造项目现场检查发现，每户1万元的省级配套基础设施补助资金已发放到个人
	第十件事：现代渔港建设	惠来县财政局	惠来神泉港锚地项目绝大部分资金支出未在事前履行支付审批手续，涉及资金上千万元
	第五件事：基本公共卫生服务	广宁古水中心卫生院、端州城西服务中心	个别卫生院在项目补助支出中列支职工的社保费、退休费等明确规定不允许开支的费用；另外，在该项目资金中分摊电费、燃料费等日常开支费用，但无法提供合理的分摊标准和分摊依据

续表

| 三是配套的工程建设管理工作指引和水质监测机制等相关制度存在滞后性，导致项目实施过程中缺乏操作依据 | 第四件事：村村通自来水工程 | 省水利厅 | 村村通自来水工程配套的工程建设管理工作指引和水质监测机制等相关制度存在滞后性，导致项目实施过程中缺乏操作依据，使得许多地方虽然已完成农村自来水工程建设，但水质监测合格率未达到国家标准，农民群众饮水安全难以得到保障。根据卫生计生部门组织开展的2016年全省饮用水卫生监测结果，在全省设置的3 620个农村饮用水卫生监测点所监测的7 285份水样中，42项水质常规指标总体合格率仅为55.24%，不合格指标主要包含微生物及消毒剂相关指标等 |

三、预算绩效自评为主

2017年，广东省财政厅根据新《预算法》"讲求绩效"的有关要求，在总结历年自评工作开展经验的基础上，通过扩大自评范围、修订指标体系、简化评价程序、公开自评报告、制定工作规程等有效措施，实现绩效自评扩容、提质、增效、创新目标的同时，逐步提高预算单位绩效观念，强化资金使用单位责任主体意识。

（一）扩大自评范围，拓展评价广度

2017年，在省级部门预算500万元及以上的支出项目的绩效自评范围基础上，将所有省级财政专项资金和试点部门的整体支出均列入绩效自评范围，范围从1类拓展为3大类。据初步统计，列入绩效自评范围的为700个左右部门预算支出项目、50个专项资金和12个试点部门的整体支出。

（二）修订指标体系，挖掘评价深度

分类型制订自评指标体系，根据自评范围，将自评指标体系分为财政资金项目支出绩效自评指标、财政专项资金绩效自评指标和整体支出绩效自评指标3类，提高预算绩效自评的针对性；分层级修订自评指标体系。为更好地将绩效意识贯穿于绩效自评全过程管理，按照"事前有绩效目标、事中有绩效监控、

事后有绩效结果"的逻辑框架，对项目支出自评指标体系进行修订。经调整后，一级指标由 2 个调整为 3 个，二级指标由 7 个调整为 8 个，三级指标由 13 个调整为 15 个。

（三）简化自评内容，提升评价质量

通过分析历年自评基础信息点采集内容、征询省直有关单位意见等方式，根据"注重评价质量，突出绩效重点"的原则，简化自评内容，进一步增强自评信息采集的简单化，提升绩效自评质量。精简自评内容具体表现为：精简了基本情况、目标设置、资金管理等信息点；合并了预期投入、预算执行情况、项目实施内容等信息点；量化了项目的实施进度、验收情况、监管情况等内容。

（四）创新监督模式，改革评价方法

在"管理主体统一组织，责任主体分级落实"的原则下，将"财政部门布置、省直部门开展并申报、财政部门（或组织专家）审核、征求审核意见、通报审核结果"的绩效自评监督模式创新为"财政部门布置、省直部门开展、省直部门公开自评结果、财政部门通报进度、省直部门接受公众监督"的绩效自评流程，进一步理顺绩效自评管理主体和责任主体的职责，强化了资金使用单位责任主体的角色。

（五）制订自评规程，夯实评价基础

通过对历年来我省绩效自评工作实施情况的认真研究，结合预算绩效管理改革工作要求，在"一个办法＋X 个规程＋X 个细则"的总体框架下研究完成了《广东省省级预算绩效自评工作规程》，对绩效自评工作的目的、依据、适用范围、原则、职责任务、业务规范、工作程序等方面作了明确规范。

（六）财政支出项目绩效自评基本指标体系

财政支出项目绩效自评基本指标体系见表 1-7。

表1-7　　财政支出项目绩效自评基本指标体系（参考格式）

评价指标						指标说明
一级指标		二级指标		三级指标		
名称	权重(%)	名称	权重(%)	名称	权重(%)	
前期工作	20	前期研究	7	论证决策	7	反映立项论证的充分性，包括目标是否明确、合理；项目是否符合经济社会发展规划和部门年度工作计划；是否根据需要制定中长期实施规划；项目设立是否经过科学决策程序。（对专项资金）资金投向和结构是否合理，是否符合相关管理办法，符合公共财政扶持方向及资金设立目标
^	^	目标设置	6	目标完整性	3	反映目标设置是否包含公共产品数量、质量、成本内容，是否具体化到指标及其目标值
^	^	^	^	目标科学性	3	反映资金绩效目标设置是否明确、合理、细化、量化；资金绩效目标是否与项目属性特点、支出内容相关，体现决策意图，同时合乎客观实际
^	^	保障机制	7	组织机构	3	反映保障项目实施的机构是否健全、分工是否明确
^	^	^	^	制度措施	4	反映是否制定了相应的资金、项目管理制度以及项目实施方案（计划）
实施过程	30	资金管理	17	资金到位	5	反映各类资金的到位情况，包括到位比率及到位及时性
^	^	^	^	资金支付	4	反映各类资金的实际支出情况
^	^	^	^	财务合规性	8	反映资金支出规范性，包括资金管理、费用支出等制度是否严格执行；会计核算是否规范反映是否存在支出依据不合规、虚列项目支出的情况；是否存在截留、挤占、挪用项目资金情况；是否存在超标准开支情况
^	^	项目管理	13	实施程序	8	反映项目实施过程是否规范，包括是否符合申报条件；申报、批复程序是否符合相关管理办法；项目招投标、调整、完成验收等是否履行相应手续等
^	^	^	^	项目监管	5	反映主管部门对项目的检查、监控、督促等管理等情况

续表

| 评价指标 |||||| 指标说明 |
| 一级指标 || 二级指标 || 三级指标 || |
名称	权重(%)	名称	权重(%)	名称	权重(%)	
项目绩效	50	经济性	5	预算（成本）控制	5	反映对项目成本（预算）控制、节约等情况（支出是否节约）
		效率性	10	完成进度及质量	10	反映项目实施（完成）的进度及质量等情况
		效果性	30	社会经济效益	25	反映项目实施直接产生的社会、经济效益，主要通过项目资金使用效果的个性指标完成情况反映
				可持续发展	5	反映项目完成后，后续政策、资金、人员机构安排和管理措施等影响项目持续发展的因素，以及项目实施对人、环境、资源是否带来可持续发展
		公平性	5	公共属性	5	反映项目与增加公共利益、公共福利和保障公共安全方面的相关联程度，项目实施是否造成社会不公而引起纠纷、诉讼、信访、上访甚至违法犯罪

资料来源：广东省财政厅。

（七）财政支出项目绩效自评指标表

财政支出项目绩效自评指标表见表1-8。

表1-8　　　　　财政支出项目绩效自评指标表（参考格式）

| 评价指标 ||||||| 指标说明 | 评分标准 | 自评情况 || 财政部门/专家审核意见 |
| 一级指标 || 二级指标 || 三级指标 || 四级指标 ||||||
名称	权重(%)	名称	权重(%)	名称	权重(%)	名称	权重(%)			自评得分依据	自评得分	
前期工作	20	前期研究	7	论证决策	7			反映立项论证的充分性，包括目标是否明确、合理；项目是否符合经济社会发展规划和部门年度工作计划；是否根据需要制定中长期实施规划；项目设立是否经过科学决策程序。（对专项资金）资金投向和结构是否合理，是否符合相关管理办法，符合公共财政扶持方向及资金设立目标	按规定要求履行了立项手续，可行性研究报告、概算批复文件等相关附件资料齐全的得7分；按规定要求履行了立项手续，但可行性研究报告、概算批复文件等相关附件资料不齐全4的得分；没有按规定要求履行立项手续的不得分			
		目标设置	6	目标完整性	3			反映目标设置是否包含公共产品内容、数量、质量、成本内容，是否具体化到指标及其目标值	各项目单位申请资金材料（计划）中设置的目标明确了提供的公共服务产品内容、数量、质量成本等，并明确时间的得3分，缺少一方面的内容扣1分，扣完为止；目标不够细化的酌情扣分			

续表

| 评价指标 ||||||| 指标说明 | 评分标准 | 自评情况 || 财政部门/专家审核意见 |
| 一级指标 || 二级指标 || 三级指标 || 四级指标 |||||||
名称	权重(%)	名称	权重(%)	名称	权重(%)	名称	权重(%)			自评得分依据	自评得分	
前期工作	20	目标设置	6	目标科学性	3			反映资金绩效目标设置是否明确、合理、细化、量化；资金绩效目标是否与项目属性特点、支出内容相关，体现决策意图，同时合乎客观实际	各项目单位申请资金材料（计划）设置计划、目标的科学程度：非常科学合理的得3分，较好的(2，3]；一般的(0，2]，不符合的不得分			
^	^	保障机制	7	组织机构	3			反映保障项目实施的机构是否健全、分工是否明确	1. 有专门的项目实施组织机构得1分，没有的不得分；2. 根据该专门机构的执行能力情况评分，很好的得2分，较好的(1，2]，一般的(0，1]，没有的不得分			
^	^	^	^	制度措施	4			反映是否制定了相应的资金、项目管理制度以及项目实施方案（计划）	需要建立了以下相应的管理办法，有建立的得分，没建立的不得分：1. 资金管理制度(1分)；2. 项目管理制度(1分)；3. 项目实施方案(2分)，其中项目实施方案的科学性占1分，没有制定的该项不得分			

续表

| 评价指标 ||||||| 指标说明 | 评分标准 | 自评情况 || 财政部门/专家审核意见 |
| 一级指标 || 二级指标 || 三级指标 || 四级指标 ||||| 自评得分依据 | 自评得分 ||
名称	权重(%)	名称	权重(%)	名称	权重(%)	名称	权重(%)				
实施过程	30	资金管理	17	资金到位	5			反映各类资金的到位情况,包括到位比率及到位及时性	资金指标到位率100%得5分;因各级财政部门原因造成资金未全额到达项目单位的不扣分;属主管部门原因造成资金未全额到达项目单位,满分乘以到位率;原因不明的按照满分乘以到位率计算			
				资金支付	4			反映各类资金的实际支出情况	全部支付得满分,以实际支付金额作为考核值,如实际值大于等于目标值则指标得满分,否则指标得分=实际值/目标值×100×指标权重			
				财务合规性	8			反映资金支出规范性,包括资金管理、费用支出等制度是否严格执行;会计核算是否规范、是否存在支出依据不合规、虚列项目支出的情况;是否存在截留、挤占、挪用项目资金情况;是否存在超标准开支情况	下述各项要求2分,未达到酌情扣分,累加满分8分: 1. 补助资金全部用于项目单位发展有关项目; 2. 实行专户统一管理; 3. 按计划支出; 4. 支出记录完整规范,凭证合格有效			

续表

| 评价指标 ||||||| 指标说明 | 评分标准 | 自评情况 || 财政部门/专家审核意见 |
| 一级指标 || 二级指标 || 三级指标 || 四级指标 ||||||
名称	权重(%)	名称	权重(%)	名称	权重(%)	名称	权重(%)			自评得分依据	自评得分	
实施过程	30	项目管理	13	实施程序	8			反映项目实施过程是否规范，包括是否符合申报条件；申报、批复程序是否符合相关管理办法；项目招投标、调整、完成验收等是否履行相应手续等	下述各项要求未达到酌情扣分，累加满分8： 1. 指定专门机构负责本项目资金及业务管理工作，职责分工明确（1分）； 2. 编制了完善的本项目资金使用计划（1分）； 3. 组织有关项目设计、招投标（1分）； 4. 按相关的管理制度执行，如政府采购、招投标、国库集中支付、资金报账、法人负责制等（2分）； 5. 项目调整履行报批手续（1分）； 6. 组织检查项目的实施、验收等工作（2分）			
				项目监管	5			反映主管部门对项目的检查、监控、督促等管理等情况	项目主管部门对项目检查、监控等管理措施到位有力的得（4, 5]，较为有力得（2, 4]，一般（0, 1]，不得力的不得分			

续表

| 评价指标 ||||| 指标说明 | 评分标准 | 自评情况 || 财政部门/专家审核意见 |
| 一级指标 || 二级指标 || 三级指标 || 四级指标 |||||||
名称	权重(%)	名称	权重(%)	名称	权重(%)	名称	权重(%)			自评得分依据	自评得分	
项目绩效	50	经济性	5	预算（成本）控制	5			反映对项目成本（预算）控制、节约等情况（支出是否节约）	有关项目预算控制非常好，不超预算的得5分，较好的[3,5]，一般(0,2]，差的不得分。采取了成本控制的措施，并取得一定效果			
^	^	效率性	10	完成进度及质量	10			反映项目实施（完成）的进度及质量等情况	1. 阶段性目标清晰，按照进度计划完成或提前完成阶段性目标的得5分；未按计划完成，按逾期程度酌情扣分；因材料叙述笼统，难以判定项目是否按照进度进行的得（0~2）； 2. 项目实施取得良好的效益，没有产生副作用和安全事故。按验收结果情况分优良(5分)、合格(3~4分)、不合格(0分)，出现安全事故的得0分			

续表

| 评价指标 ||||||| 指标说明 | 评分标准 | 自评情况 || 财政部门/专家审核意见 |
| 一级指标 || 二级指标 || 三级指标 || 四级指标 ||||||
名称	权重(%)	名称	权重(%)	名称	权重(%)	名称	权重(%)			自评得分依据	自评得分	
项目绩效	50	效果性	30	社会经济效益	25			反映项目实施直接产生的社会、经济效益，主要通过项目资金使用效果的个性指标完成情况反映	根据设定的个性化社会效益指标实际值与目标值比较，完成情况很好的得（20~25］，效果较好的得（15，20］，效果一般的得（5，15］，效果为差的得（0，5］，没有效果或效果差的不得分			
				可持续发展	5			反映项目完成后，后续政策、资金、人员机构安排和管理措施等影响项目持续发展的因素，以及项目实施对人、环境、资源是否带来可持续发展	1. 项目实施的各项软硬件设施管理维护完好得3分；2. 项目实施有利于经济社会生态的可持续发展，项目有后续的管理措施或机构人员得2分；3. 若材料中未进行可持续发展分析，基本分为5分，再从项目本身考虑项目的可持续能力，从基本分扣除			

续表

评价指标									指标说明	评分标准	自评情况		财政部门/专家审核意见
一级指标		二级指标		三级指标		四级指标				自评得分依据	自评得分	
名称	权重(%)	名称	权重(%)	名称	权重(%)	名称	权重(%)					
项目绩效	50	公平性	5	公共属性	5			反映项目与增加公共利益、公共福利和保障公共安全方面的相关联程度，项目实施是否造成社会不公而引起纠纷、诉讼、信访、上访甚至违法犯罪	项目与增加公共利益、公共福利和保障公共安全方面的相关联程度，分优秀（5分）、良好（4分）、一般（3分）、差（2分）、很差（1分）五个档次酌情给分；项目实施造成社会不公而引起纠纷、诉讼、信访、上访甚至违法犯罪的，得0分			

资料来源：广东省财政厅。

专栏3：关于开展2011年省级财政支出项目绩效自评工作的通知

PART1：2011年省级财政支出项目绩效自评工作方案

为切实做好2011年省级财政支出项目绩效自评工作（以下简称自评工作），强化绩效观念，提高财政资金使用效益，根据《广东省财政支出绩效评价试行方案》等规定以及2011年省财政厅财政支出绩效管理工作计划，制定本绩效自评工作方案。

一、绩效自评目的

财政支出项目绩效自评，主要是通过对项目资金使用情况、项目日常组织管理情况、项目绩效目标及完成情况的自我衡量，了解资金使用是否达到预期目标、资金管理是否规范、资金使用是否有效，检验资金支出效率和效果，分析存在问题及原因，及时总结经验，完善管理，有效提高部门单位预算管理和资金管理水平。

二、绩效自评原则

（一）分级实施、责任明晰。绩效自评工作由省财政厅统一组织管理，主管部门、项目（用款，下同）单位分级实施。省财政厅是自评工作的管理主体，主管部门、项目单位是自评工作的责任主体。省财政厅负责制定省级财政支出年度绩效自评工作方案，统一布置、指导、审核抽查自评情况；各主管部门负责本部门绩效评价工作的具体组织实施，布置、审查核实、总结评价本部门及所属项目单位的自评情况，确保自评工作质量；各项目单位是项目支出绩效的直接责任主体，必须按规定对所使用的财政资金进行绩效自评，并对所报送自评材料的真实性、准确性和完整性负责。

（二）绩效导向、科学规范。各部门单位要把绩效理念贯穿于整个自评工作过程，按规定的程序、内容和要求对资金使用实施绩效自评，科学选用反映项目专业特点的评价方法和绩效指标进行定量分析与定性分析，规范填报自评材料，合理准确地反映资金项目支出的绩效水平和目标实现程度。

（三）实事求是、客观真实。各部门单位要全面收集整理评价基础数据资料，实事求是地反映项目绩效目标及完成情况、项目存在问题等内容，确保各项评价数据资料客观真实，符合项目实际情况和评价工作要求，杜绝虚报、错报、漏报、瞒报等弄虚作假现象。

三、绩效自评范围

根据《广东省财政支出绩效评价试行方案》规定，结合财政支出实际情况，2011年省级财政支出项目绩效自评范围包括：

（一）省财政2010年10月以前安排资金500万元以上（含500万元）的项目。

（二）2010年10月以后下达资金，属于奖励、补贴、采购等性质的支出并在实施自评时已支付完毕的项目。

（三）省财政跨年度安排资金的项目（指省财政连续2年或以上安排资金的项目）。

（四）省财政以前年度安排资金，但由于客观原因没有开展自评的项目。

（自评项目详见附件6）

四、绩效自评内容

（一）前期工作情况。主要包括前期研究、目标设置（指目标完整性、目标科学性）、保障机制（指组织机构、制度措施）。

（二）项目组织情况。主要包括资金管理（指资金到位、资金支付、财务合规性）、项目管理（指实施程序、项目监管）。

（三）项目绩效情况。主要包括经济性（指预算成本控制）、效率性（指完成进度及质量）、效果性（指采用体现项目专业特点和实施效果的个性指标，通过实际状况与绩效目标对比反映出的社会经济效益，以及可持续性）和公平性（指公共属性）。

五、自评材料报送方式及内容

省直部门单位部门预算项目支出绩效目标申报实行纸质报送和网上申报同时进行的方式。省直部门单位应将项目绩效自评的纸质材料于2012年1月31日前报送省财政厅；同时于2012年1月31日前通过"广东财政绩效管理信息系统"网上填报绩效自评电子材料（操作说明见附件5）。需报送的自评材料包括：

（一）报送自评材料的正式函件。

（二）本部门单位自评工作情况报告（格式见附件4）：包括自评工作组织落实情况（需附上成立评价工作小组的文件资料），自评项目重点抽查情况，自评材料审核意见，自评材料及相关附件资料报送情况，本部门、本年度项目的总体绩效及主要问题，相关建议及有关说明等。

（三）各项目的自评材料。包括财政支出项目绩效评价指标表；财政支出项目绩效自评基础信息表；财政支出项目绩效自评报告；相关佐证材料。

佐证材料分两类。第一类包括资金支出明细账、完工项目验收资料（基建项目还包括竣工财务决算审计报告、竣工财务决算批复文件等），只报电子文档和目录清单，纸质材料由各部门整理归档备查；第二类包括项目申报立项的文件资料、项目调整的文件资料、资金管理办法及项目组织实施有关管理规定、资金支出总账和其他佐证材料，需报送纸质材料。

六、工作要求

（一）提高认识，落实责任。财政支出绩效评价是政府绩效管理的重要内容，是部门单位提高行政效能和用财水平的重要举措。各部门单位必须切实提高认识，加强统一组织和领导，认真总结自评工作经验，严格落实绩效管理责任，高效完成本部门单位自评工作任务。

（二）规范自评，确保质量。要把握自评重点和原则，突出"绩效"、注重"评价"。根据项目特点建立科学、可量化的指标体系，并填列《财政支出项目绩效评价指标表》（见附件1）；认真收集整理评价基础数据资料，客观填列《财政支出项目绩效自评基础信息表》（见附件2）；按自评报告参考提纲（见附件3）要求撰写自评报告，充分反映资金使用所实现的综合效果；加强现场勘验力度，严格自评材料审核，确保自评材料全面真实。为进一步规范自评工作，提高效率，今年的自评工作依托"广东财政绩效管理信息系统"开展。

（三）强化落实，按时完成。各部门单位要切实落实具体工作措施，统筹安排好各个环节的工作，进一步加强单位内部财务和业务部门之间的合作力度，加强与所属项目（用款）单位的沟通，加大业务培训和工作指导力度，严格按照本方案要求共同完成本部门本单位绩效自评工作。

PART2：广东省省级财政支出项目绩效自评报告

（2011年度）

项目名称：
省级项目主管部门：（公章）
（一级预算单位）
填报人姓名：
联系电话：
填报日期：

表1　　　　　　　　　　项目概况表（文字）

内容	项目概况情况 （每部分500字以内）
项目主管单位基本情况	
项目实施主要内容	

备注：可另附详细补充说明。

表2　　　　　　　　　　自评报告（文字部分）

一级指标	三级指标	自评得分	自评情况 （每项指标描述在300字以内）
合计			—
前期工作	论证决策		
	目标完整性		
	目标科学性		
	组织机构		
	制度措施		

续表

自评报告（文字部分）			
实施过程	资金到位		
	资金支付		
	财务合规性		
	实施程序		
	项目监管		
项目绩效	预算（成本）控制		
	完成进度及质量		
	社会经济效益		
	可持续发展		
	公共属性		

备注：可另附详细补充说明。

表3   问题及建议

提示：针对各项目，就存在问题及建议如实填写，注意限项限字。

序号	主要问题及原因 （限5条300字以内）	改进计划或建议 （限5条300字以内）
1		
2		
3		
4		
5		

表 4　　　　　　　　　　绩效自评工作情况报告（参考格式）

部门名称：

工作内容		工作情况（每项不超过300字）
本部门自评组织工作情况	自评组织机构设置情况	
	评价工作措施落实情况（包括布置、审核、检查等情况）	
项目用款单位自评工作情况	材料报送情况（主要包括资料的完整性和及时性）	
	材料质量情况（主要包括自评信息、报告表等填写的准确、真实性，佐证材料的报送等）	
本部门项目绩效情况	本部门所有项目绩效等级情况	
自评工作存在的问题及建议	存在问题	
	有关建议	

表 5　　　　　　　　　　　绩效自评工作情况审核标准

审核项目		审核内容	分值	评分标准
本部门自评组织工作情况	自评组织机构设置情况	是否成立了评价小组	10	1. 材料中提及，但无评价小组成立的文件（6分） 2. 有评价小组成立的文件（8分）
	评价工作措施落实情况	主要考核：1. 是否参加本年度省财政厅的自评布置培训；2. 是否及时布置、组织及指导所属项目用款单位自评工作；3. 是否对项目用款单位进行了现场核查等	20	1. 是否参加本年度省财政厅的自评布置培训（10分）； 2. 材料中提及指导自评工作的展开（10分），未提及（5分）； 3. 提及现场核查（12分），未提及（6分）
项目用款单位自评工作情况	材料报送情况	主要考核：绩效目标申报材料、自评材料（包括自评工作情况报告、自评表、自评报告及相关附件资料）是否按文件要求及时、完整报送等	20	1. 及时报送：准时报送（5分），迟报在10天以内（3分），迟报30天以内（1分），迟报一个月以上（0分）。 2. 缺少材料一项扣减2.5分（最后一项附件材料中如提到就算有）

续表

审核项目		审核内容	分值	评分标准
项目用款单位自评工作情况	材料质量情况	主要考核：1. 绩效目标申报表、自评表等填写是否规范，有无错填、漏填等情况；2. 自评报告是否按参考提纲要求撰写，相关内容与绩效目标申报材料是否相符，相关数据是否正确，与自评报告表是否相符，有无弄虚作假现象等	30	1. 基础信息表、指标表：错填/漏填一项减扣2分，最多减扣20分；2. 报告缺项扣5分，最多减扣20分；3. 材料之间数据不相符，一处扣减6分，最多减扣20分；4. 指标表用错扣减5分
本部门项目绩效情况	本部门所有项目绩效等级情况	主要考核：综合考核部门所有参与评价项目的等级情况	10	1. 基础信息表、指标表：错填/漏填一项减扣2分，最多减扣20分；2. 报告缺项扣5分，最多减扣20分；3. 材料之间数据不相符，一处扣减6分，最多减扣20分；4. 指标表用错扣减5分
自评工作的存在问题及建议	存在问题	主要考核：是否客观反映本部门工作存在的问题	5	根据反映问题的全面性、客观性评分
	有关建议	主要考核：是否提出了有建设性的意见	5	根据建议的科学性、可操作性等评分

四、第三方参与预算绩效管理的全过程跟踪

广东省自2011年整体委托第三方开展预算支出绩效评价以来，已从试点阶段的4个重点评价项目扩大到2017年200个项目。7年来，第三方实施重点评价项目共494个，涉及财政资金8 249亿元。如何从规范、操作和质量上指导第三方机构更好地参与预算绩效管理，提升预算绩效管理的客观性和公信力，广东省财政厅通过三个"1"作了积极的探索，具体包括"1规程+1指南+1指标"并取得了实效。

1."1规程"

"1规程"是指《预算绩效管理委托第三方实施工作规程（试行）》（以下简称《规程》）。该《规程》以财政部门和预算部门视角，立足开展委托工作的指导性，对委托第三方实施预算绩效管理工作中的各方职责分工、机构选取条件、委

托程序及费用、工作环节、管理与考核等均作了明确规定。《规程》共6章28条，从宏观上规范预算绩效管理工作委托第三方实施的行为，确保了第三方机构客观、公正参与预算绩效管理，提高了预算绩效管理的公信力。

2."1指南"

"1指南"是指《预算绩效管理委托第三方实施业务指南》（以下简称《指南》）。该《指南》以第三方机构和主管部门视角，立足于开展具体工作的实操性，对预算绩效管理基础概念、操作流程、常见问题、典型案例和注意事项等做进一步介绍，有针对性地指导第三方机构承接业务，帮助主管部门了解、配合评价工作。《指南》共4章12个方面，从微观上引导第三方机构参与预算绩效管理工作的开展，有效控制绩效评价实施各环节的规范性和评判标准的一致性，从而提高绩效评价结果的质量。

3."1指标"

"1指标"是指《广东省财政绩效评价报告质量控制和考核指标》（以下简称《指标》）。该《指标》以委托部门视角，立足考核绩效评价报告的水平，对财政绩效评价报告质量控制设置了一套指标，主要从绩效评价的指标体系、报告内容、报告形式等方面对第三方机构出具的报告进行考核。《指标》包括3个一级指标、11个二级指标和19个三级指标，从质量上严控财政资金使用绩效第三方评价报告，切实提升了绩效评价报告的水平，从而提高绩效评价报告的权威性。

总体来看，广东省财政厅的"1规程+1指南+1指标"，既规范了政府部门选取第三方机构的宏观把握和微观注意，又指导了第三方机构开展预算绩效管理的理论经验和实际操作；既实现了对第三方机构实施绩效评价的过程监督，又提升了绩效评价报告的质量；既强化了财政部门管理财政资金使用效益的地位，又发挥了第三方机构作为独立评价方的作用。

专栏4：广东《预算绩效管理委托第三方实施工作规程（试行）》

PART1：预算绩效管理委托第三方实施工作规程（试行）

第一章　总则

第一条　为规范预算绩效管理工作委托第三方实施的行为，确保第三方独立、客观开展预算绩效管理，根据《预算法》《财政支出绩效评价管理暂行办法》《关于推进预算绩效管理的指导意见》《广东省省级财政专项资金管理办法》《省政府关于深化预算管理制度改革的实施意见》和《广东省财政支出绩效评价试行方案》等规定，制定本规程。

第二条　财政部门、预算部门（单位）（以下统称委托方）开展预算绩效管理工作时，需要委托第三方提供相关服务的，适用本规程。

第三条　本规程所称的预算绩效管理，是指运用规范的管理方法、管理程序，对财政政策、制度、管理效益和预算支出目标、预算执行以及预算支出结果实施综合评价管理，包括绩效目标管理、预算绩效监控、预算绩效评价，以及其他与预算绩效管理相关的工作。

第四条　本规程所称的第三方，是指与被评价政府部门和服务对象无隶属关系或利益关系的社会中介组织、民间组织和专家，主要包括会计师事务所、资产评估机构、社会研究机构、高等院校、科研院所、社会咨询机构及其他社会组织等。

第五条　第三方实施预算绩效管理工作应当遵循以下基本原则：

（一）依法依规原则。第三方按照《预算法》《保密法》等法律法规开展预算绩效管理工作，对工作行为及结果的真实性、准确性负责。

（二）客观公正原则。第三方应当中立、实事求是地实施预算绩效管理活动，评审意见及工作结果报告应当符合客观、公正的要求，按规定公开并接受监督。

（三）独立规范原则。第三方应当严格按照预算绩效管理工作程序及规范独立完成工作过程。

第二章　职责分工

第六条　委托方按照预算绩效管理有关规章制度，指导第三方开展相关工作，主要包括：

（一）组织布置预算绩效管理工作，对资金使用单位按规定开展绩效管理工作提出具体要求，落实分工责任，为第三方提供必要工作条件；

（二）按本规程规定选定第三方，办理委托相关手续；

（三）审定委托事项工作方案，协调相关部门（单位）关系，对委托事项进行监督管理和质量控制，确保委托工作正常开展；

（四）对委托事项进行审核验收，并按《预算绩效管理业务委托协议书》支付服务费用；

（五）按照《中华人民共和国政府信息公开条例》等有关规定，在专项资金管理平台、委托方及财政部门门户网站上公开第三方绩效评价报告。

第七条　资金主管部门、市县政府部门主要职责包括：按照上级或同级财政部门要求具体组织实施预算绩效管理工作；指导和协调资金使用单位配合第三方开展工作；根据第三方工作结果，提出优化本部门（地区）财政资源配置、加强财政专项资金使用绩效管理的意见。

第八条 资金使用单位主要职责包括：按照要求及时完成财政专项资金使用绩效自评工作；配合第三方开展工作，按要求收集、报送评价基础资料，并对真实性负责；根据第三方工作结果意见进行整改。

第九条 第三方按照有关绩效管理规定及《预算绩效管理业务委托协议书》等要求独立开展评价工作，主要包括：

（一）按照委托方工作要求制订受托工作实施方案，报委托方审定；

（二）客观公正、规范有序地开展受托工作，提交绩效评价报告，并对相关数据的真实性、完整性、准确性，以及对绩效评价报告的客观性、公正性负责；

（三）遵守工作纪律和保密要求，接受委托方的监督管理；

（四）做好委托业务信息资料归档管理工作；

（五）经委托方同意后在本单位门户网站上向社会公布绩效评价报告；

（六）协助委托方向相关部门就公开的第三方绩效评价报告进行解释；

（七）按协议收取服务费用。

第三章 第三方的选取和委托

第十条 第三方申请参加预算绩效管理工作应符合下列条件：

（一）具有法人资格和独立承担民事责任的能力；

（二）具有良好的商业信誉和健全的财务会计制度；

（三）具有相关行业管理部门认可的专业资质，具有一定规模且结构合理的专家支持系统，具有一定数量且与预算绩效管理工作相适应的专业技术及管理人员；

（四）最近三年的经营活动中没有重大违法记录。

第十一条 委托方可将预算绩效管理工作通过政府购买服务整体委托或部分委托给第三方承担。

（一）整体委托是将预算绩效管理某个环节（如绩效目标评审、绩效目标运行监控、绩效评价等）的全部工作委托给第三方。

（二）部分委托是将预算绩效管理的某个环节（如绩效目标评审、绩效目标运行监控、绩效评价）的部分事项、业务委托第三方承担。

第十二条 委托第三方承担预算绩效管理工作，一般按以下程序进行：

（一）委托方以政府购买服务的方式，通过公开招标方式，确定预算绩效管理工作服务资格中标的第三方。预算绩效管理工作服务资格中标有效期不超过三年。

（二）委托方向中标的第三方发出邀请，提出业务需求，包括预算绩效管理具体工作内容和要求、费用预算、以及评审评分要点等，并提供相关的文件资料及工作便利等。

（三）第三方按要求在规定的时间内制定预算绩效管理工作计划，主要包括人员（含专家）配备、采用的工作方法（包括基础资料收集等）、具体工作内容、程序及时间安排、质量保证体系及履约保证措施、服务费用报价等。

（四）委托方通过综合评分的方式，按照得分高低排序及利害关系回避原则，优先选取工作计划周详、行业信誉良好、实力业绩突出、报价合理的第三方承担相应的预算绩效管理工作，并将承接项目情况告知第三方。

（五）委托方与第三方签订《预算绩效管理业务委托协议书》，明确委托的具体任务和要求、委托和受托双方的权责、义务、服务费用和支付方法、违约责任等。

未经委托方同意，第三方不得将承接的预算绩效管理工作转包、分包给其他方实施。

第十三条　委托方实施预算绩效管理具体工作中需要聘请相关领域专家参与的，按《广东省财政厅专家库管理暂行办法》规定从专家库中随机抽取使用。

第十四条　按照政府购买公共服务"谁委托、谁付费"的原则，委托方应向承担预算绩效管理相关工作的第三方支付服务费用。

（一）委托服务费用的测算核定，可采用以下方法：

1. 定额计费法。依据委托业务的资金总额、分档费率、难度系数等因素测算委托服务费用。

2. 计时计费法。根据委托业务所需实际工作天数和人数，参照一定的费用标准计算委托服务费用。

省级预算绩效管理委托服务费用计费标准见附件2。各地财政部门可根据当地实际，制定适合当地工作实际和经济发展水平的费用标准。

（二）预算绩效管理委托服务费用，纳入本单位年度部门预算管理。

（三）委托服务费用的审批程序和支付办法按有关财务管理规定执行。

委托服务费用可实行分期支付，委托方在与第三方签订《预算绩效管理业务委托协议书》后，可先向第三方预付60%的委托费用，剩余40%费用视对第三方的委托工作完成情况、业务质量及工作纪律进行综合考评后支付。其中，考评结果为良及以上的,剩余费用全额支付;考评结果为中及以下的,可视具体情况适当扣减部分或拒付全部剩余费用。各地财政部门可结合本地实际对支付形式和支付比例作调整。

(四)第三方不得另行收取委托服务费用以外的其他任何费用。

第四章 第三方工作程序

第十五条 承担预算绩效管理委托业务的第三方按规定程序开展工作,主要包括前期准备、组织实施、提交披露三个阶段。

第十六条 前期准备阶段。主要工作内容包括承接业务、组织与设计受托任务、制定工作实施方案等。

(一)承接业务。主要包括参加委托方招标取得预算绩效管理工作服务资格;接受邀请制定预算绩效管理工作计划;接受委托签订《预算绩效管理业务委托协议书》等。

(二)队伍组建和信息采集。主要包括委派本单位人员组建工作小组,聘请包括公共政策、财务、管理以及专业技术等方面的专家组建专家小组;调研、收集整理及了解掌握工作对象基本情况、工作依据等资料信息。

(三)制定工作实施方案。工作实施方案内容主要包括:工作小组人员配备及专家小组成员构成;受托事项具体工作内容、实施步骤、计划时间安排及要求;评审评分的框架和标准;设计工作框架、分解落实工作任务、工作保障及具体实施时间;设定指标体系、选用评价标准及方法;设计评价基础数据表格、工作底稿、满意度调查文本等;现场核查的范围、重点及工作纪律等。受托事项工作实施方案应提交委托方审核。

第十七条 组织实施阶段。

(一)预算绩效目标管理组织实施阶段的主要工作内容包括:根据收集的资料,分析审核论证绩效目标的合规性、相关性、可行性、完整性和可衡量性,分析审核为确保绩效目标实现而制定的效率计划和工作措施的适宜性和合理性,并出具绩效目标评审意见书。

(二)预算绩效监控组织实施阶段的主要工作内容包括:

1. 绩效运行数据分析。围绕绩效目标的实现程度、效率计划实际进展及保障措施落实情况,收集核实分析绩效运行相关数据信息。

2. 定期现场督查。根据绩效运行相关数据信息分析情况,抽查部分样本,通过召开座谈会、查核资料和账务、实地勘察等方式实施定期现场督查。重点督查合同及计划是否得到有效执行,各项管理行为是否规范;预算支出行为是否有利于绩效目标的实现,是否体现设定的产出及绩效目标;内外部环境条件的变化是否对合同及计划产生影响;未来产出及绩效的预测情况等。

3. 撰写及提交绩效监控报告。根据绩效运行数据信息分析及现场督查等情况编写预算绩效监控报告,征集相关专家及绩效监控对象的反馈意见,修改完善提交委托方。

绩效监控报告应简洁及突出重点,主要包括关键点的绩效运行数据信息;对相关数据信息的核实、分析情况;对预期产出和预期绩效实现程度的分析判断;因内外环境变化情况已采取的改进措施;完善和改进建议等。

(三)预算绩效评价组织实施阶段主要工作内容包括:数据资料采集、核查核实及确认;现场核查评价、综合分析评价;撰写评价报告、反馈征询意见等。

1. 数据资料采集、核查核实、确认及分析。采集的基础数据、资料应由被采集对象加盖公章予以确认;对采集的基础数据以及相关佐证资料真实性和准确性进行核查;对相关材料进行审核分析,形成材料分析评审结果,包括需要现场核查评价需要重点关注的问题等。

2. 现场核查评价。现场评价对象根据资金(项目)属性、区域分布、金额大小等,按照每项资金不低于10%的资金比率随机选取。

现场核查评价主要采取现场答辩和实地核查(包括勘察,访谈,查验核实材料、账务、资产实物,问卷调查等)方式,对每一个选取的现场评价对象应形成有专家组成员签名的现场评价意见。

现场勘验核查发现的问题应与现场评价对象进行适当沟通并征询其意见,做到依法依规、实事求是、客观公正。

3. 综合分析评价。对采集的数据资料进行系统的汇集及综合,按照评价工作方案设定的评价指标、标准和方法,对被评价对象(单位)的绩效情况进行全面的定量定性分析和综合评价,形成评价初步结论,确定评价对象达到的档次。

评价结果分为优、良、中、低、差五个档次。其中:优秀(得分≥90)、良好(90,80]、中(80,70]、低(70,60]、差(得分<60)。

4. 撰写评价报告。根据综合分析评价结果及相关数据资料等撰写绩效评价报告草案。绩效评价报告应当依据充分,内容数据真实、完整和准确,结构规范、分析透彻清晰,问题及结论客观公正,建议及措施合理可行。一般由报告封面、正文部分、数据表格附件组成,其中正文部分内容主要包括:评价说明(如评价对象概述、评价依据、评价指标体系、评价流程等)、材料分析总体情况、现场评价总体情况、评价指标分析、综合评价结果(包括评价结论、主要绩效及存在问题等)、措施建议等。

5. 反馈征询意见。将评价报告草案书面征求专家及被评价单位意见。征求意见的时间不超过 10 个工作日,在规定期限内未提出书面反馈意见的,视为无异议。

第三方对专家及被评价单位的书面反馈意见应逐一核实,逐条说明采纳和不予采纳的理由,并形成"绩效评价报告意见征询修改情况"书面材料,依据事实及合理性进行修改完善后形成正式评价报告。

第十八条 提交披露阶段。

(一)在《预算绩效管理业务委托协议书》规定的时间内,第三方将加盖单位公章后的评价报告,连同"绩效评价报告意见征询修改情况"一并报委托方。

(二)委托方对第三方与被评价单位意见分歧较大的问题,视具体情况通过座谈会、书面等方式,征询相关专家意见并将专家意见提交给第三方。

(三)经委托方审核后的绩效评价报告,按政府信息公开有关规定向社会公布。

第五章 管理与考核

第十九条 第三方或其工作人员、聘请的专家有下列情形之一的,应当主动回避,不得接受委托(或受聘):

(一)与被评价对象(单位)存在会计、税务等事项的代理关系,以及经济利益关系或其他利益关系的。

(二)与被评价对象(单位)负责人、主管人员有亲属关系的。

(三)聘请的专家属于被评价对象(单位)的在职人员或离退休人员的。

(四)其他可能影响公正性的情况。

被评价对象(单位)提出第三方及其工作人员、专家回避申请的,由委托方审定。

第二十条 第三方在预算绩效管理工作中应采取即时通讯工具、邮件、电话、传真、书面材料等各种方式,与委托方实时保持工作联系,及时沟通反馈工作进度、重要事项和问题,及时解决问题。

第二十一条 委托方以向被评价对象(单位)发放问卷调查、抽查工作底稿及其采集的基础数据资料等方式,对第三方预算绩效管理工作情况及质量进行跟踪管理和监控。

第二十二条 第三方开展现场核查工作进点时,应当向被评价对象(单位)宣读工作纪律,并提交《第三方现场核查小组工作纪律执行情况表》(见附件3)。现场评价工作结束后,被评价对象(单位)填写本表一式两份,其中一份直接邮寄至委托方；一份由被评价对象（单位）留存归档。

第二十三条　第三方在预算绩效管理工作中有财政违法行为的，依照《财政违法行为处罚处分条例》等国家有关规定追究责任；有下列情形之一的，通报批评、终止委托或取消绩效管理工作服务资格等。

（一）违反《预算绩效管理业务委托协议书》规定的工作纪律、廉政纪律和保密要求的；

（二）预算绩效管理工作过程和结果没有实事求是，有悖行业规范、职业道德及执业准则；

（三）由于自身原因未按合同规定的内容和时间完成工作的；

（四）预算绩效评价工作考核结果为"差"的；

（五）按照本规程规定应当回避而未回避的；

（六）有其他不良行为的。

第二十四条　委托方对第三方的预算绩效管理工作实施情况和业务质量进行综合考核评估。

（一）考评内容。主要包括评价工作实施情况（包括评价人员、内部质量管理、实施程序规范、工作效率和纪律遵守等情况）；评价业务质量情况（包括评价实施方案、评价报告和评价档案资料等方面）。

（二）考评结果等级。第三方受托预算绩效管理工作情况综合考核评估结果分为优秀（得分≥90）、良好（90，80]、中等（80，70]和差（得分＜70分）四个等级。

（三）考评结果应用。第三方受托预算绩效管理工作情况综合考核评估结果与委托服务费用支付以及以后年度选取第三方承担预算绩效管理工作资格相挂钩。

第二十五条　第三方应完整准确、真实有序地反映和记录预算绩效管理工作过程，分类归集、整理造册、规范存档和保管各类资料；建立委托事项档案；对所保管的预算绩效管理档案材料承担保密责任。

（一）存档材料范围。主要包括：《预算绩效管理业务委托协议书》、预算绩效管理工作计划、受托事项工作实施方案、绩效目标论证评审意见书、绩效监控报告、绩效评价报告；专家评审意见、评价对象的反馈意见、反馈意见采纳情况的书面材料；由基础数据采集对象加盖公章予以确认的基础数据报表及相关佐证材料；工作底稿和问卷调查表，以及其他需要归档保管的资料等。

（二）存档方式及期限。工作底稿、问卷调查表和相关佐证材料只保留纸质文档，其他资料档案同时采用纸质文档与电子文档（光盘）形式保存。纸质文档保存期限为5年，电子文档（光盘）保存期限为10年。

（三）目录报备。第三方应将归档保管的预算绩效管理档案材料目录报委托方。

（四）调阅查询。委托方有权调阅、查询和复制第三方保管的预算绩效管理档案材料。第三方未经委托方同意或授权，不得擅自对外提供保管的预算绩效管理档案材料。

（五）变动移交。第三方因合并、撤销、解散、破产或者其他原因而终止经营活动的，应将预算绩效管理档案材料移交存续方管理或移交委托方。

第六章 附 则

第二十六条 各地财政部门可结合实际制定本地预算绩效管理委托第三方实施细则。

第二十七条 本规程由广东省财政厅负责解释。

第二十八条 本规程自印发之日起实施。

PART2：预算绩效管理业务委托协议书

（参考格式）

协议编号：

甲方（委托方）： 乙方（受托方）：

地址： 地址：＿＿＿＿＿＿＿＿＿＿＿＿＿

邮编： 邮编：＿＿＿＿＿＿＿＿＿＿＿＿＿

电话： 开户行：＿＿＿＿＿＿＿＿＿＿＿＿

账号：＿＿＿＿＿＿＿＿＿＿＿＿＿

联系人：＿＿＿＿＿＿＿＿＿＿＿＿

电话：＿＿＿＿＿＿＿＿＿＿＿＿＿

为了做好＿＿＿＿＿＿预算绩效管理委托第三方工作，甲、乙双方在平等、自愿的基础上，经协商就相关事宜达成如下协议：

一、委托事项名称：（如：绩效目标管理、预算绩效监控、绩效评价，以及其他与预算绩效管理相关的工作）

二、委托事项的主要工作内容和具体要求：（含完成标准、质量和时间等）

三、服务要求

（一）乙方所提供服务，必须符合国家有关的法律法规和甲方的要求。所有服务不得侵犯第三方版权、专利、税费等。否则，乙方须承担对专利或版权的侵权责任并承担因此而发生的所有费用。

（二）乙方应本着认真负责的态度组织人员队伍，积极配合甲方解决委托过程中的各项问题，完成各项工作。

（三）乙方应自觉接受甲方对工作进度、质量的监控。

（四）纪律要求。乙方组织的工作人员必须廉洁奉公，不得参加可能影响公正执行评价工作的宴请；不得参加营业性歌舞厅等公共娱乐场所的娱乐活动，不得参加项目单位安排的公款旅游、庆典等活动；不得收受项目单位赠送的礼品、礼金、有价证券及其他福利品等，不得收受项目单位以任何名义给予的加班费、奖金、津贴等，不得在项目单位报销任何费用；不得索贿、受贿；不利用职权为个人或他人谋取利益；以及不得有其他可能影响评价工作公正性等行为。

（五）保密要求。乙方应对本协议有关的信息（包括口头及书面）采取保密措施，乙方未经甲方的书面同意，不得将本委托事项所涉及的资料向与本事项无关的人员透露，也不能将协议的具体条款进行新闻的发布、公开的宣称、否认或承认。在本协议委托事项工作结束并通过验收后，乙方应向甲方提供本委托事项的成果，包括工作报告和相关资料。乙方应归还甲方提供的所有需要归还的资料或文件等，并承诺不保留任何电子文档和复印件。

（六）知识产权。乙方完成的工作结果所有权归甲方所有，乙方未经甲方允许，不得对外提供及公开发表。

四、服务支持

（一）甲方应授权乙方开展预算绩效管理工作的必要权利和给予必要的支持。

（二）甲方负责按时布置、督促资金使用单位和资金主管部门提供项目的有关委托事项信息和资料。

（三）甲方应在预算绩效管理过程中及时给予乙方政策业务指导。

五、费用总价及支付方式

（一）委托服务费用总价为人民币（大写）：_____；即 RMB ￥_____元。该总金额包含委托事项完成过程中产生的一切费用。本委托协议执行期间委托服务费用总金额不变。

（二）委托服务费用实行分期支付，在签订本协议后后 30 日内，甲方向乙方预付 60% 的委托费用，即人民币（大写）：_____，RMB ￥_____元。剩余 40% 费用，即人民币（大写）：_____，RMB ￥_____元，在对乙方的委托工作完成情况、业务质量及工作纪律进行综合考评后，视考评具体情况全额支付、适当扣减部分或拒付全部剩余费。

六、不可抗力

（一）不可抗力指战争、严重火灾、洪水、台风、地震等或其他双方认定的不可抗力事件。

（二）签约双方中任何一方由于不可抗力影响合同执行时，发生不可抗力一方应尽快将事故通知另一方。在此情况下，乙方仍然有责任采取必要的措施加速工作进度，双方应通过友好协商尽快解决本协议的执行问题。

七、协议终止

如果一方严重违反协议，并在收到对方违约通知书后在5个工作日内仍未能改正违约的，另一方可立即终止本协议。

八、争议的解决

签约双方在履约中发生争执和分歧，双方都应本着友善的态度协商解决。若经协商不能达成协议时，按照《中华人民共和国合同法》有关规定办理。办理期间，双方应继续执行协议其余部分。

九、其他

（一）本协议自签字之日起即时生效。协议期为：从＿＿＿年＿＿＿月＿＿＿日至＿＿＿年＿＿＿月＿＿＿日止。

（二）本协议正本四份，具有同等法律效力，甲、乙双方各执二份。

（三）本协议未尽事宜，由双方协商处理。

甲方（盖章）：   乙方（盖章）：

代表人：（签字）   代表人：（签字）

签约时间： 年 月 日   签约时间： 年 月 日

签约地点：

PART3：省级预算绩效管理委托服务费用计费标准

为规范第三方预算绩效管理服务收费行为，维护委托人、第三方的合法权益，结合省级预算绩效管理工作实践，特制定本费用标准。

省级预算部门（单位）委托第三方实施预算绩效管理相关工作的，以此标准为参考，综合考虑其承受能力、第三方业务能力及工作质量、耗费的工作时间、业务的难易程度等，协商确定具体费用。

一、现阶段定额计费标准

（一）测算因素：省本级资金总额、分档费率、难度系数

（二）计算公式：

委托服务费用预算＝基本费额×（1＋难度系数）

其中：（1）基本费额按差额定率累进方法计算：

基本费额 ＝ $\sum$ 分段资金总额×分档费率

（2）难度系数在综合考虑现场核查覆盖面、资金涉及年度等因素基础上确定。

现阶段定额计算标准如表1所示：

表1　　　　　　　　　　现阶段定额计费标准

	计费依据	差额定率累进计费	费率（‰）
基本费额 （资金总额×费率）	省本级资金总额	500万元以下	5
		500万元（含）~2 000万元（含）	1.5
		2 000万元~5 000万元（含）	1
		5 000万元~10 000万元（含）	0.3
		10 000万元~100 000万元（含）	0.1
		100 000万元以上（最多不超过80万元）	0.04
难度系数	综合考虑现场核查覆盖面、资金涉及年度等因素增加难度系数，其中：现场核查涉及多个地级市的，每增加1个地级市系数增加0.2，最高不超过0.6；委托业务涉及多项专项资金的，每增加1项专项资金增加0.1，最高不超过0.5；委托业务涉及多个年度的，每增加1个年度系数增加0.1，最高不超过0.3		
对有特殊情况的委托业务，可在按上述方法计算的基础上，上下浮动不超过20%			

（三）测算例子：

××××年农村饮水安全绩效评价，涉及省级财政资金3 400万元，1项专项资金，现场评价涉及4个地市，则委托费用计算为：

基本付费额＝500×5‰＋1 500×1.5‰＋1 400×1‰＝2.5＋2.25＋1.4＝6.15（万元）

难度系数＝0.2×3＋0＋0＝0.6

委托费用＝6.15×（1＋0.6）＝9.68（万元）

二、现阶段计时计费标准

根据预计委托预算绩效管理服务所需的实际工作日和人数，参照一定的标准计算费用，如表2所示。

表 2　　　　　　现阶段预算绩效管理服务计时费用标准

技术职称	费用标准（元/天）
副高级以上专业人员、注册会计师、注册资产评估师等	800
中级	600
初级（助理）	400

上述费用标准包含市内交通费、误餐费、出差伙食补助、通信费用等各项杂费；广州市外的交通费、住宿费等按现行规定另行计算

PART4：第三方现场核查小组工作纪律执行情况表

现场评价项目/事项名称：
现场评价小组人员：

工作纪律	执行情况
1. 严格遵守有关法律、法规的相关规定，按照客观独立、公平公正、诚实守信的工作原则，不受任何干扰，独立、负责开展现场核查工作	
2. 以科学、诚实、客观、公正的态度，认真审核被评价单位提供的相关评价材料或现场实地情况，审慎、客观地提出评价意见，确保评价结果的真实性、客观性和公正性	
3. 秉公办事，不徇私情，不利用工作人员的特殊身份和影响力，单独或与有关人员共同为被评价单位提供便利，不利用职权为个人或他人谋取利益	
4. 不以任何方式收取被评价单位的报酬、加班费、奖金、津贴等；不参加被评价单位安排的宴请、公款旅游、庆典、公共娱乐场所的娱乐活动等，以及可能影响公正实施评价工作的其他活动；不索贿、受贿；不收受被评价单位赠送的礼品、礼金、有价证券及其他福利品等；不在被评单位报销任何费用；不向被评价单位提出任何与评价工作无关的要求	
5. 严守保密纪律，当对执行评价工作中知悉的信息予以保密：不对外透露本次评价工作有关的全部信息（包括口头及书面）	
6. 按时出勤，不无故缺席、迟到和早退	

续表

工作纪律	执行情况

说明：1. 本表一式两份；
2. 第三方评价小组开展现场核查工作进点时，即将本表交给现场被评价单位；
3. 现场评价工作结束后，被评价单位填写本表一式两份，其中一份直接邮寄至委托方；一份由被评价单位留存归档；
4. 如第三方没有违反工作纪律的情况，则在执行情况填否；如存在违反工作纪律的情况，则被评价单位需在"执行情况"栏作具体说明

被评价单位填表人：　　　　　　　　联系电话：
被评价单位（盖章）：
委托方地址：　　　　　　　　　　　联系电话：

PART5：第三方受托预算绩效管理工作情况考评表

受托第三方：委托部门（单位）：＿＿＿＿＿＿＿＿＿＿＿＿＿＿
被评价部门（单位）：＿＿＿＿＿＿＿＿＿＿＿＿＿＿
评价项目/事项和合同书编号：＿＿＿＿＿＿＿＿＿＿＿＿＿＿

考评要点及分值			考评得分	扣分原因	评分说明
工作组织实施情况（50分）	（一）服务响应情况（15分）	1. 人员配备（10分）			主要考核以下三方面，根据具体情况作出判断并核定分数：（1）人员配备结构合理性，包括对委托的预算绩效管理事项配备人员的专业水平、相关工作经验、对相关政策及业务熟悉程度等情况；（2）第三方制定的工作方案中，配备的人员（含专家）有无存在应当回避而未回避的情形；（3）人员队伍稳定性：赴现场核查的人员（尤其是专家），与工作方案中承诺的人员是否相符，如不相符，其说明原因是否合理
		2. 内部质量管理（5分）			主要考核第三方内控机制健全、内控制度严谨、分级复核严格、质量控制落实到位、工作质量总体良好等情况，根据具体情况作出判断并核定分数。其中没有建立分级复核控制制度或业务质量考核中有不合格项，本项得0分；其他情况酌情扣分
	（二）实施程序规范情况（15分）				主要考核第三方在工作过程中遵守制度规定、工作程序及工作规范等情况，根据具体情况作出判断并核定分数。其中：没有按照自身制定的评价工作计划开展工作的，每发现一处不符合规定扣5分，本项累计扣分为10分；没有按本规程要求及时沟通反馈工作进度、重大事项和重大问题的，每发生一起扣5分；预算绩效管理工作行为和结果没有实事求是，有悖行业规范、职业道德及执业准则的，本项得0分；其他情况酌情扣分

续表

考评要点及分值		考评得分	扣分原因	评分说明
工作组织实施情况（50分）	（三）工作效率情况（10分）			主要考核第三方是否按《预算绩效管理业务委托协议书》规定的内容和时间完成工作，根据具体情况作出判断并核定分数。按规定时间完成得10分；由于自身原因每逾期一天，扣2分，本项累计扣分为10分
	（四）纪律遵守情况（10分）			主要考核第三方在工作过程中是否按《预算绩效管理业务委托协议书》规定遵守各项工作纪律和工作要求等情况，根据具体情况作出判断并核定分数。其中：没有遵守合同规定的保密要求的，本项得0分；没有遵守廉政纪律的，实行一票否决，考核总分全部计为零分，取消评价工作服务资格和终止委托等；其他情况酌情扣分
评价业务质量情况（50分）	（一）实施方案（10分）			主要考核第三方制定的评价实施方案的适宜性和周密性，根据具体情况作出判断并核定分数。其中：采用的评价方法不适合被评价对象实际情况的，扣3分；评价工作职责分工不明确的，扣3分；评价指标体系不符合指标确定的原则（相关性、重要性、可比性、系统性及经济性）的，扣3分；评价标准体系不合理、依据不科学的，扣3分；评价基础数据报表体系与评价目的、评价指标体系等联系不密切、相关性不大的，扣4分；评价程序不规范的，扣3分；评价时间安排不符合要求的，扣3分；其他情况酌情扣分。本项累计扣分为10分。注：指标确定的五个原则（相关性、重要性、可比性、系统性及经济性）引自财政部《财政支出绩效评价管理暂行办法》第十八条
	（二）绩效评价报告（30分）			主要考核第三方出具的评价报告依据其充分性，内容数据真实性、完整性和准确性，问题及结论客观公正性，建议及措施合理可行性，以及结构规范性、分析透彻清晰性等，根据具体情况作出判断并核定分数。其中：评价依据不充分的，每处扣5分；内容数据欠真实、完整、准确的，每处扣5分；问题及结论欠客观公正的，每处扣5分；建议及措施欠合理可行的，每处扣5分；分析不够透彻清晰的，每处扣3分；未按规定格式和内容编写评价报告的，每处扣3分；相关数字、文字逻辑错误，每处扣3分；其他情况酌情扣分。本项累计扣分为30分

续表

考评要点及分值		考评得分	扣分原因	评分说明
评价业务质量情况（50分）	（三）档案资料（10分）			主要考核第三方评价工作底稿等档案资料完整规范、整洁条理等，根据具体情况作出判断并核定分数。其中没有按本规程要求建立委托事项档案的，本项得0分；没有按本规程报备评价档案材料目录报备的，扣5分；评价工作底稿不完整的，缺少一项扣2分；评价工作底稿签名和签署意见不齐全，每处扣1分；工作底稿不整洁的，扣5分；其他情况酌情扣分。本项累计扣分为10分
合计得分				
考评等级	考评结果分为优秀（得分≥90）、良好（90，80]、中等（80，70]和差（得分＜70分）四个等级			

初评人员（签字）：　　　　　　　　　　　　　　复核人员（签字）

PART6：某年新型农村合作医疗补助资金第三方绩效评价报告（目录）

摘　要

第一章　项目概况

一、专项资金设立背景

二、评价的目的

三、评价对象与范围

四、资金绩效目标

五、评价依据

六、评价体系

七、评价流程及报告体系

第二章　绩效自评

一、县级新农合经办机构自评

（一）自评情况

（二）自评结果

（三）自评指标分析

（四）主要绩效

97

二、主管部门自评

（一）总体评价

（二）管理措施

（三）项目综合效益

（四）有关建议

（五）自评结果分析

第三章　书面评审

一、前期工作

二、书面评审总体得分

三、评审结果的结构分析

（一）按项目属地分类

（二）按行政区域分类

（三）按评价指标分类

第四章　现场评价

一、现场评价项目的选取

二、现场评价主要方法

三、现场评价的结果分析

（一）绩效得分

（二）现场评价结果分析

四、核查发现的主要问题

第五章　综合评价结果

一、主要绩效

二、存在问题

三、综合评价结论

第六章　有关建议

一、加强立法建设，保障制度落实到位

二、完善财务管理制度，提高资金使用效益

三、进一步深化体制改革，强化监管，提高工作效率

四、进一步提高筹资水平，扩大受益面，提高待遇水平

五、重视存在的问题，认真落实整改措施

附件1：评价小组成员

附件2：形式审查表

附件3：书面审查
附件4：现场核查情况表
附件5：现场评审得分

五、部门整体支出预算绩效强化效率导向

广东省财政厅在结合近年来部门整体支出绩效管理试点开展情况、征询有关部门意见的基础上，对2015年出台的《广东省省级部门整体支出绩效评价暂行办法》进行了修订。据了解，新的办法除对部门整体支出的含义、内容、指标、标准、程序和结果应用等规范做了进一步明确外，还着重对整体支出的绩效目标、评价指标体系和结果应用等做了较大修订。目前，广东省的部门整体支出绩效目标管理已经实现了100%覆盖。

试点部门通过实施整体支出绩效管理，将绩效理念渗透到日常部门管理的每一个环节和所辖各个单位，通过充分调动职能单位力量，提高绩效管理的整体水平，有效改变了以往仅是财务单位被动参与绩效管理的局面。如广东省质监局通过整体支出绩效管理，促使厅内质量发展处、科技处、后勤保障处等11个处室和单位形成内部工作联动机制，提高部门整体财政资金使用的效益；同时，压实各单位和处室的责任，绩效目标根据各自专业职能设置指标，绩效监控中注重对口查找风险，绩效评价后相应补齐短板。通过将绩效理念内化于心、外化于行，形成部门履职尽责、提高效益的自我约束力。主要做法如下。

（一）紧扣整体，突出管理一体化

新修订的办法紧紧围绕"整体"，从指标体系设置到绩效管理环节均实现了一体化。突出表现：一是从绩效目标、绩效自评、重点评价等各个重要环节对部门整体支出实施一体化、链条式管理，实现了"源头上规划目标、过程中监督进度、完成后衡量效益"的目标；二是以预算管理为中心，搭建了"预算编制情况—预算执行情况—预算使用效益"一级指标框架，实现了为预算服务的功能；三是以部门整体管理为主线，设置了围绕"目标管理—资金管理—项目管理—资产管理—人员管理—制度管理"6大方面的12个二级指标。据初步统计，2017年

403个一级预算部门全部申报了部门整体支出绩效目标，12个试点部门组织了自评，省财政厅委托3家第三方机构对试点部门实施了重点评价。

（二）紧扣量化，突出指标客观化

新修订的部门整体支出绩效评价指标体系由3个一级指标、12个二级指标、27个三级指标组成。三级指标设置的特点突出表现为指标客观、标准量化。一方面，27个三级指标体系中，重点工作完成率、绩效目标完成率、财政供养人员控制率、固定资产利用率等14个三级指标为客观性指标，占全部指标的52%。另一方面，27个三级指标体系均设置了具体的量化评分标准。其中14个指标可直接通过公式计算，其余13个指标可根据评分界定标准直接判断得出结论。通过指标的客观量化，减少了评价指标的主观性和随意性，达到不同第三方机构评价同一部门结果一致的目的。

（三）紧扣易取，突出数据可用化

部门整体支出评价的27个三级指标中，8个指标考核数据无须再做专门统计，可直接从财政部门掌握的相关数据中获得。其中，财政拨款收入预决算差异率、结转结余率、政府采购执行率和公用经费控制率4个指标直接来源于部门决算数据，提前下达率、部门预算资金支出率、国库集中支付结转结余存量资金效率性和资金下达合法性4个指标直接来源于省财政厅对各部门年度预算编制及执行情况考核的数据。上述8个可直接获取的数据占全部指标的30%，指标分值达到28分，无论从指标数量还是分数权重上看，部门整体支出绩效评价指标体系在衡量简单化、减轻工作量、数据可用性等方面均取得了显著的效果。

（四）紧扣应用，突出结果公开化

部门整体支出绩效评价的结果应用除反馈预算部门以及作为下年度预算安排的重要参考依据外，新修订的办法还明确要求预算部门要按照政府信息公开的有关规定，在收到绩效评价结果的30日内将绩效评价报告在本部门（单位）门户网站进行公开，接受社会公众的监督。以公开促管理，以监督促应用，真正将绩效评价结果落实到具体细微处。

专栏5：广东省省级部门整体支出绩效评价管理办法

PART1：广东省省级部门整体支出绩效评价管理办法

第一章　总则

第一条　为做好部门整体支出绩效评价工作，检验财政性资金使用的效益，衡量部门履行职责的执行情况和效率效果，增强预算部门（单位）绩效管理责任主体的意识，根据《中华人民共和国预算法》《财政支出绩效评价管理暂行办法》《财政部关于印发〈预算绩效评价共性指标体系框架〉的通知》等有关规定，结合广东省实际情况，制定本办法。

第二条　本办法所称省级部门整体支出绩效评价（以下简称绩效评价）是指根据政府预算绩效评价的理念和方法，对照预先设定的绩效目标，设置合理的评价指标及标准，以结果为导向，运用科学的评价方法，遵循规范的评价程序，对省级预算部门（含其下属单位）所有省级财政支出的全过程及其履行职责的经济性、效率性、效果性和公平性进行客观、公正的综合评判。评价形式包括单位自评以及财政部门评价。

第三条　绩效评价的资金范围包括省财政安排给省直部门及其下属单位的所有省级财政性资金，资金类型涵盖一般公共预算、政府性基金预算和国有资本经营预算。

第四条　绩效评价遵循责任明确、分级负责、客观公正、公开透明的原则。

（一）责任明确。省级各预算部门对本部门整体支出的绩效管理负有主体责任，负责实施本部门的绩效评价工作，配合省财政厅的抽查或再评价工作。省财政厅对各预算部门的财政资金使用绩效负监督和组织责任，负责制定绩效评价标准和办法，协调、组织省级部门整体支出绩效评价。

（二）分级负责。省级各预算部门（即一级预算单位）负责对本级进行绩效自评、组织下属预算单位整体支出的绩效评价。省财政厅主要负责对一级预算单位进行抽查，根据工作需要对其下属预算单位进行延伸核查，结合部门自评情况，形成部门整体支出绩效评价报告。

（三）客观公正。省级部门整体支出绩效评价以国家和省发布的相关法律法规为依据，在预算部门如实反映财政资金支出情况的基础上，进行客观、公正的评价。

（四）公开透明。省级部门整体支出绩效的自评或财政评价结果须依法公开，接受公众监督。

第五条 绩效评价的主要依据。

（一）《中华人民共和国预算法》以及其他国家相关法律、法规和规章制度；

（二）财政部《财政支出绩效评价管理暂行办法》和其他预算绩效管理的规章制度；

（三）省委、省政府制定的国民经济与社会发展规划和方针政策、关于重点工作或重大项目印发的指导意见和工作要求等文件；

（四）省财政厅制定的预算管理和绩效评价相关文件和制度；

（五）部门（单位）三定方案、年度工作计划和中长期发展规划；

（六）部门（单位）申报预算时提供的绩效目标、项目资料等相关材料，以及中期财政规划、部门预算批复、预算变更文件、部门决算报表（告）等；

（七）审计机关对部门（单位）出具的审计报告和审计决定；财政部门对部门（单位）的财政监督检查结论和处理决定等；

（八）其他相关资料。

第二章 评价内容、指标、标准和方法

第六条 省级部门整体支出绩效评价衡量省级预算部门在一个完整财政年度内基本支出和项目支出（根据实际情况，适当延伸至其他资金，如中央转移支付资金）的整体绩效。评价基准日为每年12月31日。

第七条 评价内容。

（一）预算编制情况。主要体现预算编制和目标设置等方面的情况。预算编制评价包括预算编制合理性，预算编制规范性，财政拨款收入预决算差异率和提前下达率；目标设置评价包括绩效目标合理性和绩效指标明确性。

（二）预算执行情况。主要体现预算部门在资金、项目、资产、人员和制度等方面管理的情况。资金管理，包括部门预算资金支出率、财政资金结余结转情况、财务合规性、预决算信息公开情况等；项目管理，包括项目实施程序和项目监管等方面的规范性情况；资产管理，包括资产管理安全性和固定资产利用率等情况；人员管理包括财政供养人员控制率等情况；制度管理包括管理制度健全性等情况。

（三）预算使用效益。主要体现为绩效目标的实现程度，部门的履职情况，省委、省政府重点工作的完成情况以及部门工作受到表彰或批评问责的情况。包括部门整体支出的经济性（经费控制）、效率性（工作完成率和完成及时性）、效果性（社会、经济、生态方面的效益）、公平性（服务对象满意度）和部门工作受到表彰或批评问责的情况。

（四）财政部门认为需要评价的其他内容。

第八条　评价指标。

（一）评价指标分为共性指标和个性指标。共性指标是指适用于所有部门的指标，主要包括预算执行情况、财务管理情况、资产使用处置情况、人员编制情况等方面的指标。个性指标是指针对部门和行业特点确定的适用于不同部门的指标，多用于衡量预算部门（单位）工作的社会、经济和生态效益等。

（二）共性指标由省财政厅根据相关政策统一制定，个性化指标由省财政厅和预算部门（单位）共同协商制定。原则上预算部门（单位）在申报绩效目标时即应选取最具部门（单位）或行业代表性的指标作为个性化指标，并设置目标值。所设置的目标将成为年度结束后进行评价的依据。

（三）部门整体支出评价指标实行动态管理。根据被评价年度有关财政政策和实际情况，省财政厅将适时对评价指标进行调整，以便更科学、客观、合理地衡量部门整体支出使用效益。

第九条　评价标准包括计划标准、历史标准和行业标准。计划标准是指以申报绩效目标时预先设定的目标和计划作为评价的标准值；历史标准是指参照同部门同类指标历史数据制定的评价标准；行业标准是指将参照国家公布的行业指标数据和技术标准制定相应的评价标准值。

第十条　评价方法。

根据部门整体支出的实际情况综合运用比较法、成本效益分析法和公众评判法等评价方法：

（一）比较法。是指将通过对绩效目标和实施效果、历史和当期情况、不同部门和地区同类支出的比较，综合分析其绩效目标的实现程度。

（二）成本效益分析法。是指将一定时期内的支出与效益进行对比分析以评价绩效目标事项程度。

（三）公众评判法。是指通过专家评估、公众问卷及抽样调查等对财政支出效果进行评判，评价绩效目标实现程度。

（四）财政部门认定的其他方法。

第十一条　评价按百分制计分。评价结果根据综合评价意见。

分为优、良、中、低、差五个等级：100～90分为优，89～80分为良，79～70分为中等，69～60分为低，59分及以下为差。

第三章 评价程序

第十二条 评价程序。

（一）部门申报绩效目标。预算部门（单位）根据本部门（单位）中期财政规划、年度工作计划和单位职能等，按照绩效目标申报表（附件2）编报部门整体支出的绩效目标，并细化为可量化或可衡量的绩效指标。绩效目标应按照预算编制程序，在编制年度预算时申报。在部门预算经人大批复后，如实际批复的预算与部门申报的预算有变动的，预算部门（单位）可根据实际批复的预算对绩效目标进行一次调整。

（二）省财政厅发布工作通知。省财政厅于每年2月前发布工作通知确定开展部门财政整体支出绩效评价，评价对象为上一年度的整体支出。

（三）部门开展绩效自评。年度终了，预算部门（单位）对照设定的绩效目标，组织开展部门整体支出绩效的自评工作，真实、客观填报评价指标表信息及提供有关佐证材料，按时完成自评报告。绩效自评工作具体职责分工、业务范围和工作程序在广东省省级财政资金绩效自评工作规程中予以明确。

（四）省财政厅开展重点评价。省财政厅（或受省财政厅委托的第三方机构），根据预算部门（单位）的自评情况，选择部分预算部门（单位）作为当年财政重点评价对象，选定重点评价的对象和评价内容在当年的工作通知中予以明确。其他预算部门（单位）自行开展本级或所属单位整体支出绩效评价。

第四章 评价结果应用

第十三条 绩效评价结果将反馈预算部门（单位），督促其针对评价过程中发现的问题，制定切实可行的整改措施并落实。

第十四条 绩效评价结果作为安排预算部门下一年度预算的重要参考依据。绩效评价结果为差的，财政部门将予以通报。

第十五条 预算部门（单位）在收到绩效评价结果反馈后的一个月内，按照政府信息公开有关规定，将绩效评价报告在本部门（单位）网站进行公开，接受社会监督。

第五章 附则

第十六条 本办法由省财政厅负责解释。

第十七条 本办法自公布之日起执行，原《广东省省级部门整体支出绩效评价暂行办法》同时废止。

PART2：省级部门整体支出绩效评价指标体系（修改稿）

评价指标						指标说明	评分标准	备注
一级指标		二级指标		三级指标				
名称	权重(%)	名称	权重(%)	名称	权重(%)			
预算编制情况	28	预算编制	18	预算编制合理性	5	考核部门（单位）预算的合理性，即是否符合本部门职责、是否符合省委省政府的方针政策和工作要求，资金有无根据项目的轻重缓急进行分配	1. 部门预算编制、分配符合本部门职责、符合省委省政府方针政策和工作要求的，得1分； 2. 部门预算资金能根据年度工作重点，在不同项目、不同用途之间分配合理的，得1分； 3. 专项资金编制细化程度合理，未出现因年中调剂导致部门预决算差异过大的问题的，得1分； 4. 功能分类和经济分类编制准确，年度中间无大量调剂，项目之间是未频繁调剂的，得1分； 5. 部门预算分配不固化，能根据实际情况合理调整（如不存在项目支出完成不理想但连年持续安排预算的情况等），得1分	
^	^	^	^	预算编制规范性	5	考核部门（单位）预算编制是否符合省财政当年度有关预算编制的原则，例如在规范性和细致程度方面是否符合要求等	符合省财政当年度有关预算编制的原则和要求的，符合专项资金预算编制和项目库管理要求的，得5分；发现一项没有满足的扣1分，扣完为止。本指标由评价组对照相应年度的省级预算编制文件和部门（单位）的部门预算，根据实际情况评定。省级部门预算编制文件是指由省财政厅印发的省级预算编制工作方案和年度省级部门预算编制工作通知，以及其他与部门预算编制相关的文件和制度	
^	^	^	^	财政拨款收入预决算差异率	4	反映部门（单位）收入预算编制的准确性	财政拨款收入预决算差异率=（收入决算数-收入调整预算数）/收入调整预算数×100%（取绝对值）。 差异率=0，本项指标得满分；每增加5%（含）扣减0.5分，直至扣完为止	本指标根据部门决算报表财决01-1表《财政拨款收入支出决算总表》相关数据计算

续表

<table>
<tr><th colspan="6">评价指标</th><th rowspan="3">指标说明</th><th rowspan="3">评分标准</th><th rowspan="3">备注</th></tr>
<tr><th colspan="2">一级指标</th><th colspan="2">二级指标</th><th colspan="2">三级指标</th></tr>
<tr><th>名称</th><th>权重（%）</th><th>名称</th><th>权重（%）</th><th>名称</th><th>权重（%）</th></tr>
<tr><td rowspan="3">预算编制情况</td><td rowspan="3">28</td><td>预算编制</td><td>18</td><td>提前下达率</td><td>4</td><td>反映部门是否按要求提前申请下达其主管的一般性转移支付和专项转移支付</td><td>除自然灾害等突发事件处理的资金和据实结算的体制补助等特殊项目外，提前下达一般性转移支付比例应达90%、提前下达专项转移支付比例应达70%等。一般性专项转移支付提前下达比例到90%的，得2分；未达到的提前下达比例的，按比例扣分。专项转移支付提前下达比例达到70%的，得2分；未达到的提前下达比例的，按比例扣分。
注：无转移支付需提前下达的部门，该指标不考核，相应的分值平均调整至预算编制合理性、预算编制规范性、绩效目标合理性、绩效目标明确性四项指标中去，各项指标得分按原标准评分后乘以1.2</td><td rowspan="3">本指标来源于省级机关绩效考核，采用省财政厅对各部门开展的年度预算编制及执行情况考核的数据计分</td></tr>
<tr><td rowspan="2">目标设置</td><td rowspan="2">10</td><td>绩效目标合理性</td><td>5</td><td>部门（单位）所设立的整体绩效目标是否依据充分，是否符合客观实际，用以反映和评价部门（单位）设立的绩效目标与部门履职和年度工作任务的相符性</td><td>1. 整体绩效目标能体现部门（单位）"三定"方案规定的部门职能的，得1分；
2. 整体绩效目标能体现部门（单位）中长期规划和年度工作计划的，得1分；
3. 整体绩效目标能分解成具体工作任务的，得1分；
4. 整体绩效目标与本年度部门预算资金相匹配的，得1分；
5. 部门申报的项目有进行可行性研究和充分论证的，得1分；
对上述5项标准，没有完全符合的，可酌情扣分</td></tr>
<tr><td>绩效指标明确性</td><td>5</td><td>部门（单位）依据整体绩效目标所设定的绩效指标是否清晰、细化、可量化，用以反映和考核部门（单位）整体绩效目标的明细化情况</td><td>1. 绩效指标中包含能够明确体现部门（单位）履职效果的社会经济效益指标的，得2分；
2. 绩效指标具有清晰、可衡量的指标值的，得1分；
3. 绩效指标包含可量化的指标的，得1分；完全没有可量化的指标的，不得分；
4. 绩效目标的目标值测算能提供相关依据或符合客观实际情况的，得1分；
对上述4项标准，没有完全符合的，可酌情扣分</td></tr>
</table>

第一章 目标导向：广东省预算绩效管理先试先行

续表

评价指标			指标说明	评分标准	备注
一级指标 名称 / 权重(%)	二级指标 名称 / 权重(%)	三级指标 名称 / 权重(%)			
预算执行情况 / 42	资金管理 / 24	部门预算资金支出率 / 5	部门（单位）预算实际支付进度和既定支付进度的匹配情况，反映和考核部门（单位）预算执行的及时性和均衡性	本指标得分=本指标满分分值×全年平均执行率。 其中：全年平均执行率=∑（每个季度的执行率）÷4 分季执行率=当季部门预算资金支出进度÷该季序时进度×100% 预算执行均衡性考核的资金范围不含当年12月下达的资金	本指标来源于省级机关绩效考核，采用省财政厅对各部门开展的年度预算编制及执行情况考核的数据计分
		结转结余率 / 3	部门（单位）当年度结转结余额与当年度预算总额的比率，用以反映和考核部门（单位）对结转结余资金的实际控制程度	结余结转率=年末财政拨款结转和结余决算数/（年初财政拨款结转和结余收入决算数+一般公共预算财政拨款决算数+政府性基金预算财政拨款决算数）×100% 1. 结余结转率≤10%的，得3分； 2. 10%＜结余结转率≤20%的，得2分； 3. 20%＜结余结转率≤30%的，得1分； 3. 结余结转率＞30%的，得0分	本指标根据部门决算报表财决01-1表《财政拨款收入支出决算总表》相关数据计算
		国库集中支付结转结余存量资金效率性 / 3	部门（单位）的财政存量考核中国库集中支付结转结余存量资金的变动情况	部门财政存量资金变动率=（当年年末存量资金规模÷上一年度年末存量资金规模-1）×100% 1. 部门财政存量资金变动率≤-15%的，得3分； 2. 部门财政存量资金变动率≤-10%但是大于-15%的，得2分； 3. 部门财政存量资金变动率≤0但是大于-10%的，得1分； 4. 部门财政存量资金变动率＞0的，不得分； 5. 部门财政存量资金变动率上年度为0的，本年度继续为0的，得3分。 存量资金效率性指标评分时不含科研项目（课题）及当年12月下达的资金	本指标来源于省级机关绩效考核，采用省财政厅对各部门开展的年度预算编制及执行情况考核的数据计分

续表

评价指标					指标说明	评分标准	备注
一级指标		二级指标		三级指标			
名称	权重（%）	名称	权重（%）	名称	权重（%）		
预算执行情况	42	资金管理	24	政府采购执行率	2	部门（单位）本年度实际政府采购金额与年度政府采购预算的比率，用以反映和考核部门（单位）政府采购预算执行情况	本指标得分＝本指标满分分值×政府采购执行率 其中：政府采购执行率＝（实际采购金额合计数/采购计划金额合计数）×100%； 如实际采购金额大于采购计划金额则本项不得分。 政府采购预算是指采购机关根据事业发展计划和行政任务编制的、并经过规定程序批准的年度政府采购计划	本指标根据部门决算报表附表《政府采购情况表》相关数据计算
^	^	^	^	财务合规性	4	反映部门（单位）资金支出规范性，包括资金管理、费用支出等制度是否严格执行；会计核算是否规范反映是否存在支出依据不合规、虚列项目支出的情况；是否存在截留、挤占、挪用项目资金情况	1. 预算执行规范性1分，按规定履行调整报批手续或未发生调整的，且按事项完成进度支付资金的得满分，否则酌情扣分。 2. 事项支出的合规性1分，资金管理、费用标准、支付符合有关制度规定的得满分，超范围、超标准支出，虚列支出、截留、挤占、挪用资金的，以及其他不符合制度规定支出的，视情节严重情况扣分，直至扣到0分。 3. 会计核算规范性1分，规范执行会计核算制度得满分，未按规定设专账核算，或支出凭证不符合规定，或其他核算不规范的，视具体情况扣分。 4. 重大项目支出经过评估论证和必要决策程序的得1分，否则酌情扣分	
^	^	^	^	资金下达合法性	3	反映部门下达其主管的一般性转移支付和专项转移支付的及时性以及批复下属单位预算的及时性。无转移支付的部门，本项指标不考核，3分分值调整至"部门预算资金支出率"指标	1. 转移支付部分：按规定，一般性转移支付和专项转移支付需分别在省人大批复预算后的30日和60日内正式下达；对于中央转移支付，需在收到后30日内正式下达。 转移支付部分得分＝在要求时限内下达的转移支付资金÷经省人大批复的转移支付资金×1.5分 2. 部门预算：按规定，部门在接到财政部门批复的本部门预算后，15日内向所属各单位批复预算	本指标来源于省级机关绩效考核，采用省财政厅对各部门开展的年度预算编制及执行情况考核的数据计分

第一章 目标导向：广东省预算绩效管理先试先行

续表

评价指标					指标说明	评分标准	备注
一级指标		二级指标		三级指标			
名称	权重(%)	名称	权重(%)	名称	权重(%)		
预算执行情况	42	资金管理	24				部门预算部分得分：按时批复的得1.5分；每超过一天扣0.5分，扣完1.5分为止；未批复的不得分 本指标总得分＝转移支付部分得分＋部门预算部分得分。如被评价部门没有主管的转移支付资金，则转移支付部分分值计入部门预算部分，每超过一天扣1分，扣完为止。 注：无转移支付资金的部门，本项指标不考核，3分分值调整至"部门预算资金支出率"指标，即"部门预算资金支出率"指标总分为8分	
				预决算信息公开性	4	主要考核部门（单位）在被评价年度是否按照政府信息公开有关规定公开相关预决算信息，用以反映部门（单位）预决算管理的公开透明情况	1. 部门预算公开得分： （1）按规定内容、在规定时限和范围内公开的，得2分。 （2）进行了公开，但未达到时限、内容或范围要求的，得1分。 （3）没有进行公开的，得0分。 （4）涉密部门经批准不需要公开相关信息的，计2分。 2. 部门决算公开得分： （1）按规定内容、在规定时限和范围内公开的，得2分。 （2）进行了公开，但未达到时限、内容或范围要求的，得1分。 （3）没有进行公开的，得0分。 （4）涉密部门经批准不需要公开相关信息的，计2分。 本指标得分＝部门预算公开得分＋部门决算公开得分	

续表

评价指标					指标说明	评分标准	备注
一级指标		二级指标		三级指标			
名称	权重(%)	名称	权重(%)	名称	权重(%)		
预算执行情况	42	项目管理	7	项目实施程序	2	反映部门（单位）所有项目支出实施过程是否规范，包括是否符合申报条件；申报、批复程序是否符合相关管理办法；项目招投标、调整、完成验收等是否履行相应手续等	1. 项目的设立及调整按规定履行报批程序，得1分； 2. 项目招投标、建设、验收等或方案实施严格执行相关制度规定的，得1分； 评价时发现有项目不符合上述条件的，酌情扣分	
^	^	^	^	项目监管	5	反映部门（单位）对所实施项目（包括部门主管的省级专项资金和专项经费分配给市、县实施的项目）的检查、监控、督促等管理等情况	1. 资金使用单位或基层资金管理单位建立有效管理机制，且执行情况良好的，得2分； 2. 各级业务主管部门按规定主管的专项资金和专项经费实施开展有效的检查、监控、督促整改的，得3分（需提供检查底稿或其他材料证明，否则不得分）；如被评价年度部门主管的省级专项资金绩效评价等级有低或差的，本项不得分。 评价时发现有项目不符合上述条件的，酌情扣分	
^	^	资产管理	5	资产管理安全性	2	部门（单位）的资产是否保存完整、使用合规、配置合理、处置规范、收入及时足额上缴，用于反映和考核部门（单位）资产安全运行情况	1. 资产配置合理、保管完整，账实相符，得1分； 2. 资产有偿使用及处置收入及时足额上缴，得1分	
^	^	^	^	固定资产利用率	3	部门（单位）实际在用固定资产总额与所有固定资产总额的比例，用以反映和考核部门（单位）固定资产使用效率程度	1. 比率≥90%的，得3分； 2. 90%＞比率≥75%的，得2分； 3. 75%＞比率≥60%的，得1分； 4. 比率＜60%的，得0分	

第一章 目标导向：广东省预算绩效管理先试先行

续表

评价指标					指标说明	评分标准	备注
一级指标		二级指标		三级指标			
名称	权重(%)	名称	权重(%)	名称	权重(%)		
预算执行情况	42	人员管理	2	财政供养人员控制率	2	部门（单位）本年度在编人数（含工勤人员）与核定编制数（含工勤人员）的比率	1. 比率≤100%的，得2分； 2. 比率>100%的，得0分	
^	^	制度管理	4	管理制度健全性	4	部门（单位）是否制订并严格执行了相应的预算资金、财务管理和预算绩效管理制度等，用以反映部门的管理制度对其完成主要职责和促进事业发展的保障情况	1. 部门制订了财政资金管理、内部财务、内部控制等制度的，得1分； 2. 上述资金、财务和内控制度制度得到有效执行，能提供相关佐证材料的，得1分； 3. 部门制订了本部门预算绩效管理制度的得1分； 4. 部门落实了预算绩效管理制度，在本级及下属单位开展绩效评价等工作，能提供相关佐证材料的，得1分	
预算使用效益	30	经济性	4	公用经费控制率	4	部门（单位）本年度实际支出的公用经费总额与预算安排的公用经费总额的比率，用以反映和考核部门（单位）对机构运转成本的实际控制程度	1."三公"经费实际支出数≤预算安排的三公经费数，得2分，否则不得分 2. 日常公用经费决算数≤日常公用经费调整预算数，得2分，否则不得分	本指标中公用经费根据部门决算报表财决01-1表（财政拨款收入支出决算总表）相关数据计算，三公经费根据部门决算附表《部门决算相关信息统计表》相关数据计算
^	^	效率性	9	重点工作完成率	3	部门（单位）完成党委、政府、人大和上级部门下达或交办的重要事项或工作的完成情况，反映部门对重点工作的办理落实程度	重点工作完成率=重点工作实际完成数/重点工作总数×100% 重点工作是指省委、省政府、省人大、中央相关部门交办或下达的工作任务。 本指标得分=重点工作完成率×3 注：重点工作完成率可以参考省府督查室或其他权威部门的统计数据（如有）	

111

续表

评价指标					指标说明	评分标准	备注
一级指标		二级指标		三级指标			
名称	权重(%)	名称	权重(%)	名称	权重(%)		
预算使用效益	30	效率性	9	绩效目标完成率	3	部门（单位）整体绩效目标中各项目标的完成情况，反映部门整体支出绩效目标的实现程度	绩效目标完成率=部门整体支出绩效目标申报表中已实现目标数/申报目标数×100% 本指标得分=绩效目标完成率×3	
				项目完成及时性	3	反映部门（单位）项目完成情况与预期时间对比的情况	所有部门预算安排的项目均按计划时间完成的，得3分；部分项目未按计划时间完成的，本指标得分=已完成项目数/全部项目数×3	
		效果性	10	社会经济环境效益	10	反映部门（单位）履行职责对经济发展、社会发展和生态环境所带来的直接或间接影响	根据部门（单位）"三定"方案确定的职责，实际并结合绩效目标设立情况，有选择地设置个性化绩效指标，且通过绩效指标完成情况与目标值对比分析，进行核定得分。社会、经济、环境三个方面的效益，根据部门工作的性质，至少选择一个方面。可以从两个角度对效益进行评价： 1. 部门管理的行业和领域的主要指标能否体现部门当年履职的效果。主要指标均体现效果的，得5分；只有部分指标体现效果的，酌情扣分； 2. 部门当年主要的项目支出是否实现了预期的效果，由评价方对照部门的支出项目进行评分。所有项目都能体现效果的，得5分；只有部分项目体现效果的，酌情扣分	
		公平性	7	群众信访办理情况	3	部门（单位）对群众信访意见的完成情况及及时性，反映部门（单位）对服务群众的重视程度	1. 设置了便利的群众意见反映渠道和群众意见办理回复机制的，得1分； 2. 当年度所有群众信访意见均有回复，得1分，否则按比例扣分； 3. 回复意见均在规定时限内的，得1分，否则按比例扣分	

第一章 目标导向：广东省预算绩效管理先试先行

续表

评价指标						指标说明	评分标准	备注
一级指标		二级指标		三级指标				
名称	权重(%)	名称	权重(%)	名称	权重(%)			
预算使用效益	30	公平性	7	公众或服务对象满意度	4	反映社会公众或部门（单位）的服务对象对部门履职效果的满意度	社会公众或服务对象是指部门（单位）履行职责而影响到的部门、群体或个人，一般采取社会调查的方式。如难以单独开展满意度调查的，可参考省统计部门的数据、年度省直民主评议政风行风评价结果等数据，或者参考群众信访反馈的普遍性问题、本部门或权威第三方机构的开展满意度调查等进行合理的评分	
		加减分项		工作表现加减分指标		反映部门工作受到表彰或批评问责的情况	1. 加分项：工作获得中央或省委省政府表彰的，表彰一次加 1 分，同一项工作获得多次表彰的，按一次计算，累计加分最多 3 分，加分后总分不能超过 100 分； 2. 减分项：在国务院大督察或人大审计、监察等监督检查时发现问题并被问责的，问责一次扣 2 分，同一个问题被问责多次的，按一次计算，累计减分最多 6 分，减分后总分不能低于 0 分	

PART3：广东省省直部门整体支出绩效目标申报表

部门名称					备注
基本情况	财政供养人员数量		预算安排年度		
	下属单位数量		本次填报日期		
年度整体绩效目标概述					

113

续表

部门名称					备注
年度部门预算申请	按支出类型分	预算金额（万元）	按来源类型分	预算金额（万元）	主管省级财政专项资金的部门需要填写"省级财政专项资金"栏目的内容。无主管省级财政专项资金的部门不需填写
	其中：基本支出		其中：财政拨款		
	项目支出		其他资金		
	按支出性质分	预算金额（万元）	省级财政专项资金（选填）	预算金额（万元）	
	其中：运转性支出		其中：省本级安排		
	事业发展性支出		转移支付市县		
年度重点工作任务	名称	主要实施内容	拟投入的资金（万元）	期望达到的目标	重点工作是指省委、省政府、省人大、中央相关部门交办或下达的工作任务，在全省重大工作规划中确定的任务，或者在本部门年度工作计划中规定的重点任务。拟申请资金是指完成这些任务是否需要申请安排相应的财政资金。如果不需要安排财政资金，可以不填
	任务1：				
	任务2：				
	任务3：				
	……				
其他需达到的目标（选填）	目标1：				除上述重点工作任务外，在预算年度要达到什么目标，实现什么目的
	目标2：				
	……				
部门履职的整体效益	指标类型	指标名称	指标解释或指标计算方法	指标值	履职效益，是指部门履行职责带来的效果，主要描述通过职责履行，带来的直接的社会、经济和环境效益等，部门（单位）应根据自身特点设置。产出指标，主要是指做了什么事情，提供了什么公共服务或产品。效果指标，是指以上产出达到什么效果
	产出指标	指标1			
		指标2			
		指标3			
	效果指标	指标4			
		指标5			
		……			

续表

部门名称		备注	
其他需要说明的情况			
填表人：	联系电话	部门盖章：	

PART4：省级部门整体支出绩效自评报告

一、部门基本情况

（一）部门职能。

（二）年度总体工作和重点工作任务。

（三）部门整体支出绩效目标。

（四）部门整体支出情况。

二、绩效自评情况

（一）自评结论。

（二）部门整体支出目标实现程度及使用绩效。

（三）部门整体支出使用存在问题及改进意见。

三、其他自评情况

六、预算绩效标准体系覆盖各个行业

（一）广东省财政预算绩效指标库

长达480页的《广东省财政预算绩效指标库》印发了。这是广东省财政厅深化广东省省级预算编制执行监督管理改革的重要措施，也是落实中央"建立全方位全过程全覆盖的预算绩效管理机制"的最好体现，更是贯彻党的十九大提出"全面实施绩效管理"重要精神的一项有力措施。广东省财政预算绩效指标库的出炉，为顺利推进各项改革打好了基础，做好了铺垫。

从内容上看：广东省财政预算绩效指标库综合考虑和兼顾了政府收支分类科目设置、各部门主要工作职能及全部专项资金使用方向，指标设置上共分为20个大类，包括通用类指标和行业类指标。各大类指标在总体架构上分为3个层级，其中：一级指标分为产出、效益两方面的指标；二级指标分为数量、时效、质量、成本、社会效益、经济效益、生态效益等七方面的指标，以上这两级指标均使用了财政部通用的指标分类，体现与中央财政资金绩效管理的充分对接；三级指标为各部门和行业细化的个性化指标。作为指标库建设重点的三级指标，指标库对每个三级指标都设计了资金用途、指标名称、所属的一二级指标分类、指标解释、指标出处（依据）、评分标准、指标标准值、指标历史值、指标取值来源、其他地区参考值（外省、市）、指标适用层级（省、市、县）、指标适用的评价类型、关键字13项信息项。整体来看，绩效指标库具有框架清晰、指标齐全、指标量化、信息完整的特点。

从亮点上看：广东省绩效指标库主要具有如下5方面创新点：一是从定性信息向定量数据转变。广东省绩效指标库除指标名称、指标解释等基本信息外，更加注重指标数据信息的收集，增加了指标出处（依据）、指标标准值、历史指标值、数据来源等信息项，指标的实用性显著提高，实现了指标数据的可衡量、可分析、可比较。二是从财政部门自建自用向各级各部门共建共享转变。广东省指标库从设计阶段就明确财政部门共建共享的思路，由财政部门搭建起基本框架和基础数据后，赋予各级各有关部门管理维护本部门指标的权限，充分调动各方积极性，提高指标库建设的适用性。三是从静态编制向动态管理转变。广东省指标库设计允许根据实际情况对指标进行动态调整，打破了按年度固化绩效指标编制的限制，指标入库、调整、退库均有明确的规范，提高了指标库的灵活性。四是从单向使用向综合应用转变。广东省指标库遵循财政部对三级绩效指标的通行做法，在一级指标、二级指标按共性分类的基础上，主要对三级指标进行细化。在做个性化创新探索的同时，广东省指标库也能够满足财政部预算绩效管理的各项工作需要。五是从绩效依靠"人为判断"向"数字应用"转变。根据"数字政府"和"数字预算"建设的要求，相关指标数据同步进入财政绩效信息管理系统并保持动态更新，依托系统可对有关绩效数据信息特别是绩效指标信息进行自动收集、识别和比对，并做好与财政管理一体化信息平台的数据衔接，绩效管理的质量和效率将明显提升。

从应用上看：根据全面实施预算绩效管理的有关要求，指标库作用将体现在预算绩效管理全过程中：一是预算编制阶段进行绩效目标申报审核时，明确由预算单位依托指标库编制绩效目标，即必须从指标库中挑选合适的绩效指标填入项目绩效目标中并明确目标值，从而有效解决部门不清楚如何填报绩效指标导致绩效目标无法做实的问题。财政部门同样依托指标库审核绩效目标,通过调取指标库中历史指标值与部门填报的目标值比对等方式,有效解决财政部门与预算部门之间信息不对称而无法对绩效目标合理性进行判断的问题。二是预算执行过程中开展绩效运行监控和绩效评价时,财政部门依托指标库跟踪和评价绩效目标的落实和完成情况。通过将绩效目标中设定的目标值与指标的当期实际数值、指标库中保存的历史参考值进行综合比对和分析,科学判断财政资金和项目的绩效情况。指标当期的实际数值及时收录到指标库中,作为下一期绩效管理的参考。此外,为提高指标库应用的刚性,督促预算单位提前将与财政资金及对应项目相关的指标完整纳入指标库管理,拟按照"先入库、再使用"的原则,要求预算部门必须及时收录和维护绩效指标,凡未进入指标库的指标一律不得用于绩效目标申报等工作。

从操作上看:实用性是广东省绩效指标库建设的落脚点,从目前广东省正在开展的一些重要工作来看,绩效指标库的可用性较高。一是通过类型检索,直接抽取可用指标。如2018年列入省级绩效重点评价的"省级促进就业创业发展专项资金",第三方机构开展绩效评价时,可以直接在广东绩效指标库第4类"社会保障与就业类指标"的"资金用途"中,检索"就业创业",可以直接取出16个个性化绩效指标,并可以参照绩效指标库中的标注值与历史值对专项资金产生的效益进行衡量。又如"科技创新战略专项资金",可以直接取出58个个性化指标。二是通过关键词搜索,形成各功能指标集。广东省绩效指标库的"关键词"一栏,罗列了产业产权、经济发展、技术改造、农村农业、优抚对象医疗、基本公共服务均等化等362个关键词。通过这些关键词的搜索,形成不同功能的指标集,更有针对性地开展工作。如广东省正在按照中央关于"打赢脱贫攻坚战"的重要部署,积极谋划、精心组织的财政扶贫资金动态监控工作。针对财政扶贫资金,通过关键字的搜索,从广东省绩效指标库中筛选出221个精准扶贫绩效指标,提供业务主管部门和资金使用单位在衡量绩效目标使用,确保财政扶贫资金绩效目标的实现。又如从绩效指标库中筛选出153个污染防治绩效指标,以备落实广东省委十二届四次全会提出的"打好污染防治攻坚战"的绩效目标。

(二)广东省财政预算绩效指标库管理暂行办法

办法明确,广东省财政预算绩效指标库是收录和管理广东省全面实施预算绩效管理所使用绩效指标的数据库,是建立了体系完整、分类科学、设置规范的财政预算绩效管理的指标库。绩效指标库应遵循统一管理、分工负责,科学分类、客观实用,动态管理、开放共享的原则。

办法要求,绩效指标库由省级财政部门和业务部门共同建设和共同管理,全省各预算绩效管理参与主体共同使用和共同维护。绩效指标库为全过程预算绩效管理提供参考和依据,包括为绩效目标提供可衡量的指标值、为绩效监控提供可对比的目标值、为绩效评价提供可考核的标准值。

指标库建设时,财政部门与业务部门共同参与,实现双方共建。省财政部门负责搭建框架、系统建设和制定管理规则等基础性工作,业务部门根据财政资金的实际用途和使用方向,负责研究具体指标、设置绩效内容、收录指标信息等。以上工作均依托广东省财政预算绩效管理信息系统建设开展,实现信息化的指标收录、选用、查询、筛选等。

指标库使用时,各级财政部门、业务部门、监督部门和第三方机构等参与绩效管理的主体共同使用,实现全省共享。在开展预算绩效的目标管理、运行监控和结果评价工作时,各绩效管理主体根据部门职能和绩效管理业务,在绩效指标库中选用核心的、合适的、针对性强的指标,确保绩效管理有支撑;注重指标内容的更新和数据的积累,实现数字化的计划标准、行业标准、历史标准。

指标库管理时,省财政部门与业务部门统一维护,其他绩效管理主体参与维护,实现全省共管。省财政部门负责指标库统一管理和共性绩效指标的维护,省业务主管部门负责提供需新增、调整或删减的个性化指标;其他绩效管理主体可对绩效指标的入库、调整、退库提出操作建议。注重绩效指标的实用性和适应性,实现动态化的指标入库、使用、管理和维护等。

(三)广东省财政预算绩效指标库搭建过程

近日,广东省财政厅向全省地市财政部门和省直业务主管部门印发了《广东省财政预算绩效指标库》,供各地市、各部门在开展预算绩效管理过程中参考使用。据知情人士介绍,广东省的绩效指标库从2017年初已开始谋划,历时1年多,完成了20个行业大类、52个子类、277个资金用途、2 589个绩效指标的研究、制定和收录,为全面实施绩效管理提供了坚实的基础支撑。广东省财政预算绩效指标库的顺利完成,主要有如下做法。

全面统筹,搭建框架。全面收集财政部、省内外的指标体系研究的文件及材料,通过对比分析,研讨绩效指标库建设的基本思路和框架结构;开展地市实地调研，通过座谈交流，研讨绩效指标库建设的组成部分和数据信息。结合广东省绩效管理开展实际和指标体系积累情况，研讨绩效指标库建设的重点内容和突出亮点。在充分调研的基础上，广东省财政预算绩效指标库形成了兼容中央财政资金绩效管理指标体系、突出广东财政资金绩效管理特色的建设思路，搭建了横向为资金用途、纵向为绩效指标具体信息的框架体系，囊括了绩效指标名称、解释、标准等基本信息与指标值、指标出处、指标使用范围等扩展信息的全部内容。

分类收集，形成体系。针对列入广东省2017年省级财政专项资金清单范围的全部（共50项）资金，选取财政、文化、体育、医疗、经济、环保、教育、科技、农业、林业、渔业、水利、交通等各行业专家组成指标库设计团队，并聘请绩效管理类专家作为技术顾问。根据财政资金分配基础信息、部门职能文件、工作规划和实施方案，借助网络资源，专家各自研究擅长领域的专项资金特点和属性，全面收集行业指标的信息内容，初步形成20个领域的绩效指标库数据集合3 278个个性化指标和152个共性指标。通过不同类的专家交叉审核绩效指标数据集合，以外行的角度斟酌绩效指标，换位提出意见，形成了3 004个个性化绩效指标。

上门调研，提炼指标。广东省财政厅带队、由行业专家、绩效管理专家、财务专家组成绩效指标库研究小组，对专项资金涉及的41个省直业务主管部门采取逐个单位上门座谈研究等方式，面对面了解部门情况和重点工作，点对点对个性化绩效指标逐一讨论，整合类似指标及内容，删减不适用指标，增加新指标及信息。通过整理分析和分类筛选，对有明确来源依据、有确定指标值、有合理评分标准的先纳入指标库，对信息完整性不足的作为备选指标，待进一步确认后再进入绩效指标库管理。据统计，最终形成了2 843个个性化绩效指标和115个共性指标。

专业论证，提升可行。邀请本地高校绩效管理专家、第三方机构人员和预算单位业务代表等12位有关人员，采取网上提意见和现场论证会两种方式对绩效指标库进行专业的研究论证。网上提意见，主要围绕绩效指标库的科学性、实用性、完备性等提出意见，绩效指标库研究小组根据反馈意见进一步修改完善；现场论证会，主要围绕绩效指标库的规范性、可操作性、形式性等进行论证，除提出部分具体完善意见外，在场人员一致认为指标库建设可行，具备了出台的条件。

广泛讨论，完善内容。向绩效指标库涉及的41个省业务主管部门和22个财政厅内部处室征求了意见，有11个部门和5个处室提出具体修改意见共29条。对上述29条修改意见，召集绩效管理指标库研究小组对反馈意见整理分类并进行逐一分析，并对广东省绩效指标库有关内容再次补充完善。在此基础上，广东省财政厅召开厅长办公会议，以更高的角度、更宽的视野、更远的谋划，对绩效指标库提出了完善意见。经过完善，广东省形成了"一个库＋N个集"。其中，"一个库"即广东省财政预算绩效指标库，"N个集"即精准扶贫绩效指标集、污染防治绩效指标集等功能库。

专栏6：对广东省财政预算绩效指标库的多方评价

PART1：广东省财政预算绩效指标库给我们带来了便利——来自某会计师事务所

参与广东省绩效管理工作已十余年，无论是在绩效目标审核、还是实施绩效评价，绩效指标的设定是一个重点，更是一个难点。广东省财政厅终于解决了这个难题，印发了《广东省财政预算绩效指标库》和《广东省财政预算指标库管理暂行办法》。这给参与绩效管理第三方机构的我们，带来了很大的指引与便利。就拿绩效评价来说，绩效指标库的作用体现在三个方面。

一是轻松选定绩效评价指标。绩效评价指标是评价工作的核心。绩效评价指标够不够全面、客观、合理，直接影响评价工作的质量和评价结果的公信力。以往，第三方机构制订评价指标时，要么找不到指标，要么找到的指标不能用，确属难题。因此，在选取绩效评价指标时，要查阅大量的文件，既有国家层面的"十二五""十三五"规划，又有部门职能方案、年度工作计划、专项资金管理办法和院校的论文等，翻阅这些材料，就已消耗了大量的时间。而且这些材料多半没有文件索引、关键字和目录，导致在这个文件制定的指标那个资金用不上，那个规划提到的指标这个资金没考核之类的问题。广东省绩效指标库上线后，改变了以往找不到合适绩效指标的局面，我们可以在广东省财政绩效管理信息系统中轻松筛选指标类型，并能得到指标的分类和出处；同时还能利用关键字辅助查找，第三方机构很快就能找到评价项目和资金的相应绩效指标，搜索材料的目的性、准确性大大增加，减少很多无用功。

二是评分标准更加明确合理。绩效指标库的每个指标仅有历史值（如："十一五"已经达成的任务）和目标值（如："十三五"规划的工作目标），使第三方机构更容易了解评价资金和项目的现状，测算依据也更加可靠。比如：教师队伍建设方面的"小学教师队伍本科学历层次占比"指标，指标库中清晰地列出了这个指标在"十二五"时期后，达到44.5%，并计划在2020年达到55%。由此，第三方机构在设定指标评分标准的时候，可以根据历史值和目标值设定区间，更好地检验资金主管部门每年完成的任务情况；还可以根据指标的变化情况，判断每一年的工作合不合理，有没有突击完成任务的情况。

三是提高绩效评价工作质量。资金主管部门绩效自评是第三方重点评价的基础，自评的质量是第三方机构水平提升的重要因素。虽然随着绩效自评报告的公开，绩效自评工作质量逐步提高，但是一些部门仍然存在不按规定的指标体系开展自评，那么我们需要重新整理汇总数据，收集评价证据，这样就导致大量时间花费在基础资料的梳理上，而在有限的时间完成的绩效评价，质量也大打折扣。而绩效指标库建立后，部门必须通过系统在广东省财政预算绩效指标库中选择指标，统一评价指标体系的名称和口径，提高自评报告的质量。如此，既减少了部门绩效自评和第三方机构重点评价的差异，也统一了评价指标标准，更为第三方评价提供了质量保证。

PART2：绩效指标库为目标申报质量提供了基础——来自某大学

这些年来，我们作为第三方机构，一直参与广东省绩效目标审核工作。就自身的经验来看，绩效指标设置是绩效目标填报的关键，也是难点。那么，如何设置与绩效目标匹配的绩效指标、如何设置量化绩效指标，成为业务部门申报绩效目标的重点，也成为我们第三方机构审核的核心。

就以去年审核2018年省级预算绩效目标为例，主要存在两方面问题：一是部门制订的指标不够准确。在与主管部门沟通绩效目标内容时，发现部分设置的指标多为定性指标，定量指标较少；部分不同类型的指标混淆使用，如产出指标的"任务完成率"，有些部门将其当作社会经济效益指标，将数量指标的"资金支出率"当作经济效益指标。二是审核工作的质量不够过硬。每年预算申报和预算审核时间紧凑，尤其是"二上"阶段，需要在较短时间内对400多个一级预算单位的1 300多个500万元以上的项目支出和150多个专项资金使用方向的绩效目标进行审核，审核时效性和质量都受到很大的限制，评审结果的公信力受到影响。

而刚刚出台的广东省财政预算绩效指标库，很大程度上解决了上述的问题。一是部门制定的绩效指标更有针对性。绩效指标库已列出每个指标的类型，资金使用部门在明确绩效目标申报要求的情况下，根据资金特点和属性，按照指标对应的关键词、相关的领域及指标的类型进行筛选，再在此基础上完善，即可完成绩效指标的填报。由于挑选的指标已经过充分论证，在量化程度、可衡量性及考核基础方面都经得起推敲。完成了绩效指标的设置，绩效目标申报的一大半工作就完成了。二是审核效率和质量将提高。资金使用部门和单位有现成的绩效指标参考和使用,第三方机构在指导主管部门如何制定指标,应该使用什么指标,如何进行考核等时间将大大减少,提高审核效率;第三方机构对绩效指标合理性、量化程度、与绩效目标相关性的审核,有了参照物,审核结果更具说服力,审核质量将提高。

PART3:纲举而目张:谈广东省财政预算绩效指标库的落地——来自某咨询公司

一直以来,作为广东省财政厅委托的独立第三方机构,秉持着"独立、专业、客观"的理念,我们多次承接省市区各级部门的绩效评价项目,一定程度上推动财政资金预算绩效管理及各类补助资金使用的规范性,提高财政资金使用效益。但在绩效评价项目的实际操作中,由于存在绩效指标繁杂且不完全统一等相关问题,对评价任务完成效率形成了一定影响。绩效指标体系设计的科学性和规范化是制约预算绩效管理深化的关键点,而绩效指标的设定一直是第三方机构开展工作的重点和难点所在,原因有以下几个方面。

首先,多发的指标歧义现象。指标歧义是指在不同政府部门所采用的同一指标所包含的意义、考核内容和重点不一致现象;由于绩效指标本质上反映并传递战略和价值导向,因此,指标本身的歧义必然造成最终导向的不一致。

其次,复杂的个性指标的提炼和量化。个性指标是综合评价定量结论的来源,包括主观性指标和客观性指标两部分。客观性指标一般采取直接量化的计量方法,主观性指标也要求最大程度地通过量化的方法处理,只有建立丰富、细致的指标库,才能在此基础上总结提炼出可量化、合规范的操作指标。

再其次,繁重的评价指标认定。在选取评价指标的过程中,为确保其合理、合规,需要查阅大量政策文件,包括国家层面的规划,各部门职能方案、年度职能计划、专项资金管理办法和院校论文等。如果缺少汇归和整理这些文件的相关索引、目录、关键字,则指标认定工作将消耗大量的人力和物力。

最后,反复的指标的修改和更新。绩效指标的制定并非一次就能完全确定,往往在制定的过程中及结束后要对绩效指标的定义作反复修改。在这种情况下,每做一次修改就需要对不同机构或不同部门的同一绩效指标同步做出修改,工作量大且操作烦琐,稍有不慎就会出现遗漏,甚至出现错误。

如今,针对上述难题,广东省财政厅印发了《广东省财政预算绩效指标库》和《广东省财政预算指标库管理暂行办法》,为我们第三方机构在绩效评价项目实际操作过程中工作效率与效益如何得到进一步突破的问题上带来了福音。

第一,指标库的通用性。指标库的设计及绩效指标的收录,兼容了广东省的实际情况与财政部的绩效管理指标框架体系，使指标库可以同时满足中央财政资金和广东省财政资金绩效管理的要求。

第二，指标库的丰富性和标准性。指标库收录了20个行业大类的绩效指标，可细化为52个子类、277个资金用途，共计2 589个绩效指标，并且从相关法律法规、政府工作报告、政府规划、政策文件、资金管理办法、资金申请文件等规范性文件中研究、提炼、总结出得到各业务主管部门认可、理解的绩效指标。

第三，指标库的实用性。其中包括：1. 指标分类、出处明确，开发了关键字查找功能。2. 实现了大数据分析、系统自动推荐匹配等智能化功能。3. 指标库按照共建共享、动态更新的理念进行管理，拥有新增指标、调整指标、撤销指标三种操作。这些功能的开发节省了人力成本，减少了人工操作出现的漏误。

纲举而目张，执本而末自从。广东财政预算绩效指标库的落地，整合了各部门的信息，总结提炼了各项指标，形成了逻辑严谨、科学准确的考核结构，更是为第三方机构的工作提供了标准规范、客观明确的操作方法，进一步提升了第三方机构的工作效率，对我们第三方机构来说是一大利好消息，这也将进一步推动第三方机构更好地为广东早日实现"四个走在全国前列"贡献专业力量。

PART4：对《广东省财政预算绩效指标库》的认识思考——来自广东省水利厅

根据《关于深化省级预算编制执行监督管理改革的意见》，按共建共享的原则，广东省财政厅统一平台，统一标准，建立了《广东省财政预算绩效指标库》（以下简称《指标库》），下面谈谈建设《指标库》的意义和下一步工作打算。

一、建立《指标库》的意义

（一）有利于强化绩效管理理念，全面推进绩效管理。党的十九大报告提出全面实施绩效管理，但是受传统观念影响，相当一部分市县对绩效管理工作的重要意义认识不足，甚至绩效管理的基本定义和涵盖内容未真正深入掌握，也不知道如何科学合理设定绩效目标，仍存在只重视资金需求规模、分配下达，轻资金目标设置、过程监管等状况。按照"预算编制有目标、预算执行有监控、预算完成有评价、评价结果有反馈、反馈结果有应用"的绩效管理理念，绩效目标是预算绩效管理的基础，是整个预算绩效管理系统的前提，建立《指标库》有利于强化绩效管理理念，为全面实施绩效管理打下坚实的基础。

（二）有利于统筹兼顾，抓好绩效目标申报审核管理。绩效目标在整个绩效管理中处于龙头地位，绩效管理对人员素质要求高，部门在全面实施绩效管理时，经办人员流动性大，也缺乏既懂财务，又懂业务，还懂绩效的复合型人才，如何科学合理设置绩效目标成为"绊脚石",《指标库》对主管部门如何开展绩效目标申报指明了方向,有利于抓好源头管理,推进绩效目标申报管理,也有利于财政部门更加注重绩效目标审核管理,真正发挥预算管理过程中绩效目标前置审核作用。

(三)有利于定期跟踪,实施绩效过程监督管理。绩效监控在整个绩效管理中处于中间环节,目前开展绩效评价都是事后监管,部门的绩效过程监控往往无从下手,处于真空地带,建立《指标库》为实施绩效监控提供了抓手,有利于定期采集信息,对绩效目标运行情况进行跟踪管理和督促检查,发现绩效运行目标与预期绩效目标发生偏离时,及时采取措施予以纠正。

(四)有利于统一评价标准,有利于提高绩效评价结果公信力。绩效评价在绩效管理过程中处于核心地位,部门和公众最为关心是绩效评价结果,然后由于评价标准不一致,不同专业绩效评价机构开展评价,时常会出现评价结果不一致的现象,建立《指标库》有利于统一评价指标、评分标准,使大家把握尺度一致,对进一步提高业务评价质量和维护评价结果公信力提供有力保证。

二、下一步工作打算

(一)在加强绩效目标设置管理方面下功夫。在实际工作中,绩效评价结果好坏与绩效目标是否科学设置有很大关系,务必要科学合理设定绩效目标,所设定的绩效目标尽可能跟部门职责、规划任务相关联,提高数据来源的可获得性。

(二)在提高绩效评价质量方面下功夫。《指标库》对绩效目标的设置作出较为具体要求,初步实现制度化和规范化,在开展绩效评价时,要牢牢把握所申报的绩效目标,通过绩效评价检验绩效目标申报的科学性和合理性,发现存在问题,从而反复修正绩效目标的申报,进一步提高评价质量。

(三)在绩效目标动态管理方面下功夫。《指标库》的生命力源于不断运用更新,动态管理,通过开展绩效评价中发现水利行业指标体系存在的问题,进一步优化设置指标,去除不适用的指标,使评价指标更加切合实际。

第四节 多制度联动:预算绩效管理分级体制机制健全

基于广东预算绩效管理的实践分析,广东省本级预算绩效管理构建的全制度概览也可以从绩效评价、绩效自评、事前绩效目标审核三个方面进行总结,概览如下。

一、绩效评价制度健全

第一阶段：2003～2007 年

《广东省财政支出绩效评价试行方案》

《广东省省欠发达地区基础设施建设和经济发展专项转移支付资金绩效评价操作规程（试行）》

第二阶段：2008～2010 年

《广东省产业转移工业园发展资金绩效评价操作规程》

《省级财政专项资金竞争性分配绩效管理暂行办法》

《广东省产业转移竞争性扶持资金绩效管理暂行办法》

《广东省产业转移竞争性扶持资金评审办法》和《广东省产业转移竞争性扶持资金评审要点》

《广东省东西北地区污水处理设施建设专项资金绩效管理暂行办法》

《广东省战略性新兴产业发展专项资金（省财政安排）竞争性分配评审办法》

第三阶段：2011～2013 年

《关于印发推进广东省财政绩效管理改革指导意见的通知》

《广东省基本公共服务均等化绩效考评办法（试行）》

《关于印发〈财政资金使用绩效引入第三方评价实施方案〉的通知》

《广东省"十件民生实事"专项资金使用绩效评价暂行办法》

《关于开展 2012 年省直部门厉行节约执行情况绩效评价工作的通知》

第四阶段：2014～2015 年

《省级财政到期资金使用绩效评价暂行办法》

《广东省财政一般性转移支付资金使用绩效评价暂行办法》

《广东省基本公共服务均等化绩效考评办法（修订）》

《广东省省级部门整体支出绩效评价暂行办法》

第五阶段：2016～2018 年

《预算绩效管理委托第三方实施工作规程（试行）》

《预算绩效管理委托第三方实施业务指南》

《广东省财政支出绩效评价报告质量控制和考核指标体系框架（试行）》

《广东省省级部门整体支出绩效评价管理办法》

二、绩效自评形成主流

第一阶段：2005~2010 年

《关于省级部门预算单位开展财政支出项目自我绩效评价工作有关问题的通知》

《2010 年省级财政支出项目绩效自评工作方案》

第二阶段：2011~2016 年

《关于开展 2011 年省级财政支出项目绩效自评工作的通知》

第三阶段：2017~2018 年

《关于开展 2017 年省级预算绩效自评工作的通知》

《广东省省级预算绩效自评工作规程（征求意见稿）》

《关于开展 2018 年省级预算绩效自评工作的通》

三、事前绩效目标审核把关严格

第一阶段：2004~2006 年

《关于编制 2006 年省级部门预算的通知》

第二阶段：2007~2010 年

《省级部门预算支出绩效目标审核流程》

《关于编制 2009 年省级部门预算的通知》

第三阶段：2011~2014 年

《广东省省级部门预算财政支出绩效目标管理工作规程》

《广东省省级部门预算财政支出绩效目标管理内部工作规范》

《关于做好 2012 年省级部门预算项目支出绩效目标申报工作的通知》

第四阶段：2015~2018 年

《关于做好 2018 年省级预算绩效目标申报工作的通知》

《省财政专项转移支付绩效目标管理暂行办法（征求意见稿）》

第五节　一枝独秀：广州市预算绩效管理改革

一、预算绩效管理独具特色

从广州市预算绩效改革发展历程来看，其相关工作的开展可谓独具特色。

第一，起步阶段（2004~2007年）。

一是成立绩效评价处。2004年，广州市积极响应党的十六届三中全会关于"建立预算绩效评价体系"的要求，将统计评价处改设为绩效评价处，负责绩效评价工作的组织实施，向各部门各区推广绩效管理做法，积极探索提高财政资金使用效益的新方式和新途径，构建了广州市预算绩效管理的雏形，为预算绩效管理逐步向纵深发展奠定基础。

二是初步搭建财政支出项目绩效评价体系和框架。按照"先简后繁，先易后难，由点及面"原则，逐步试点财政支出项目绩效自评、重点评价、部门整体评价等工作。从制度供给入手，2006年市财政局相继印发了《广州市政府部门财政支出绩效评价办法（试行）》《广州市财政支出项目绩效评价试行办法》等文件，初步规定绩效评价的实施主体、内容、方法等，用于规范广州市的绩效评价工作开展，初步搭建起财政支出项目绩效评价体系和框架。这一阶段的主要特点是建立了预算绩效评价制度和方法，初步提出绩效评价的形式，并对绩效评价工作进行规范。

三是起步阶段的成效及其局限性。广州市在实施绩效评价探索的起步阶段，取得了一定成效，积累了一些经验，标志着以绩效评价为主要内容的预算绩效管理工作得以确立，并对树立绩效理念、增强部门责任意识、提高财政资金使用效益起到积极作用，为进一步深化绩效评价改革奠定了基础。但起步阶段的绩效评价整体上仍然存在比较大的局限性，不能有效地促进管理。比如在起步阶段实行的绩效评价基本上都属于事后评价，即财政资金支出完毕并形成结果以后还不知道设立此项资金的目的，这项资金要干什么，达到什么目标。事后评价使绩效评价失去标的，影响财政资金的使用绩效。

第二，发展阶段（2008~2013年）。

一是初步构建预算绩效管理工作体系。为进一步完善绩效评价工作，广州市财政局在2009年制定、在2011年修订了《财政支出绩效评价管理暂行办法》，规范了财政支出绩效评价工作行为，为加强和规范财政资金的使用提供了有力保障。

二是积极探索部门绩效评价。广州市在部门绩效评价方面进行了积极探索。自2009年开始，每年都会对上年度市人民代表大会专题审议的部门预算或项目预算进行绩效评价。通过绩效评价，促进各部门形成了一种自我约束、内部规范的项目管理机制，有利于减少政府的自我利益偏向行为，提高项目管理水平和用财水平。

三是初步形成全过程预算绩效管理机制。这一时期，广州市不仅进一步规范了绩效评价工作，而且更重要的突破是将预算绩效管理工作从事后评价逐步向目标申报、过程监督等工作环节延伸，初步形成全过程预算绩效管理机制。

——试点绩效目标事前申报。2008年选取部分项目开展绩效目标事前申报试点工作，要求试点部门在编列项目支出预算时必须报送预算资金要达到的绩效目标，检验绩效实现情况的个性指标、上一年度项目资金使用自评等级以及财政部门出具的评价意见等，这有助于提高预算决策的科学性、保障预算的质量和效果。

——绩效目标全面纳入预算编制环节。2008年以后绩效目标事前申报试点项目数量逐年扩大，至2012年全面将绩效目标纳入预算编制环节，实现预算项目不分金额大小均申报绩效目标，逐步推进项目绩效目标随部门预算一并批复、公开，并且逐步提高项目绩效目标申报的完整性、准确性，有效实现了绩效管理窗口前移。

——加强绩效监督。2008年广州市在全国首创向市人大常委会做年度财政支出绩效专题报告，接受人大的监督，并逐步将其列为年度固定议题。2009年广州市在全国率先公开部门预算，接受社会公众的监督，财政透明度不断增强。外部影响不断加强了对政府部门使用财政资金的约束和监督，有力推进了广州市预算绩效管理工作向纵深发展。

——引入第三方机构实施绩效评价。2012年探索针对人大审议的重点项目，通过公开招标方式，引入独立第三方机构实施绩效评价。第三方机构根据项目实施范围和特点，制定评价方案，独立、客观地评价专项资金的使用效率和效益，有助于提升绩效评价的专业性、客观性和公正性。

第三，提升阶段（2014~2017年）。

一是构建预算绩效管理框架。从2014年起，预算绩效管理制度建设和工作机制逐步完善。2014年广州市财政局经市政府同意制定印发《广州市预算绩效管理办法》，并逐步形成以该办法为主体，以绩效目标、运行监控、绩效评价、结果应用及内部规程五个配套办法为补充的"1+5"预算绩效管理制度体系，将绩效管理融入预算编制执行的各个环节，加强了财政资金预算的科学化、精细化管理，使财政资金的使用效益不断提高。

二是强化绩效预算信息公开。将绩效信息公开作为加强预算绩效管理的切入点，2014年起逐步公开第三方绩效评价报告、绩效目标、项目自评复核结果等信息，公开力度不断加大。市人大常委会在审议财政支出绩效情况之前，会举行新闻通气会回应媒体关切的热点，并将审议过程向新闻媒体公开。通过公开预算绩效管理信息，主动接受社会监督，新闻媒体、社会公众对预算绩效管理的关注度和参与度不断提高，逐步形成公开透明的社会监督氛围，有利于进一步深化预算绩效管理改革。

三是启动部门整体预算绩效管理试点工作。2016年，广州市启动部门整体预算绩效管理试点工作，印发《广州市本级试行部门全过程预算绩效管理工作总体方案》，探索全过程绩效管理路径，将预算绩效管理由项目拓展至部门整体。由广州市财政局研究制定《广州市本级2017年度部门全过程预算绩效目标管理实施方案》，对试点部门的部门整体绩效目标实施具体的编审管理，明确部门整体绩效目标的指标框架；制定《广州市本级2017年度部门全过程预算绩效跟踪监控管理实施方案》，细化项目绩效运行跟踪内容，尝试第三方监控、部门整体监控等新举措，强化部门预算执行中的绩效管理；制定《广州市本级2017年度部门整体支出绩效评价方案》，明晰整体绩效评价的方法、流程、规范及其评价指标体系等，指导具体开展部门整体绩效评价工作。

部门整体绩效管理试点范围不断扩大。2016年对两个试点部门（市残联、市知识产权局）实施绩效目标管理；到编制2018年部门预算时，将市教育局、市发展改革委等12个部门纳入部门全过程绩效管理范围；2019年度部门预算全面实施部门整体绩效管理，所有市直部门均编制部门整体绩效目标，深入推进全过程预算绩效管理。

四是建立全过程预算绩效管理机制。在这一阶段，广州市预算绩效管理取得了明显进展，基本上形成了"预算编制有目标，预算执行有监控，预算完成有评价，评价结果有反馈，反馈结果有应用"的全过程预算绩效管理体系。绩效信息的公开度和透明度增强，绩效评价范围进一步扩大，制度建设渐成体系，各项基础工作得到加强，成果逐渐显现。

第四，全面实施阶段（2018年起）。

一是加强全面实施预算绩效管理顶层设计。为贯彻党的十九大精神和中央《关于全面实施预算绩效管理的意见》，广州市积极深化预算绩效管理改革，着力提高财政资源配置效率和使用绩效，不断增强政府公信力和执行力。广州市财政局在总结分析广州市预算绩效管理做法、成效及问题的基础上，通过借鉴先进地区的经验，研究制订了《广州市关于全面实施预算绩效管理的意见》，以推进预算绩效管理规范化、整体化、公开化建设，构建"全方位、全过程、全覆盖、全公开"的预算绩效管理模式，为今后深化预算绩效管理改革明确方向。市财政局出台《关于进一步加强各区预算绩效管理工作的通知》，建立市、区、镇三级联动机制，推动全市预算绩效管理深度覆盖、不留死角，不断增强政府的公信力和执行力，为广州市经济社会发展提供有力保障。

二是继续推进预算绩效管理工作深化改革。总体而言，预算绩效管理工作已取得显著成效，但仍存在预算绩效管理各环节有待加强、机制有待完善、配套改革需要推进、基础工作需要强化等问题。预算绩效管理改革只有起点、没有终点。因此，随着深入贯彻党的十九大精神，广州市将继续推进预算绩效管理工作深化改革，促进绩效管理水平的提升，切实提高财政资金的使用效益。

二、预算绩效管理改革成效显著

经过一系列的改革历程，广州市预算绩效管理工作达到了显著成效，形成了行之有效的管理制度体系。

第一，基础建设。

一是制度建设。经过十多年的实践，预算绩效管理制度建设和工作机制逐步规范，并形成了以《广州市预算绩效管理办法》为主体，涵盖目标管理、运行监控、绩效评价、结果应用四个环节及内部管理的"1+5"预算绩效管理制度体系，为推进全过程预算绩效管理提供制度保障，如图1-3所示。

图1-3 "1+5"预算绩效管理制度体系

——一个主体：《广州市预算绩效管理办法》。为了全面推进预算绩效管理改革，2014年市财政局经市政府同意制定印发的《广州市预算绩效管理办法》，规定了预算绩效管理的工作环节和保障措施，明确了各部门绩效管理职责，为全面推进预算绩效管理改革提供了制度保障。

——五个配置规程。其中，《广州市财政局预算绩效管理工作规程》，进一步明确了市财政局内部处室之间的职责分工，理顺了预算绩效管理工作流程。《广州市预算项目绩效目标管理办法》《广州市财政局委托第三方机构实施绩效评价工作规程（试行）》《广州市本级预算绩效运行跟踪管理暂行办法》和《广州市本级绩效评价结果应用管理暂行办法》，进一步规范广州市预算绩效管理各环节基础工作，强化预算绩效管理制度体系建设如表1-9所示。

表1-9　　　　　　　　广州市预算绩效管理制度建设进程

发展阶段	制定年度	文件名字
起步阶段	2006	《广州市政府部门财政支出绩效评价办法（试行）》
发展阶段	2008	《广州市财政支出项目绩效评价试行办法》
		《广州市部门财政支出绩效评价试行办法》
	2009	《财政支出绩效评价管理暂行办法》
	2010	《广州市财政局财政支出绩效管理规程》
	2011	《广州市城市社区卫生服务绩效考评办法》
		《财政支出绩效评价管理暂行办法》（修订版）
提升阶段	2014	《广州市预算绩效管理办法》
		《广州市财政绩效管理专家管理办法（试行）》
		《广州市财政局预算绩效管理工作规程》
		《第三方绩效评价工作指引》
	2015	《广州市预算绩效目标管理办法》
		《市财政局委托第三方机构实施绩效评价工作规程（试行）》
	2016	《广州市关于深化预算管理制度改革的实施意见》
	2017	《广州市本级预算绩效运行跟踪管理暂行办法》
		《广州市本级绩效评价结果应用管理暂行办法》
		《广州市市本级财政支出项目绩效自评工作规范》
		《广州市市本级财政支出项目绩效自评第三方复核工作指引》
全面阶段	2018	《广州市关于全面实施预算绩效管理的意见》

二是指标库。从预算绩效改革之初，广州市财政绩效指标分类从当初模仿上级财政部门的做法，到后来，随着实践的深入，不断引入更多的过程要素，将评价指标细分为投入、过程、产出、效率、效益，2009 年初步形成绩效指标体系，印发了《广州市财政支出绩效评价资料汇编》《绩效评价指标汇编》至市直各部门及区、县级市财政局。2010 年之后，打破原有机械按"3E"原则，即经济性、效率性和效益性分类指标的方式，改按在原有业务处室分类绩效指标的基础上，再细划分财务性指标、业务性指标和效益性指标，慢慢摸索出适合市本级部门使用、易于理解和操作的指标分类方法。经过十年绩效管理实践摸索，广州市逐步建立了一套部门与类别相结合、定性与定量相结合、共性与个性相结合的绩效指标体系。2015 年，对该体系中的 2 200 余个个性指标按照业务性和效益性进行了细化分类。2017 年，市财政局修订了《广州市财政支出绩效评价指标汇编》并重新印发。

广州市财政局对绩效指标实行动态管理，不断吸纳在预算绩效管理实践中出现的新指标，至 2018 年底指标库中已有 2 800 余个个性指标，涵盖通用、购置、信息化等 20 个类别。市财政局同时将财政部、省财政厅、市财政局指标库中现有绩效指标通过信息化管理系统推送给市直各部门和各区财政局使用，便于全市各预算单位在申报项目入库时，可以从中获取相关指标作为参考，提高绩效目标编制质量。

三是机构库。2012 年，根据经广州市政府同意印发的《广州市财政部分专项资金实施第三方绩效评价试点工作方案》，广州市财政局通过公开招标方式选定 5 家机构尝试开展第三方评价试点。2014 年将招标规模和招标方式进行了修改，第三方机构规模扩大到 20 家，公开招标由市、区分别招标改为市局统一招标，由面向广州招标扩展为面向全国招标。2016 年、2018 年持续扩大招标规模，优化招标需求，不断更新优化机构库。2018 年 10 月，广州市财政局完成最新一轮公开招标，经过严格筛选，28 家机构中标成为广州市 2019～2021 年度市本级预算绩效管理定点服务单位，其中，会计师事务所 6 家；咨询类公司 13 家；大专院校、科研院所、事业单位 4 家；社会组织 5 家。这 28 家机构构成了最新的广州市绩效管理专家库成员，为市、区两级财政局提供第三方绩效管理服务。这些机构具有以下特点：

——诚信度高。投标要求近 3 年经营活动中没有违法记录的除了自然人以外的所有单位。

——投标机构的绩效管理经验丰富。投标要求注重投标机构人绩效管理经验值，特别看重是否承接过中央、省、副省级城市以上政府部门委托的绩效管理业务；或是否承担过县（区）级或以上政府部门委托的财政管理或公共管理方面的课题研究等；以及要求项目总负责人、项目经理、相关专家必须具备中级以上职称、有较长的从业经验或相关的学术成果等。

为了规范第三方机构的行为，广州市财政局先后制订了《广州市财政局委托第三方机构实施绩效评价工作规程（试行）》和《广州市市本级财政支出项目绩效自评第三方复核工作指引》等制度，以确保第三方机构的评审结果客观、公正、专业。

四是专家库。从2004年广州市财政局绩效评价处成立到后期的逐步试点、自评价范围扩大、重点评价与全过程绩效管理制度的建立，广州市绩效管理工作一直非常注重专家的参与和专家库的建设。2014年，制定了《广州市财政绩效管理专家管理办法（试行）》，规范专家聘用选用行为，不断扩大专家库规模和完善专家库管理，加强专家的评价考核机制，建立专家退出机制。

目前，广州市绩效管理专家库有300多名绩效专家，涵盖基建工程、电子政务、设备购置、宣传培训、环保、城市管理、经济产业、民政医疗、教育、农林水利、行政管理、公检法和社会服务13个类别。专家库成员名单同时提供给全市各区财政局，实现资源共享。

五是信息系统。广州市财政局绩效信息管理系统以财政数据中心为核心，与政府预算管理一体化系统协同工作，以多个信息库（指标库、项目库、专家库、资料档案库、政策法规库、宏观经济资料库）为基础，横向覆盖三大类财政支出（部门预算支出、专项资金支出、财政综合支出），纵向覆盖预算绩效管理的全过程（事前绩效目标，事中绩效监督，事后绩效评价，绩效管理结果应用），利用网络通信技术等将有关的所有绩效信息、数据和对象有机联系起来。广州市财政绩效信息管理系统从2013年11月4日正式上线以来，不断完善，使绩效管理部门、业务主管部门、预算单位和评审专家（第三方机构）在绩效管理过程中以无纸化方式，在统一的信息化工作平台上进行项目绩效管理情况报送、材料上传、提出意见、反馈意见等工作。根据绩效业务的发展，目前主要使用的功能模块有以下四个。

——基础库管理。包括：项目库、中介库、专家库、指标库等基础库。其中，中介库、专家库、指标库实现市、区两级财政共享。

——绩效目标管理。通过预算一体化系统完成项目绩效编审流程。在申报项目入库，由单位填制项目绩效目标及指标，财政部门审核进入财政项目库。在年度预算编审阶段，从财政项目库把项目绩效目标及其指标导入，实施财政审核（含专家评审部分）及回退单位修改流程。预算金额确定后（预算封库），通过系统将绩效目标及其指标反馈单位，再次确认、整理、修改，并随预算一并报送人大审议。人大审议预算通过后，项目绩效目标及其指标随部门预算一并批复，并由预算部门导出和公开。

——运行跟踪监控管理。采集项目绩效运行信息，预测绩效预期完成情况。截至2018年底，已通过系统完成了近3 000个500万元及以上的项目开展绩效运行跟踪监控，涉及市本级财政资金约2 500亿元。

——绩效评价。包括：导入、维护绩效评价项目，部门（单位）填报、确认和报送项目自评表，专家或第三方机构复核自评项目，以及按流程开展项目重点评价。截至2018年底，已通过系统实现项目全面自评报送、以及完成了近600多个财政组织自评复核或重点评价项目的线上评审、填报、专家意见收集等工作。

第二，管理机制。

一是绩效目标。绩效目标是预算绩效管理的难点和核心。广州市在经过近十年的实践，逐渐将管理关口前移，强化目标导向。

——绩效目标申报。广州市从2008年试点，2009年全面推行，2010年将其正式纳入部门预算编制当中，要求预算单位填报目标申报表，再到2013年，要求预算部门在预算编制时对提出安排的项目，不分金额大小均设立预期绩效目标，实现了一个从纸质填报，到通过部门预算软件申报；从可报可不报，到符合条件必须申报再到全面申报；从简单填报，到尽可能量化、注重绩效内容的申报过程。

——绩效目标审核。从2011年起，广州市对预算部门报送的绩效目标进行审核，并作为项目预算审核的一个重要依据。在编制2012年度预算时，对纳入绩效目标管理的621个项目的财政项目支出资金（约212.61亿元）进行了目标审核，占2012年广州市本级一般预算支出479.4亿元的44.35%，如图1-4所示。

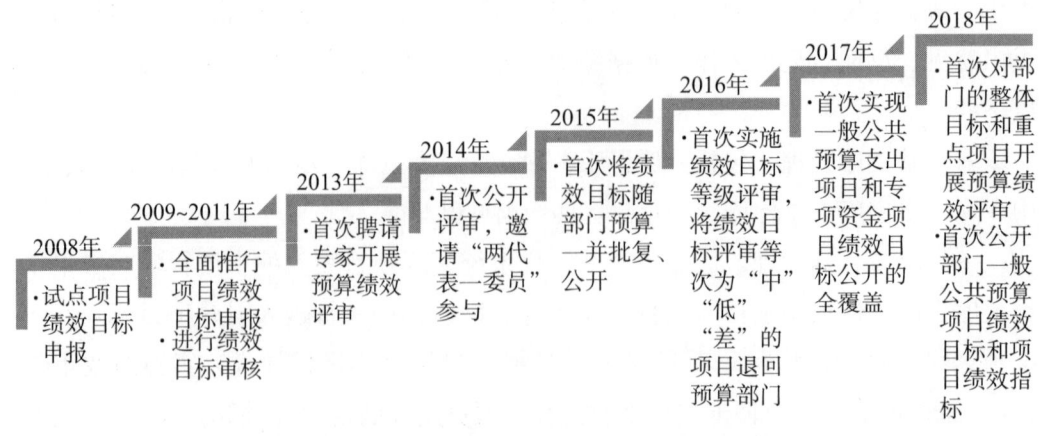

图1-4 广州市本级财政绩效目标管理大事记

——预算绩效评审。从 2013 年起，为进一步推进项目支出预算分配审核管理改革，广州市开始选取了若干个社会关注的重点、难点、热点项目开展预算绩效评审。2014 年，市财政局为加大绩效管理与预算编制相结合力度，聘请 25 位绩效管理专家组成评审小组，同时部分项目采用公开评审，邀请"两代表一委员"参与，增强评审的透明度。2016 年，持续优化绩效预算评审，不仅对预算项目的预算明细及绩效目标进行专家评审，并首次实施绩效目标等级评审，将绩效目标评审等次为"中""低""差"的项目退回预算部门，修改完善后方可进入下一步预算编审流程。2018 年，进一步完善目标评审机制，采取财政审核、专家（机构）评审等方式，对 98 个预算项目，以及人大专题审议 11 个部门的整体目标和重点项目开展预算绩效评审，保障绩效目标编审质量（见表 1-10）。

表 1-10　　2014~2019 年广州市本级部门预算绩效评审情况

项目涉及预算年度	绩效目标审核情况		绩效预算评审情况			
	项目数（个）	涉及财政金额合计（亿元）	项目数（个）	涉及财政金额合计（亿元）	不同意立项数（个）	综合核减率（%）
2014	160	69.54	10	10.40	0	11.56
2015	310	45.92	121	30.82	9	26.98
2016	356	31.07	356	31.07	15	6.31
2017	328	22.60	328	22.60	21	4.65
2018	240	25.41	240	25.41	6	8.18
2019	109	26.13	109	26.13	3	8.52

二是绩效监控。

——通过绩效管理系统采集绩效运行信息。2013 年，广州市要求市直各部门在当年预算执行过程中，填报当年度财政支出项目绩效运行信息表。自 2014 年起，通过绩效管理系统采集绩效运行信息。

——监控重点由财政支出进度转向对绩效目标实现程度实施有效监控。2013~2014 年，广州市财政绩效监控主要通过及时了解项目进展情况，结合财政支出进度，对项目绩效运行情况进行汇总分析，重点监控财政支出进度较慢的项目，对当年绩效预算评审项目进行跟踪监控。2015 年，积极探索预算绩效监控的新方法和新途径，建立和完善财政支出动态监控体系，开始以绩效目标为对象，对其实现程度进行有效监控。

——拓展绩效监控的广度和深度。从2016年起，对当年预算金额在500万元以上的所有财政支出项目开展绩效运行监控。从2017年起，开始对全过程试点部门的重点项目开展第三方绩效监控，并尝试对试点部门实施部门整体监控。

——建章立制。2017年，广州市财政局制定印发《广州市本级预算绩效运行跟踪管理暂行办法》，建立部门自行跟踪、财政部门监控、第三方重点监控相结合的多层次预算绩效监控机制。通过监控，一方面及时预警支出进度较慢或偏离绩效目标的项目，促进绩效目标如期实现；另一方面督促确实无法完成绩效目标的项目单位及时申请调整预算，减少资金沉淀。

——构建"1+1+X"的部门整体监控体系。2018年，广州市对照部门年初设定的部门整体支出绩效目标，建立以部门监控为基础、紧盯重点项目的监控机制，对部门整体支出、1个人大重点审议项目支出以及若干个关联任务支出项目的绩效实施情况开展绩效监控。关注项目支出进度、绩效目标完成情况等要素，并由财政部门按月通报各项目支出执行的序时进度和计划进度，督促部门加快项目进度，确保重点项目的顺利推进，如图1-5所示。

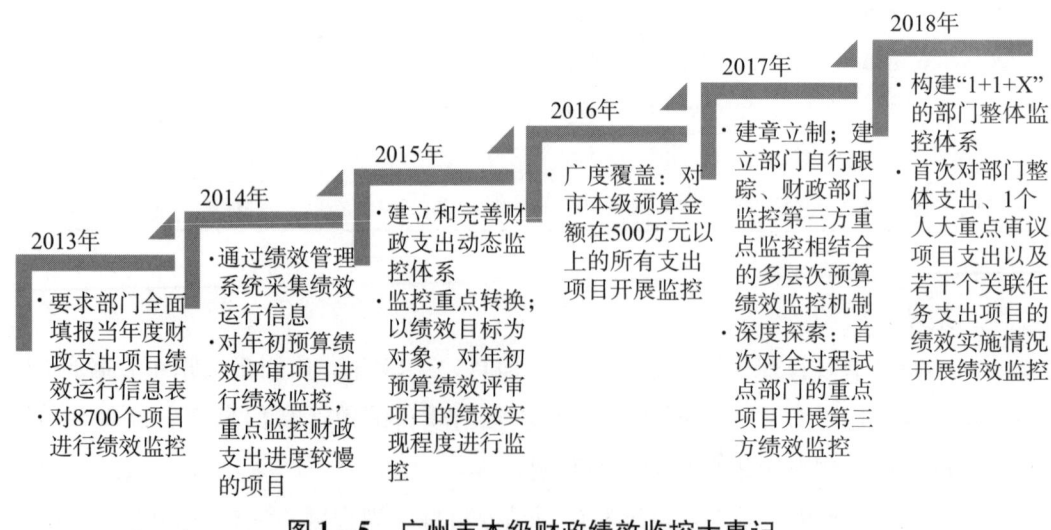

图1-5 广州市本级财政绩效监控大事记

三是绩效评价。

——从起步阶段就十分重视项目自评。从2007年起，广州市全面推行了市直单位财政支出项目自评，当年，共有52个部门报送了400个预算安排500万元以上项目的自评报告，涉及财政资金114亿元。在自评过程中，组织了近千人的业务培训，聘请了33名各类专家及会计人员评审项目绩效，评审结果分优、良、中、低、差5个等级。评价分布置培训、项目筛选、单位评价、中介初审、专家复审、抽样勘验、征求意见、下达结论八个阶段展开。在中介初审和专家复审环节，专门聘请综合类专家、行业类专家、部门专家及会计专业人员、高校及科研机构研究人员等，采取现场答疑、咨询、校验等多种方式，对单位报送的自评材料进行集中评审并出具审核意见。此后，自评工作不断完善，部门自评范围不断覆盖。在自评过程中，财政部门积极走访相关项目单位，了解项目特点和管理情况，加强对部门和用款单位评价业务的指导和互动，为绩效自评工作的顺利开展打下坚实基础。

——自2013年起，事后评价工作更专注于重点评价和第三方独立评价。从2013年起，广州市重点评价项目资金金额超过了自评复核项目金额；而且，自2016年开始，自评复核由财政部门评审改为第三方机构评审，这样既有利于提高绩效评价的公信力和权威性，更有利于提升事后评价工作的整体质量和效果。

——形成"全面覆盖、重点复核"的绩效自评新机制。2017年，要求预算部门组织对2016年度所有支出项目开展绩效自评，广州市财政局选取其中80个项目开展自评复核，形成"全面覆盖、重点复核"的绩效自评新机制。

——项目自评质量逐渐提高。从2013年起，部门自评质量逐渐提高，"低""差"项目基本没有，优良率达到90%左右。

——选取了市民较为关注、较具代表性的支出项目实施重点评价。广州市历年选取的重点评价项目都是市民较为关注、较具代表性的支出项目以及人大审议的重点项目。如表1-11所示，2009~2018年，有38.23%的项目是民生项目。

——不断拓展评价领域。2015年，广州市重点评价首次涉及政府债务、产业发展资金、政府购买服务资金等领域，实现了绩效管理向上述领域的延伸；同年，首次开展政策性评价，对项目政策的可持续发展提出建议。2017年，首次对一般转移支付项目实施绩效评价。

四是结果应用。

——强化预算安排参考。2015年，广州市首次将预算绩效评审项目的评审结果导入预算系统，作为安排项目预算的重要依据，无充分理由不予调整。2016年，为加强绩效评价结果应用，在编制2017年预算时，对2016年10月前支出进

表 1-11　2009~2018年广州市本级财政绩效评价项目统计数

年度	财政自评复核结果 项目数（个）	部门数（个）	涉及财政金额合计（亿元）	复核方式	自评复核绩效结果比例情况（%） 优	良	中	低	差	重点评价资金情况 项目数（个）	涉及财政金额合计（亿元）	评价方式	重点评价项目性质分布情况（%） 专项支出项目	财政投资基本建设项目	民生类项目	经济类项目	其他
2009	201	42	47.7	财政组织评审	13.9	61.2	19.9	4	1	4	3.13	财政局组织专家评价	0	75	25	0	0
2010	194	62	61.4		14.4	61.9	22.2	1.5	0.4	4	0.6		0	25	50	25	0
2011	166	45	80.9		16.3	65.1	15.1	3.6	0	4	4.05		25	0	75	0	0
2012	169	48	123.08		13.6	68.6	13.6	3.6	0	4	2.87		25	25	50	25	0
2013	122	112	20.09		8.2	82	9	0.8	0	6	40.12		16.7	16.7	50	16.7	0
2014	48	34	11.77		8.3	79.2	8.3	4.2	0	8	27.29	第三方评价	25	25	25	25	0
2015	57	32	20.03	第三方评审	8.8	87.7	3.5	0	0	10	50.09		20	20	30	30	0
2016	70	32	23.9		10	85.7	4.3	0	0	10	56		0	20	50	30	0
2017	80	42	10.7		12.5	82.5	5	0	0	10	29.86		30	20	30	20	0
2018	51	51	19		9.8	82.4	7.8	0	0	8	64.5		12.5	12.5	25	37.5	0
合计	1,158	—	418.57	0	12.7	71.1	13.7	2.2	0.2	68	278.5	—	16.2	22.1	38.2	23.5	0

资料来源：广东财政厅。

度低于80%、50%的经常性项目（含专项资金），分别按当年预算额的90%、60%审核安排下年度预算。2017年，建立参考机制，明确评价结果作为预算安排的重要参考依据，并规定了具体评价等次的参考方式。

——强化绩效评价整改落实。从2013年开始，把支出项目绩效意见下达部门，提出绩效改进问题及意见，要求部门报送了整改落实情况。2015年，为进一步加强整改落实，督促有关部门及时整改绩效评价所反映的问题，并将整改落实情况报广州市人大常委会。

——强化专题报告制度。从2008年开始，广州市财政局将上一年度市本级财政支出绩效情况报告上报市政府，经市政府审定后，专题报市人大进行审议。这是全国第一个向同级人大报告政府绩效情况的专题报告，并形成报送制度。

五是部门整体绩效管理。

——2016年，推进试点部门的绩效目标管理。2016年，广州市财政局印发《关于试行部门全过程预算绩效管理的通知》，按照"试点、总结、完善、推广"的思路制定了试点工作方案，选取市知识产权局、市残联作为试点部门。以推进试点部门的绩效目标管理为起点，印发《关于2017年度全过程预算绩效目标管理实施方案的通知》，探索编制部门整体绩效目标，将试点部门的2017年预算项目全部纳入专家评审范围。

——2017年，推进绩效目标批复公开和绩效运行跟踪试点工作。一是做好绩效目标批复公开，两个试点部门公开全部118个预算项目绩效目标和绩效指标，所有项目的绩效指标个数均在3个以上。二是探索绩效运行跟踪，广州市财政局研究制定试点部门绩效运行跟踪工作方案，细化项目绩效运行跟踪内容，尝试第三方监控、部门整体监控等新举措，强化部门预算执行中的绩效管理。三是扩大全过程绩效管理范围，在编制2018年部门预算时将市教育局、市发展改革委等12个部门纳入全过程绩效管理范围，要求上述部门编制部门整体绩效目标和项目绩效目标，深入推进全过程预算绩效管理。

——2018年，构建部门整体全闭环绩效管理机制。持续推进部门整体绩效管理试点工作，实施部门整体绩效监控。按照"1+1+X"模式对上述12个部门开展2018年部门整体监控，强化监控结果的预警和预算调整功能。对监控中发现的部门管理漏洞和绩效目标偏差，及时进行预警和调整。同时，对2017年广州市残联、市知识产权局开展部门整体支出绩效评价，如图1-6所示。

图1-6 广州市部门整体绩效管理试点进展情况

三、预算绩效注重监管绩效

广州市预算绩效监督机制健全,做到了财政公开、人大监督、联网监督,十分注重预算绩效和监管工作。

第一,财政公开。

一是目标公开。从2015年起,广州市按照预算编制程序,对预算绩效评审项目的绩效目标随部门预算一并批复、公开。此举进一步提升了绩效目标的规范性和透明度,有效解决了长期困扰绩效工作的"目标不明、监控无力、评价无据"的问题。2017年,广州市加大绩效目标公开力度,公开项目数量取得突破性增长,首次实现了一般公共预算支出项目和专项资金项目绩效目标公开的全覆盖。同年,在原来公开基础上,结合部门整体绩效管理试点工作,对于2个参与试点的部门在公开一般公共预算项目绩效目标的基础上,一并公开项目绩效指标,推动绩效目标公开更加具体量化,如图1-7所示。

二是评价结果公开。

——公开第三方评价报告。2014年,首次在广州市财政局网站公布了2012年、2013年共11个项目的第三方评价报告完整稿。2015年,首次在广州市财政局网站公布了当年8个重点绩效评价项目的第三方评价报告。2016年,第三方评价报告由原来在财政网站公开的基础上,增加在市政府门户网站同步公开。

——公开自评复核项目的评价结果。自2016年起,广州市在财政网站公开所有自评复核项目的评价结果。

三是结合决算数据公开。

2016 年，为进一步充实公开内容、提升公开层级，广州市首次将各部门预算绩效管理情况纳入部门决算公开的范围。

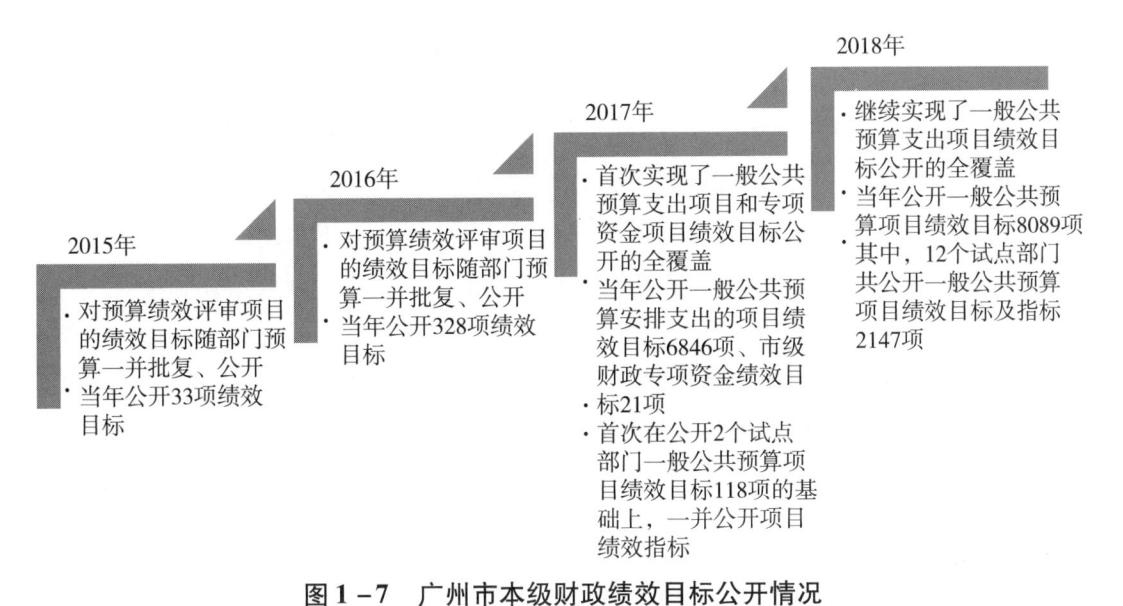

2015年
- 对预算绩效评审项目的绩效目标随部门预算一并批复、公开
- 当年公开33项绩效目标

2016年
- 对预算绩效评审项目的绩效目标随部门预算一并批复、公开
- 当年公开328项绩效目标

2017年
- 首次实现了一般公共预算支出项目和专项资金项目绩效目标公开的全覆盖
- 当年公开一般公共预算安排支出的项目绩效目标6846项、市级财政专项资金绩效目标21项
- 首次在公开2个试点部门一般公共预算项目绩效目标118项的基础上，一并公开项目绩效指标

2018年
- 继续实现了一般公共预算支出项目绩效目标公开的全覆盖
- 当年公开一般公共预算项目绩效目标8089项其中，12个试点部门共公开一般公共预算项目绩效目标及指标2147项

图 1-7　广州市本级财政绩效目标公开情况

2017 年，在部门决算公开范本中细化预算绩效管理的内容，增强财政资金使用绩效的透明度。

2018 年，在 2017 年度部门决算公开中首次专门披露本部门预算绩效管理情况，细化公开绩效评价报告，便于公众详细了解财政支出的使用去向和绩效情况。

第二，人大监督。

一是专题审查。在人民代表大会期间，结合审查预算和计划草案，组织各区联组（代表团）代表分别对 1 个部门预算草案和 1 个政府投资项目预算草案进行专题审查。

——部门预算草案审查。早在 2001 年，广州市部门预算草案就开始提交代表大会审议，并且每年部门预算的提交数量不断增加，2001 年是 5 个，2002 年 10 个，从 2008 年起所有部门预算全部提交代表大会。2008 年，广州市人大常委会制定了《广州市人民代表大会常务委员会加强预算审查监督工作若干规定》，首次提出要在代表大会期间召开预算（草案）专题审议会。并从 2008 年开始，每年选取 2 个预算单位进行专题审议。同时，要求市政府重点报告当年专题审议的部门预算的专项资金绩效情况。

——建立人大专题审查制度。2014 年，广州市全面修订《广州市人民代表大会审查批准监督预算办法》，创建了人民代表大会期间专题审查部门预算及政府投资项目计划草案制度，保障了广州市人民代表大会更好地行使审查批准预算以及国民经济和社会发展计划的职权,充分发挥市人大代表审查监督预算、计划的作用。2014年市十四届人大四次会议期间,首次实施了人大专题审查制度。

——人大专题审查制度日益完善。2015年,进一步要求专题审查的部门预算支出细化到具体项目。为进一步扩大代表对预算审查的参与度,2016年广州市人民代表大会前,预算工委组织了近300名代表参加"十三五"规划纲要草案、28个重点专项规划草案、预算草案、计划草案,以及11个部门预算和11个政府投资项目计划草案的预先审查。2017年,完善部门决算审查机制,首次将上一年度市人代会专题审查11个部门的决算纳入常委会审查重点,实现从预算到决算全过程闭环监督。2018年,进一步完善制度,制定《广州市第十五届人民代表大会第四次会议专题审查部门预算和政府投资项目工作指引》,在专题审查部门预算四步骤基础上增设一个前置环节:预算、计划编制通报会议,从而形成了预算、计划编制通报会议、前期调研、预审会议、初步审查、大会审查五阶段的流程,继续增强人大对政府全口径预决算审查和监督工作的实效。

广州市的专题审查制度经过多年完善,目前已得到有效应用,通过每年对11个政府部门预算草案的专题审查,加强人大对政府部门绩效预算的监督,规范了部门预算编制和执行,促进了财政预算管理水平的提高,如图1-8所示。

2001年
- 部门预算草案开始提交代表大会审议
- 当年,提交5个部门

2008年
- 所有部门预算全部提交代表大会
- 首次在代表大会期间召开预算(草案)专题审议会,选取2个预算单位进行专题审议。同时,要求市政府重点报告当年专题审议的部门预算的专项资金绩效情况

2014年
- 制度建立:全面修订《广州市人民代表大会审查批准监督预算办法》
- 2014年市十四届人大四次会议期间,首次实施了人大专题审查制度

2015年
- 细化要求:进一步要求专题审查的部门预算支出细化到具体项目

2016年
- 扩大规模:预算工委组织了近300名代表进行预先审查

2017年
- 完善部门决算审查机制:首次将上一年度市人代会专题审查11个部门的决算纳入常委会审查重点,实现从预算到决算全过程闭环监督

2018年
- 规范流程:制定《广州市第十五届人民代表大会第四次会议专题审查部门预算和政府投资项目工作指引》
- 增加前置工作环节:组织召开预算、计划编制情况通报会

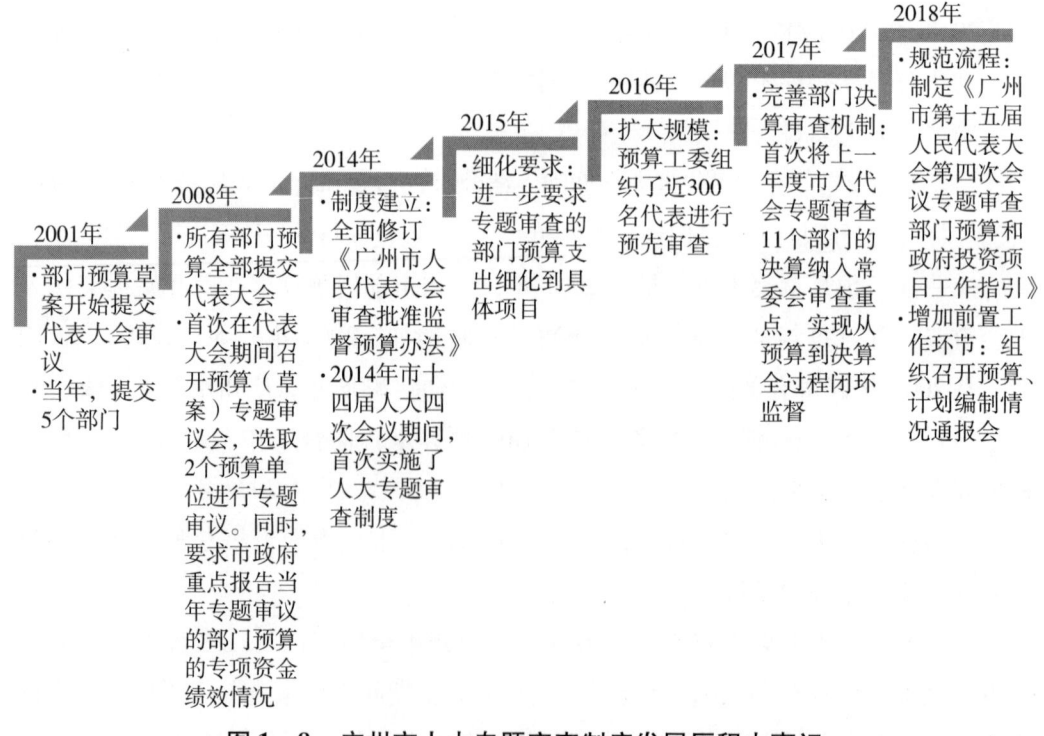

图1-8 广州市人大专题审查制度发展历程大事记

二是预算三审。2014年修订的《广州市人民代表大会审查批准监督预算办法》不仅创建了专题审查制度，还提出建立预算三审制，即"市人大常委会预算工委牵头组织预先审查（包括前期调研和召开预审会议）——市人大预算委初步审查——市人民代表大会审查批准"新模式，进一步扩大代表对预算审查的参与度，如图1-9所示。

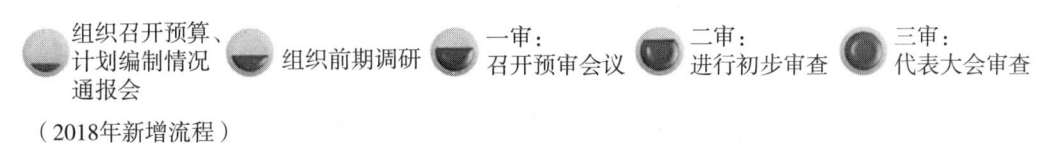

组织召开预算、计划编制情况通报会（2018年新增流程） → 组织前期调研 → 一审：召开预审会议 → 二审：进行初步审查 → 三审：代表大会审查

图1-9 广州市人大预算三审流程

三是联网监督系统。

——系统实行分期建设。为主动适应信息时代的新要求，早在2005年底广州市就开发了"广州市实时在线财政预算监督系统"，初步实现财政部门与市人大的联网。2014年广州市人大常委会开始启动预算联网监督系统（一期）开发，将涉及市本级财政预算、部门预算、专项资金预算的预算审查、执行、调整以及决算有关信息全部纳入数据监督范围，涉及报表和数据信息达100多项，报送周期分为月报、季报和年报。2016年底，又启动了预算联网监督系统（二期）开发建设，内容比一期更加全面、细化，增加了包括转移支付、政府投资项目、重点支出、库款、财政收支分析报告以及各区财政基本情况等内容，同时丰富了人大对财政实时监督功能。2018年启动预算联网监督系统（三期）开发建设，2018年底上线试运行，主要是及时总结区级系统试点工作经验，对区级系统进行调整优化和完善，在全市各区全面铺开区级系统建设。第一期从2014年开始建设，已于2015年底完成，并于2016年1月开始试运行；第二期于2017年6月底上线试运行；第三期已研制出移动端测试版，于2018年底上线试运行。

——建立制度。广州市人大预算工委会同机关信息化办公室制定了《广州市人大预算监督系统管理暂行规定》，为系统运行和维护提供了制度保障。

——领导高度重视。广州市委对开展人大预算联网监督工作高度重视，市委全面深化改革领导小组将建设和推广应用人大预算联网监督系统列入2017年改革要点，作为一项重要工作进行督办。

——系统功能不断扩大。目前，市人大预算联网监督系统设置了监督指南、审查监督、监督预警、代表意见、法规政策、文档资料、省级系统、区级系统8

个基本功能模块。主要具备以下几个方面的特点：（1）查询政府全口径预算涉及的各类数据报表；（2）对数据进行预设分析和自定义分析，运用多种图表展示分析成果，使复杂数据可视化，方便代表阅读分析；（3）实现财政数据与各部门预算数据关联，可以通过数据穿透，追溯部门预算相关数据；（4）配置搜索功能，实现全文检索和报表快速定位；（5）可实现市、区数据纵向联通和分析。

——应用充分。联网监督系统二期在专题审查和"三审"过程中得到充分应用，人大将总预算、11个部门预算、国民经济和社会发展计划、11个政府投资项目在审查各阶段的草案，以及代表意见及其研究处理情况等录入系统，并组织代表使用系统审查草案、查看意见和采纳情况，实现线上线下审查监督相结合。

第三，审计监督。

一是绩效审计处。广州市审计局于2013年成立绩效审计处，组织开展绩效审计工作，指导区、县级市审计机关和内审部门开展绩效审计工作，总结推广绩效审计先进的工作方式和工作经验，促进提高财政资金使用效益和政府绩效管理水平。

二是绩效审计与其他审计紧密结合。

广州市审计局在市委、市政府和上级审计机关的领导下，积极开展绩效审计工作，创新审计思路，将绩效审计与固定资产投资审计、预算执行审计、经济责任审计、专项资金审计等紧密结合起来，从多个角度反映同一项目的不同方面，实现"一审多果"，提高审计工作效率。

——领导重视。绩效审计项目从审计实施方案到审计报告都经局长办公会议研究审定，绩效审计查出的重要问题以《审计信息专送》报市政府。

——注重计划。将绩效审计项目纳入年度审计计划，逐步扩大绩效审计范围，按照重要性、时效性、可行性、增值性的原则，主要选取重点民生资金和民生工程、重大政府投资项目、资源环境等方面的绩效审计。

——市区合力实施。从2013年开始，各区审计局、局机关各业务处，每年原则上完成至少一个绩效审计（调查）项目。

——突出专业。广州市审计局以绩效审计处为主，各业务处室配合，并引入第三方绩效评价的方式，促进绩效审计更加专业、精准、客观、科学。

2013~2018年，广州市审计局共发出18份绩效审计（调查）报告，向市政府报《审计信息专送》8篇，其中3篇获得市长批示，较好完成各项审计任务。

第六节　聚焦项目：佛山市南海区预算绩效管理抓重点

为提高财政资金的使用效益，实施全面、规范公开透明的预算绩效管理制度，从 2003 年起，广东省佛山市南海区在实施部门预算、国库集中支付、综合预算等系列改革的基础上，在全国率先探索预算绩效管理改革，把绩效管理理念和方法引入财政管理，经历了从无到有，从小到大，从单一到体系化的阶段，逐步实现了人员、公用经费标准化，专项经费绩效化，形成了"项目入库申报—项目入库评审—项目预算听证（民生类或重大类项目）—竞争性分配（扶持类项目）—绩效跟踪—支出后绩效评价或绩效问责—问责结果应用"的环环相扣的预算绩效闭环管理体系，建立了以结果为导向的资金分配机制。

一、预算绩效管理注重项目绩效

2003 年，南海区以信息化专项资金为试点引入专家评审，启动预算绩效改革。2006 年，出台了《关于印发〈南海区财政支出绩效评价试行方案〉的通知》，明确 100 万元以上（含 100 万元）的支出项目、政策性强的社会影响大的具有较强代表性的项目、跨年度支出项目纳入绩效评价范围，规范评价方式——采取单位自评与专家评审的方式进行，并初步建立了财政支出绩效评价指标体系。2007 年，出台了《关于印发〈佛山市南海区项目绩效预算管理试行办法〉的通知》，进一步扩大评审范围，原则上金额在 50 万元以上（含 50 万元）的专项支出均纳入预算绩效评审范围，评审的结果作为预算安排的重要依据之一，预算绩效管理走向制度化。2008 年，启动财政资金使用绩效问责。在单位自评及专家评价的基础上，南海区财政首次联合人大财经工委、监察、审计、组织部抽取 4 个项目进行绩效问责。2009 年，出台了《财政专项资金使用绩效问责暂行办法》，金额 50 万元以上的财政专项支出全部纳入绩效问责范围，由人大、监察、财政、审计、组织部联合组成绩效问责小组进行绩效问责，问责结果与年度机关绩效作风考评挂钩，形成财政资金追踪问效机制。2010 年，南海区财政率先在全国县域财政中试行竞争性分配改革，选取传统产业升级改造及信息化建设项目引入竞争性分配机制，通过竞争方式丰富了财政绩效分配及评审机制，让公共财政真正用在刀刃上。2014年，出台《佛山市南海区人民政府关于印发佛山市南海区项目预算听证办法（试行）的通知》，选取社会关注度高的民生、建设等项目，正式启动预算听证。同年，南海区政府印发了《佛山市南海区区级财政专项资金绩效动态项目库管理试行办法的通知》，纵深推进预算绩效改革，明确财政专项支出项目全面实施项目库管理，预算绩效管理实现全覆盖。

二、预算绩效管理讲求部门联动

从实践来看，广东省佛山市南海区预算绩效管理工作十分讲求部门联动、分工协作、全面发展。

第一，党、政领导高度重视。绩效预算是一项涉及多方面利益、面临重重阻力的改革，推行这样一项重大的改革，需要排除很多阻力、争取各方面的大力支持。2004年初，南海区财政局提出绩效预算的设想时，得到区委区政府的大力支持。广东省财政厅有关领导对南海区探索开展绩效预算工作也给予肯定，多次派人到南海讲课培训、指导工作。这对统一各部门思想认识、主动落实绩效预算起到了至关重要作用。

第二，由简及繁，循序渐进。为使绩效预算实践顺利推进，南海区财政局结合实际，由点及面，积极稳妥地推进改革。在评价项目上，南海首先选择了信息化专项资金为试点，取得经验后不断扩大到基建、设备购置等项目。在评价方案设计上，南海区财政局没有生搬硬套国外的模式，而是根据自己的实际情况，设计了一套适合南海的绩效预算改革方案和工作思路，不仅引入专家进行评价，还邀请人大、监察、审计等部门对评价过程进行监督，并逐步引入公众参与，依照科学流程实现按绩效分配财政资金。在充实完善预算单位自我评价的同时，再逐步推出政府层次的绩效问责制。

第三，与科研部门合作，有效规避改革风险。改革伊始，南海区财政局就与广东省财政科研所紧密合作，采用财政科研与财政业务协作发展模式，共同设计绩效预算。在探索评价时，由广东省财政科研所作为第三方，设计项目申报流程、专家评价方式、确定专家名单，从而在各职能部门与财政部门之间架起了"防火墙"，有效缓解了双方的冲突，规避了改革风险。

第四，建立完善评价指标体系。评价指标体系是预算绩效改革的基础依据，没有科学的评价指标体系，就没有科学的绩效评审（价）。我们通过评价指标的设计与调整，不断增强指标的导向效应。从最初的"基本指标"和"绩效指标"开始，逐步改进完善，分别设计了政策性指标体系和技术性指标体系，对项目的政策相符性和技术合理性进行评价，进一步使指标的绩效导向向党委、政府的重要决策倾斜、向群众关注的民生需求倾斜、向能高效实施的项目倾斜。目前，已形成政策与技术相结合的指标体系，充分体现"大事优先、民生优先、绩效优先"的预算绩效管理理念。

第五，加强评审机构管理，提高评审质量。在预算绩效管理的各个环节，包括入库申报评审、竞争性分配、绩效问责等，均引入评审机制。第三方机构按照"大事优先、绩效优先、民生优先"的原则，根据国家政策和地方发展战略、资金使用效益等评价标准，结合项目的实际情况对项目作出客观、专业的评价，为科学决策提供重要参考。评审质量是预算绩效管理的关键所在。通过政府采购方式择优选择评审机构，制定评审机构管理及考核办法，规范机构评审各环节的工作，包括评审方案的制定、评审专家的选定和培训、评审意见（报告）的要求等，通过对评审机构的高标准、严要求管理确保评审意见的质量。

第六，以制度建设保障改革顺利推进。在推行预算绩效的过程中，南海区始终注重制度建设，对预算绩效的各个环节工作都制定了完整的管理制度，切实做到了制度建设在先、以制度行管理、以制度促工作。先后出台了《佛山市南海区区级财政专项资金绩效动态项目库管理试行办法》《佛山市南海区人民政府关于明确区级财政项目预算追加要求的通知》《佛山市南海区人民政府关于印发〈佛山市南海区财政专项资金使用绩效问责办法〉的通知》《佛山市南海区人民政府办公室关于印发佛山市南海区财政专项扶持资金竞争性分配办法的通知》《南海区财政专项资金绩效评审机构管理及考核试行办法》等制度，对项目入库申报评审、支出后绩效评价、绩效问责及第三方中介管理等各个环节都以制度予以规范。

第七，配套基础工作及时跟进。改革之初，预算绩效改革是一项新事物，南海区财政局配套跟进了一系列基础工作。一是加大专业人员培训。对申报单位相关人员定期组织培训，聘请专家进行讲座，从理论到实务，提高相关人员的理论认识，熟练业务操作流程，确保申报材料的填写质量。二是重视预算绩效信息化建设。南海区财政局已基本实现预算编制信息化，在预算绩效评价中，单位申报项目预算绩效、业务科审核、专家评价等环节均引入信息化管理，大大降低了改革成本，既提高了单位填报的效率，节省了人力、物力、财力；也充分利用了网上评价的便利，使专家更充分地审阅预算单位的申报材料，方便灵活地安排时间。

第八，强化结果运用，全面推进绩效管理。实现绩效评价结果的合理运用是预算绩效的核心和归宿，也是入库评审和支出后评价的有机结合点。为此，南海区成立了由监察委、人大办、组织部、审计局和财政局联合组成的绩效问责领导小组，强力推动绩效问责工作。同时探索建立一套与部门预算相结合、多渠道结果应用机制。一是激励约束机制。将绩效评价与部门预算相结合，使评价和问责结果作为编制和安排部门预算的参考依据，进一步发挥绩效管理工作实效。二是共享机制。将绩效问责（评价）结果与年度机关绩效考评挂钩，作为区直部门进行绩效考评的内容之一。三是反馈机制。将绩效跟踪、评价及问责发现的问题与相关建议反馈给被评价单位及其主管部门，并督促整改落实，强化绩效工作的约束性。四是公开机制。问责小组将年度问责项目的有关情况及绩效问责工作的开展情况向区政府报告。并在一定范围内，对绩效问责结果进行通报。

（执笔人：苏京春）

第二章
全过程、全覆盖：上海市预算绩效管理实践探索

第一节　市区街镇三级联动，上海市预算绩效管理实现纵向到底

上海市绩效评价试点工作于2003年开始，并在闵行、浦东新区与长宁三区先行先试。2010年底为更好发挥财政在国家治理中的基础和重要支柱作用，加快建立现代财政制度，促进提高财政资金使用效益，积极推进预算绩效管理工作，主动积极回应社会各界对绩效的关注，上海市财政局专门成立绩效评价管理处，对全市绩效评价工作进行统筹布局，实施统一管理。历经十五年反复摸索与经验积淀，上海市预算绩效管理工作取得了显著成效：全市预算部门绩效理念逐步树立；财政管理得到优化；预算支出责任不断强化；预算资金支出绩效持续提升——初步形成了"以实践为基础，完善制度机制，以创新为驱动，促进绩效融合；以绩效联动和强化预算部门主体责任为抓手，打造立体化的预算绩效管理体系；以强化绩效目标为导向，推进全过程预算绩效管理；以信息化建设和引导规范第三方评价为支撑，提升绩效管理质量"的上海模式，预算绩效管理工作迈上了新的台阶。

一、预算绩效管理改革动因

加强预算绩效管理的根本目的是改进预算管理、优化财政资源配置、提高公共产品和公共服务的质量、提高财政资金使用效益，改变长期以来财政资金管理使用中存在的"重收入轻支出、重分配轻管理、重数量轻质量"问题。这是推进国家治理体系和治理能力现代化的内在要求，是深化财税体制改革、建立现代财政制度的重要内容。

1. 改进政府管理的需要

随着经济社会的不断发展和人民生活水平的不断提高，市民的公共需求全面快速增长与公共服务不到位、公共产品短缺的矛盾越显突出。这就需要在进一步完善市场经济体制的同时，加快建立有效的公共服务保障体制，而公共服务体制仅靠市场是无法建立的，必须有赖于公共服务型政府的打造。结果导向型预算管理模式强调绩效，关注政府公共支出的方向和范围，关注政府提供的公共产品或公共服务的数量与质量，有助于化解改革发展所面临的阶段性矛盾，有利于形成一种新的、面向结果的政府管理理念和管理方式，有利于提高政府管理效率和公共服务水平。

2. 完善公共财政体系的需要

随着部门预算改革、"收支两条线"改革、国库集中收付制度改革和精细化管理的不断深化，上海市公共财政体系框架搭建基本就绪，接下来改革的重点将紧紧围绕如何进一步健全和完善预算绩效管理体系，如何更加凸显公共资金的支出效率和效益，如何更加重视公共资金分配的公正、公开和透明，如何体现社会公众对于政府预算的知情、参与和表达权等，实施结果导向型预算绩效管理改革，则是完善公共财政管理体系使然。

3. 提高公共资金使用效益的需要

随着经济实力的不断提升和财力的积累，上海市已不仅仅是"吃饭财政""建设财政"，更是民生财政、阳光财政。公共财政不仅要关注资金量投入的大小、使用是否合法合理合规，更要关注公共资金的产出和效益。传统的预算管理往往过于关注预算资金的投入，而忽视预算资金投入最终带来的效果和效益。对于预算部门来讲，较多地注重于争取更多的预算资金，较少地考虑资金投入后的效率和效益最大化。通过推行结果导向型预算管理改革，改变过去重投入轻结果的习惯思维，强调投入和结果并重，从而达到把有限的资源分配到边际效益更大的领域，同时，可以科学地评价预算单位使用公共财政资金效率的高低和效益好坏。

4. 公共管理精细化科学化的需要

预算绩效管理是政府绩效管理的重要组成部分，是公共财政科学化、精细化管理的重要内容和结果诉求。加强预算绩效管理的根本目的是改进预算支出管理，优化财政资源配置，提高公共产品和服务质量。财政部提出"建立预算编制有目标、预算执行有跟踪监控、预算完成有评价、评价结果有反馈、反馈结果有应用"的预算绩效管理基本机制和程序，是对传统预算模式的重大突破，是实现现代公共财政管理制度的重要内容和基础，对提高预算管理的科学性意义重大。

二、预算绩效管理改革成效显著

近年来，上海市积极贯彻《预算法》，积极落实党的十九大关于全面实施预算绩效管理的要求，不断完善预算绩效管理制度和机制，深入推进全过程预算绩效管理，着力开展重点项目支出的绩效评价，扩大专项资金政策评价和部门整体支出绩效评价试点范围，加大政府购买服务项目的绩效评价力度，加强绩效管理与预算管理的融合，提升预算绩效管理信息系统的应用效果，提高预算绩效管理质量，强化评价结果应用和信息公开，完善预算绩效管理工作考核，着力提高依法理财能力和财政支出使用绩效。

（一）加强制度建设，预算绩效管理基础保障进一步夯实

上海市财政始终把建立和完善绩效管理制度作为绩效管理改革的切入点，先后出台了财政支出绩效评价实施意见、评价机构管理办法、评审专家管理办法、评价结果应用办法、推进预算部门绩效管理办法、预算绩效管理工作三年规划、预算绩效管理实施办法等20余项管理制度，对于推进上海市绩效管理的扩围、提质、增效，起到了积极的引领作用。

2011年，上海市财政局出台了《上海市财政支出绩效评价管理暂行办法》，并报请市政府以沪府办〔2011〕1号文件予以转发，上海市预算绩效管理工作成

体系推进。此后，上海市财政局出台了《编制绩效目标的若干要求》（沪财预〔2011〕92号），对绩效目标的编报做了相应要求及指导；制定了《上海市财政支出绩效评价聘用第三方评价机构管理暂行办法》与《上海市财政支出绩效评价聘用评审专家管理暂行办法》，对市场第三方参与力量进行规范；发布了《上海市财政局关于财政支出绩效评价结果应用内部职责分工的通知》，进一步规范了上海市绩效评价结果的应用。

2013年10月，上海市政府办公厅转发市财政局制定的《全面推进预算绩效管理意见》，标志着上海市预算绩效管理工作进入全面实施阶段。为进一步加强预算绩效管理，2014年4月30日，上海市财政局出台《上海市预算绩效管理实施办法》，突出明确了预算绩效管理的概念，从组织实施管理、绩效目标管理、绩效跟踪管理、绩效评价管理与绩效评价结果应用管理等方面对预算绩效管理与绩效评价工作进行了较为全面的阐述与细化，为落实预算绩效管理的科学高效做出了提纲挈领式的引导，进一步夯实了预算绩效管理的制度基础，上海市预算绩效管理工作迈上了新台阶。为提高政府购买服务资金使用效益，2015年市政府出台了《上海市人民政府关于进一步建立健全上海市政府购买服务工作有关问题的通知（试行）》，首次对政府购买服务项目预算绩效管理及后续信息公开与监督管理进行规范和引导。2016，市财政会同相关部门制定了《上海市政府购买服务项目绩效评价管理办法》，进一步完善对政府购买服务绩效管理，促进提高政府购买社会组织服务项目的绩效。

为推进分行业、分领域绩效管理，市财政局会同相关部门制定了《上海市市本级信息化项目绩效评价管理办法》，促进提高信息化项目的科学化、精细化管理水平，提高信息化项目应用成效和资金使用效益。

同时，根据上海市预算绩效管理的要求，各区结合本区预算绩效管理工作实际，相继制定了更匹配本区特色的暂行办法与实施方案，以实践为基础，不断完善本区的绩效评价政策法规指导框架。例如，浦东新区通过《关于印发〈浦东新区预算绩效管理实施办法〉的通知》与《浦东新区财政支出绩效评价知识与实务》建立了"1+1"模式，在全市范围内形成了良好的示范效应；杨浦区发布《杨浦区财政局关于编制2018年预算和2018~2020年中期财政规划的通知》，将该区中期财政规划与预算绩效管理工作紧密结合，进一步强化了预算绩效管理工作的科学性与前瞻性。

经过历年持续的制度体系建设，目前，上海市在市一级层面基本形成了"指导意见——管理办法——操作指南——业务规范"分层次的预算绩效管理制度框架体系，为上海深入有效推进预算绩效管理提供了良好的制度和机制保障。

（二）实施全过程管理，预算绩效管理理念进一步转变

1. 绩效目标管理

绩效目标是预算绩效管理的基础和源头，通过编报绩效目标，使预算部门在编制项目预算时能树立绩效理念，从而逐步改变"争项目、争资金、轻管理、轻绩效"的现状。一是绩效目标编报比例逐年提高，2016年所有市级预算部门的主要项目编报绩效目标实现了全覆盖。2018年，市级部门编报绩效目标的一级项目7 500个。二是选择了部分市级预算部门开展部门整体支出绩效目标编制试点，进一步促进部门整体支出绩效目标与部门中期预算管理的衔接。三是结合预算功能科目与产出构成、经济科目与成本费用的绩效关系，进一步加强对绩效目标编制质量的会审（2018年市级财政重点会审绩效目标220个），提高绩效目标与项目预算的匹配性。四是根据财政部关于中央对地方转移支付管理的相关要求，开展专项转移支付资金的绩效管理，按照《中央专项转移支付绩效目标管理办法》要求，完善转移支付资金的绩效管理机制；对相关部门和区财政编报转移支付绩效目标进行辅导。五是推进国有资本经营预算和社保基金预算项目的绩效目标管理试点，加强对政府购买服务项目的绩效目标管理。

2. 绩效运行监控

一是强化预算部门作为管理主体开展绩效跟踪的责任。截至2018年，预算部门、区财政开展绩效跟踪的项目资金比例已超过60%。二是针对项目特点优化绩效跟踪的方式和流程，将动态跟踪和定期跟踪相结合，把绩效跟踪与加强当年预算执行、实施预算调整、优化项目管理结合起来，实行绩效"双监控"，将跟踪时间原则确定在第三季度，提高绩效跟踪对问题整改的及时性和效率性。

3. 绩效评价实施

一是推进预算部门、区财政开展重点绩效评价的资金总量逐年提高。2018年，对重点支出项目的评价资金比例已接近项目支出的35%；同时将年度新增项目作为绩效评价的重点，并对以前年度经常性项目评价中存在问题的整改情况进行跟踪。近年来，市级财政组织开展的重点评价项目210个，推进市级预算部门开展绩效自评价的项目数量达2 500个。二是积极组织开展部门整体支出和专项资金政策开展绩效评价，及时反映部门履职资金的整体绩效和专项资金政策的实

施绩效信息，近年来，开展了对 25 部门的整体支出评价，对近 30 个专项资金政策进行政策评价试点。三是积极落实上海市委、市政府文件精神，做好对政府购买服务项目的绩效评价，并实施绩效信息公开。四是为提高绩效评价的质量和效果，市财政积极开展绩效再评价试点，初步形成了绩效再评价指标框架体系，对进一步完善绩效评价质量管理机制，督促绩效问题的整改，发挥了积极引导和督促作用。五是推进中央对地方 54 个专项转移支付绩效目标的自评工作，选择选择"旧住房综合改造专项补贴资金"项目开展市区联动评价，规范评价要求，统一评价指标，提高同类项目支出的绩效可比性。六是进一步完善绩效评价监督机制，在开展重点项目评价过程中，邀请市人大代表、市政协委员参加评审会，对评审工作进行现场指导和监督。七是按照"评价手势一致"的要求，拟定《项目支出绩效评价操作规范》，规范评价要求，加强过程监督，提高评价质量。八是开展绩效管理综合评价试点，有针对性地解决目前预算绩效管理中有关要求不具体、不规范以及资金使用效果的反映不完整、不明显的问题，以促进绩效管理流程的优化、绩效管理目标的聚焦，以及绩效管理与预算管理的融合。

4. 绩效结果应用

绩效评价结果应用是预算绩效管理的落脚点。上海市财政局通过制定绩效评价结果应用相关办法，建立绩效评价结果应用机制，实施项目绩效评价结果应用，着力改进项目资金的绩效问题。一是及时反馈重点评价项目的评价结果、督促问题整改，近年来，预算部门对重点支出项目绩效问题的整改情况反馈率达 100%，措施落实到位率超过 93%。二是实施评价结果信息公开，2012 年起，上海市财政局将重点项目绩效评价结果通过上海财政网公开，主动接受社会各界的监督；2014 年又扩大了评价结果信息公开的内容，从原来的 7 个方面增加到 10 个方面（增加了存在问题，整改措施、整改情况等三方面）；截至 2018 年，已要求每个预算部门选择 4 个项目绩效目标和 4 个项目绩效评价报告向社会公开。2018 年部门决算公开时，财政部门选择了 10 个重点支出项目的绩效评价报告全文，以及预算部门的近 500 份评价报告摘要，作为参阅材料报年中召开的上海市人大常委会会议。三是为促进预算绩效管理的制度化和长效化，2014 年上海市财政局加强预算绩效管理工作的考核，并将考核结果在良好以上（80 分以上）的部门和单位，抄送各预算部门和区县政府。四是将预算主管部门开展绩效评价工作的情况和项目绩效评价结果提供给市年度（绩效）考核工作领导小组办公室，作为对区县和部门领导班子的考核内容之一。

（三）市区街镇三级联动，实践和创新推动预算绩效发展

2003 年开始，闵行、浦东与长宁三区率先开始预算绩效管理改革试点。2010 年底，上海市财政局成立绩效评价管理处，在总结试点经验的基础上，负责推进全市预算绩效管理工作。2013 年，上海市印发了《关于加强镇（乡）财政预算绩效管理的实施意见》，要求镇（乡）建立预算绩效管理制度，由各区负责推进本区街镇财政绩效管理工作。至此，上海市在全国率先形成了市、区、街镇三级联动开展预算绩效管理的局面。

1. 市级绩效管理工作持续明确细化

为了进一步强化财政资金使用绩效，全面推进上海市预算绩效管理工作，上海市财政局于 2010 年 12 月成立绩效评价管理处，专职负责绩效评价相关工作，包括制定绩效评价相关政策、制度和办法，组织对预算编制、执行与财政资金使用情况等进行绩效评价，建立并管理绩效评价的指标库、中介库与专家库等。

在市级层面，市财政每年制定预算绩效管理工作要点，明确市区财政、各预算部门的预算绩效工作目标，细化工作计划，明确工作职责。例如：2017 年，开展绩效目标编报，要求预算部门和项目实现全覆盖；开展绩效跟踪监控管理，要占项目支出的 50% 以上；开展绩效评价，要占项目支出的 30% 以上；开展结果应用，要公开结果信息和评价报告，评价结果要应用于预算安排等。市财政部门每年选择 30 个左右的重点对象，组织开展重点评价，涉及预算资金近百亿元，评价类型既有重点项目评价，也包括部门整体支出评价、专项资金政策评价以及再评价等。

2. 各区绩效管理工作逐年有序推进

在上海市绩效评价覆盖广度逐步提升的过程中，渗透层级也不断加深。总体来看，接近一半比例的区基本达到了"绩效管理部门全覆盖、街镇绩效管理稳中求进"的标准。

16 个区中，5 个区单独设置了绩效科，分别是静安、徐汇、黄浦、嘉定、崇明，并由专人负责绩效管理工作；6 个区根据本区预算绩效管理工作需要并结合工作实际由财政监督科室负责绩效评价工作的开展，并配备相应的兼职人员负责具体事宜，依次是青浦、长宁、杨浦、奉贤、普陀、松江；2 个区将预算绩效管理与预算管理结合起来，由预算科室主抓预算绩效管理相关工作，分别是金山、

宝山；虹口区由稽查科负责绩效评价相关工作，将财政监督与绩效评价较好地融合在一起。还有些区形成了本区特色，譬如闵行区与浦东新区。闵行区财政局成立了财政专项资金评审中心，专职统领本区绩效评价工作的开展；浦东新区财政局于预算处与财政监督处分别下设专项资金评审中心与绩效评价中心——二者彼此配合分别管理绩效目标评审与绩效跟踪监控、绩效评价，形成了"双头双脚"的分工协作模式。各区预算绩效管理队伍配置情况详见表2-1。

表2-1　　　　　　　各区预算绩效管理队伍配置情况

单位简称	机构设置	目标编报	前评价	跟踪	后评价
浦东新区财政局	绩效评价中心/专项资金评审中心	√	√	√	√
静安区财政局	绩效评价管理科	√		√	√
闵行区财政局	财政专项资金评审中心	√	√	√	√
徐汇区财政局	绩效评价管理科	√		√	√
金山区财政局	预算科	√		√	√
奉贤区财政局	—				
长宁区财政局	财政监督科	√		√	√
青浦区财政局	绩效评价管理科	√		√	√
黄浦区财政局	绩效评价科	√		√	√
杨浦区财政局	财政监督科	√		√	√
松江区财政局	—				
嘉定区财政局	绩效评价管理科	√	√	√	√
宝山区财政局	预算科			√	√
奉贤区财政局	财政监督科	√	√	√	√
普陀区财政局	财政监督科	√		√	√
虹口区财政局	稽查科	√		√	√
崇明区财政局	绩效科				

从预算绩效过程管理的职能划分来看，绩效目标管理、绩效跟踪监控与绩效评价的全过程预算绩效管理已基本覆盖全市所有区，不少区也在积极尝试预算评审工作的开展。

在区级层面，为切实建立与公共财政相适应的预算管理体制，闵行、浦东与长宁三区率先开始试点工作。其中,闵行区于 2003 年在政府采购、国库集中支付、基建项目绩效评估等改革的基础上,实施预算项目支出绩效评价改革,吹响了上海市预算绩效管理的第一声号角。随后,浦东、长宁两区于 2005 年也相继开始了绩效评价方面的相关试点工作,与闵行一起形成了绩效评价试点的"小三角",并逐步向周边辐射。

先行先试的三个区在积极开展本区绩效评价试点工作的同时,也逐步完善本区的基础建设。闵行区各个街镇全面开展了以结果为导向的预算编制改革的试点工作。全区各镇都选取了 1~3 个达到了一定金额的、涉及民生、公共服务的实事性预算项目,进行了以结果为导向的绩效目标评审。浦东新区在选择若干涉及重大民生、社会发展等方面的重点财政项目展开绩效评价的同时,积极邀请第三方力量的参与,其间超过 1/3 的项目全部委托第三方全程评价,约一半比例的项目聘请了绩效专家或研究团队进入评价小组,共同开展绩效指标体系建设。

长宁区于 2011 年一方面成立区级层面的绩效领导小组,由区人大财经委、区财政局与区审计局共同组成,对区绩效评价工作进行统一领导;另一方面成立长宁区绩效评审小组,邀请相关行业专家、市财政局绩效评价处、高校绩效评价专家与上海市区县财政绩效从业人员对绩效评级报告进行联合评审,有力地推动了本区绩效评价工作的进展。

2011 年,青浦、静安、徐汇、嘉定、奉贤、普陀、金山、松江共计 8 个区也开始试点。开始从财政支出绩效评价入手,遵循"先易后难、先简后繁"的原则陆续开始试点工作。其中,大部分区选择从绩效评价入手,嘉定区财政局选择从绩效目标管理切入,遵循着"目标管理—绩效跟踪监控—绩效评价"这条线逐年向前推进全过程预算绩效管理工作。

随着绩效评价工作的持续推进,以黄浦、杨浦、虹口与宝山四区为实施主体的第三批区财政局试点工作逐步开始。与同批次其他区财政局从绩效评价角度着手的方式不同,黄浦区财政局在试点之初就意识到了绩效目标的重要源头作用,以绩效目标为切入基点,借鉴嘉定区的预算绩效管理工作推进思路,逐步拓展到绩效跟踪监控与绩效评价。2012 年,黄浦财政在申报绩效目标的基础上实施绩效跟踪监控管理,共涉及金额 7.4 亿元。

2014 年,崇明区财政局预算绩效管理试点工作正式启动,并在之后迎头赶上,取得较好工作成绩。这标志着上海市所有市辖区全部开始绩效评价管理,预算绩效管理工作正式步入全面实施阶段。

3. 街镇有序开展预算绩效管理体系建设

在政府购买服务评价试点工作持续推进的基础上，乡镇绩效评价工作也逐步渗透。上海市财政局印发了《关于加强镇（乡）财政预算绩效管理的实施意见》等文件，进一步填补了预算绩效管理的制度空缺。其中，闵行区街镇绩效目标申报基本实现全覆盖，开展绩效立项评价的项目预算资金总量为48.51亿元，达到本级公共财政项目支出的49.78%，绩效跟踪监控的资金总量为27.08亿元，占据本级公共财政项目支出的比例为27.79%，绩效评价项目资金总量23.60亿元，达到本级公共财政项目支出的24.22%。

（四）培育第三方机构，绩效评价的质量得到进一步提升

截至2018年，上海市绩效评价第三方机构已达150家，绩效专家已超100位。第三方队伍的发展，对于提高绩效评价的覆盖面，提升绩效评价的质量，发挥了积极的保障作用。一是全市通过公开招标（集市采购）方式选择第三方机构参与绩效评价，引导其加强自身能力建设，提高中介机构参与绩效评价的工作质量。二是在积极培育第三方发展的同时，也不断加强对第三方参与绩效评价的管理，包括根据评价机构、绩效专家的不同需求开展政策和业务培训，根据有关规定和考核结果启动评价机构的退出机制等。三是促进第三方机构完善对绩效评价报告的三级复核制度，明确和落实绩效评价报告的相应责任；以评价报告的信息公开为抓手，促进评价报告质量和公信力的提高。2018年，制定了《上海市第三方机构财政支出绩效评价工作质量评估办法（试行）》，促进提高第三方评价机构的参与质量，进一步强化第三方参与绩效评价的专业责任。

（五）加快信息化建设，预算绩效管理效率得到进一步提高

开展预算绩效管理信息化建设是上海市预算绩效管理的重要手段，近年来，上海市分四期开展信息化建设，基本形成了涵盖绩效目标、绩效跟踪、绩效评价、结果应用、指标库、智库、第三方在线应用平台等在内的管理体系。同时，推进各区及乡镇绩效管理信息化应用，截至2016年底，区、乡镇绩效管理信息化应用已实现全覆盖，市、区、乡（镇）绩效信息的沟通和共享机制架构基本形成。2018年，进一步优化了绩效管理系统的跟踪和自评价功能，逐步将系统的管理端

从财务部门延伸到业务部门，为进一步推进部门（单位）以预算绩效管理信息化平台开展绩效自行跟踪和绩效自评价打好基础，提高预算部门对经常性项目的绩效自评价效率。同时，开展绩效管理综合服务平台应用扩大试点，推进第三方实施"线上"评价，进一步规范评价行为，完善评价流程，提高绩效管理的质量和效率。

（六）上海市预算绩效管理的改革成效

从2011年起，经过持续不断地努力，上海市预算绩效管理的理念、制度与工作机制的逐步形成，积极促进了预算和项目管理方式的改进与优化，信息公开持续推动预算部门不断提升行政效能，资金使用责任意识不断强化并使得财政资金的使用状况得到显著改善。

1. 绩效目标编报项目覆盖率不断提升

自2011年以来，上海市绩效目标编报比例逐年提高，绩效跟踪监控管理与绩效评价覆盖广度与渗透力度进一步提升，绩效评价结果应用进一步强化。

市级层面，2011年，上海市财政局选择了部分单位和部分项目支出进行绩效目标编报的试点工作，2013~2014年绩效目标编报比例进一步提升；2015年，全市项目支出编制绩效目标的资金比例已接近70%；2016~2017年，超过85%的下一年度部门预算管理的项目均按照要求编报了绩效目标，其中重点支出项目编报绩效目标比例实现了全覆盖；2018年，部门预算管理项目均按照要求100%编报，绩效目标实现全覆盖。

2014~2015年，各个区基本实现了市财政局要求的45%与60%绩效目标覆盖率的要求，其中2014年绩效目标编报覆盖达标率为69%，涉及项目总数3 672个，总金额370.58亿元；2015年绩效目标编报覆盖达标率为94%，涉及项目总数7 153个，总金额641.38亿元。2016年开始上海市财政局将绩效目标覆盖率提升至100%，该年16个区绩效目标编报覆盖达标率为63%，涉及项目总数19 894个，总金额1 358.49亿元；2017年绩效目标编报覆盖达标率为69%，涉及项目总数22 180个，总金额1 831.97亿元；2018年绩效目标编报覆盖达标率为69%，涉及项目总数26 749个，总金额1 585.86亿元。2018年，静安、黄埔等区已经实现了绩效目标编报全覆盖；虹口、徐汇区处于90%~100%区间。各区绩效目标管理的具体情况详如表2-2所示。

表2-2 2014~2018年各区绩效目标管理情况

年份	项目	浦东	静安	长宁	黄浦	杨浦	嘉定	宝山	奉贤	普陀	虹口	崇明	青浦	闵行	徐汇	松江	金山
2014	项目数(个)	64		90	262	901	826		224	337	—	157	313	132			366
	金额(亿元)	64.77		30	25.45	14	50.30		16.77	37.26	—	17.63	36.8	21	27.18		29.42
	覆盖率(%)	48.40		46	52.18	60			74.02	50	—	48.47	78.92	45.50	66.96		61.14
2015	项目数(个)		480	442	397	1 091	897	473	219	1 186	809	309	320	152			378
	金额(亿元)	108.46	17.87	47.91	40.44	22.43	72.57	44.49	22.41	81.07	20.08	27.54	38.6	30.05	39.66		27.80
	覆盖率(%)	63.70	68.05	75	75.61	70	79.60	73.85	71	100	60	74.10	70.80	65	88.49		68.93
2016	项目数(个)		1 360	531	1 557	1 324	2 900	2 709	1 793	1 539	1 043	591	2 099	483			1 965
	金额(亿元)	325.77	200.10	63.33	72.09	45.14	11.78	52.95	56.37	73.00	32.71	49.87	147	69.60	45.73		113.05
	覆盖率(%)	100	100	100	97.36	100	100	97.97	100	100	94.46	100	100	80	94		98.86
2017	项目数(个)		1 122	690	2 392	1 324	4 092	2 248	1 780	1 325	1 069	931个	2 034	1 485			1 688
	金额(亿元)	490.95	214.58	67.17	78.09	50.93	20.51	56.62	105.74	74.40	46.04	47.11	187	97.12	99.27		196.44
	覆盖率(%)	100	100	96.12	100	100	100	100	100	100	94.85	100	100	100	89		99.53
2018	项目数(个)		2 690	1 036	3 093		3 905	2 341	1 719	1 439	1 148	1 416	2 628	1 896	471		2 967
	金额(亿元)		341.71	70.53	84.94	49.61	19.34	63.19	170.12	78.70	53.31	63.67	241.09	119.7	64.05		165.9
	覆盖率(%)		100		100	100	100	100	100	100	96.24	100	100	100	96.37		100

经过长期实践探索，绩效目标编报方式不断优化，绩效目标编报逐步前置。以往是先有预算再编制绩效目标，绩效目标编报作为预算评审的后置环节，是对项目预算评审结果的补充与完善，作用相对有限。随着预算绩效管理工作的深入推进，绩效目标编制逐步前移，预算部门在申报预算的同时必须完成绩效目标的编报，财政部门在审核预算的时候，进一步结合预算功能科目与产出构成、经济科目、成本费用与绩效目标的关联，大大提升了绩效目标与项目预算的匹配性。其次，绩效目标的编报逐步精细化、科学化。经过多年的实践经验积累，在市区财政部门与预算部门的不懈努力下，绩效目标由一开始的粗放式编制逐步转变为相对精细、科学的目标编制，支出成本与项目效益之间的关系也逐步清晰，绩效目标源头把控的功能作用得到进一步发挥。

2. 绩效管理的项目前中后全过程覆盖

在绩效编报比例逐步提升、编报方式逐步优化的基础上，上海市绩效目标的管理还取得了三点突破：一是部分市区级预算单位开展了部门整体支出绩效目标编制试点工作，进一步促进了部门整体支出绩效目标与部门中期预算管理的衔接，区财政关于政府购买服务项目绩效目标编报的试点工作正逐步开展；二是结合预算功能科目与产出构成、经济科目与成本费用的绩效关系，进一步加强对绩效目标编制质量的审核，提高绩效目标与项目预算的匹配性；三是响应财政部号召，积极开展专项转移支付资金的绩效管理，为上海市专项转移支付资金绩效管理工作打下基础。

个别区在此基础上积极开展目标评审和质量审核试点工作。例如徐汇、闵行等区在要求绩效目标与预算同步申报的同时，为了进一步提升绩效目标编报质量，形成了以支出科室审核为主、专项资金评审中心复核为辅的绩效目标审核机制。闵行与金山等区还形成了与绩效目标申报相结合的事前立项评审机制，进一步促进了项目预算编制和安排计划的科学性、合理性、经济性、效率性，从源头上把控了预算资金使用效益。浦东新区研究并制定了《浦东新区区级财政项目预算评审实施意见（试行）》和相关配套办法，初步构建"1+2+3"的预算评审新机制，结合2018年预算编制工作，开展项目预算评审试点，在评审基础上初步建立区级财政项目库。通过预算评审的项目纳入项目库管理，按照"先评审、后入库、再安排"的原则，纳入2018年度预算的项目优先从项目库中选取，稳步推进项目储备工作。各区绩效目标评审的具体情况详如表2-3所示。

3. 绩效跟踪监控覆盖比例持续提升

市财政局层面，以预算部门为管理主体的绩效跟踪监控覆盖面与渗透力度进一

表2-3 2014~2018年各区绩效目标评审管理情况

年份	区县	浦东	静安	长宁	黄浦	杨浦	嘉定	宝山	奉贤	普陀	虹口	崇明	青浦	闵行	徐汇	松江	金山
2014年	项目数（个）	30	—	1	—	—	50	—	10个	—	—	—	28	132	—	—	—
	金额（亿元）	20.96	—	0.019	—	—	12.55	—	—	—	—	—	14.27	21	—	—	—
	覆盖率（%）	—	—	—	—	—	—	—	—	—	—	—	24.57	45.50	—	—	—
2015年	项目数（个）	31	—	—	—	—	47	—	109	—	—	—	6	152	—	—	—
	金额（亿元）	31.76	—	—	—	—	11.5	—	24.38	—	—	—	0.84	30.05	—	—	—
	覆盖率（%）	—	—	—	—	—	12.61	—	—	—	—	—	17.24	65	—	—	14
2016年	项目数（个）	—	—	—	—	—	300	—	56	—	—	1	74	18	—	—	—
	金额（亿元）	—	—	—	—	—	12.16	—	12.61	—	—	0.16	7.84	3.1	—	—	3.73
	覆盖率（%）	—	—	—	—	—	18.99	—	—	—	—	0.70	5.34	35	—	—	—
2017年	项目数（个）	74	—	—	—	—	400	—	30	—	—	—	95	160	—	—	192
	金额（亿元）	120	—	—	—	—	13.31	—	5.42	—	—	—	10.66	32.76	—	—	58.96
	覆盖率（%）	36.20	—	—	—	—	11.65	—	—	—	—	—	5.70	33.73	—	—	—
2018年	项目数（个）	—	—	—	—	—	557	—	—	—	—	20	118	569	1	—	382
	金额（亿元）	—	—	—	—	—	11.49	—	—	—	—	0.4	8.55	35.9	2.4	—	61.3
	覆盖率（%）	—	—	—	—	—	6.13	—	—	—	—	0.63	3.55	31.12	3.61	—	—

步提升。2013~2014年期间，绩效跟踪监控评价处于不断摸索与反复试点阶段。随后，在绩效跟踪监控管理趋于成熟的基础上，上海市财政局正式提出相关实施比例要求，绩效跟踪监控管理正式步入推广阶段。2015年市级预算主管部门与各区开展绩效跟踪监控的资金总量占本部门专项支出的比例不低于20%。2016年，绩效跟踪监控资金总量接近本级公共财政项目支出的50%。2017年，市级绩效跟踪监控整体覆盖率超过50%，2018年这一比例上升至60%。

区级层面，各个区依据市财政的要求不断提升绩效跟踪监控管理比率。上海市财政局要求2014年绩效跟踪监控比例不低于20%，2014年绩效跟踪监控管理覆盖达标率为50%，涉及项目总数361个，总金额209.7亿元。2015年以30%覆盖比例为标准，绩效跟踪监控管理覆盖达标率为63%，涉及项目总数1 563个，总金额278.24亿元。

2016年上海市财政局进一步提高要求，将绩效跟踪监控管理覆盖率提升至50%。随着覆盖率的提高，区财政部门调动各预算部门的积极性，逐步形成"重点项目以区财政为主＋主要项目以部门自评为主"模式推动工作，至2018年个别区完全以部门自评为主开展绩效跟踪工作，不断强化部门的自评能力。2016年，14个区基本达到了上海市财政局50%覆盖率的考核标准，涉及项目总数3 036个，总金额604.02亿元。2017年，绩效跟踪监控管理覆盖达标率为88%，涉及项目总数4 668个，总金额900.26亿元。2018年绩效跟踪监控管理涉及项目总数8 497个，总金额929.74万元（根据实际数据添加完成情况较好的区数据）。各区绩效跟踪监控管理的具体情况详如表2-4所示。

4. 绩效评价资金总量占比大幅提升

市财政局层面，2015年预算主管部门开展绩效评价的资金总量占本部门专项支出的比例不低于10%。2016年预算部门、区财政开展重点绩效评价的资金总量不低于全部项目支出的30%。2017年，全市绩效评价资金平均覆盖率达到44.87%，上海市财政局重点支出项目的评价资金占比已逼近整个项目支出的1/3，在预算部门、区财政重点绩效评价的资金总量逐年提高的同时，评价重点转向结果应用，以前年度经常性项目评价中存在问题的整改情况得到了进一步关注。

区级层面，各区绩效评价覆盖率与资金总额同时呈现出较大幅度增长。从绩效评价覆盖率来看，根据上海市财政局2014年提出的10%覆盖率要求，2014年绩效评价管理平均覆盖达标率为56%，涉及项目总数243个，总金额112.04亿元；2015年，上海市财政局绩效评价覆盖率要求为20%，各区绩效评价管理覆盖

表2-4 2014~2018年各区绩效跟踪监控管理情况

区县	项目	浦东	静安	长宁	黄浦	杨浦	嘉定	宝山	奉贤	普陀	虹口	崇明	青浦	闵行	徐汇	松江	金山
2014年	项目数（个）	129		29	15	2	13		27	5		7	13	121			
	金额（亿元）	25.84		11.86	10.38	2.99	3.24		7.39	0.67		76.18	13.9	25.18	7.41		24.66
	覆盖率（%）	22.44		24.34	22.56	12.93			32.60			20.94	34.70	54.62	18.26		51.24
2015年	项目数（个）	290	200	26	19	5	224	11	23	43	299	32	30	86	144		131
	金额（亿元）	50.12	14.35	19.71	9.82	4.58	28.23	15.86	9.6467	19.82	14.9	12.62	15.5	18.75	17.92		26.41
	覆盖率（%）	33.49	56.63	29.92	21.09	17.76	30.97	22.16	30.50	26.60	44	33.97	33.00	34.80	39.99		65.48
2016年	项目数（个）	437		43	483	1091	173	15	60	88	203	180	85	70			108
	金额（亿元）	96.09	49.5	32.01	30.2	20.46	59.37	25.51	26.1	45	21.2	27.33	80	14.43	37.37		39.45
	覆盖率（%）	53.74	68.99	50.11	56.47	71	52.18	50.43	70.85	55.50	61	93.76	70.30	16.59	77		63.54
2017年	项目数（个）	382	262	43	271	1324	988	50	500	17	244	275	95				217
	金额（亿元）	140.38	73.43	37.51	39.63	27.56	112.03	40.72	39.53	16.2	29.55	37.94	122.3		73.5		109.98
	覆盖率（%）	53.74	59.26	48.76	53.53	71	71.44	70.73	81.38	100	60.65	78.42	71.30	100	66		93.35
2018年	项目数（个）	468	374	51	639	1465	1625	162	999	117	310	546	375	459	472		435
	金额（亿元）	194.55	93.18	51.8	60.33	33.22	100	70.73	47.79	16.2	36.03	45.84	160.26	74.96	64.07		146.06
	覆盖率（%）	64.51		73.87	77.26	71	78.55		81.59	60.07	67.68	72	72.10	62.94	96.40		87.20

平均达标率为23.69%,涉及项目总数537个,总金额174.47亿元;2016年,上海市财政局进一步提高绩效评价覆盖率标准,要求达到30%,各区平均绩效评价管理覆盖率为42.26%,涉及项目总数1 765个,总金额395.6亿元;2017年各区平均绩效评价管理覆盖率为43.72%,涉及项目总数4 385个,总金额722.38亿元;2018年各区平均绩效评价管理覆盖率为44.86%,涉及项目总数5 476个,总金额628.21亿元。从绩效评价涉及资金总额来看,浦东区总体评价资金体量偏大。此外,静安、黄浦等区始终保持着正的增长率,为上海市绩效评价整体面上的进一步铺展奠定了稳固的工作基础。各区绩效评价管理的具体情况详如表2-5所示。

5. 财政资金绩效进一步提升,部门落实整改得到积极反馈

绩效目标管理与绩效跟踪监控管理的持续推进促使财政资金核减度进一步提升,绩效纠偏力度进一步加强。例如,2014年嘉定区取消三个项目的立项,节约财政资金5.64亿元,核减率为36.33%;2016年青浦区取消了45个项目,节约预算资金0.93亿元,调整206个项目预算资金,合计调减1.14亿元;2017年,闵行区在预算单位自评价基础上,通过绩效目标评审共计削减预算7.5亿元,通过绩效跟踪监控共调减区级预算资金0.31亿元,有效地节约了财政资金的支出,进一步优化了预算部门的预算支出结构。

绩效评价管理有效促进了预算部门的管理优化与组织改进。市财政局层面,重点支出项目绩效问题的整改情况反馈率达100%,措施落实到位率超过90%,累积落实整改措施近500余条。区财政以普陀为例,2010~2016年期间,普陀财政局通过《绩效评价结果书》向预算部门提出整改建议共280条,督促部门落实并整改,不仅为政府决策提供有益参考,更作为后续行政问责的重要依据。综合统计来看,16个区基本实现了绩效结果整改全反馈,整改落实率不低于85%。

三、注重全面:全过程、全方位、全覆盖、全透明的预算绩效管理

近年来,上海市通过不断完善预算绩效管理制度体系和工作机制,着力推进项目预算绩效目标管理,强化对绩效评价结果的应用,切实加快预算绩效管理信息化建设,有序推进全过程的预算绩效管理,取得了阶段性成效。总结其经验,可以归纳为以下几个方面。

表2-5 2014~2018年各区绩效评价管理情况

	区县	浦东	静安	长宁	黄浦	杨浦	嘉定	宝山	奉贤	普陀	虹口	崇明	青浦	闵行	徐汇	松江	金山
2014年	项目数（个）	62		54	13	6	30		10	22		8	7	19			12
	金额（亿元）	17.6		12.47	7.05	2.77	7.14		1.81	11.31		6.33	8.6	20.75	11.81		4.4
	覆盖率（%）	11.30		28.32	15.32	15.40			7.95			17.39	21.50	44.99	29.11		14.26
2015年	项目数（个）	114	176	48	19	5		16	11	25	10	5	19	12			15
	金额（亿元）	34.03	16.89	12.2	9.71	2.64	19.97	11.27	10.22	8.57	1.29	8.39	8.3	7.3	14.56		9.13
	覆盖率（%）	22.68	66.70	25.04	20.85	10.24	21.90	15.67	32.28	11.50	—	22.58	17.80	13	32.49		18.96
2016年	项目数（个）	291	188	51	25	753	52	12	69	11	105	133	58				17
	金额（亿元）	79.06	33.08	23.58	30.12	11.81	38.88	28.23	24.26	10.06	9.66	23.34	46		18.41		19.11
	覆盖率（%）	44.22	46.10	35.80	56.30	41	34.17	55.81	48.64	12.40	27.90	80.06	40.50		38		30.78
2017年	项目数（个）	265	444	42	148	921	56	33	1784	13	111	255	95	186			32
	金额（亿元）	198.14	68.45	32.75	32.35	15.91	64.14	36.51	67.35	5.81	14.97	19.57	69.2	32.39	39.64		25.2
	覆盖率（%）	75.69	55.24	48.76	43.70	14	40.90	63.42	100	8	30.67	40.44	40.40	37.23	36		21.42
2018年	项目数（个）		416	42	213	1015	719	48	1638	179	171	403	107	344	77		104
	金额（亿元）		69.55	33.93	46.66	21.53	61.5	33.91	66.98	35.44	21.1	37.53	111.44	43.65	22.24		22.75
	覆盖率（%）			50.51	59.76	46	48.29		100	45.43	43.47	58.95	47.10	36.68	33.46		13.59

（一）强化绩效理念，建立全过程预算绩效管理机制

随着预算绩效管理工作的推进，上海市逐步形成了预算编制有目标、预算执行有监督、执行结果有评价、评价结果有反馈，反馈结果有应用的"四位一体"全过程预算绩效管理机制，将绩效理念渗透到预算编制、执行和监督等各个环节以及专项资金管理全过程。

传统预算管理模式下，仅凭以往经验，参照往年数据编制预算，预算编制具有较大的随意性，导致预算偏离实际。为此，上海市财政部门不断提高绩效目标编报比例，编报范围从重点支出项目扩大到所有财政支出项目。随着绩效目标编制工作的不断推进，财政部门积极推动绩效评价工作由事后绩效评价向事前绩效目标评审转变，逐步完善相关目标评审机制，加快建立预算评审融入预算管理的运行机制。通过预算评审的过程中获取翔实的材料支撑，更充分地了解项目的立项依据、管理模式与预期实施效果等，在财力有限的情况下建立科学合理的项目筛选机制，预算分配决策较之于从前更加趋于科学合理。

在项目开展过程中，逐步重视项目事中监管，根据立项初期确定的绩效目标，通过动态或定期采集项目管理信息和项目绩效运行信息，对项目管理的各相关内容和目标要求的完成情况进行跟踪。通过及时、系统地反映预算执行过程中的项目绩效目标的运行情况和实现程度，纠正绩效运行偏差，促进绩效目标的顺利实现。

项目完成后，及时开展绩效评价，运用科学、合理的绩效评价指标，采用文献研究、利益相关方访谈、现场勘查走访、问卷调查以及专家意见征询等评价方式，对项目财政支出的经济性、效率性和效益性进行客观、公正的评价。

预算绩效管理将绩效理念注入预算管理的全过程，使得预算分配、预算执行与财政监督之间的关系更为紧密。财政监督过程中，财政监督科室借助预算绩效管理结果进行财政监督检查，及时发现财政收支管理过程中的重大问题。同时，预算绩效管理的贯彻落实使得财政部门内部的预算分配部门（预算科室和编审中心等）、财政支出部门（国库科室与支出科室）与财政监督部门（财政监督科室等）形成了较之从前更为紧密的业务合作关系，财政部门内部的绩效合力初步形成。全过程预算绩效管理的主要环节及参与主体详见图2-1。

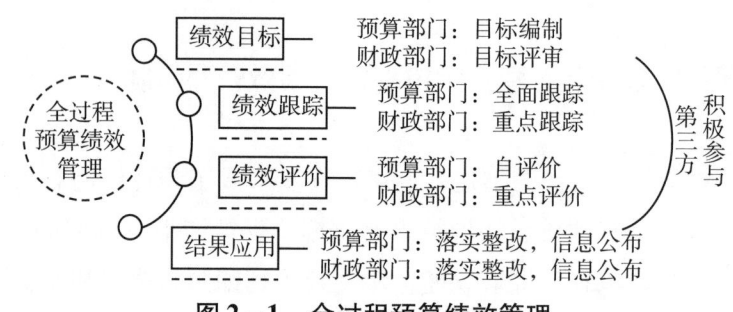

```
                    ┌─────────┐   预算部门：目标编制  ┐
                 ○──│ 绩效目标 │   财政部门：目标评审  │
   ╱╌╌╌╌╌╲       │  └─────────┘                      │ 积
  ╱ 全过程 ╲      │  ┌─────────┐   预算部门：全面跟踪  │ 极  第
 │ 预算绩效 │─────○──│ 绩效跟踪 │   财政部门：重点跟踪  │ 参  三
  ╲  管理  ╱     │  └─────────┘                      │ 与  方
   ╲╌╌╌╌╌╱       │  ┌─────────┐   预算部门：自评价    │
                 ○──│ 绩效评价 │   财政部门：重点评价  │
                 │  └─────────┘                      ┘
                 │  ┌─────────┐   预算部门：落实整改，信息公布
                 ○──│ 结果应用 │   财政部门：落实整改，信息公布
                    └─────────┘
```

图 2-1 全过程预算绩效管理

绩效理念的普及要求预算部门在申报预算的同时提供更加翔实的数据支撑材料，在项目实施之前形成经过科学论证的、与预算金额相匹配的绩效目标，提高项目的科学合理与可操作性，从源头上节约了大量的财政资金。绩效理念的逐步渗透也使得更多的预算部门对于绩效评价工作的配合程度越来越高，绩效评价从一开始的财政试点逐步推广到以预算部门为主的绩效自评价。

（二）不断丰富绩效管理内涵，搭建全方位、立体化预算绩效管理体系

上海市积极推动绩效管理实施对象从政策和项目预算向部门和单位预算、政府预算拓展，致力于搭建全方位的绩效评价体系。2015 年开始，各区按照市财政局的要求，探索实施部门整体支出绩效评价试点，初步形成了部门整体支出绩效评价的方法和途径，较为全面地反映了部门整体履职绩效状况。与此同时，还开展了财政专项资金政策评价，多视角反映专项资金政策的实施效果。2016 年对部门自评价项目开展绩效再评价试点，初步形成了绩效再评价指标框架体系，对进一步完善绩效评价质量管理机制，督促绩效问题的整改，发挥了积极作用。至此，绩效评价初步形成了"项目评价、政策评价、部门整体支出再评价"的多维度评价体系。尤其是绩效再评价，其作为绩效评价的配套保障和质量管理机制，促进提升了上海的绩效评价质量；政府购买服务评价等试点工作的推进，更进一步丰富并拓展了绩效评价的内涵。

（三）市区街镇三级联动，推动实现预算绩效管理纵向到底

我国财政支出有 80% 发生在地方，而地方的财政支出中有 80% 发生在市县乡。从全国预算绩效管理改革实践来看，中央本级和省市一级取得显著成效，但

市县乡层级的改革进展缓慢。上海市在绩效评价覆盖广度逐步提升的过程中，积极推动市、区、街镇三级联动开展绩效管理，在全国率先实现预算绩效管理纵向到底。

一是加强市对区、街镇预算绩效管理工作的指导，推进区、街镇实施全过程预算绩效管理。目前，上海市 16 个区均制定了相应的预算绩效管理办法，其中近 1/3 以区政府的名义发布，单独设置绩效管理机构的比例达 50%（各区预算绩效管理队伍配置情况详见表 2-5），绝大部分区县的预算绩效管理机制基本形成，预算绩效管理工作基础进一步得到夯实。2013 年，上海市印发了《关于加强镇（乡）财政预算绩效管理的实施意见》，要求镇（乡）建立预算绩效管理制度，编制项目资金绩效目标，开展项目资金绩效评价，实施绩效评价结果应用，各区负责推进本区街镇财政绩效管理工作。总体来看，接近一半比例的区基本达到了"绩效管理部门全覆盖、街镇绩效管理稳中求进"的标准。至此，市、区、街镇三级联动开展绩效管理的局面基本形成。二是选择市与区的共性项目开展绩效评价，实现市与区预算绩效管理工作的联动，2012 年，上海市财政局积极落实市委对教育经费使用的督导工作，组织对各区县财政对教育投入实施绩效评价，评价资金 100 多亿元，并针对评价中发现的重点问题，及时提出整改意见，督促预算部门（单位）落实整改。三是建立和完善绩效评价资源库，实现市与区在项目绩效目标、指标框架、评价标准、评审专家、中介机构等方面的资源和信息共享，避免各自推行，标准不一、要求不同的问题。四是统一推进绩效管理信息系统建设，由各区县财政按照市财政局统一部署，实施预算绩效管理信息化系统的应用，进一步提高本区县预算绩效管理的整体水平。

（四）建立工作机制，形成预算绩效管理改革推进合力

2012 年初，上海市财政建立了关于预算绩效管理工作向市人大财经预算工委、市政协经济委员会和市监察局的报告和沟通机制，邀请市政协经济委员会部分专家委员，参与部分项目"绩效评价方案"的评审和"绩效评价报告"的审议，共同推进本市预算绩效管理工作。在区级层面，各区财政局在每年向区委区、政府、人大汇报预算绩效管理工作，加强政府和人大对财政资金使用绩效和政策实施效果的审查监督，进而强化公共政策对支出预算的指导和约束作用。其中，普陀区与青浦区在上报政府与人大的基础上，与区人大、监察局、审计局形成了

良好的信息共享合作机制，将预算绩效管理结果、绩效审计结果等实施共享，形成改革合力，确保预算绩效管理工作顺利实施。

2013年，在总结前三年工作经验的基础上，市财政局成立预算绩效管理工作领导小组明确了领导小组各成员单位参与预算绩效管理的职责和要求，强调绩效管理与预算管理的有机结合，进一步提升了预算绩效管理层级，增强了绩效管理工作的整体性和协调性。

（五）加大信息公开，硬化预算绩效责任约束

提升绩效信息公开程度。2011年，闵行区财政局首次将全过程绩效管理结果包括部分绩效评价报告在区政府网站、预算部门网站等相关媒体进行公开并接受公众监督。2013年，上海市财政局开始向社会公开绩效评价结果，2014年起区财政部门开始陆续向社会公开绩效评价结果，包括奉贤、徐汇、崇明等区。2015年，实施信息公开的区财政部门达到12家，绩效信息公开广度逐步扩大。2016年，上海市财政局要求预算部门选择2个项目绩效目标和2个项目绩效评价报告向社会公开。2017年信息公开要求进一步提升，每个预算部门选择3个项目绩效目标和3个项目绩效评价报告向社会公开，部门决算中绩效管理信息的公开内容进一步丰富，包括预算绩效管理工作开展情况、预算部门组织开展的绩效评价结果等，相关要求也逐步规范。

丰富信息公开方式与内容。从绩效评价报告的公开方式来看，16个区都采用十要素公开的方式，其中，上海市财政局、奉贤、普陀、松江区选择了部分报告公开，闵行财政部门独具特色地建立全过程的预算绩效管理信息公开制度，绩效评价报告实现全公开。从绩效评价信息公开渠道来看，一些区由财政网站统一公开，譬如闵行、杨浦；一些区则根据评价活动实施主体的差异选择财政网站与预算单位门户网站分别公开，譬如长宁、徐汇、青浦等；从绩效评价信息公开内容上来看，16个区都公开了绩效目标与报告摘要。其中，杨浦区在十要素信息公开的同时要求增加项目负责人与单位法人信息两大要素，以实现责任到人，倒逼相关人员改良项目运作机制，提高财政资金支出效益。

将绩效管理考核结果纳入政府考核体系。2013年起，上海市开始对市级预算主管部门和区县财政预算绩效管理工作进行考核。六年来，上海市财政局每年根据当年财政改革的重点要求和管理实际，逐步扩大工作考核的范围，完善绩效管理考核办法，优化绩效管理考核指标，并将有关考核结果上报市政府，作为对区

县和部门领导班子的考核内容之一。考核方法的完善及考核结果的应用，推动了各部门绩效管理理念的树立，促进了部门财政资金使用绩效及部门履职效率的提高，丰富了政府绩效管理的内涵。2018年，上海市制定《市级部门财政管理工作绩效考核办法（试行）》《区级财政管理工作绩效考核办法（试行）》，对目前各业务条线考核工作进行整合归并，较好地落实了"一个部门一个口子对外考核"的要求。

四、绩效管理改革需要克服的难点问题

经过多年的实践，上海财政局在构建全过程预算绩效管理机制的过程中，探索出一条"以创新制度建设指导工作实际，以实践成果推进制度完善"的螺旋式工作推进方式和途径；通过开展预算绩效管理工作，部门（单位）的管理制度的不断完善、项目实施管理进一步规范，财政支出责任逐步增强，资金使用绩效逐步提高。但是，在改革推进过程中也遇到一些难点和问题，主要表现在以下几个方面。

（一）绩效理念和绩效意识还未牢固树立

1."重盘子、轻绩效""重申请，轻使用"的"重程序，轻结果"思想仍然存在

在调研中发现，上海通过积极推进绩效管理工作，绩效理念正在逐步树立，绩效管理基础在不断夯实，但"重分配，轻管理；重使用，轻绩效"的思想尚未发生根本性改变，一些单位编制预算时主观性较强，项目评估不充分，造成部分项目预算执行率低，部分资金使用效益不高。同时，有的财政部门对实施预算绩效管理的定位也还存在认识不到位的情况，在推进绩效管理与预算管理一体化方面，重视不够，力度不大。

2. 预算部门和业务条线主体责任

目前，部分预算部门和单位对绩效的认识尚未完全统一，有的预算部门和单位把绩效管理作为额外工作负担，工作中被动应付的成分依然较多，主动性、自觉性、创造性明显不足，客观上限制了绩效管理质量的有效提升，预算单位内部绩效管理职责分工不够明确。目前绩效目标编制工作、绩效目标评审工作、绩效

跟踪监控工作、绩效评价工作多数由财务部门负责，业务部门的主体责任尚需要进一步落实。

（二）预算绩效管理基础尚需要进一步夯实

1. 绩效管理源头融合不够

现阶段，上海市绩效目标编报基本实现"全覆盖"，较好地发挥绩效基础性作用，但依旧存在需要完善的地方，主要表现在以下几个方面。

首先，部分绩效目标的编制精细化程度不够，尚不能准确和科学反映财政资金的具体支出内容。现阶段，绩效目标的编制主要精确到三级指标，个别指标具体设置量化程度不足，无法精准地反映项目成本支出导致部分绩效目标与预算的匹配程度不高。同时，一级项目与二级项目的绩效目标分解和逐级汇总机制尚需要进一步理顺。

其次，绩效目标未能与部门职能、政府中期财政规划、项目库建设等进行有机结合，同时，预算部门对于绩效目标的理解把握不足，一定程度上影响了绩效目标与预算评审的紧密结合度。

2. 分行业评价指标体系建设需要加快推进

经过十余年探索，财政部已经于2014年3月出台了一套包括项目、部门和财政在内的共性指标体系，且细化到三级指标，对指导上海市预算绩效评价工作意义重大，但仍然存在一些需要进一步完善的地方：一是尚未建立统一、科学、合理的包含所有行业的预算绩效管理指标体系、标准体系和相关案例信息数据库，不能满足从不同层面、不同行业、不同支出性质等方面进行综合、立体评价的要求，尚不能支撑绩效的横向和纵向比较；二是已有共性指标框架需要进一步分类设计和优化，需要形成普遍适用和分类管理相结合的共性指标框架，定性指标的可衡量需要进一步细化，绩效标准需要结合项目支出标准进一步完善。

3. 第三方机构管理有待加强

随着预算绩效管理工作的持续推进，第三方中介的参与程度也越来越高。然而近年来由于中介机构人员流动性较高、国家对评价行业的准入尚不完善第三方中介机构能力参差不齐，评价报告质量参差不齐。与此同时，部分绩效专家储备难以满足日益提高的管理需求和工作量增长的需求。

（三）绩效评价结果应用不够充分

1. 刚性约束机制尚未建立

从本质上来说，预算绩效管理工作要求切实做到"花钱必问效、无效必问责"，问责机制是预算绩效管理结果贯彻落实的刚性保障。实务工作中，绩效评价结果优良中差均存在，对于评价结果较差的项目缺少健全绩效追责机制。特别是当预算绩效管理结果涉及多个部门、多个责任主体时，在缺乏刚性约束力的情况下，结果应用落实到实际工作中存在一定难度。

2. 绩效考核机制有待优化

对于财政部门来说，现阶段绩效考核机制的常态化促进了绩效评价工作的日常开展，但由于财政部门的考核来自被考核对象的自评，而各个考核对象衡量标尺的不同造成最终的绩效考核得分可比性不强。同时，绩效考核缺少科学的激励机制，结果应用力度不够，导致预算的分配责任、执行责任和监督责任难以有效落实。只有建立强有力的、常态化的、科学系统的激励机制，政府部门根据绩效考评结果实施相应的绩效奖惩措施，使得各个预算部门的资金拨付与其工作绩效表现实现真正挂钩，才能促进被评价单位通过预算绩效管理结果反思并改良原先不够成熟的管理与运作模式，实现组织成长，从而辅助财政部门将每年大量的工作成果落到实处，获得积极正面的绩效反馈，使预算绩效管理进入良性循环。

五、探索基于优化流程的预算绩效管理

（一）加快构建贯穿预算决策、编制、执行、决算和信息公开"五位一体"的预算绩效管理新机制

1. 在预算决策环节要加大预算评审的力度，并将评估结果作为申请预算的必备条件．各部门、各单位加快实现应评尽评，按照"先有项目后安排预算"的原则，未经评审、评估，不得纳入财政支出项目库；不纳入项目库，不得申请预算。各级财政部门要大力推进关口前移，加快实现预算评审前置化、制度化、机制化，并将评审、评估结果作为预算安排的重要依据，经评审核减的预算资金，由财政部门直接收回、统筹使用。

2. 在预算编制环节，要着力强化绩效目标管理，并将绩效目标设置作为预算安排的前置条件；未按规定设定绩效目标或目标审核未通过的不得安排预算。逐步将绩效目标设置范围从政策和项目预算扩大到部门和单位预算，实现绩效目标设置全覆盖。绩效目标应依据法律法规、部门职能、中长期规划和相关标准等设定，做到导向清晰、具体量化、合理可行。不仅要有充分的设立依据和规范的立项流程，还要有保障目标实现的制度和措施。要推进绩效目标与预算同步批复下达。

3. 在预算执行环节，要对绩效目标实现程度和预算执行进度实行"双监控"，确保每一笔资金花得安全、用得高效。各部门各单位要扩大自行跟踪范围，聚焦重要绩效目标。财政部门要对实施中与绩效目标有较大偏差或存在严重问题的政策和项目要督促改进，要考虑结果与预算挂钩。

4. 在决算环节，要建立部门自评与外部评价、财政重点评价与再评价相结合的多层次绩效评价体系。各部门单位要逐步加大绩效自评力度，加快实现部门整体绩效、重大政策和项目绩效的自评全覆盖。在此基础上，根据管理需要，选择部分资金规模大、社会关注度高的政策和项目开展重点评价。财政部门要建立和完善预算绩效评价财政再评价机制。对经济社会发展具有重要影响、人大、政协、社会公众普遍关注的重点领域，选择部分部门和单位、重大政策和项目开展单项或整体绩效评价，加强对下级财政管理工作绩效的综合考核。

5. 在信息公开环节，要加大绩效信息公开力度，倒逼资金使用单位从"要我有绩效"向"我要有绩效"转变。要坚持以公开促改革、以改革促规范的原则，大力推动重大政策和项目等重要绩效目标、绩效自评以及重点绩效评价结果随同预决算报告和草案报送同级人大，并同步向社会公开。要积极探索建立部门和单位预算整体绩效报告制度，各单位预算整体绩效自评情况向上级主管部门报告，各部门预算整体绩效自评情况向本级党委、政府报告。

（二）强化预算绩效管理流程约束

进一步完善涵盖事前绩效评估、绩效目标管理、绩效运行监控、绩效评价、评价结果应用等各关键环节的管理流程，切实强化程序性约束。要将项目管理和资金管理协同推进，加强财务部门和业务部门的协调配合，确保预算绩效管理延伸至基层单位和资金使用终端；要加快推进预算绩效信息系统一体化建设，打破各部门和各单位预算、绩效、业务、财务、资产的"信息孤岛"，实现数据联通和信息共享，切实做到动态监控、全程留痕、责任可溯及。

（三）推进预算绩效管理标准体系建设

财政部门要建立健全定量和定性相结合、普遍适用与分类管理相结合的共性绩效指标和标准体系框架。各行业主管部门要加快构建分行业绩效指标和标准体系，不断增强绩效指标和标准的约束力。

（四）强化预算绩效管理工作考核

加强对本级部门和预算单位、下级财政部门预算绩效管理工作情况进行考核。要强化考核结果应用，建立考核结果通报制度，对工作成效明显的地区和部门给予表彰，对推进不力的进行约谈并责令限期整改。

（五）以预算实施预算绩效管理改革为牵引，推进相关配套改革

要以全面实施预算绩效管理为关键点和突破口，进一步加强预算绩效管理与重点领域改革的有效衔接，要按照"先定中期财政规划后编年度预算""先定政策再排支出"的原则，不断提高中期财政规划的前瞻性、引领性，有效增强跨年度重大支出政策的可预期性和年度预算的准确性、严肃性和权威性；加大财政专项资金整合力度，建立和形成市场化的评审、评估、退出机制；全面编制权责发生制政府综合财务报告，建立政府财务报告审计、公开制度，为全面实施预算绩效管理奠定坚实的财务会计信息基础。

（六）营造绩效管理良好氛围

要充分利用新闻媒体等多种渠道，广泛宣传预算绩效管理的理念、意义和目标任务，扎实做好政策解读、业务培训；建立健全第三方机构守信激励和失信惩戒机制，要积极探索推进绩效行业管理，加强对第三方机构执业质量的全过程监管；建立和完善专家咨询机制，搭建专家学者、社会公众参与绩效管理的平台，自觉接受人大和社会各界监督，促进形成全社会"讲绩效、比绩效、用绩效"的良好氛围。

(七）加强绩效队伍建设

队伍建设是绩效管理改革的重要方面：首先，稳定现有的预算绩效管理队伍，力求留住"绩效老兵"。走访过程中发现，无论是财政部门还是预算部门，绩效人员流动性较大，对绩效管理工作的深入、持续、稳步推进有一定影响。其次，加大各级财政部门绩效培训力度，及时补充"绩效新人"。近年来，上海财政会同相关行业协会，对区财政部门和预算部门单位，组织开展了多批次、多纬度的绩效政策解读和业务培训，取得了较好的效果，但对于今后全面实施绩效管理来说，在培训对象、培训方式、培训内等方面，均需要进一步拓展和提升。

（八）推进绩效大数据的建设

第一把"非数据"变成"大数据"。把部分还没有纳入绩效信息的数据转化为"大数据"的统计范畴。第二把"静数据"变成"动数据"。数据不仅仅是档案，还要变成可流动的信息，增强绩效信息的应用性。第三把"大数据"变成"精数据"。对大数据进行充分挖掘，提炼精确应用的数据，支撑财政预算绩效管理的深化，服务于预算管理和财政决策。

第二节 以结果为导向，闵行区预算绩效管理的实践探索

改革开放以来，我国预算管理体制虽然进行了一系列重大改革，但一些深层次问题并没有得到解决。针对政府预算管理中存在的问题，上海市闵行区财政局总结相关发达国家的改革经验，特别是美国联邦政府预算资金管理的经验和方法，着手政府预算管理体制改革。经过十年的探索实践，在闵行区委区政府的大力支持下，"以结果为导向"的预算绩效管理改革取得较为突出的成绩，政府部门预算绩效理念不断增强，预算编制水平逐年提高，预算改革成效更加明显。

一、预算绩效管理改革的动因和发展历程

（一）闵行区预算绩效管理改革动因

改革开放四十年来，闵行区经济和社会发展取得了重大成就，财政收支规模增长迅速。据统计，闵行区2017年全年实现财政总收入780亿元，其中区级公共财政收入278.5亿元，全口径地方财政支出371.09亿元，经济总实力在上海市仅次于浦东、位居第二。与2007年相比，财政总收入同比增长170.5%，其中区级财政收入增长210.2%，地方财政支出增长265.2%，这些数据显示，虽然闵行经济总量在上海市各区中排名靠前，但人均财力水平居全市后三位。

在新的历史发展阶段中，闵行区既存在发展机遇又面临挑战。闵行区面积宽广，外来人口多，从辅城区到主城区功能定位过程中，域内基础设施建设和经济社会发展不平衡，社会事业发展所需的公共服务保障水平差异较大，公共财政面临不小的压力，需要创新发展、转变观念、破解难题，提高公共财政资金分配和使用效率。

实施"以结果为导向"的预算绩效管理改革，就是用科学发展和深化改革的办法解决预算管理中存在的问题。把民生问题放在突出位置，关注广大人民群众最关心、最直接、最现实的利益问题，着力打造"以民为本"的公共财政，构建充满活力、富有效率、科学发展的财政体制机制，更好地发挥公共财政的职能作用，促进部门职能转变，完善基本公共服务体系，提高公共服务水平，为地区经济社会发展提供坚实的财力保障。早在2003年闵行财政开始着手预算管理改革，从财政分配机制、国库资金集中管理、部门预算管理改革等多个方面进行了有效的、循序渐进地探索，为预算绩效管理改革定了基础。2005年起，闵行区开始对项目支出绩效评价进行了探索；2008年起，正式确立"以结果为导向"的预算编制模式，将项目预算绩效管理推向深入，探索建立起事前、事中、事后的全过程绩效评价体系；2011年起，将绩效评价结果纳入了政府行政效能考核中，绩效开始对政府施政产生实质性影响。

闵行区财政顺应建立现代财政制度的改革大势，聚焦预算绩效管理，在党委的准确领导下，人大监督指导下逐步推进预算绩效管理改革的进程。绩效后评价、绩效跟踪、预算绩效编审、政策评价、部门整体支出评价，层层递进，逐级展开。

从探索到常态，制度建设从无到有，至臻完善，预算绩效管理从尝试到规范。从质疑到主动，预算部门从最初的抵触到主动以预算绩效管理为抓手提高工作效率。从局部的试点到全面开展，以点带面，预算绩效管理在预算部门和街镇全面开花结果。从最初的形式化到财政资金效率的实质提升，政府部门管理效率得到了改进，行政效能逐年提高。绩效信息公开成为常态，绩效问责蔚然成风，资金运作更加规范。结果为导向的绩效理念在全区成为共识，助推了财政管理绩效的实现。

历经十年探索与实践，闵行区预算绩效管理改革已成为撬动闵行区民主法治改革的一把利器，在党委、政府、人大、公众之间形成了良性互动关系，激发了各方面参与预算改革的积极性，有力地保证了民众的参与权、知情权和监督权，让政府施政更加高效廉洁，提高政府公信力，增强了党执政的权威性。

（二）闵行区预算绩效管理改革历程

1. 起步阶段（2008~2011年）

闵行区预算绩效管理改革从2008年起步，经过四年的渐进式推进，最终确立了以结果为导向的绩效预算改革方向。

2008年7月，中共闵行区委四届六次全会决议通过"以结果为导向"的绩效预算改革，明确提出在2009年预算编制中，对义务教育、公共卫生、劳动就业、社会保障（农民增收）以及公共安全五大民生领域试行"以结果为导向"的预算编制模式。同时，区委加强对财经工作的领导，成立区委财经改革工作委员会，主要任务是负责提出向区委全会汇报的相关经济工作，特别是公共财政的年度绩效预算编制的安排原则、重点工作的建议，并督促检查相关工作的落实情况，全面完善以结果为导向的预算改革管理体制。

2009年5月，中共闵行区委四届九次全会决议：在编制2010年度部门预算时，区级各预算单位专项项目中凡是涉及民生项目、公共产品项目，预算金额在2 000万元以上，全部纳入各单位以结果为导向的绩效预算管理。在绩效预算的编制过程中，各单位在预算申报前、预算执行阶段以及完成阶段都应就绩效目标的合理性、可行性及所需经费，按照规定程序和方法进行自评价，并将评价结果及时报区财政部门。特别是对预算金额较大、社会影响较广、公共效应突出的重大项目要开展区级绩效重点评价及引入第三方实施评估。

2010年4月，中共闵行区委四届十三次全会通过《关于本区2011年公共预算编制的基本原则和2010年公共预算改革重点工作的报告》指出，为积极稳妥深入推进区本级以结果为导向的绩效预算改革,加强实施的针对性、落实工作的有效性,要求区财政局进一步开展和完善重点领域、重大预算项目的自评、区评工作,全面运用优化后的评价工具完善绩效预算项目事前、事中、事后评价,并做好第三方的绩效预算评估工作。在完善公共预算审查评估的过程中,继续加强与中国政法大学宪政研究所、财政部财政科学研究所、复旦大学公共预算与绩效评价中心、上海财经大学等单位合作,发挥财政部财政科学研究所闵行实践基地的平台作用,探索建立和完善预算管理和绩效评估的专家库,形成完善的绩效评价体系。

2011年4月,中共闵行区委四届十七次全会决议指出:要进一步深化绩效评价结果应用,绩效评价结果应与预算编制审核和年度预算计划相挂钩、建立绩效评价结果反馈与整改制度、建立绩效评价结果报告和公开制度。

中共闵行区委五届三次全会通过《关于区委四届十七次全会决议执行情况的报告》,充分肯定了区财政局在2011年贯彻落实区委全委会关于继续深化绩效预算管理工作,尤其通过优化前评价自评方法,过程评价采用"单位自评+中介辅导"的新模式,加强专家管理等方面完善项目单位自评方法,提高了评价质量。

2. 发展阶段(2012~2017年)

党的十八大以后,闵行区预算绩效管理改革进入了全新的发展阶段,其主要特点是通过制度建设,建立五层递进式制度,实施重大事项审议和行政考核,为全面实施预算绩效管理夯实基础。

第一是建立部门预算执行分析评价报告制度。分析报告编制的制度框架主要是通过两个层次即对全区预算执行总体分析和对每个主管预算单位执行分析,从总体和局部两个层次上对预算执行情况进行分析,更全面地了解闵行区预算支出的执行情况。编制的时间与范围是在每年2月、7月、10月,分别完成全年、半年度和三季度区级部门预算执行情况分析总报告以及所有一级预算单位分报告的编制工作,通过设立不同的分析评价指标,对全区预算单位的部门预算执行情况进行了定性与定量相结合的评价。报告报送至区委、区政府、人大、政协等上层领导,同时抄送至以及相关预算单位领导和财务人员。一定层面的公开,引起预算单位领导的高度重视,将此纳入局务会的重要议事内容,对建立和提高闵行区预算单位部门预算责任度,起到了积极的作用。执行分析报告通过正常经费执行情况、专项经费执行情况两个方面进行分析。正常经费中分为人员经费执行情况和日常运行执行情况;专项经费通过专项项目启动情况、政府采购执行情况、专项项目调整及细化情况、专项项目结转情况等几方面进行分析。随着数据的不断积累,历年执行情况和当年执行情况清晰列示,孰优孰劣一目了然。通过分析评价来发现预算管理工作中的不足，不断提高预算单位的管理水平，进一步提高财政性资金的使用效率。

第二是实施执行进度意见征询制度。项目支出执行进度意见征询是闵行区预算管理"三分离"之后又一创新举措。财政部要求提高预算支出执行的均衡性，加强用款计划管理，按照部门预算编制基本支出年度均衡用款计划，并结合项目实施进度编制项目支出用款计划。闵行区预算编制起始于上年的 5 月，由于预算编制精细化要求较高加上不可预测因素，难免存在预算编制准确度不高的问题，部分预算项目资金结余、沉淀或需要结转至下年度继续使用，如何有效解决这一财政管理与预算单位需求之间的矛盾？项目支出执行进度意见征询制度应运而生。

第三是实施预算单位财务活动分析制度。单位财务活动分析制度是提高预算单位自身管理水平的一项重要举措。旨在改变以往仅仅局限于财政、审计等专业部门对预算单位预算及财务工作进行评价的格局，通过预算单位自身对预算资金的使用情况的全面分析，改变过去"只做账不理财"的财务管理状况，克服长期存在的单位领导对财务管理重视不够、财务管理工作者对财务管理认识不足、单位缺乏创新的工作意识等财务管理通病，形成自我评价、财政评价的多层次的客观评价体系。

3. 全面实施阶段（2017 年以来）

党的十九大以后，闵行区预算绩效管理改革进入了全面实施阶段，实现绩效目标编审全覆盖，预算绩效管理向街镇和预算部门及单位延伸，政策评价不断深入，对预算部门绩效考核进一步深化。

二、闵行预算绩效管理的实践探索

（一）预算绩效管理基础建设

1. 制度建设

在闵行区预算绩效管理改革的过程中，每一步都伴随着制度建设。从区委、人大、区政府的有关决议，到区财政部门的一系列实施意见和操作细则，已经形成了一系列不同层级的制度体系。这些制度体系形成了一整套规范的长效工作机制，有利于保障预算绩效管理改革顺利推进和持续进行。

一是区委全委会决议将闵行财政预算绩效改革提到政治高度。2008 年以来，区委全委会共表决通过了 16 项重点财政改革事项，紧紧围绕绩效预算改革，涵盖了以结果为导向的部门预算改革、街镇部门预算编制改革、预算信息公开、预算审查监督制度等改革事项。区政府将绩效评价情况纳入审议事项。

二是区人大实施监督为闵行财政预算绩效改革提供保障。区人大常委会制订颁发了《预算初审听证规则》《预算审查监督办法》《预算修正案试行办法》和《闵行区人大常委会关于预算绩效管理监督办法（试行）》等一系列制度和办法。

三是区财政局将预算绩效管理落到实处。为积极落实《关于全面推进预算绩效管理的意见》关于"科学制定实施预算绩效管理的配套制度，规范绩效目标、绩效运行监控、绩效评价、结果应用等各项管理流程，确保预算绩效管理与预算编制、执行、监督的有效衔接"的工作要求，制定下发《闵行区财政预算绩效管理实施方案》《闵行区财政预算项目支出绩效评价实施细则》《闵行区预算项目支出绩效跟踪管理实施方案》《闵行区绩效预算立项评价操作指南（试行）》和《闵行区区级部门预算项目库管理暂行办法》等制度办法，将绩效预算管理和评价嵌入到预算编制和执行管理环节中。同时，针对年度工作下发《××年闵行区预算绩效管理工作要点》《关于开展××年度财政预算项目支出绩效（后）评价工作通知》《关于开展××年度财政预算项目支出绩效跟踪工作通知》和《关于开展××年度财政预算项目目标申报和预算立项评价工作通知》等文件，为年度预算绩效管理工作有序、稳步地推进作出具体部署，形成制度化、常态化、程序化的工作机制。

四是制定下发《闵行区人民政府办公室关于转发〈闵行区财政绩效管理工作考核细则〉的通知》，将绩效管理工作开展情况及其评价结果纳入年度行政效能考核内容，助推闵行财政预算绩效改革提质增效。

2. 工作机制建设

闵行区预算绩效管理改革已经形成一套各组织部门之间紧密配合、协作有序的工作机制。

在预算绩效管理工作中，党委决策、政府落实、人大政协监督，审计监察、行政效能考核办、发改委、政研室等相关部门实行联动，形成改革合力；区财政局成立闵行区财政局预算绩效管理工作领导小组，合理设置预算绩效管理机构、明确责任分工，建立健全绩效管理与部门预算管理相结合的内部协作机制，全面推进闵行区预算绩效管理工作。局内相关部门在预算绩效管理工作中的职责分工如下。

财政专项资金评审中心：制定财政预算绩效管理的相关政策、制度、办法和技术规范；协同推进包括绩效目标管理、绩效跟踪管理、绩效评价管理、结果应用管理和结果公开等预算绩效管理工作；负责推进绩效目标指标体系建设；负责建立与管理绩效评价中介机构库和专家库，监督中介机构和专家参与绩效评价的质量；推进预算绩效管理工作的信息化建设；指导区级预算部门、街镇财政部门预算绩效管理工作；组织开展预算绩效管理工作考核；负责向领导小组报告绩效评价跟踪管理工作情况和绩效评价结果工作情况；做好预算绩效管理信息的宣传工作。

预算科：负责将预算绩效管理纳入年度部门预算编制工作要求中；结合确定年度专项资金重点评审项目，会同评审中心下达年度绩效目标重点评审计划；配合支出科室做好绩效跟踪、绩效评价结果运用中涉及预算调整和年度预算安排的相关事项；参与预算绩效管理工作考核。

支出科室：督促预算部门（单位）开展预算绩效管理工作；负责审核预算单位（部门）编报的预算绩效目标，并提出审核意见；配合评审中心进行绩效目标评审；辅导、协助预算部门研究制定行业绩效评价指标体系；督促预算部门（单位）加强项目管理，实现绩效目标；了解和反映预算主管部门项目绩效跟踪、绩效评价工作计划、工作开展情况以及评价过程中发现的主要问题；督促预算部门（单位）实施绩效评价结果应用；参与预算绩效管理工作考核。

办公室：负责预算绩效管理宣传报道及信息公开工作；建设和维护闵行财政网"预算绩效管理专栏"；参与预算绩效管理工作考核。

国库科：负责对资金申请拨付的监管，完善国库集中支付制度，提高财政资金拨付效率；参与预算绩效管理工作考核。

政府采购科：负责对实施政府采购的专项进行监管，负责政府采购评审专家、供应商、采购代理机构和政府采购其他事务的监督管理；参与预算绩效管理工作考核。

监督科：负责财政支出绩效监督，提出加强财政管理的政策建议；监督评价结果应用，参与预算绩效管理工作考核。

信息技术中心：负责区级预算绩效管理信息化管理工作的建设，指导街镇财政推进预算绩效管理信息系统应用，参与预算绩效管理工作考核。

3. 信息化建设

闵行区预算绩效管理同样也是在信息化建设的推动之下进行的，信息化系统覆盖了预算绩效管理从目标申报、绩效跟踪、报告评价、结果应用的各环节。

闵行区"预算绩效管理信息系统"于2016年建设完成，现已全面覆盖预算管理环节，应用到目标申报、绩效跟踪、报告评价、结果应用等。实现填报口径统一、绩效信息公开、信息资源共享，监管效率得到提升。同时，通过信息系统应用，规范预算单位信息上报行为，督促其加强管理和跟踪统计，促进了项目立项规范化、目标明确化、预算精细化，实现资金可控、管理落实、产出达标。

建设内容包括预算绩效管理，主要业务包括绩效目标申报管理、绩效跟踪管理、绩效评价、评价结果应用管理、指标库管理、专家库管理、第三方机构管理、档案信息库、评价报告辅助管理和社会调查管理。其中档案信息库管理包括标准库、制度库、文献库和案例库管理。

根据预算绩效管理的业务特点，可以分为主体业务和辅助支持业务。主体业务包括：绩效目标申报及前评价管理、绩效跟踪监督管理、部门自评价管理、绩效评价管理和结果应用管理。辅助支持业务包括：指标库管理、专家库管理、专家在线评审管理、第三方机构管理、档案信息库、评价报告辅助管理和社会调查管理。预算绩效管理总体业务结构如图2-2所示。

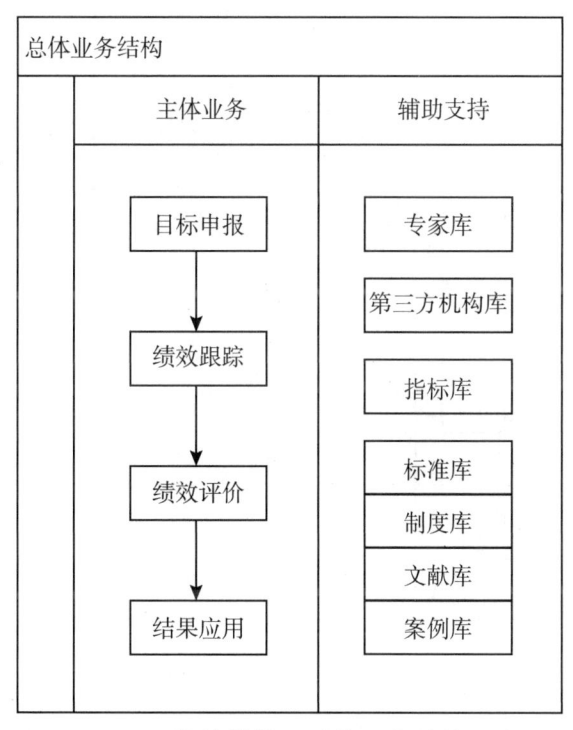

图2-2 预算绩效管理总体业务结构示意图

财政支出绩效评价业务从时间顺序上划分依次是绩效目标申报、绩效跟踪、绩效自评价、财政绩效评价和评价结果应用。预算绩效管理总体业务流程如图2-3所示。

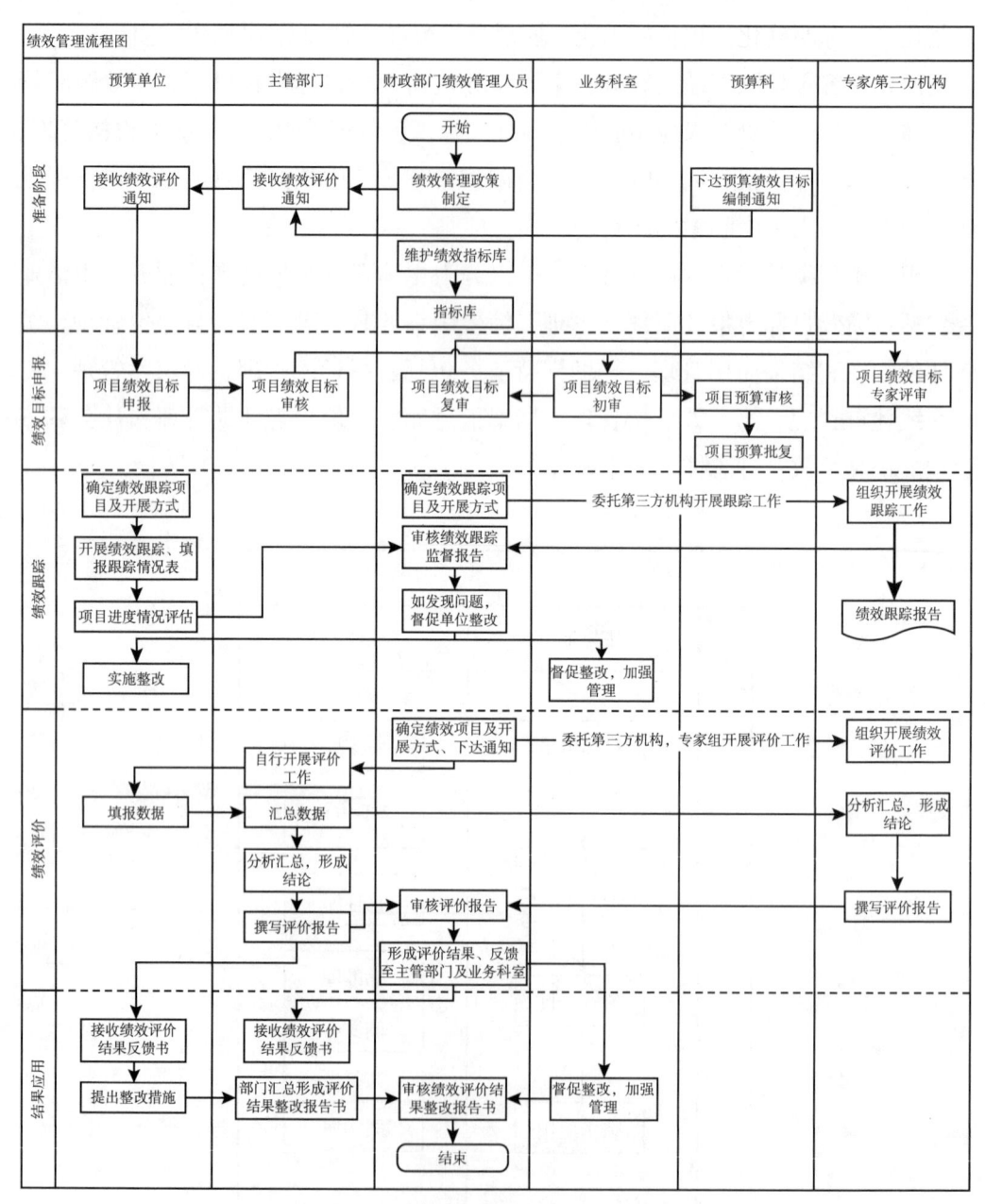

图2-3 预算绩效管理总体业务流程

4. 第三方参与机制

闵行区预算绩效管理建立了完善的第三方参与机制,包括专家库建设和第三方中介组织参与机制。

不断丰富和完善绩效评价专家库建设。着力完善闵行区绩效评价专家库建设，扩大和充实包括行业类、财政财务类、高校理论类等专家的规模和覆盖面，通过上海市财政专家库遴选、预算单位项目自评推荐、专家个人申请等多个渠道，经区财政局审核择优选取后进行入库管理。同时，加强专家交流和培训，并对专家库进行动态管理，既要留住责任心强、能够做出独立评价的专家，也要及时剔除缺乏责任心的专家。

不断建设和加强中介库管理。从2009年起，闵行区财政局就一直通过政府购买服务的形式引入第三方独立评价机构，对列入年度闵行区民生领域预算项目开展绩效评价。同时积极引进上海财经大学、中国教育支出绩效评价中心等著名高校研究机构辅导评价机构，指导和帮助研发绩效指标。中介机构根据单位设定的绩效目标，运用科学、合理的绩效评价指标、评价标准和评价方法，对预算项目支出的经济性、效率性和效益性进行客观、公正的评价。出具客观科学的评价报告和结论，及时反馈被评单位，并做充分交流，确保其公允性，接受财政部门的监督和考核。从2012年起，闵行区财政局将绩效后评价纳入招投标平台，进一步规范了评价机构的选择方式。第三方中介机构相对独立客观的专业性与职业性观点对于提升全区的前评价质量提供了有效的能力保障，加强了社会参与政府预算编制的公开性。但鉴于各部门的自评价报告和目标申报质量仍然参差不齐，可见中介服务质量与能力也有所不同：一些中介对行业、评价、预算和财政等技术内容不熟悉，一些中介服务意识不足。因此，需进一步加强社会中介的管理，通过对第三方机构的绩效培训与考核，采用分级分类、末位淘汰等方式，逐步形成一批质量高、能力强的社会中介，提高评价质量，提高绩效管理评价结果的认可度和可接受性。

（二）将绩效管理评价嵌入预算管理各环节

闵行财政将预算绩效管理评价嵌入预算管理的三个环节，使之成为常态化的工作机制，与财政预算管理有机结合、成为一体。一是实现与部门预算编制同步的绩效目标申报和事前立项评审：从项目名称、项目内容、项目明细内容三层架构要求细化预算项目的编制，提出项目的战略目标、量化绩效目标，确立产出和效果类评价指标。二是实现与部门预算执行监督同步的事中评估：对照项目绩效目标，考查执行情况，纠偏并完善计划及目标，以主管部门为主开展绩效跟踪管理评价。三是实现支出结果与绩效问责相挂的事后评价：由三方中介机构进行独立评价，实行评价结果反馈与整改制度，由区人大常委会主任会议对部门进行质询。四是探索开展部门整体支出评价：对部门管理服务职能进行试点考察，实现部门事权与财权相匹配，预算与责任相挂钩。五是试行财政政策及公共政策评价：对涉及民生等具有普遍的束力的公共政策进行评价，为后续政策修订及完善提供科学依据。

1. 实现与部门预算编制同步的绩效目标申报相结合的事前立项评审

以往政府部门要资金争盘子前不愿意花时间想它们究竟要干什么事，只是一味地扩大预算规模，但是在预算绩效管理框架下，部门要资金就必须对其绩效目标做出清晰的表述，而且要进行严格的前评价，这在无形中督促部门提高责任意识和效率意识，让它们知道公共资金并不是随意可以拿来处置的，没有绩效的事情不能干，更不能乱要资金。

绩效目标管理和预算编审工作是闵行预算绩效管理工作的主要组成部分，在工作实务中，被称作为前评价。绩效前评价一般分为项目绩效目标申报、部门立项自评和区级重点评价三个阶段。部门按区财政要求填报完绩效目标，区级预算单位对纳入绩效预算管理的项目进行自评，再由区财政局组织重点项目评价。

闵行区 2019 年度公共财政预算项目绩效前评价总体情况如表 2-6 所示。

表 2-6　　闵行区 2019 年度公共财政预算项目绩效前评价总体情况

实施内容	对象范围	项目数量（个）	预算资金（亿元）	实施方式
1. 绩效目标申报	部门预算项目全覆盖	2 534	195	部门自行申报
2. 部门立项自评	部门预算项目支出金额的 30%	208	79.19	部门自评或委托第三方评价
3. 财政重点评价	从部门立项自评项目中选择部分项目	21	5.18	委托第三方评价

（1）项目绩效目标申报。绩效目标设定是绩效目标管理的首要环节，是指预算部门按照财政部门的要求，编制绩效目标并向财政部门报送的过程。绩效目标设定时应包含预期产出、预期效果、所需成本资源、绩效指标和项目受益人的满意程度等基本内容。

财政部门在布置下一年度预算编制工作时,要确定预算绩效目标的编报范围和要求。预算部门和单位在编制预算时,应根据政府编制预算的总体要求和财政部门的具体部署、国民经济和社会事业的发展规划,科学、合理地测算资金需求,编制预算绩效计划,报送绩效目标。报送的绩效目标应与部门和单位目标高度相关,并且是具体的、可衡量的、一定时期内可实现的。预算绩效计划应详细说明为达到绩效目标拟采取的工作程序、方式方法、资金需求、信息资源等,并有明确的职责和分工。同时预算部门负责组织整理本级部门和所属单位填报绩效目标申报表,并在审核、完善的基础上,汇总形成预算部门绩效目标申报表,连同其他要求的材料报送财政部门。项目支出绩效目标申报表如表2-7、表2-8所示。

表 2-7　　　　闵行区项目支出绩效目标申报表(总体情况)

(20　　年)

填报单位:　　　　　　　　　　　　　　　　　　　　　　　　　　　　　单位:万元

项目名称	
项目类别	一次性项目 □　　经常性项目 □　　中期预算试点项目 □
项目负责人:	联系人:　　　　　联系电话:
起始日期:　　年　月　日	结束日期:　　年　月　日
项目概况	
项目立项情况	依 据: 必要性: 可行性:
项目资金	一、项目总预算: 二、当年预算: 　(一)财政拨款: 　　1. 上级财政拨款: 　　2. 本级财政安排: 　　3. 下级财政配套: 　(二)其他资金:
项目相关资源投入和制度建设情况	
项目总目标	

续表

年度绩效目标	
需要说明的其他问题	

表 2-8　　闵行区项目支出绩效目标申报表（绩效目标）

（20　　年）

项目名称：　　　　　　　　　　　　　　　　　　　　　　　　　单位：元

项目构成	主要活动的内容和对象									
绩效目标	一级目标	二级目标	三级目标	目标值	备注					
	产出目标	数量目标	……							
		质量目标	……							
		时效目标	……							
		成本目标	……							
		……	……							
	效果目标	经济效益目标	……							
		社会效益目标	……							
		环境效益目标	……							
		可持续目标	……							
		……	……							
	影响力目标	满意度目标	……							
	……	……								
项目预算分解					明细金额	单价	依据	数量	依据	备注
	构成明细	项目名称：	项目内容1：	项目明细1						
				项目明细2						
			项目内容2：	……						
	金额合计					—	—	—	—	—

188

(2) 部门立项自评。部门立项自评项目由各预算主管部门自主选择，主要从项目开展依据的充分性、重要性、必要性、可行性，绩效目标科学性、完整性、可考量度，预算计划及资金安排的合理性，工作计划的明确性等方面进行综合自评，评价项目预算资金总量不低于本部门预算项目支出的30%。闵行区2019年度部门立项自评项目共208个，预算资金79.19亿元，涉及64个预算主管部门，基本实现部门全覆盖，自评项目资金总量占部门预算项目支出比平均达到40.61%。通过部门自评核减预算达2.63亿元，资金节约率3.32%。

(3) 财政重点评价。闵行区财政局在部门立项自评的基础上，会同区人大选取部分有代表性的项目开展财政重点评价，重点选择下年度新增项目、上年度执行率较低的经常性项目、下年度预算资金变动较大项目、绩效评价结果较差及社会反响强烈的项目。入选2019年度财政重点评价项目共21个，预算金额5.18亿元，涉及16个部门、18个预算单位。评审重点聚焦于绩效目标的完整性、科学性、合理性；绩效目标与预算安排的匹配性；预算内容单价数量的明确性；预算活动内容与工作实施计划的匹配性和一致性；预算核减调整建议等方面。通过财政重点评价核减预算资金0.49亿元，核减率达9.46%。其中，区人大常委会还选取了财政重点评价的2个项目，组织人大代表、政协委员、社会公众代表等方面的专家召开了预算听证会，优化了部门预算支出结构，极大地提升了财政资金使用的绩效。

通过绩效目标申报与预算立项前评价预算管理机制的有机结合，使项目预算编制和安排计划的科学性、合理性、经济性、效率性得到进一步提高，从源头上提高预算资金使用效益。

专栏2-1：绩效目标申报案例：闵行教育局数字化体验馆项目

一、项目简介

(一) 项目背景

项目依据《上海市闵行区国民经济和社会发展第十三个五年规划纲要》和《闵行区教育改革与发展"十三五"规划》提出的："加强创新能力建设，充分应用信息技术，通过微课、慕课、翻转课堂和创客教育等新型课程开发，推进教与学方式的改变，满足每个学生的发展需求"；"全面开展基于学科的课程素养培育工程，拓展广大教师的课程境界和教学视野，初步实现课程现代化"要求而设立。

在创新能力培养方面，国外起步较早，经验丰富，目前比较认可的是工程教育，已成为英、美中小学生的基本课程。该课程围绕设计和技术，强调制作和评价环节,对激发学生创造力,培养创新思维、问题规划和解决能力有很大的帮助作用。同时,在综合各学科的理论联系实践的应用之外,跨学科领域的知识衔接与应用更是能弥补现有中国教育的缺陷。

为此,2015年闵行区教育局组建工作小组对"工程教育"进行了深入调研。考虑到目前中国教育领域缺少工程教育相关的资源、师资和经验,决定与国外成熟的软件技术公司欧特克亚太公司合作,引进英国"设计与技术"协会的国家工程课程和D&T课程管理平台,打造闵行区工程教育体系,并计划自2016年起,在区内部分中、小学建立实验教室,分阶段、分年级试点D&T课程。

2016年3月,通过闵行区教育局办公会议审议决策,将本项目列入《闵行区教育局2016年工作要点》,项目预算和主管单位为闵行区教育局,具体由闵行区教育局信息中心和试点学校共同实施。计划在2016~2018年,共建设推进15~20所学校,每年5~8所。

(二) 项目内容

2016年项目试点对象是闵行区5所学校,分别为浦江高级中学、梅陇中学、北桥中学、文来中学和汽轮小学。校级层面,以学校为单位,每所学校建立一个"数字化体验馆"(实验教室),对试点年级学生开展常态化的D&T课程。区级层面,从课程、软件、师资、国际赛事与交流等方面入手,进行全方位的项目建设。具体实施内容如下。

建立区域共享课程管理系统平台,作为D&T课程的学习系统,应用于将来所有开展D&T课程的学校。

以学校为单位建立校级"数字化体验馆",对试点年级学生开展常态化的D&T课程,每周1~2课时。

将引入的英国原版D&T课程进行本土化转换和校本特色课程开发。

由每所试点学校选派教师,参加英国设计与技术协会的培训认证体系,取得D&T课程的授课资格。

组织"领跑未来"创客国际竞赛活动,将学生所学与所用充分结合,增加国际交流和项目影响力。

(三) 项目预算

2016年项目预算总投入为999.9555万元,包括区域共享课程管理平台和配套技术服务、5所学校"数字化体验馆"设施设备投入以及其他相关费用。预算内容和资金投入时间计划如表1所示。

表1　　　　　　　　项目预算内容和资金投入时间计划　　　　　　　单位：元

序号	支出内容	预算金额	投入时间		
			2016.9	2016.10	2016.11
1	区域共享课程管理系统平台及相关服务	3 880 000.00	2 180 000.00		1 700 000.00
1-1	区域共享课程管理系统	1 500 000.00			1 500 000.00
1-2	D&T师资培训认证	800 000.00	800 000.00		
1-3	D&T课程购买和建设	1 380 000.00	1 380 000.00		
1-4	创客竞赛活动	200 000.00			200 000.00
2	学校"数字化体验馆"设施设备	5 653 226.28	4 331 726.28	1 321 500.00	
2-1	浦江高级中学	1 131 776.00	897 046.00	234 730.00	
2-2	梅陇中学	1 128 872.00	942 692.00	186 180.00	
2-3	北桥中学	1 113 851.00	827 621.00	286 230.00	
2-4	文来中学	1 139 029.28	840 849.28	298 180.00	
2-5	汽轮小学	1 139 698.00	823 518.00	316 180.00	
3	其他支出	466 329.05	40 000.00	—	426 329.05
3-1	工程建设监理费	381 329.05			381 329.05
3-2	软件测评费	45 000.00			45 000.00
3-3	评价费用	40 000.00	40 000.00		
	合计	9 999 555.33	6 551 726.28	1 321 500.00	2 126 329.05

（四）2016年绩效目标

项目目标是打造区域创新科技环境，建设适应于闵行区的科技创新教育课程体系，提升基础教育阶段科技创新教育质量，培养信息化创新型学生人才和教学人才。

2016年度目标是完成5所学校的"数字化体验馆"试点建设，引入D&T课程和区域共享课程管理平台，培养一批经英国设计与技术协会的培训认证的专业教师。绩效指标有以下几个。

1. 投入和管理类指标：预算执行率100%、资金使用合规性100%、政府采购合规比100%。

2. 产出类指标：完成5所学校"数字化体验馆"基础建设和一套区域共享课程管理平台，其中实验教室设施设备参数达到应用需求标准，平台软件经第三方测试合格；完成20个英国D&T课程项目的本地化转换；完成20名教师D&T课程授课资格培训，考核通过率达到80%；对试点年级学生开展常态化的D&T课程，每周1~2课时，试点年级学生普及率100%；举办"领跑未来"学生创客竞赛活动，参与人数1 500名。

3. 效果类指标：学生家长对课程评价良好，经期末调研D&T课程学生受欢迎比例80%以上、课程考试通过率达到80%，在"领跑未来"创客竞赛活动中有试点学校学生入围、通过自主开发后校本特色课程项目数占全部课程项目比重达到5%；学生家长对项目的满意率达到90%；试点学校和教师满意率达到90%。

二、项目评审情况

2016年7月14日，闵行区教育局就2016年度"闵行教育局数字化体验馆"项目预算安排，召开了绩效预算前评价会议。应邀出席本次会议的有：相关领域的专家、闵行区财政局和闵行区教育局相关职能部门。与会专家组成项目评审小组对"数字化体验馆"项目进行评审，从项目决策、项目管理和项目绩效三个方面对该项目绩效目标、实施方案、预算等进行了综合评估，提出了改进意见和建议。评分结果如表2所示。

表2　　　　　　　　　　　　项目评分情况

"数字化体验馆项目"评价指标	自评得分	评审得分
第一部分：项目决策（50%）	48	46
第二部分：项目管理（30%）	28	26.5
第三部分：项目绩效（20%）	20	18.5
总分	96	91

项目单位自评项目总得分为96分；经评审会评审后得分结果：该项目综合得分为91分，项目等级为"有效"。评审结果表明：

从项目决策上看：该项目立项依据充分，在中小学试点开展工程技术课程与教育部、上海市和闵行区的教育发展规划相吻合，能推进信息技术与教育融合，促进创新人才培养，不足之处是部分项目预算调研和细化不够充分。

从项目管理上看：该项目有较详尽的实施方案和工作计划，并分别从区级层面和校级层面建立了初步的保障制度和管理措施，但基于新增项目，项目管理制度需进一步细化和完善，同时需多关注项目风险和过程管理。

从项目绩效上看：绩效指标设计比较全面，目标来源明确、与项目关联性强，目标值设定比较合理。

三、项目评审意见

（一）部分项目预算调研和细化不够充分

活动类项目预算细化不够充分，如师资培训，价格构成明细和来源依据不够明确；学校设备调研不够充分，总体上价格偏贵，比如小型3D打印机，选配型号种类比较多，价格差距大，成本控制上不够经济。

（二）项目风险管理措施不够完善

现有项目风险描述和应对措施还不够全面，缺少对第三方服务公司质量控制、"引入"管理系统平台后续升级维护"绑定"风险等方面的防范措施。

四、项目改进建议

（一）进一步细化预算内容，优化项目成本

针对活动类项目进一步细化预算内容，明确支出标准和价格来源；学校"数字化体验馆"所需设备配置可进一步梳理归类，选择时以基础的、通用的设备为主，并优先考虑国产设备，节约采购和后续维护成本。

（二）完善项目管理制度，注重风险和过程管理

围绕项目实施内容，进一步明确各部门职责，细化后形成项目管理制度，结合项目开展情况定期予以补充和完善。同时，应加强风险管理，增加资金连续投入、对第三方服务公司质量控制以及软硬件维护"绑定"等方面的应对措施。

（三）加强长效管理，引入第三方评价机制

鉴于新增试点项目，且实施规划期限较长（三年期），建议在项目实施中过程引入第三方评价机制。通过跟踪管理和后评价的方式及时了解项目进程和实施效果，为项目决策和管理改进提供依据。

同时，长效管理方面建议能优化资源、共享资源，提高每一所"数字化体验馆"的利用率。在条件允许情况下，除了服务于本校学生外，能实现周边区域师生共享，让更多的学生、教师参与到本项目中。

五、项目整改情况

根据专家评审意见，闵行区区教育局就本项目预算细化、制度建设、长效管理等方面进行了补充和完善，形成"整改情况"报告。主要内容有以下几个方面。

（一）预算细化和调整

对活动类项目支出依据予以补充和细化说明，对学校硬件设备支出进行成本优化，并结合2016年项目剩余设施期间调整支出需求。此外，原预算范围内文来中学因民办性质，不属于本项目财政支出范围，故取消其资格，经区教育局内部讨论后

替换为七宝中学，相应的"数字化体验馆"所需设施设备投入亦进行重新估算。

经调整后，2016年项目预算总额为946.98万元，较原方案999.96万元下降了52.97万元，调整率-5.30%。调整明细如表3、表4所示。

表3　　　　　　　　　　　项目预算调整对比　　　　　　　　　　单位：元

序号	内容	调整前	调整数	调整后	调整率
1	管理系统软件及配套技术咨询服务	3 880 000.00	-169 000.00	3 711 000.00	-4.36%
2	学校实验教室设备	5 653 226.28	-197 640.00	5 455 586.28	-3.50%
3	其他费用	466 329.05	-163 105.60	303 223.45	-34.98%
	合计	9 999 555.33	-529 745.60	9 469 809.73	-5.30%

表4　　　　　　　　　　项目预算调整内容明细表　　　　　　　　　单位：元

调整内容		调整前	调整金额	调整后	备注
管理系统软件及配套技术咨询服务	国际同步课程服务（中英结对）	150 000.00	-69 000.00	81 000.00	数量、实施期间调整
	校本课程建设费	180 000.00	-15 000.00	165 000.00	细化调整
	教材出版	120 000.00	-120 000.00		取消
	实验室运行及日常维护巡检	30 000.00	-15 000.00	15 000.00	实施期间调整
	技术进课堂	100 000.00	-50 000.00	50 000.00	实施期间调整
	领跑未来师生活动	200 000.00	100 000.00	300 000.00	补充10所影子学校启动费
	小计		-169 000.00		
学校实验教室设备	3D打印机	700 000.00	-52 000.00	648 000.00	价格调整
	耗材	441 040.00	-143 040.00	298 000.00	数量、实施期间调整
	其他	73 425.00	-2 600.00	70 825.00	价格调整
	小计		-197 640.00		
其他费用	工程监理费	381 329.05	-163 105.60	218 223.45	实验教室基建×4%
	合计		-529 745.60		

（二）风险管理和制度完善

围绕设备采购和第三方服务，补充相关的质量控制和售后管理，通过"质保金"、服务跟踪、考核扣款等方式来规避采购风险。资金方面初步建立3年期的资金需求规划，做到心里有底、总量控制，实施过程中建立资金使用跟踪机制，防范资金使用风险。制度完善方面，目前区教育局层面已初步建立综合性的项目管理制度，并对学校管理要求、实施标准做了相关规定，通过一定时间的实施应用后，将进一步补充、细化和完善，从而形成全区统一的、规范性的管理制度。

（三）第三方评价机制

建立第三方评价机制，从2017年起在项目中设立评价资金，采用预算单位委托或区财政直接委托方式，适时开展绩效跟踪和绩效后评价工作，反馈项目实施成果，进行管理改进，保障项目可持续开展。

六、点评

项目单位自评项目总得分为96分；经评审会评审后得分结果：该项目综合得分为91分，项目等级为"有效"。

评价发现该项目存在以下两点问题：一是活动类项目预算细化不够充分，学校设备调研不够充分，总体上价格偏贵；二是项目风险管理措施不够完善，缺少对第三方服务公司质量控制、"引入"管理系统平台后续升级维护"绑定"风险等方面的防范措施。

对该项目提出以下建议：一是进一步细化预算内容，优化项目成本；二是完善项目管理制度，注重风险和过程管理；三是加强长效管理，引入第三方评价机制。

预算部门及时进行整改：一是调减预算53万元；二是完善了相关管理制度和风险把控；三是建立跟踪机制。

2. 实现与部门预算执行监督同步的事中评估，将绩效运行监控与预算执行管理和预算调整有机结合

经历过绩效前评价，部门可以顺利申请到财政资金，但是如何使用财政资金，还需对预算执行过程进行绩效评价，督促部门切实履行政府职责，将公共财政资金真正落到公众身上以满足公共需求。过程评价或中评价，可以适时对前评价进行及时的修正和完善，让评价指标更能真实地反映部门的绩效信息。

闵行区2018年度绩效运行监控跟踪评价基本实现全覆盖，分为部门重点跟踪和绩效简易跟踪，评价项目数459个，评价资金总量74.96亿元，评价资金达全

区公共财政项目预算支出的77.18%,涉及56家预算主管部门、239家预算单位。闵行区2018年度预算项目绩效运行监控跟踪评价总体情况如表2-9所示。

表2-9　　闵行区2018年度预算项目绩效运行监控跟踪评价总体情况

分类	评价主体	评价方式	评价项目数（个）	评价区级资金（万元）
1. 重点跟踪评价	预算主管部门	委托第三方评价	60	209 196.46
2. 简易跟踪评价	预算主管部门	自评或委托第三方评价	399	540 402.75
合计			459	749 599.21

（1）部门重点跟踪项目。部门重点跟踪项目由闵行区财政局会同预算主管部门共同筛选确定,2018年,实施部门重点跟踪的项目共60个,选择区委、区政府重点实事项目、2018年度立项（前）评价重点评价项目、纳入人大预算听证及社会关注度较高的项目、预算执行率未达50%的项目、体现部门主要履职情况的项目等,涉及区级等28个部门,评价资金21.09亿元,占全区公共财政项目预算支出的22.7%。实施部门重点跟踪的60个项目中,评价结果为"运行正常"的项目有10个,占比16.67%;"运行基本正常"的项目有42个,占比70%;"运行存在问题"的项目有8个,占比13.33%;"运行存在严重问题"的项目无。按项目类型汇总结果如表2-10所示。

表2-10　　　　　　　部门重点跟踪项目评价结果汇总

评价结果	项目数	信息化建设类	设施设备维护类	工程建设类	政府购买服务类	政策补贴类	设备购置类	业务活动类
正常	10	1	2	0	3	1	0	3
基本正常	42	1	2	5	12	14	1	7
存在问题	8	0	0	1	2	1	0	4
严重问题	0	0	0	0	0	0	0	0
汇总	60	2	4	6	17	16	1	14

（2）简易跟踪项目。简易跟踪项目由预算单位自主选择,参照市级预算部门开展财政项目支出绩效跟踪简易评价程序的评价模式,至少选择1个项目且项目跟踪

的资金比例不低于本单位公共财政项目支出70%。2018年，实施绩效简易跟踪的项目共399个，涉及区级56个预算部门，评价资金54.04亿元，占全区公共财政项目预算支出的58.6%。实施简易跟踪的399个项目中，评价结果为"运行正常"的项目有253个，占比63.41%；"运行基本正常"的项目有143个，占比35.84%；"运行存在问题"的项目有3个，占比0.75%；"运行存在严重问题"的项目无。

在部门预算执行管理中，实施绩效运行监控跟踪，要求预算单位通过动态或定期采集项目运行及绩效完成信息，在归纳和分析的基础上，全面、及时地反映项目绩效目标的运行情况和实现程度；实施目标纠偏及阶段性预算执行考察，对于与计划偏差较大的项目，及时进行预算调整，提高预算执行率，促进绩效目标实现；对存在无效的项目及时进行调整，停止拨款。把绩效跟踪与加强当年预算执行、优化项目管理结合起来，有效发挥绩效运行跟踪监控的作用，强化预算单位绩效主体责任，提高绩效监控的效果。2018年度跟踪评价的459个项目中，需调整预算项目数162个，合计调减金额11.37亿元。

专栏2-2 绩效跟踪评价案例：上海市公安局闵行分局视频图像监控租赁经费项目

一、项目简介：

2004年，上海市社会治安综合治理委员会办公室、上海市公安局、上海市房屋土地资源管理局联合下发了《关于进一步加强社区科技防范设施建设的意见》，提出了要在全市范围内，建设图像监控系统的要求，根据文件精神，闵行区属于城市次中心区域，监控点位的覆盖密度要达到60个/平方公里。2009年，中国电信通过招投标程序成为为闵行区视频图像提供租赁服务的项目建设单位，公安闵行分局和中国电信正式签订为期8年的租赁协议，协议期为2009年至2017年。

为切实贯彻《上海市公安局科技与信息化"十二五"发展规划》；按10 000个监控点位目标开展建设并按治安形势变化和实际需求情况适度调整监控点位置和监控设备类型，同时做好监控室和监控点位的维护工作，使各监控点在交通管理、案件侦破、社会治安面控制等方面发挥重要作用，有效提高闵行区的社会治安防控水平和交通管理能力。

评价小组根据闵行区绩效跟踪评价在对项目充分调研和数据采集后，填制闵行区财政编制的《项目基本情况表》等7个绩效跟踪相关表格，并撰写《绩效跟踪报告》，针对存在的预算执行与资金使用计划方面的问题提出具体意见。

截至2016年8月31日，上海市公安局闵行分局视频图像监控租赁项目运行基本正常，存在的主要问题包括预算执行与资金使用计划不符和合同签订严密性需要进一步完善；评价组根据资料分析与评价结果梳理，预测项目能够在年末全部完成。

二、项目要解决的主要问题、项目绩效目标

(一) 项目要解决的主要问题

今天的上海，以6 340.5平方公里的城市面积和2 400余万的人口数量，跻身全球大型城市行列，维持安全稳定社会秩序的任务日益重要而严峻，加之作为一线大都市，经常举办国际性重大活动，对城市治安和应急监控能力的建设提出了更高的要求，建设一套完善的、覆盖度广、密度高、智能化程度高的治安防控立体监控体系并且如何解决体系设备更新维护所产生的日益高昂的费用，成为重大课题。本项目所要解决的主要问题可以归纳为以下几点。

1. 视频监控建设是公安信息化建设的重要内容和有效载体，必须能做到延伸打击犯罪和治安管理触角，增加打防科技含量，完善人防、物防、技防相结合的防控体系，加强、改进当前公安工作和提升城市管理水平。

2. 有效应用视频监控体系，提升应对现实复杂治安形势的能力，缓解警力不足，促进治安管理，为群众提供必要的援助和便利，服务于和谐社会建设。

3. 规范城市管理，明显提升城市建设管理水平和整体形象，增加市民文明自觉性。

4. 提升治安防控水平，及时发现安全隐患，预防减少案件发生。

5. 视频监控体系的建设，是建立城市应急管理体系的重要组成部分，提高城市应急管理能力，完善指挥调度的通信手段，提高通讯有效性。

6. 加强交通管理的有效手段，通过对重点路段实行电子监控，一方面查处超速、闯红灯等交通违法，预防减少交通违法行为发生；另一方面也警示民众自觉遵守交通法律法规，积极参与交通法制建设。

(二) 项目整体绩效目标

1. 项目总目标。从2009年起引入社会企业参与实际工作并探索建设常态化的管理模式，用8年时间在全区建成10 000个监控点位，在交通管理，案件侦破，社会治安面控制等方面，发挥出重要作用，有效提高闵行区的社会治安防控水平和交通管理能力。

2. 年度绩效目标。按10 000个监控点位目标开展建设，并按治安形势变化和实际需求情况适度调整点位位置和监控设备类型，同时做好监控和监控点的维护工作。

3. 具体的产出和效果指标。(1) 每平方公里监控点达26.9个；(2) 交通肇事逃逸案件协破率达50%；(3) 命案协破率达50%；(4) 监控点故障率低于5%；(5) 故障维修及时性95%；(6) 使用部门满意率90%；(7) 监控共享率达50%。

三、项目资金安排和执行情况

项目资金为区、镇（街道、莘庄工业区）共同承担。2014~2016年预算及执行情况如表1所示。

表1　　　　　　　　项目近三年预算安排和执行情况　　　　　　　　单位：万元

年份	2014	2015	2016
预算安排	9 686	10 350	11 746.35
预算执行	9 232.6	9 444.63	4 703.6（截至8月31日）

2016年财政预算安排，视频图像监控租赁项目资金共计117 463 510元。其中区级财政安排资金49 212 228.5元，镇、街道及莘庄工业区安排资金68 251 281.5元。其中涉及监控租赁，监控维护，卡口，电子警察，手机浏览，截至2016年8月31日，实际支付资金47 036 113.4元，计划支付资金58 731 755元，拨付按计划完成80.09%，资金总执行率40.04%。

四、项目所包含子项目名称和产出类绩效指标完成情况

本次绩效跟踪时段为2016年1月1日至2016年8月31日，跟踪期内项目实施情况良好，定于1月到8月开展的工作推进有序，8月到12月的工作列入工作计划。实际完成（按照时间阶段考核）情况如表2所示。

表2　　　　　　　　实际完成情况

项目内容	年计划数量（个）	实际完成数量（个）	完成率（%）
模拟视频摄像机租赁	5 247	5 146	98.08
数字监控摄像机租赁	2 984	2 876	96.38
高清监控摄像机租赁	1 371	225+62	20.93
车载移动摄像机租赁	70	20	28.57
手机浏览功能费	406	370	91.13
电子警察接入	356	306	85.96
治安卡口设备租赁	826	426	51.57
社会监控接入（含利旧）	1 220	1 481	21.15
监控系统原有点位维护	1 066	1 360	2

续表

项目内容	年计划数量（个）	实际完成数量（个）	完成率（%）
派出所监控机房维护费	28	28	100
派出所规范化配备维护费	28	28	100
派出所监控大屏幕更换	10	0	0
图侦平台维护费用	28	0	0

五、项目跟踪结果判定

通过对项目计划执行情况和完成情况的综合考量，截至2016年8月31日，情况如下：（1）视频监控项目：正常运行的模拟、数字、高清监控点位数达到8 309个，每平方公里监控数达到22.40个；其中高清监控摄像机计划租赁1 371台，预算安排11 418 960元，目前历年的有225台正在使用，新建62台，由于5月通过验收，目前只需支付2个月租赁费用，高清摄像监控项目实际支付了253 820元，预算执行率为2.22%，另有400台已经建成但未验收，2016年底前可以交付使用，正在建设中的400台高清摄像监控当年度交付的可能性不高。（2）车载移动设备历年的50台已经报废，目前在建有70台，上半年未能交付使用和发生费用，预算金额2 486 400元，截至2016年8月31日，只发生了20台无线监控的租赁费用，共计177 600元，执行率为7.14%。（3）机房大屏幕更换和图侦平台维护两个子项目已经取消，2016年不做实施，预算分别安排了800 000元和700 000元，截至8月31日，执行了0元，执行率为0%。（4）治安卡口设备，（即车牌识别系统）的维护，在现有426台的基础上462台在建中，须经由第三方机构：公安部三所的验收后方可投入使用。（5）其他子项目：2009年前建成的原有监控点位的租赁和维护运行正常，并按计划逐步递减；无线监控、电子警察、手机浏览功能费、28座机房的维护和28座机房的规范化配备维护，等子项目均按照计划推进展开中。

六、项目存在问题概述

1. 公安局要求莘闵电信局建设视频监控租赁数为10 000个点，每平方公里为26.9个，至2016年8月31日止，实际可租赁的为8 309个（不包括1 486个利旧点位）。实际每平方公里监控数为22.40个，计划与实际之间存在偏差，7~12月确定新增验收合格点位400个（目前已建成，未验收），平均每平方公里监控数量为23.48个，也低于年度绩效目标。

2. 作为项目最重要的约束依据《闵行区城市管理及应急联动中心视频图像系统租用合同》于2009年7月签订，执行有效期为8年，考虑到项目隶属于信息化科技类，发展更新速度快，8年前的条款很难对长期的进度要求、技术升级后的违约责任等做出准确的约定，有逐渐降低合同履行力的风险。

3. 同样由于问题合同严密性欠缺而衍生出的问题：散布各地的监控点位设备所产生的电费一直无人承担，监控设备接入时的接入电费由中国电信承担，但接入后每月发生的电费未有明确责任人。

4. 两个子项目：派出所监控大屏幕更换和图侦平台维护费用，安排了预算共计150万元，但没有执行，已决定在本年度取消，将会影响预算执行率。

七、点评

项目跟踪结果判定为运行基本正常，视频图像监控租赁项目拨付计划完成80.09%，资金总执行率40.04%。子项目均按照计划推进展开中。

项目存在问题：一是莘闵电信局建设实际与公安局计划之间存在偏差，低于年度绩效目标；二是项目最重要的约束依据《闵行区城市管理及应急联动中心视频图像系统租用合同》隶属于信息化科技类，合约期较长，有逐渐降低合同履行力的风险；三是由于合同严密性欠缺而衍生出的问题：散布各地的监控点位设备所产生的电费一直无明确责任人；四是两个子项目：派出所监控大屏幕更换和图侦平台维护费用，没有执行，已决定在本年度取消，将会影响预算执行率。

建议和改进措施：一是根据视频监控租赁每平方公里26.9个合同要求，与莘闵电信局进一步协商，在保证验收质量合格的前提下完成下半年下达的计划目标，同时督促电信局提高高清摄像头建设更新工作；二是为了提高合同的履行力和约束力，建议实行一事一议的方法，例如当年计划建1 000台，即签1 000台的合同，如果有效期长的合同不可避免，则建议及时增加补充协议，以迅速适应设备的更新、系统的升级和科技的发展；三是下一期合同签订时及时补充电费的承担方，对合同遗漏点进行纠偏，减少国家的损失；四是建议对于已经取消的子项目和无法按计划实施完成的子项目进行及时的预算调整，以提高预算的执行率和财政资金的有效利用。

预算单位整改措施：一是完善了项目管理制度，落实责任人；二是调减当年度预算150万元。

3. 实现支出结果与绩效问责相挂钩的事后评价，确保评价结果的公平公正，科学合理地凸显政府部门提供公共服务绩效

财政资金运行完毕还需要进行项目的后评价或结果评价，后评价的目的是对整个资金运行的效果进行全面的绩效评估,告诉公众财政投入的效果如何,这一评价结果直接关系到部门的下一年度预算拨款情况,是全过程评价中关键一环。绩效后评价或结果评价报告是预算前一周期的结果,又是后一预算周期的基础与依据。

后评价是根据设定的绩效目标,由区财政局协调组织第三方评价机构,会同预算部门(单位)运用科学、合理的绩效评价指标、评价标准和评价方法,对预算项目支出的经济性、效率性和效益性进行客观、公正的评价。后评价分为财政重点评价、部门重点评价和绩效检查验收,评价范围涉及预算项目支出、专项资金政策支出、部门整体支出和政府购买服务支出,评价方式采用预算单位自评与委托第三方评价相结合。

以2017年度为例,项目支出绩效后评价工作包括20个财政重点后评价项目、21个部门重点后评价项目、303个政府购买服务绩效检查验收项目。评价资金总量为43.65亿元,占全区公共财政项目预算支出的45.21%,涉及40个预算部门,共99个预算单位,如表2-11所示。

表2-11 闵行区2017年度公共财政预算支出项目支出绩效后评价情况

序号	评价类型	项目类型	项目数量	评价资金总量(万元)	区级资金总量(万元)	评价方式
1	财政重点评价	政策补贴类	4	123 902.89	67 059.46	第三方评价
		业务管理类	4	12 614.99	12 346.62	
		信息化建设	3	12 312.24	10 071.27	
		设施设备类	2	4 983.07	4 983.06	
		购买服务类	3	4 502.19	4 175.14	
		工程建设类	1	122 973.80	23 189.00	
		部门整体类	3	15 020.34	15 020.34	
	小计		20	296 309.52	136 844.89	
2	部门重点评价	购买服务类	21	58 622.13	51 456.14	第三方评价
	小计		21	58 622.13	51 456.14	
3	绩效验收检查	购买服务类	303	81 611.56	81 611.56	部门自评
	小计		303	81 611.56	81 611.56	
	合计		344	436 543.21	269 912.59	

(1) 财政重点评价项目共计 20 个，其中：财政补贴类 4 个、业务管理类 4 个、信息化建设类 3 个、设施设备类 2 个、基础工程建设类 1 个、政府购买服务类 3 个、部门整体支出类 3 个。评价资金总量为 29.60 亿元，其中区级资金总量为 13.68 亿元（其余为镇级资金），涉及 18 个预算部门，共 19 个预算单位，由区财政局委托第三方机构进行独立评价。20 个财政重点评价项目的平均得分为 86.16 分，其中，1 个项目绩效等级为"优"，19 个项目绩效等级为"良"。

(2) 部门重点评价项目共计 21 个，全部为政府购买服务类型，评价资金 5.86 亿元，其中区级资金总量为 5.15 亿元（其余为镇级资金），涉及区级 21 个预算部门，共 21 个预算单位，由预算单位委托第三方机构进行评价。21 个部门重点评价项目的平均得分为 88.92 分，其中，7 个项目绩效等级为"优"，14 个项目绩效等级为"良"。

(3) 绩效检查验收项目共计 303 个，全部为政府购买服务类型。评价资金总量为 8.16 亿元，其中区级资金 8.16 亿元，涉及 40 个预算部门，共 99 个预算单位，验收结论均为"验收通过"。

通过绩效后评价，共形成意见和建议 133 条，其中决策类 31 条、管理类 71 条、效果类 31 条，评价建议清算或统筹的无效资金总计 3.5 亿元。闵行区财政局形成《闵行区 2017 年度预算项目支出绩效后评价总报告及分报告》，向区政府常务会议报告，并提交区人大常委会审议。

专栏 2-3　财政预算项目支出绩效后评价案例：闵行区中小学电子书包（一期）

随着教育信息化的迅速发展，电子书包作为一项新兴的辅助教学方式，在我国中小学教育中逐步展开了试点。"电子书包"是以学生为中心、个人电子终端等为载体，贯穿各个学习环节，支持各种有效学习方式和师生平等互动的数字化教与学的系统平台。

上海市重视电子书包的应用探索，早在部分区县以单校实施的模式进行试点，旨在解决中小学教育中存在的教育资源分配不均衡、"填鸭式"教学、个性化教学不足、反馈不及时等问题。闵行区电子书包项目采取区域实施的模式，计划通过探索试验、深化应用和推广应用三个阶段实施，目前为探索试验阶段。

一、实施情况及评价结果

本项目涵盖闵行区 40 所中小学校，其中高中 3 所，初中 7 所，小学 30 所；每个学校选取 1~2 个班进行试验，高中、初中和小学的试验课程均为语文、数学、英语。试点阶段每个试点学校分配约 100 个终端设备，试验班级的每门试验课程每周至少开一次课。

项目内容主要为硬件购买、软件建设和应用推进等方面，包括开发供教师、学生等多方使用的电子书包教学软件平台，制作数字化教与学的资源，购买学生使用的终端设备，建设学生班级无线上网的环境等。涉及的采购主要包括集中采购、集中采购转竞争性谈判和分散采购三种形式。

项目实际批复预算金额为 2 959.9588 万元。资金 100% 来源于教育费附加，截止到 2013 年 12 月 15 日实际执行 2 731.05425 万元。

该项目的绩效评分结果为 80.35 分，绩效评级为"良好"。总体来看，项目的实施符合各级政府关于加强教育信息化与数字化教学深化的战略目标要求，符合国际数字化教学变革的总体趋势，其项目实施整体水平虽然还有较大的上升空间，但整体推进水平位于全国同类项目前列，发挥了一定的辐射影响作用。

二、主要经验与做法

（一）教育部门对项目高度重视，委托专家机构进行顶层设计，为项目的推进作了整体规划；

（二）委托专业机构按需分层次培训，培养学校领导及一线教师的数字化教学理念；

（三）与设备供应商签订三年质保合同，有力保障项目后期运维；

（四）项目组对项目推进倾注了大量心血，部分项目成果得到了业内认同。

三、存在的问题

（一）对经费投入的可持续性、试点对象和范围的论证有待进一步完善，部分论证内容归档不全面；

（二）项目硬件投资比重偏高，软硬件教学适应性不足，教师对推进电子书包尚未形成共识；

（三）电子书包资产在试点学校的管理情况未得到充分的监管，部分使用对象发生变更。

四、改进措施和建议

（一）控制试点规模，加强对试点群体变化情况的跟踪观察，实施过程中健全对项目发展和经费投入可持续的论证；

（二）加强信息化教学资源的整合，提高软硬件的教学适应性，使项目实施与一线教师达成更广的共识；

（三）充分利用学校已有设备，加强对各试点学校电子书包资产管理情况的监管。

五、指标体系及评价得分表

中小学电子书包（一期）项目绩效评价得分表如表1所示。

表1　中小学电子书包（一期）项目绩效评价得分表

一级指标	二级指标	三级指标	权重	得分
A 项目决策			13	9.8
	A1 决策适应性		3	3
		A1－1 与战略目标的适应性	3	3
	A2 立项科学性		6	4.4
		A2－1 项目论证充分性	4	2.4
		A2－2 立项流程规范性	2	2
	A3 绩效目标合理性		4	2.4
		A3－1 绩效目标合理性	4	2.4
B 项目管理			24	19.6
	B1 投入管理		2	2
		B1－1 预算执行率	2	2
	B2 财务管理		6	6
		B2－1 财务管理制度健全性	3	3
		B2－2 专款专用率	3	3
	B3 项目实施管理		16	11.6
		B3－1 实施管理制度健全性	4	3.2
		B3－2 监理规范性	2	1.5
		B3－3 项目变更审批规范性	4	2.5
		B3－4 风险预防措施完善性	2	2.0
		B3－5 资产管理制度健全性	4	2.4
C 项目绩效			63	50.95
	C1 产出		16	13
		C1－1 实施计划完成率	4	4
		C1－2 项目验收通过率	4	4
		C1－3 设备故障情况	3	3
		C1－4 开课计划完成率	2	2
		C1－5 实施计划完成及时性	3	0

续表

一级指标	二级指标	三级指标	权重	得分
C 项目绩效			63	50.95
	C2 效果		34	28.04
		C2-1 期望使用时间	5	3.23
		C2-2 学生学习行为变化情况	5	4
		C2-3 教师教学行为变化情况	3	2.4
		C2-4 学生成绩维持率	2	2
		C2-5 学生视力影响率	3	3
		C2-6 学生满意度	10	10
		C2-7 教师满意度	6	3.41
	C3 能力建设及可持续影响		13	9.91
		C3-1 事前沟通充分性	4	2.43
		C3-2 项目优化措施情况	5	3.48
		C3-3 运维制度完整性	3	3
		C3-4 系统可扩展性	1	1
总得分			100	80.35

六、点评

经过评价，项目评价为"良好"，主要经验做法包括：一是重视顶层设计，教育部门委托专业机构为电子书包项目的推进作了整体规划；二是采取区域整体推进模式，发挥试点学校自身创造力；三是依托专家团队、委托专业机构按需开展分层次培训，提升学校领导和一线教师的数字化教学理念；四是预算单位与终端设备供应商签订三年质保合同，有力保障项目后期运维。

同时，该项目还存在以下问题：一是对经费投入的可持续性、试点对象和范围的论证有待进一步完善，部分论证内容归档不够全面；二是项目硬件投资比重偏高，软硬件教学适应性有待进一步提高，教师对推进电子书包的共识情况有待进一步提升；三是小部分试点学校的设备使用对象发生变更，电子书包资产在试点学校的管理情况的监管力度存在可提高的空间。

针对上述问题，评价组提出了相应的建议：一是控制试点规模，加强对试点群体变化情况的跟踪观察，实施过程中应健全对项目发展和经费投入可持续的论证；二是加强信息化教学资源的整合，提高软硬件的教学适应性，就项目实施与一线教师达成更广的共识；三是充分利用学校已有设备，加强对各试点学校电子书包资产管理情况的监管。

预算单位整改措施：一是加强项目实施前的调研论证；二是及时收集试点过程中的情况，三是充分运用到电子书包二期、三期。

4. 探索开展部门整体支出评价

部门整体支出绩效评价结合部门的管理服务职能定位，厘清下属单位和部门的具体工作职责任务，财政资金使用与工作职责之间的线性关系、预算与绩效目标的匹配度，从而能够对部门整体支出进行有效评价。2016年闵行区财政局选择区档案局、区统计局2家预算主管部门进行整体支出评价试点；建立5年一次的部门整体支出评价机制，逐步实现全覆盖；在区级部门整体支出评价试点成功的基础上，逐步推行街镇的整体支出评价。

5. 试行专项资金政策及公共政策评估，提高政府决策水平

政策评估的主要任务是政策梳理、政策检验、政策清理、政策整合、政策优化和政策补充，最终的评估结论要落实到每一条政策的存废、修改或完善之上。一是财政专项资金政策评估，由财政会同政策职能部门遴选后，纳入年度绩效管理工作计划中，进行常态化的绩效评价。二是一般公共政策评估，由各相关职能部门向评估办提交政策制定报告或执行报告，评估办组织专家对报告进行评审，并将评审意见反馈职能部门，作为调整、修正、废止现行政策或制定新一轮政策的依据。三是重大公共政策评估，由区公共政策评估领导小组甄选出需要开展评估的重大公共政策，根据政策的不同情况启动评估工作。对拟出台的公共政策，在提交区委、区政府决策前启动前评估。对执行过程中，社会矛盾突出、反响强烈的公共政策，由于经济社会发展环境发生重大变化需要调整的公共政策，启动即时评估。四是其他重大政策在执行中期开展评估。对即将到期的公共政策，在政策到期前3个月启动后评估。

评估办将区公共政策评估领导小组审议通过的综合评估报告反馈给公共政策制定部门或实施部门，由部门调整、修正政策方案或制定新一轮政策；经征询区人大、区政协意见后作进一步修改完善；经综合修改完善后的政策方案或研究制定的新一轮政策，连同综合评估报告和区人大、区政协意见一并上报区委、区政府进行决策。

专栏2-4　公共政策评估案例："涉农"政策项目评估

项目简介：

随着城乡统筹工作的不断推进，闵行区农村居民家庭人均可支配性收入增幅连续七年实现两位数增长并超过城镇居民。为了更好地调整政策，让公共资源的配置更加合理，闵行区对"涉农"政策进行了评估。"涉农"政策评估对于闵行区率先破解"城乡二元结构"具有现实的指导意义，在上海市乃至全国来讲也是一项开创先河的工作。

政策评估的主要任务是政策梳理、政策检验、政策清理、政策整合、政策优化和政策补充，最终的评估结论要落实到每一条政策的存废、修改或完善之上。

本次政策评估共涉及91条政策，其中84条政策经评估后有评分分值并提出对策建议，7条政策虽经梳理或评估，但无评估分值也无具体评估结论，主要原因在于某些政策尚无区级配套政策无法评估，某些政策实属具体项目执行完毕无须评估。91条政策经过评估后，7条政策虽评估但无评估结论，5条政策无须修改继续执行，56条政策尚需优化，2条政策有待改正，17条政策建议整合归并，4条政策建议停止执行。

一、评估的背景与意义

（一）评估背景

随着城乡统筹工作的不断推进，闵行区农村居民家庭人均可支配性收入增幅连续七年实现两位数增长并超过城镇居民。为了更好地调整政策，让公共资源的配置更加合理，闵行区对"涉农"政策进行了评估。

1."涉农"政策评估是统筹城乡发展的需要

农业丰则基础强，农村稳则社会安，农民富则国家盛。如何通过"涉农"政策夯实农业农村发展基础，如何凭借科学合理的"涉农"政策构筑城乡一体化发展的新格局，实现深度城市化，是闵行区统筹城乡发展的重要内容。

2."涉农"政策评估是加强结果导向的需要

闵行正在全面推行以结果为导向的绩效预算管理改革，不断强化政府预算为民服务的理念，强调预算支出的责任和效率。"涉农"政策是公共财政服务于"三农"的重要载体，闵行区相关政策的效果如何，对农民增收的作用如何，农民的满意度如何，是否向经济薄弱村和特殊困难群体有所倾斜，都需要通过评估来衡量。

（二）评估意义

系统评估闵行区2010年"涉农"政策的制定、实施和效果具有以下四个方面的意义。

1. 有助于有效判断闵行区"涉农"政策既定目标的实现程度

通过对全区"涉农"政策进行评估,利用一切可行的技术和手段收集政策实施的效果信息,并在此基础上加以分析和科学的阐释,明确政策在运行过程中的特点、优点和缺陷,以制定实现既定目标的政策。

2. 有助于为闵行区"涉农"政策的存续与优化提供重要依据

通过对全区"涉农"政策进行评估,有利于明确各相关政策是否需要继续执行、调整优化或重新制定及废止,通过不断地完善政策体系,使实行的政策始终与闵行区的发展现实相吻合,始终服务于闵行区统筹城乡发展、推进城乡一体化的需要。

3. 有助于检测闵行区"涉农"政策的实施效率和效益

通过对全区"涉农"政策进行评估,确认每项政策所产生的价值和效益,分析政策运行过程中的功能和效力,并根据评估结论决定投入各项政策的资源优先顺序和比例,有利于寻求区域政策资源和资金配置的最佳效果。

4. 有助于促进闵行区"涉农"政策制定和执行的科学化和民主化

委托第三方实施政策评估可以超越政策制定者和实施者的立场,独立地、宏观地对全区政策进行评估和鉴定,从而使政策制定和运行能真正了解民情、反映民意、集中民智,有利于政策制定和实施走上民主化、科学化的轨道。

二、评估的目标与指标体系

(一) 评估目标

政策评估的主要任务是政策梳理、政策检验、政策清理、政策整合、政策优化和政策补充,最终的评估结论要落实到每一条政策的存废、修改或完善之上,具体的评估目标是:

1. 政策梳理

在政策评估初期,由财政局牵头,农委配合,对现有市区镇的"涉农"政策进行了梳理,其中市区二级政策91条,镇级政策128条,经比对镇级政策基本上是市区二级政策的叠加和配套。"涉农"政策分为生产补贴类、农民增收类、计划生育类、社会救助类、基础设施类、教育类、就业促进类和社会保障类。

2. 政策检验

通过政策评估查明事实、找出原因、厘清问题、验证效果,以第三方独立和公正的视角对政府政策进行调查、判断和论证,从而证明哪些政策是有效并可继续执行,哪些政策无效而应当废止。

3. 政策清理

部分"涉农"政策效果冲突,导致政策失效,因此需要对政策进行一次全面清理,对有冲突的政策进行修改。为此,需要从政策制定角度查找区级政策和市级政策有无冲突,在此基础上清除导致冲突的政策规定。

4. 政策整合

因"涉农"政策出台的时间有先后,不同部门出台的政策也有交叉,容易导致政策分散、政出多门、重复补贴等问题。通过政策评估,对同类的政策进行适当的归并,把分散在不同文件的政策合并到一个文件中,把补贴内容相似或补贴对象相同的政策归口到同一部门。

5. 政策优化

即使继续执行的政策仍然存在改进和完善的空间,政策优化旨在因地制宜、因时制宜地对相关政策进行调整,包括某些政策条款的删减或强化,也包括某些政策关键词语的用法遴选,还包括某些政策文字内容的重新表达。

6. 政策补充

在政策梳理、政策检验和政策清理的基础上,全面评估闵行区的"涉农"政策体系,对于缺位的政策提出补充的建议,从而使"涉农"政策体系更为完备和健全,与闵行区的发展目标相匹配。

(二)评估指标体系

本次政策评估设置了三级评估指标体系。其中一级指标为:政策制定、政策实施和政策效果,权重分别为15%、30%和55%,着重突出政策效果的评估。各中介机构评估时统一了所有的一、二级指标以及政策制定和实施类的三级指标;同时,考虑到政策之间的差异,政策效果类的三级指标可根据具体情况进行设置。具体的指标体系及指标说明如表1所示。

表1 闵行区"涉农"政策评估指标体系

一级指标	二级指标	三级指标	权重	指标解释
A 政策制定			15	
	A1 政策程序			
		A11 政策依据	3	政策制定的依据是否充分
		A12 政策调研	3	政策制定过程是否经过了调研及论证程序
		A13 政策比对	3	相同类型政策与本政策的比对

续表

一级指标	二级指标	三级指标	权重	指标解释
A 政策制定			15	
	A2 政策方案			
		A21 政策目标	3	政策目标是否明确具体
		A22 政策内容	3	政策内容是否量化、可操作性强
B 政策实施			30	
	B1 实施机制			
		B11 政策传达	6	政策是否有有效的传达、布置、宣传等方式、方法
		B12 政策落实	6	政策的实施中是否制定了相关管理制度、操作细则等
		B13 政策监督	6	对政策的执行情况和结果有无开展检查监督的长效机制
	B2 资金投入			
		B21 预算执行	6	预算执行数/预算安排数
		B22 资金管理	6	资金使用的正确性、合规性和拨付及时性
C 政策效果			55	
	C1 政策产出		10	对照政策目标及内容设置三级指标
	C2 政策效益		15	对照政策目标及内容设置三级指标
	C3 政策回应性		5	信访、投诉、行政复议、行政诉讼等及其处理状况
	C4 政策满意度		25	
		C41 政策对象	15	社会调查、访谈、引用
		C42 政策实施者	10	社会调查、访谈、引用
综合得分			100	

三、评估的程序与重点

（一）评估程序

闵行区"涉农"政策评估经历了方案制定、政策梳理、任务分配、动员布置、方案论证、实地调研、报告撰写、专家评审等程序，整个评估过程具有以下特点。

1. 多次研讨，优化方案

闵行财政局管理科在拟定工作方案后，邀请相关方面的专家共同商讨如何实施政策评估工作。在任务分配后，管理科于6月14日召开了有五家中介机构以及相关"涉农"政策的实施单位参加的评估工作会议。7月7日至8日，邀请来自政府、高校的专家共同论证评估工作方案和设计指标体系。8月3日，召集了由五家中介机构参与的工作推进会议，研讨前期工作和布置问卷调查。

2. 高校带领，中介参与

为了更好地实施政策评估工作，本次评估采取了"高校+中介"的模式，充分发挥高校在理论方面的特长和中介在实务方面的优势，由高校和中介的专家学者共同完成指标体系的设计、实地调研和报告撰写等工作。其间，不仅有上海金融学院的全程参与和带领指导，还有上海交通大学、上海财经大学等高校的专家学者的论证和评审。

3. 借助外脑，利用智囊

在方案论证阶段，来自上海市政府研究室、上海交通大学农学院、上海金融学院等高校的专家学者以及相关行业专家等对"涉农"政策评估工作表示了肯定，认为闵行区开展的评估工作是开先河之举，对于闵行率先破除"城乡二元结构"有着重要的意义。在7月7日至8日的评估工作方案及指标体系评审会上，专家组审慎地研究了工作方案和指标体系。在10月9日的评估报告评审会上，由上海市财政局绩效评价处、市财政监督局、市农委、市政府政策研究室、相关高校等单位的专家和学者，以及政策实施部门共同对参与本次"涉农"补贴政策评估的5家中介机构的评估报告进行了分组评审。

4. 各方参与，通力协作

为了实施"涉农"政策评估，不仅有独立评估机构的参与，还需要政策实施部门的协作。在评估过程中，闵行区财政局管理科、中介机构与区农委、区民政局、区人保局、区教育局、区体育局、区残联、区计生委、区建交委、区水务局、区卫生局、区绿容局等部门的分管领导及有关人员进行了多次沟通。同时，市区两级政策研究部门及高校的专家、学者也多次参与本次政策评估工作。

5. 借鉴经验，助力评估

在"涉农"政策评估中，借鉴了预算项目支出绩效评估的成功经验。引入第三方独立评估机构，先由多方专家确定评价指标，再评审具体内容，等等，这些在预算项目支出绩效评价中被证明行之有效的方法业在"涉农"政策评估工作中得到了采用。这次担任独立评估的机构，也包括近两年担任过闵行预算绩效评审的华晖、信义、华炬、沪港金茂 4 家会计师事务所，他们把绩效评估的成功经验带入了此次政策评估。

(二) 评估重点

1. 全面评估

此次政策评估旨在全面厘清闵行区的"涉农"政策取得了哪些显著的效果，积累了哪些有益的经验，存在哪些值得认真吸取的教训。通过评估，可以明确闵行区在统筹城乡发展进程中，其"涉农"政策还有哪些问题和不足，这些问题和不足又分别表现在哪些具体的政策类别和政策条款之中。

2. 全程评估

此次政策评估涵盖了闵行区"涉农"政策从制定到实施再到效果的全部过程，重点评估政策的实施效果。通过评估，可以在每个过程、每个环节总结经验并发现问题，如政策程序是否完备、政策方案是否科学、实施机制是否健全、资金投入是否及时、政策效果是否满意，从而使后续出台的政策更加科学有效。

3. 全方位评估

此次政策评估注重定性研究与定量分析的统一，包括数据分析与满意度调查，涉及的评估对象包括政策执行单位和政策受益群体两个方面，因此，评估的数据既包括客观的工作底稿，也包括主观的对政策受益群体的满意程度的调查。当然，对于政策受益群体的满意度问卷调查需要理性的分析。

四、评估的基本结论

本次政策评估共涉及 91 条政策，其中 84 条政策经评估后有评分分值并提出对策建议，7 条政策虽经梳理或评估但无评估分值也无具体评估结论，主要原因在于某些政策尚无区级配套政策无法评估，某些政策实属具体项目执行完毕无须评估。

(一) 定量分析结论

84 条有评分分值的政策基于 90~100 分 (含 90) 为优秀，80~90 分 (含 80) 为良好，70~80 (含 70) 为一般的评分标准，优秀类政策有 14 条，良好的有 61 条，一般的有 9 条。但从不同的政策分类视角，还可得出不同的分析结果。

1. 基于属性分类的政策分析结论

从政策属性来看，84 条政策可分为"纯农"政策和"涉农"政策，其中"纯农"政策 55 条，"涉农"政策 29 条。"纯农"政策中 5 条为优秀，44 条良好，6 条一般；"涉农"政策中 9 条为优秀，17 条良好，3 条一般。对比两类政策各类分值的占比率，"涉农"政策的优秀比率占整个"涉农"政策的 31%，高于"纯农"政策 22 个百分点；得分为一般的政策两者则基本相当。图 1 显示了两类政策在数量和比率上的得分差别。

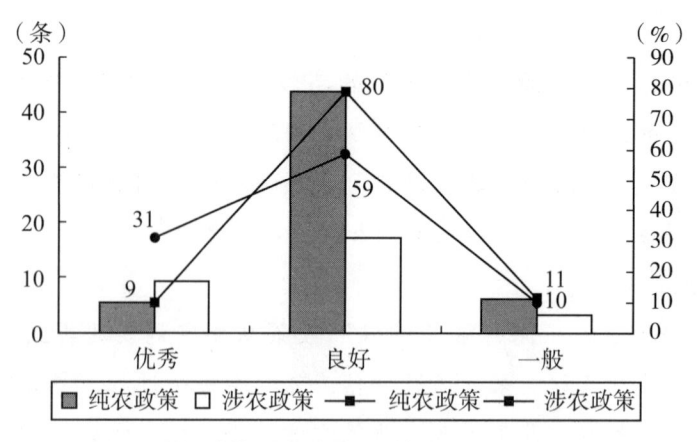

图 1 "纯农""涉农"政策的评分分值对比

进一步分析两类政策的优秀程度差别，"涉农"政策与"纯农"政策在政策制定、政策实施指标上得分差异不大，而在政策效果指标的得分差距为 1.84 分，其中满意度差别为 2.05 分，见表 2。

表 2　　　　"纯农""涉农"政策的优秀程度差异分析

政策类别	平均得分	政策制定指标平均分值	政策实施指标平均得分	政策效果指标平均得分	政策满意度平均得分
"涉农"政策	93.35	13.8	26.36	53.19	23.60
"纯农"政策	91.84	14.1	26.39	51.35	21.55
得分差距（"涉农"—"纯农"）	1.51	-0.3	-0.03	1.84	2.05

可见，"涉农"政策在不仅在优秀比率和优秀程度上均高于"纯农"政策。两类政策在政策制定和政策实施指标上所差无几，但在政策效果指标上差距明显，分差达 1.84，而其中政策满意度对于政策效果得分差异的贡献率高达 111.4%。

2. 基于着力点分类的政策分析结论

从政策着力点来看，84 条政策可分为生产补贴类、农民增收类、计划生育政策、社会救助类、基础设施类、教育类、就业促进类和社会保障类。各类政策的评分分值分布情况见表 3。

表3　　　　　　　　　　八类政策的评分分值分布情况

政策类别	优秀 政策数量（条）	优秀 同类政策占比（%）	良好 政策数量（%）	良好 同类政策占比（%）	一般 政策数量（条）	一般 同类政策占比（%）	平均分
生产补贴类	3	11.5	21	80.7	2	7.7	86.63
农民增收类	0	0	3	75.0	1	25.0	78.72
计划生育类	3	60.0	2	40.0	0	0	90.98
社会救助类	3	20.0	11	73.3	1	6.7	88.51
基础设施类	1	9.1	9	81.8	1	9.1	83.97
教育类	1	20.0	3	60.0	1	20.0	85.31
就业促进类	2	20.0	5	50.0	3	30.0	85.17
社会保障类	1	12.5	7	87.5	0	0	85.68

从表3中可以看出，优秀率最高的为计划生育类政策，最低的为农民增收类政策；得分一般的政策首推就业促进类，计划生育类和社会保障类得分均在良好以上。从平均分来看，计划生育类平均分最高，农民增收类最低，进一步分析两类政策平均分差异的构成，如表4所示。

表4　　　　　　　　平均分最高和最低的两类政策差异分析

政策类别	平均得分	政策制定指标平均得分	政策实施指标平均得分	政策效果指标平均得分	政策满意度平均得分
计生政策	90.98	12.7	23.43	53.95	24.55
增收政策	78.72	13.125	24.25	41.35	18.05
得分差距（计生—增收）	12.26	-0.425	-0.82	12.6	6.5

从两类政策的平均分来看，计划生育类的政策制定和政策实施指标得分都低于农民增收类，但在政策效果类指标上计划生育类高于生产增收类12.6分，其中政策满意度对政策效果得分差异的贡献率达51.29%。

基于以上不同分类标准得出的定量分析结论可以概括为：其一，政策得分差异发生在政策制定、政策实施和政策效果三类指标之上，但政策效果指标得分的差异是造成政策得分差异最重要的因素；其二，政策效果指标得分差异体现在政策产出、政策效应、政策回应性和政策满意度等指标之上，但政策满意度是造成政策效果指标得分差异最重要的因素。

（二）定性分析结论

91条政策经过评估后，7条政策虽评估但无评估结论，5条政策无须修改继续执行，56条政策尚需优化，2条政策有待改正，17条政策建议整合归并，4条政策建议停止执行。

1. 虽已评估但无评估结论的政策

7条政策虽参加了此次政策评估但无明确评估结论，原因各异。小型农田水利工程政策由于闵行区没有根据中央和上海市文件精神制定配套政策以致无法评估。发热门诊改造项目、颛桥社区卫生服务分中心建设项目、农村环境卫生保洁项目属于一次性实施完毕的项目，项目结束结果就已明确因而无须评估。中央资金专项义务教育免书本费政策与义务教育免书本费政策在执行层面属于同一政策，无须重复评估。区教育从教返费沪教师政策的原因由于2010年未实施，不列入评估范围。农村低收入危旧房改造补贴政策是2011年新出台的政策，未纳入此次评估范围。

2. 无须修改即可继续执行的政策

5条政策评估结论为优秀，这些政策制定程序完整，政策内容合适，政策实施机制健全，政策效果明显，并且大部分政策比全市其他区县更优惠、更先进，评估结论为无须修改即可继续执行。具体政策为：义务教育免书本费政策（95.87分），上海市计划生育奖励与补助政策（91.37分），优抚对象抚恤补助政策（95.34分），农村和城镇无工作单位且家庭退役人员政策（95.77分），"三属"区级生活补助政策（95.63分）。当然，从理论的角度考量，评估分值没有达到满分的政策都存在改进的空间，但在政府政策众多，执行部门工作量较大的现实约束下，不妨把工作重点聚焦在其他存在问题的政策上。

3. 尚需优化且继续执行的政策

56条政策尚需优化，这些政策主要存在调研论证欠深入、政策内容欠合理、配套管理措施欠完善、资金监管机制欠健全、执行落实欠力度等问题。某些政策只存在其中一个方面的问题，如扶持农业产业化政策，而某些政策则同时存在其中四个方面的问题，如农村健身家园政策。尚需优化的各项政策及原因见报告附表1。

（1）调研论证欠深入的政策。8条政策存在调研论证欠深入的问题，主要体现在：其一，不重视调研程序。如高中教育阶段"两免一补"政策和义务教育阶段"两免一补"政策均无调研资料，显示对政策调研程序不够重视。其二，缺少调研文件。如中小河道养护政策和新农村河道整治政策，政策调研和论证过程均无相关的文字资料。其三，忽视多方意见。如初创期创业场地房租补贴政策在政策调研过程中没有充分考虑政策执行者的意见。又如新型农村合作医疗政策对于本区农村和农民在医疗保障上的要求掌握程度不够，只是对上级政策进行了回应。

（2）内容欠合理的政策。9条政策存在内容欠合理的问题，主要体现在：其一，政策内容没有与时俱进。如贷款贴息政策，上海市财政局已统一规定申请贴息资金的基本条件由"最近连续2年有盈利业绩"修改为实际执行的"最近1年有盈利业绩"，但闵行区没有跟进。其二，政策内容没有及时完善。如农村健身家园政策，只针对2006年度和2007年度的市级资金补贴标准作出规定，后续各年虽一直沿用了2007年的补贴标准，但缺少政策方面的补充说明和规定。其三，政策内容与其他政策存在重复。如闵行区扶持农业产业化政策与市级"扶持农民专业合作社"政策在内容、对象以及范围有一定的重复度，造成了资金的重复拨付。其四，政策内容用词不严谨。如转制补贴政策把"个体、私营、民营企业"并列，实际上"民营企业"是从经营机制角度阐述的概念，"私营企业"是从产权角度阐述的概念，民营企业可以包括个体和私营企业。

（3）配套管理制度欠完善。16条政策存在配套管理制度欠完善的问题，主要体现在：其一，未修订配套管理文件。如上海市农村部分计划生育家庭奖励扶助政策，配套行政文件已经失效但至今尚未修订。其二，未制定配套管理操作细则。如微喷灌设施政策尚未形成管理操作细则，只是简单执行政府采购和闵行区财政资金补贴管理的要求。其三，未形成长效管理机制。如村道建设和危桥改造政策和管棚设施政策在执行过程中尚未形成长效管理机制，不利于基础设施的保养和使用寿命。其四，未建立公众监督制度。如社保缴费补贴政策，虽然建立了长效管理制度，但缺乏相应的公示制度，公众无法参与政策监督。

（4）资金监管机制欠健全。25条政策存在资金监管机制欠健全的问题，这主要体现在：其一，资金拨付方式与政策规定不符合。如上海市农村奖励扶政策其资金发放流程与政策规定不符，各类文件明确规定了资金采取"直接补助，到户到人。由国库直接支付，减少中间环节，规范操作，方便群众"的规定。但实际操作并非如此。其二，资金预算执行率偏低。如鼓励农民农业就业补贴政策，预算执行得0分，因为符合补贴条件的人数有限，预算资金600万元，实际补贴71.25万元，预算执行准确性只有11.88%。其三，专项资金管理账户尚未建立。

如基本农田生态补偿政策,未设立专项资金管理账户,资金使用范围难以界定。其四,资金使用缺乏审计监督。如中职校低保助学金政策,资金使用正确性无审计、检查等书面报告;又如农村居民最低生活保障政策,各镇社保中心上报区社会救助事务中心的救助资金使用数据与财务支出数据不一致,各镇财务部门明细账中显示社保中心收到的拨款与支出数不配比,但却无部门监管。

(5)执行落实欠力度。33条政策存在执行落实欠力度的问题,主要体现在:其一,未建立部门间联动机制。如新农村河道整治政策,未形成部门之间、部门上下级之间有效的沟通和联动机制,致使河道整治的覆盖率低为15%。又如,创业补贴政策,其实施需要得到工商、民政部门的支持,但是两部门之间密切的合作关系尚未建立。其二,缺乏有效的宣传机制。如水稻农业补贴政虽然合作社对水稻农药的作用及效果了解较深,但是普通农户相对偏低。又如,60岁老人免费体检政策政策,一些老人对体检项目的知晓率并不高,不能区分收费体检和免费体检项目,并导致部分农村老人的不满。

4. 有待改正后继续执行的政策

两条政策在政策内容上存在明显的歧视现象,亟须加以改正。

(1)农村富余劳动力跨区就业补贴政策。该条政策的歧视内容为:农村富余劳动力与劳务输出公司、非正规就业的劳动组织和公益性劳动组织除外等签订一年以上劳动合同,且实现跨区就业的,无法享受就业补贴。此条规定有违促进就业的政策初衷。特别是劳务输出公司,它们掌握着大量就业信息,农村富余劳动力也通过劳务输出公司实现就业,用工单位会与劳务派遣公司签订协议,根据相关材料,不难确定是否跨区就业。

(2)开业贷款利息补贴政策。该条政策的歧视内容为:劳动密集型小企业要与失业、协保人员和农村富余劳动力等签订"劳动合同",劳务派遣的用工形式受到歧视。此条规定与现实不相吻合,目前劳务派遣的用工形式比较普遍,政策却把采取劳务派遣形式的小企业排除在政策之外,而通过劳务派遣也可以解决就业问题。同时该政策规定"贴息期限最长不超过一年",其他文件中也有诸如此类的规定,显然,劳动密集型小企业贴息期限要短于其他类型企业。

5. 建议整合归并的政策

17条政策由于政出多门,或内容雷同,或性质相同,或者由于政策背景的变化,无须单列政策可与其他同类政策归类,从而建议整合归并。归并前后的政策见表5。

表 5　　　　　　　　　　　　整合归并政策一览表

整合归并前政策	整合归并建议	整合归并原因	整合归并模式
农民专业合作社新开办补贴奖励政策	新增农民合作社电脑奖励归并至专业合作社新开办补贴奖励政策	政策性质相同，政策目的相同 执行部门相同，执行方式相同	政策内容合并
新增农民合作社电脑奖励			
商品有机肥补贴政策	归并为新型有机肥补贴政策	政策性质相同，政策目的相同 执行部门相同，执行方式相同	政策内容合并
专用配方肥补贴政策			
水稻农药补贴政策	归并为农产品农业补贴政策	政策性质相同，执行部门相同 执行方式相同	政策内容合并
蔬菜农业补贴政策			
设施粮田政策	归并为农产品农业补贴政策	政策性质相同，执行部门相同 执行方式相同	政策内容合并
设施菜田政策			
农业规模经营政策	与区级土地流转费最低指导价政策合并	政策内容重复，政策范围重复 政策对象重复	政策内容合并
民办高中生补贴政策	与其他同类高中生补贴政策合并	政策背景改变	政策内容合并
区级医疗救助政策	归并为统一的医疗救助政策	不同部门制定，政策性质相同 政策目的相同	政策内容合并 部门归口管理
市级医疗救助政策			
重残无业人员贫困残疾人医疗救助			
市级农村重残无业生活补贴政策	归并为重残无业人员补贴政策	不同部门制定，救助对象相同 重复执行风险	政策内容合并 部门归口管理
区级农村重残无业生活补贴政策			
市级重残无业人员残联补贴政策			
户籍计划生育特殊家庭免费助餐和家政政策	与区老人免费助餐和家政服务政策归并	不同部门制定，政策内容重复	政策内容合并 部门归口管理

6. 建议取消或停止执行的政策

4条政策因其实施效果之间有冲突或执行不力，评估结论为取消上述政策。具体列示如下。

（1）种田农民直接补贴政策。该政策规定的补贴对象与实际受益农民群体明显不符，政策规定的补贴对象为"闵行区农业户籍、就业年龄段、直接从事农业生产连续时间三个月以上（年度）……"，但在执行过程中，碰到了种田农民界定困难的问题，为减少实施过程中的矛盾，出现了各乡镇操作不一致的现象。如有的镇是按农户平均分配的，有的镇是按缴纳农保的农民分配的，这有悖于政策旨在增加种田农民收入，解决农民就业难并鼓励农民从事农业生产的初衷。基于此，建议该政策停止执行。

（2）体育健身点补贴政策。该政策发布于2000年，距今已10年。政策中关于体育器材更新费用的承担方式和补贴比例与实际操作情况不一致，现行标准主要参照《闵行区社区公共体育设施补贴管理暂行办法》文件执行。由于原政策文件部分内容已不适用，且有新的替代政策，建议对该政策废除该政策，并在新的文件中做出明确表示。

（3）体育活动中心补贴政策。目前，闵行区体育设施建设经费以各镇、街道、莘庄工业区为主，区级补贴为辅，政策的主要目的是起到辅助和促进建设作用。针对社区体育活动中心建设，区政府按照每个30万元的标准给予一次性建设补贴。然而各镇建造的社区体育活动中心投资规模巨大，均超过千万元，在建中的梅龙镇文化和体育活动中心投资总额更是达到了1亿元。相比之下区级给予的建设补贴资金30万元，占投资总额比重极小，无法起到辅助作用，对促进各镇建设积极性方面影响不大，建议修改《闵行区社会公共体育设施补贴管理暂行办法》文件内容，取消文件中关于社区体育活动中心的建设补贴政策。

（4）创业见习补贴政策。该政策2010年受益人群仅为33人，且促进创业的作用不明显，并且在政策内容上，没有面向在校大学生，因在校大学生尚未就业，缺少申请创业见习补贴所需的"劳动手册"，建议取消该政策。若无法取消，则应完善创业能力提升模式，实施创业见习动态管理，为大学生开设绿色通道。

五、总结与展望

本次闵行区"涉农"政策评估工作，全面评估了91条政策，得出了一些有益和有效的结论。

(一) 主要经验

1. 闵行区"涉农"政策的出台背景基本符合了市情区情的需要

从政策出台背景来看，闵行区的"涉农"政策基本符合了上海市市情、闵行区区情的需要，并依托于政策出台之时的经济社会形势，紧扣市、区两级政府的目标定位，政策之间既各有侧重也易于形成合力。比如，生产补贴类政策共涉及26条政策，除了执行国家和上海市对农业鼓励与保护方面的补贴政策，闵行区在农业组织化、农业产业化、农业设施等方面也出台相关政策。

此外，部分政策的出台较之其他区县具有前瞻性。比如基本农田生态补偿政策，闵行区2008年在全市率先实施基本农田生态补偿后，2009年上海市政府制定出台了《上海市人民政府关于本市建立健全生态补偿机制的若干意见》。再如村庄改造长效管理政策，闵行区于2010年度在全市率先出台该政策，初步建立了长效机制，为巩固改造成果提供了制度保障。

2. 闵行区"涉农"政策的制定流程基本遵循了科学、规范的程序

从政策制定程序来看，闵行区的"涉农"政策从政策目标的确定到政策方案的设计，从政策方案的评价与择优到政策方案可行性论证，决策层以政策制定所需的问题导向和需求导向为起点，追求政策制定应备的可行性和合法性。比如创业带动就业奖励政策，该政策符合党的十七大文件精神，在国家层面、市级层面和区级层面都有相关政策依据。该政策在制定过程中经过了较为充分的论证，符合上级精神和以创业推动就业的现实需要。

尤为重要的是，闵行区"涉农"政策制定过程中，强化了公众的参与机制，保证了政策制定过程更为明晰化和规范化，从而使得"涉农"政策的选择过程和选择结果更能代表整体的公共利益，更能保证对社会资源进行公正、合理的分配。比如，在调研过程中接触到某位姓杨的农民代表就曾多次参加听证会，直言政策的利弊，政策制定方十分重视他的意见，多次与他进行沟通。

3. 闵行区"涉农"政策的覆盖范围和覆盖人群逐渐拓展和扩大

从政策覆盖范围来看，闵行区的"涉农"政策逐渐覆盖到了"三农"问题的方方面面，涵盖农民就业、农业生产、村庄改造、农村基础设施、农村社会事业等各个领域。

从覆盖人群来看，闵行区的"涉农"政策的受益群体越来越大。例如生产补贴类政策，闵行区积极鼓励农民流转土地，发展规模经营，全区约60%的基本农田流转给农业规模经营主体。通过合作社开办补贴、产业化项目扶持等举措，合作社从2005年的7家增加到2010年的72家，带动6 500多名农户。

4. 闵行区"涉农"政策的实施过程逐渐规范、公开和透明

从政策实施过程来看，闵行区的"涉农"政策实施更加规范化、公开化和透明化。政策执行过程中各预算单位能很好地理解政策目标，遵循政策具体要求。比如义务教育免书本费政策，在实施过程中，闵行区教育局组织学校做好征订教科书和簿本工作，由新华书店负责学生书簿到位，之后教育局直接将经费下拨新华书店，确保资金专款专用。

同时，政策监督监控机制的建立让农民对政策执行的领导、协调和控制各环节较之前有了更多的了解，政策沟通机制则让农民有了发表意见和倾诉不满的渠道，补贴程序的完善也减少了资金的流失和浪费。比如农民增收类政策，4条政策（鼓励农民农业就业补贴政策、基本农田生态补偿政策、农业规模经营政策和种田农民直接补贴政策）均属于直接补贴政策，没有什么中间环节，真正做到了补贴不打折扣。

5. 闵行区"涉农"政策的实施效果起到了统筹城乡发展的作用

从政策实施效果来看，闵行区的"涉农"政策旨在优化农业和农村经济结构，全面深化现代农业生产、生态、生活的功能开发，促进农业规模化组织化，推进农业标准化生产，提高农业和农村经济发展的质量和效益。同时努力增加农民的人均可支配资源，尤其是特殊困难群体。

目前，在江浙沪164个市区县中，闵行区统筹城乡发展条件位列第八、发展水平位列第一。2010年，闵行区农村居民家庭人均可支配收入达17 856元，增幅连续七年实现两位数增长并超过城镇居民，城乡居民收入比由2006年的1.78∶1缩小到2010年的1.53∶1，也处于全国领先水平。

（二）存在问题

1. 部分"涉农"政策缺乏对公众真实需求的考量

现有部分政策的出台只是对上级政策的简单执行或简单配套，而忽略了地方实情，忽视了民众的实际需求。比如，农村富余劳动力跨区就业补贴政策，虽然农民和基层劳动保障工作人员以及就业援助员多次反映就业补贴标准比有的区县低，但还未出台区级配套补贴政策。

2. 部分"涉农"政策存在厚薄不均的问题

一方面，某些政策过于聚焦，缺乏政策梳理和政策对比，从而导致政策的雷同和重复。另一方面，某些政策过于单薄，忽视了不断变化的经济社会形势和不断提升的农民需求，从而不能满足促进农业农村发展和提高农民福利的需要。比如农村富余劳动力跨区就业补贴政策，该政策自2007年出台，至今已满4年，但

补贴标准没有提高，依然为每人每月140元，而上海其他区县如金山为240元，青浦、宝山均达到了200元。相对于物价节节攀高，该政策出台时没有确定与物价指数的联动机制，影响了补贴政策促进就业的作用。

3. 部分"涉农"政策存在讲求形式忽略质量的问题

部分"涉农"政策虽然存在，但政策还未切实执行。比如农村残疾人就业政策，本区基地极少对残疾人进行就业培训，且扶贫基地就业形式单一，残疾人在扶贫基地从事除草、绿化养护、卫生保洁等工作。由于除草工作的季节性关系，一年之中有三个月乃是无草可除，存在劳动时间与劳动报酬不匹配的现象，而这三个月工资被以年终慰问金的形式下发。同时在政策实施过程中，相关部门还没有建立完善的联动机制，各部门各自为政无法形成政策执行合力，影响了政策的实施深度。

4. 部分"涉农"政策存在政策对象知晓度、满意度不高的现象

由于某些政策在实施过程的宣传不到位、不及时，造成实施对象对政策知晓度不高。某些政策则由于增加了实施对象的操作成本，造成生产生活的诸多不便，影响了实施对象的满意度；某些政策还因为资金拨付缺乏解释程序等原因，导致实施对象没有感受到政府的补贴意图。比如多条政策补贴资金支付实行一卡通或一折通，目的是保证补贴资金能够顺利足额地发放到农业。但是在调研中发现，农民收到一卡通或一折通，不方便提取使用，甚至年龄较大的人不会使用，而且不知资金来源何方？甚至认为政府发放的补贴是土地流转后的分红。

(三) 未来政策取向

(1) 增加高科技农业知识培训方面的政策。在现有的培训政策中，培训项目侧重于第二、第三产业的技能，需加强农业方面的技能培训项目，从而提高农业生产效率和质量。

(2) 增加农村金融类政策的制定。现有政策中农村金融类政策、养老类政策较少。资本要素是发展农业的重要推动力，除政府投资之外，还需要通过金融政策的完善吸引更多的社会资金发展农业生产。

(3) 注重差异化"涉农"政策的制定。由于镇与镇之间、村与村之间以及不同群体的差异，在制定政策时要注意差异化，使财政资金向经济薄弱村和特殊困难群体倾斜，以推动实现基本公共服务均等化。

(4) 建立健全推动农村集体经济组织产权制度改革方面的政策。为了建立农民长效增收机制，需稳步推进农村产权制度改革，使改革从经营性资产向资源性资产、从城市化地区向全区各镇、从村级向镇级全面推进。为此，需要出台相关

政策，规范改革中的做法，扶持集体经济发展。

（5）继续强化和增补涉农方面的经济和社会政策外，还要从政治的角度统筹城乡发展，切实加强农村基层组织建设，完善村民自治，正确处理好党组织、村委会与集体经济组织之间的关系。

六、点评

通过闵行区"涉农"政策评估工作，全面评估了91条政策，得出了一些有益和有效的结论。主要经验包括：一是闵行区"涉农"政策的出台背景基本符合了市情区情的需要，部分政策的出台较之其他区县具有前瞻性；二是闵行区"涉农"政策的制定流程基本遵循了科学、规范的程序；三是闵行区"涉农"政策的覆盖范围和覆盖人群逐渐拓展和扩大；四是闵行区"涉农"政策的实施过程逐渐规范、公开和透明；五是闵行区"涉农"政策的实施效果起到了统筹城乡发展的作用。

经评价发现"涉农"政策中存在以下问题：一是部分"涉农"政策只是对上级政策的简单执行或简单配套，缺乏对公众真实需求的考量；二是部分"涉农"政策过于聚焦，缺乏政策梳理和政策对比，政策过于单薄，忽视了不断变化的经济社会形势和不断提升的农民需求，从而不能满足促进农业农村发展和提高农民福利的需要，导致存在厚薄不均的问题；三是部分"涉农"政策存在讲求形式忽略质量的问题；四是部分"涉农"政策由于宣传不到位、不及时，资金拨付缺乏解释程序等原因，致使政策对象知晓度、满意度不高的现象。

同时对未来政策取向提出如下几点建议：一是增加高科技农业知识培训方面的政策；二是增加农村金融类政策的制定；三是注重差异化"涉农"政策的制定；四是建立健全推动农村集体经济组织产权制度改革方面的政策；五是继续强化和增补涉农方面的经济和社会政策，从政治的角度统筹城乡发展。

整改措施：一是将财政专项资金政策评价与公共政策评估进行有机结合；二是由区委政策研究室作为牵头部门，财政、审计、发改委等相关职能部门共同参与，建立健全全区性的公共政策评估机制。

（三）构建预算绩效指标体系框架

指标体系是预算绩效管理及绩效评价的核心内容，是绩效预算管理的重心，也是绩效预算管理的生命力所在。为进一步促进预算绩效管理工作的规范化，闵行区从项目立项绩效评价、项目支出绩效跟踪、项目支出结果绩效评价、部门整体支出评价和公共政策绩效评估五个方面逐步形成完整、科学、合理的绩效评价指标体系和评价标准,依据不同行业的特点建立行业类评价指标库,促进不同形式绩效评价工作的规范性、可操作性和完整性。

1. 项目支出预算绩效评价指标体系

项目预算是通过具体项目实施来完成一定的预算绩效目标,包括生产和提供一定数量的公共产品与服务,形成一定的社会效益等。项目预算评价指标体系的目的在于评价项目立项合理性、管理科学性、效率效益状况等方面。由于项目支出预算绩效评价一般都会涉及立项、资金使用、业务管理、财务管理、项目产出和项目效益等方面,大体上可以将一个项目的绩效评价指标体系分为投入、过程、产出及效果四个部分。

项目评价的指标体系分为共性指标和个性指标两部分。共性指标适用于各类项目的绩效评价,由财政部门统一设定,包括项目定位、项目计划和项目管理3个二级指标中的8个三级指标。个性指标为针对部门、行业和财政支出项目的特点所确定的绩效指标,由主管部门、预算单位与第三方评价机构共同提出,经财政部门组织有关方面专家论证后确定。个性指标是项目结果类指标,包括项目产出、项目效果和社会评价3个三级指标。其中项目产出与项目效果类指标的细化和设计,是由项目自身的特点决定的,随着项目的不同而不同。表2-13是闵行区财政项目支出绩效评价共性指标框架。

2. 部门预算绩效评价指标体系

部门预算绩效评价是对部门(预算执行部门)整体财政支出活动进行的评价。部门预算的绩效目标一般是按照既定承担职能,在所使用的财政资金约束下实现的效益。部门预算绩效目标包括了基本支出所实现的绩效目标和部门项目支出所实现的绩效目标。构建部门预算评价体系的目的就在于对部门实现的整体绩效目标进行评价。对部门整体进行预算绩效评价,是从预算投入情况、预算执行情况、公共产品及公共服务的产出及所起到的效果来进行评价。预算投入情况层面的评价着重于预算资金的投入结构及是否与预算绩效目标相匹配;预算执行情况层面的评价着重于预算执行的完成情况、预算调整情况以及预算执行的及时性、合规性等;产出层面的评价着重于成果的数量及质量;效果层面的评价着重于经济、社会、生态、可持续方面的效益以及人民的满意程度。表2-14是闵行区部门整体支出绩效评价指标体系框架。

3. 公共政策绩效评价指标体系

公共政策绩效评价指标是指衡量公共政策绩效目标实现程度的考核工具,是反映政策实施必要性、可行性、过程监控、预算执行总体效果的具体量值,具有衡量、监测和评价政策实现程度与预算管理经济性、效率性和有效性并揭示政策实施和预算管理中存在问题的效力。公共政策绩效评价指标体系是根据政策绩效管理评价工作的要求,按照一定的原则,为体现不同政策和预算支出内容及反映评价对象绩效而形成的一系列指标的集合。闵行区公共政策前评估、中期评估和后评估指标体系参考表2-15和表2-16。

4. 行业预算绩效评价指标体系设计案例

不同行业财政资金的预算绩效目标不同,必然决定其预算绩效评价体系的内涵不同。各行业的预算绩效评价体系,必须能够突出衡量其预算绩效目标。闵行区对基本建设类、教育类、民政类、农业类、专项资金政策类项目支出预算绩效评价指标体系进行初步设计(以基本建设类项目财政支出绩效管理指标为例,见表2-12),希望通过分行业个性化绩效评价指标体系的设计案例以点带面,用典型行业预算指标的设计指导其他行业预算绩效指标体系设计。闵行区基本建设类项目财政支出绩效管理指标如表2-12所示。

表2-12　　　　闵行区基本建设类项目财政支出绩效管理指标

指标类型	指标名称	指标解释
项目管理类指标	项目招投标合规性	项目是否严格按照《招投标法》进行招标,招标结果是否公正
	进度管理	工程参与各方对工程进度是否有各自的管理制度及相应的管理措施,及执行落实情况
	变更有效性	评价工程变更的内容、频次,流程规范有效性
	签证及设计变更的比重	项目实施过程中,签证及设计变更占审价额的比重
	审价报告时效性	审价报告出具是否及时,审价报告是否规范
	项目投资监理规范性	审价复核投资监理报告的误差率
	项目决算及时性	项目竣工以后是否及时出具竣工报告
	三算准确性	考核项目概、预、决算对比差额程度,检查时存在超投资的情况
	工程监理及财务监理出勤到位率	专业配备是否齐全,总监及监理是否按监理合同到场,出席各类会议
	工程监理及财务监理报表的完整性	各类报表填写是否完整、及时

续表

指标类型	指标名称	指标解释
产出类指标	项目面积计划完成率	项目实际完成的建筑面积与目标或绩效规定完成的建筑面积之比,来评价产出指标
	项目完成及时性	根据项目开工到项目竣工的时间段,评价项目工程进度时效,是否在计划规定的时间内完成施工项目,是否达到绩效目标所规定的产出时效
	工程质量验收合格	项目是否通过有关部门的验收
	安全达标	实际安全事故与计划安全事故进行比较
	绿化工程数量	考察绿化种植面积、公园绿化率、树木种植成活率、栽培土层厚度是否达标
	土方造型数量	土方挖方总量、土方填方总量
	桥梁质量	桥梁行走安全措施、桥面活荷载是否达标
	给排水质量	考察用水量达标率,地面积水时间是否达标
	配套设施数量	主路废物箱间距、厕所服务半径、导游图和路牌计划完成率、名贵植物铭牌等
	广场和道路数量	路网密度、道路平整度、道路宽度达标率
	水系沟通质量	水体循环周期、水体质量
	电气照明数量	照明系统改造计划完成率、照明系统稳定性
效果类指标	整体环境改善有效性	根据项目可行性报告,实地勘察周边环境
	公园服务有效性	根据公园可行性办法实地勘察
	公园整体景观优良率	根据公园管理条例实地勘察
	公园文化整体协调性	根据可行性报告及实地勘察评定
	公园休闲健身空间	根据可行性报告及实地勘察评定
	社会公众对象满意度	相关利益方对项目整体情况的满意程度
	长效管理机制	是否有维持项目可持续发展所需要的制度措施的执行情况以及信息共享反馈渠道
	城郊结合环境改善情况	(选择"改善很多"选项样本数×1+"有所改善"选项样本数×0.8+"一般"选项样本数×0.6+"改善一点"选项样本数×0.3+"没有改善"选项样本数×0)/总样本数×100%
	生态自然环境改善情况	(选择"改善很多"选项样本数×1+"有所改善"选项样本数×0.8+"一般"选项样本数×0.6+"改善一点"选项样本数×0.3+"没有改善"选项样本数×0)/总样本数×100%
	空气质量改善情况	考察该生态专项工程实施后对周围环境的改善情况
	游客吸纳情况	考察文化公园游客吸纳情况

表 2-13 闵行区财政项目支出绩效评价共性指标框架

一级指标	权重(%)	二级指标（可根据项目具体情况局部调整）	三级指标（根据项目具体情况完善设置）	指标解释	参考分值	要点备注
项目决策	10	项目立项(6)	战略目标适应性	项目与部门战略目标的适应性	2	①项目是否能够支持部门目标的实现；②是否符合发展政策和优先发展重点
			立项依据的充分性	用以反映项目立项是否有充分的依据，符合国家、上海市政策规定	2	①是否符合国家相关法律法规、国民经济发展规划和党委政府政策决策；②是否符合项目实施单位或委托单位职责密切相关决策
			项目立项的规范性	项目的申请、设立过程是否符合相关要求，用以反映项目立项的规范情况	2	①项目是否按照规定的程序申请设立；②所提交的文件、材料是否符合相关要求；③事前是否已经过可行性研究、专家论证、风险评估、集体决策等
		项目目标(4)	绩效目标的合理性	项目所设定的绩效目标是否依据充分，是否符合客观实际，和考核项目效益目标实施的相符情况	2	①项目是否为促进事业发展所必需；②项目预期产出效益和效果是否符合正常的业绩水平；③绩效目标与相应预算的关联性
			绩效指标明确性	依据绩效目标设定绩效指标是否清晰、细化，可衡量等，和考核项目绩效目标与项目实施的相符情况	2	①是否将项目绩效目标细化分解为具体的绩效指标；②是否通过清晰、可衡量的指标予以体现；③绩效目标与项目年度任务数或计划数相对应；④是否与预算确定的项目投资额或资金量相匹配

续表

一级指标	权重(%)	二级指标（可根据项目具体情况局部调整）	三级指标（根据项目具体情况完善设置）	指标解释	参考分值	要点备注
项目管理	25	投入管理(8)	预算执行率	用以反映项目预算执行的进度	4	预算执行率＝实际支出数/预算数
			配套资金到位率	实际到位的配套资金与计划投入的配套资金的比率，用以反映和考核资金落实情况对项目绩效目标的明晰化情况	2	资金到位率＝(实际到位资金/计划投入资金)×100% 实际到位资金：一定时期（本年度或项目期）内实际落实到位的计划投入资金 计划投入资金：一定时期（本年度或项目期）内计划投入到具体项目的资金
			到位及时率	及时到位资金与应到位资金的比率，用以反映和考核资金落实对项目实施的总体保障程度	2	到位及时率＝(及时到位资金/应到位资金)×100% 及时到位资金：截至规定时点实际到位具体项目的资金 应到位资金：按照合同或项目进度要求截至规定时点应落实到具体项目的资金
		财务管理(7)	资金使用情况	项目资金使用是否符合相关法律法规、制度和规定，用以反映和考核项目资金使用的规范性和安全性	2	①是否符合国家财经法规和财务管理制度以及有关专项资金管理办法的规定； ②资金的拨付是否有完整的审批程序和手续； ③项目的重大开支是否经过评估论证； ④是否符合项目预算批复或合同规定的用途； ⑤是否存在截留、挤占、挪用、虚列支出等情况（若评价前已完成项目资金的专项审计，该指标可用审计结论代替）

229

续表

一级指标	权重(%)	二级指标（可根据项目具体情况局部调整）	三级指标（根据项目具体情况完善设置）	指标解释	参考分值	要点备注
项目管理	25	财务管理（7）	财务（资产）管理制度完善健全性	项目的财务制度是否健全、有效，用以反映和考核财务管理制度对资金运行的保障情况	2	①是否已制定或具有相应的项目资金管理办法；②项目资金管理办法是否符合相关财务会计制度的规定
			财务监控的有效性	项目实施单位是否为保障资金的安全、规范运行，控制成本等而采取了必要的监控、管理措施，用以反映和考核项目实施单位对资金运行的控制情况	3	①是否已制定或具有相应的监控机制；②项目采取了相关的财务检查等必要的监控措施或手段；③是否按项目进行成本核算，以及项目成本差异情况
		项目实施（10）	项目管理制度的健全性	与项目直接相关的业务管理制度是否健全、完善和有效，用以反映和考核业务管理制度对项目顺利实施的保障情况	4	①是否已制定或具有相应的业务管理制度；②业务管理制度是否合法、合规、完整
			项目管理制度执行的有效性	项目实施管理是否符合相关业务管理规定，是否为达到必需的措施，业务管理制度的有效执行和质量控制情况	6	①是否遵守相关法律法规和业务管理规定；②项目调整及支出调整报告、技术鉴定等资料是否完备；③项目合同书、验收报告、技术鉴定等资料是否齐全并及时归档；④项目实施的人员条件、场地设备、信息支撑等是否落实到位；⑤是否已制定或具有相应的项目质量要求或标准；⑥采取了相应的项目质量检查、验收等必需的控制措施或手段

续表

一级指标	权重(%)	二级指标（可根据项目具体情况局部调整）	三级指标（根据项目具体情况完善设置）	指标解释	参考分值	要点备注
项目绩效	65	项目产出(30)	实际完成率（产出数量）	项目实施的实际产出数量与计划产出数量的比率，用以反映项目产出数量目标的实现程度	12	实际完成率=（实际产出数量/计划产出数量）×100% 实际产出数量：一定时期（本年度或项目期）内项目实际产出的产品或提供的服务数量； 计划产出数量：项目绩效目标设立在一定时期（本年度或项目期）内计划产出的产品或提供的服务数量
			完成及时率（产出时效）	按计划时限完成的项目（子项目）个数与项目（子项目）总数的比率，用以反映项目完成的及时程度	8	完成及时率=计划时限内实际完成的项目数量/计划时限内应完成的项目数量×100%
			质量达标率（产出质量）	项目完成的质量达标产出数与实际产出数的比率，用以反映项目产出的质量状况	10	质量达标率=（质量达标产出数量/计划完成产出数量）×100% 质量达标产出数：一定时期（本年度或项目期）内实际达到质量标准的产品或服务数量； 既定质量标准：既指项目实施单位依据绩效目标设立时依据计划标准、行业标准、历史标准或其他标准而设定的绩效指标值

第二章　全过程、全覆盖：上海市预算绩效管理实践探索

231

续表

一级指标	权重（%）	二级指标（可根据项目具体情况局部调整）	三级指标（根据项目具体情况完善设置）	指标解释	参考分值	要点备注
项目绩效	65	项目效益（35）	社会效益	项目实施对社会发展所带来的直接或间接影响情况	10	此四项指标为设置项目支出绩效评价指标时必须考虑的共性要素，可根据项目实际结合绩效目标设立情况有选择的进行设置，并将其细化为相应的个性化指标
			生态效益	项目实施对生态环境所带来的直接或间接影响情况	6	
			经济效益	项目实施对经济发展所带来的直接或间接影响情况	4	
			影响力	项目后续运行及成效发挥的可持续影响情况，以及项目能力建设情况	5	
			社会公众或服务对象满意度（服务对象满意度）	社会公众或服务对象对项目实施效果的满意程度	10	社会公众或服务对象是指因该项目实施而受到影响的部门（单位）、群体或个人。一般采取社会调查的方式
总计	100				100	

第二章　全过程、全覆盖：上海市预算绩效管理实践探索

表2-14　闵行区部门整体支出绩效评价指标体系框架

一级指标	二级指标	三级指标	四级指标	权重	指标解释	评价依据	评分标准	业绩值
部门决策（14分）	职能设置科学合理性（4分）	职能设定明确性	—	2	考察部门对下属单位（科室）职能设定的明确性	部门三定方案；部门工作职责分解	职能设置与"三定"方案一致，并分解到各部门，职责分解清晰，得2分；职责分解不清晰，得1分；未进行职责分解的，得0分	
		人员岗位职责明确性	—	2	考察部门对人员岗位职责设定的明确性	人员岗位职责情况	部门职责细化落实到岗位和人员，职责细化落实完整，得2分；职责细化落实不完整，得1分；未细化落实，得0分	
	部门中长期规划适应性（2分）	中长期规划科学合理性	—	2	考察部门中长期规划的科学性，以及与本区及上级部门中长期规划的匹配性	部门规划报告，规划制定的相关论证或上级部门的认定	中长期规划清晰、全面、完整，经相应的程序认定，得2分；缺失一项扣0.5分；无规划，得0分	
	年度工作计划科学完整性（2分）	工作计划的合理明确性	—	2	考察年度工作计划的合理性、明确性与本部门规划及上级部门的适应性	年度工作计划经集体决策所形成的正式文件	部门工作计划明确、全面、完整，并经集体决策正式下发文件，得2分；缺失一项扣0.5分；无计划，得0分	
	年度绩效目标明确性（2分）	部门绩效目标的合理性、明确性、量化度	—	2	考察评价年度部门绩效目标制定依据是否充分，符合客观实际，绩效指标是否清晰、细化、可衡量	部门绩效目标设定情况	绩效目标制定依据充分，符合客观实际，绩效指标清晰、细化、可衡量，得2分；缺失一项扣0.5分；无目标，得0分	

233

续表

一级指标	二级指标	三级指标	四级指标	权重	指标解释	评价依据	评分标准	业绩值
部门决策（14分）	年度部门预算计划科学性（4分）	年度部门预算计划完整合理性	—	2	考察预算安排和工作计划的匹配性，重点工作资金的保障性，项目是否遵循轻重缓急按保障	资金分配与工作计划内容的对应性	专项支出立项依据充分，支出内容与工作计划一一对应，重点工作保障，遵循轻重缓急情况按序保障，得2分；有不符上述情况或存在缺陷的每项扣0.5分，扣完为止	
		年度部门预算计划规范性	—	2	考察年度预算决策程序是否规范	预算经自下而上的申报，经过二上二下的预算程序，并经部门主管部门集体决策	预算编制调整体内容完整，申报程序准确，审批流程严谨，部门集体决策，主管部门集体决策情况；有不符情况的每项扣0.5分，扣完为止	
部门管理（38分）	部门预算执行管理（12分）	基本支出预算执行率	—	1	考察基本支出资金执行情况	资金执行率＝决算数/调整后预算数	执行率在100%，得1分，扣减1%扣0.1分，扣完为止（基本支出中职工福利费、医疗保险可剔除）	
		项目支出预算执行率	—	3	考察项目资金执行情况和项目完成情况	资金执行率＝决算数/调整后预算数；项目数量完成率＝项目实际完成数量/计划完成数量	1. 执行率在95%以上，得1.5分，每减1%扣0.1分，1.5分扣完为止。2. 项目数量完成率在100%，得1.5分，每减1%扣0.1分，1.5分扣完为止	

234

第二章 全过程、全覆盖：上海市预算绩效管理实践探索

续表

一级指标	二级指标	三级指标	四级指标	权重	指标解释	评价依据	评分标准	业绩值
部门管理（38分）	部门预算执行管理（12分）	三公经费控制情况	—	1	考察三公经费支出的控制情况	当年度支出数应小于等于当年度的控制数	当年度支出数小于等于当年度的控制数，得1分，大于不得分	
		预算调整率	—	3	年度预算的调整情况，考察预算编制准确性	（项目年初批复数－年度决算数）/年初批复数×100%，是否超10%	1. 部门预算总额调整幅度在±10%以内，得2分，每增减1%扣0.1分，2分扣完为止；2. 单个项目预算调整幅度在±10%以内，得1分，每增减1%扣0.1分，1分扣完为止	
		资金使用合规性	—	2	资金使用是否规范、符合财务管理相关规定	以第三方机构抽查为依据；以纪检监察、审计、财政检查为依据（定义为重大项的，违纪事项的一票否决制）	资金的拨付审批程序完整，项目的重大开支经集体决策程序，资金实际用途与预算批复相一致，不存在截留、挤占、挪用、虚列支出，以上评价要点全部合规得2分，一项不符合扣0.5分，扣完为止。有重大违规违纪行为的一票否决	
		存量资金控制情况	—	2	考察存量资金的使用和控制情况	结余结转资金执行情况；存量资金消化情况	1. 结余结转资金按照财政规定执行的，扣1分；2. 存量资金按照财政规定执行消化的，得1分，未按照财政规定执行的，扣1分（基本支出中职工福利费、医疗保险可留用）	

235

续表

一级指标	二级指标	三级指标	四级指标	权重	指标解释	评价依据	评分标准	业绩值
部门管理（38分）	内部制度管理（26分）	项目管理制度	项目管理制度健全性	2	考察作为部门主要职能，为社会提供公共产品与服务的项目管理制度是否建立健全	列示具体制度名称、内容、文件	项目管理制度健全、内容完整，得2分；制度有缺失或制度存在明显缺陷每项扣0.5分，无制度不得分	
			项目管理制度执行有效性	2	考察部门是否按照项目管理制度有效执行	项目执行的相关资料	按照管理制度有效执行，管理纪录清晰完整，得2分；未按制度执行或管理记录缺失每发现一项扣0.5分，扣完为止	
		财务管理制度	财务制度健全性	2	考察部门是否建立健全财务管理制度	列示具体制度名称、内容、文件	建立了完善的财务管理制度，包括：1. 资金使用审核管理制度；2. 会计核算管理，得2分；制度有缺失或管理制度存在明显缺陷每项扣0.5分，扣完为止，无制度不得分	
			财务制度执行有效性	2	考察日常财务处理中财务制度执行有效性	日常财务资料	按照财务管理制度有效执行，得2分；执行过程中未按照制度执行每项扣0.5分，扣完为止	

续表

一级指标	二级指标	三级指标	四级指标	权重	指标解释	评价依据	评分标准	业绩值
部门管理（38分）	内部制度管理（26分）	内部控制制度	内部控制制度健全性	1	考察内部控制制度的健全性	列示具体制度名称、内容、文件	按照财政部要求，建立完善的内部控制制度，得1分；制度不完整的每个扣0.25分，扣完为止；制度缺失不得分	
			内部控制制度执行有效性	1	考察部门是否按照内部控制制度有效执行	日常文档资料	按照内控管理制度有效执行，得1分；未按制度管理记录缺失的，每项扣0.25分，扣完为止，制度缺失不得分	
		资产管理制度	资产管理制度健全性	1	考察部门资产管理制度是否建立健全	列示具体制度名称、内容、文件	建立完善的资产管理制度，包括：专人负责，验收入库，登记、资产盘点、清理报废等，得1分；制度缺陷每扣0.2分，显见缺失或制度执行存在明显问题的无制度不得分	
			资产管理制度执行有效性	2	考察部门资产管理制度执行是否有效	日常文档资料	按照资产管理制度实现动态管理，通过信息化系统实现账账相符，账实一致，资产保持完好，清册记录完整，得2分；未按制度执行或制度存在明显不符情况的每项扣0.25分，扣完为止	
			资产使用率	1	考察部门资产是否得到有效利用	资产实际使用时间/资产计划使用时间×100%	根据资产的特性，每种类型资产的使用率90%以上得满分，每减少1%扣0.1分，扣完为止	

续表

一级指标	二级指标	三级指标	四级指标	权重	指标解释	评价依据	评分标准	业绩值
部门管理（38分）	内部制度管理（26分）	人力资源管理	人事管理制度健全性	2	考察部门人员管理制度是否建立健全	列示具体制度名称、内容、文件	建立完善的人事管理制度，包括：录用、薪酬、考核、培训、信息管理等，得2分；制度存在明显缺陷每扣0.5分，或制度缺失扣完为止；无制度得0分	
			在编人员控制率	1	考察部门编制投入使用情况	在职编制人数核定编制人数×100%	目标值≤100%得1分，超过得0分	
			在职人员结构合理性	1	考察部门人员配置情况	年龄结构、知识结构	部门人员年龄结构、知识结构合理，得1分，不合理，得0分	
		政府采购制度	政府采购制度执行有效性	2	考察部门政府采购制度执行是否有效	是否按照政府采购目录执行；采购程序是否规范；政府采购预算执行率	按照政府采购管理制度有效执行，得2分；未按制度执行或存在明显不符情况，每个扣0.5分，扣完为止	
		公务卡制度	公务卡制度执行有效性	2	考察部门公务卡制度执行是否有效	按照公务卡制度规定的内容是否有效执行	按照公务卡管理制度有效执行，得2分；未按制度执行或存在明显不符情况，每个扣0.5分，扣完为止	
		档案管理制度	档案管理制度执行有效性	1	考察部门档案管理制度执行是否有效	按照档案管理规定的内容是否有效执行	按照档案管理制度有效执行，得1分；未按制度执行或存在明显不符情况，每个扣0.5分，扣完为止	

续表

一级指标	二级指标	三级指标	四级指标	权重	指标解释	评价依据	评分标准	业绩值
部门管理（38分）	内部制度管理（26分）	信息公开制度	信息公开制度执行有效性	3	考察部门信息公开制度执行是否有效	按照政府信息公开制度规定的内容是否公开	信息公开内容完整、信息公开及时，公开信息真实有效，得3分；有不符情况，每项扣0.5分，扣完为止	
		年度工作完成情况	年度重点工作完成率	2	考察部门年度重点工作完成情况	年度重点工作完成个数/年度重点工作计划个数×100%	完成率100%的，得2分；完成1项重点工作，扣1分，扣完为止	
			年度计划完成率	2	考察部门年度计划工作完成情况	年度计划工作完成个数/年度计划工作计划个数×100%	完成率100%的，得2分；完成1项工作，扣0.5分，扣完为止	
			年度绩效管理	2	考察当年度绩效管理工作情况	部门年度绩效管理报告；评价等级	1. 完成绩效报告并及时提交，得1分，未完成，不得分；2. 评价等级为优秀，得1分；良好，得0.8分；合格，得0.6分；不合格，得0分	
	部门履职情况（10分）	年度考核情况	行政效能考核等次	2	在本区横向比较的情况	区级行政效能考核情况	优秀，得2分；合格，得1分；不合格，得0分	
			上级部门条线考核	2	在全市纵向比较的情况	上级主管部门考核情况	优秀，得2分；良好，得1分；不合格，得0分	
部门绩效（48分）	部门产出（15分）	（根据主要专项使用情况，从产出数量、质量、时效进行列示）	（另行设置）	15	考察主要公共产品与服务绩效产出类指标的完成情况	主要公共产品与服务的实际完成情况		

239

续表

一级指标	二级指标	三级指标	四级指标	权重	指标解释	评价依据	评分标准	业绩值
部门绩效（48分）	部门效果（20分）	（根据主要专项使用情况，从项目效果类指标列示）	（另行设置）	10	考察主要公共产品与服务绩效效果类指标的实际完成情况	主要公共产品与服务的实际完成效果		
		满意度情况（10分）	群众满意度	6	考察社会公众或服务对象对部门履职工作、服务结果的满意程度	满意度测评		
			内部人员满意度	2	考察内部工作人员对部门人事安排、组织管理、能力培养、发展激励等方面的综合满意度	满意度测评		
			部门投诉及有效处置情况	2	考察部门投诉及有效处置情况	投诉及有效处置率		
	可持续发展建设（3分）	管理机制创新	—	1	考察部门现有政策制度、管理措施，是否有管理和创新的内容和机制	部门工作证列示		
		信息化技术应用	—	1	考察部门现有信息化技术，能否保障日常工作，满足发展需求	信息化技术应用情况		
		业务能力提升	—	1	考察部门是否建立了业务能力提升的机制	业务培训制度及年度培训计划		

表 2–15　闵行区公共政策前评估指标体系参考

一级指标	二级指标	三级指标	权重	评分
A. 政策制定程序			24	
	A1　政策调研		6	
	A2　方案比选		6	
	A3　政策比对		6	
	A4　资料齐全		6	
B. 政策合理性			60	
	B1　政策依据		8	
		B11　法规依据	4	
		B12　问题导向	4	
	B2　政策目标		10	
		B21　目标合理性	4	
		B22　目标系统性	3	
		B23　目标具体性	3	
	B3　政策方案		25	
		B31　政策路径合理性	10	
		B32　政策对象合理性	5	
		B33　扶持标准合理性	5	
		B34　政策实施配套制度	5	
	B4　政策投入（包括人、财、物投入）		8	
		B41　投入合理性	4	
		B42　投入预测准确性	4	
	B5　政策风险		9	
		B51　政策操作风险	4	
		B52　社会稳定风险	5	
C. 政策廉洁性			10	
	C1　规范权力		5	
		C11　自由裁量权合理性	3	
		C12　监督制约措施完备性	2	
	C2　防止利益冲突		3	
		C21　部门利益与公共利益冲突性	3	
	C3　责任惩戒		2	
		C31　责任追究机制健全性	2	

续表

一级指标	二级指标	三级指标	权重	评分
D. 政策预期效果			6	
	D1 政策回应性		6	
		D11 政策对象回应性	3	
		D12 社会公众回应性	3	
综合得分			100	

表 2–16　闵行区公共政策中期评估、后评估指标体系参考

（适用于未经前评估的公共政策）

一级指标	二级指标	三级指标	权重	评分
A. 政策实施			28	
	A1 政策依据		5	
		A11 法规依据	2	
		A12 问题导向	3	
	A2 政策目标		7	
		A21 目标合理性	3	
		A22 目标系统性	2	
		A23 目标具体性	2	
	A3 政策实施机制		16	
		A31 政策宣传	4	
		A32 政策落实	8	
		A33 政策监督	4	
B. 政策结果			46	
	B1 政策效果		20	
		B11 政策目标实现程度	20	
	B2 政策效应		12	
		B21 发展效应	6	
		B22 公正效应	6	
	B3 政策效率		14	
		B31 投入（包括人、财、物投入）合理性	6	
		B32 投入产出比	8	

续表

一级指标	二级指标	三级指标	权重	评分
C. 政策廉洁性			6	
	C1 规范权力		2	
		C11 自由裁量权合理性	2	
	C2 防止利益冲突		2	
		C21 部门利益与公共利益冲突性	2	
	C3 责任惩戒		2	
		C31 违法违规现象与责任追究	2	
D. 政策满意度			20	
	D1 政策满意度		20	
		D11 政策对象满意度	10	
		D12 社会公众满意度	10	
综合得分			100	

（四）推进基层单位预算绩效深入开展

2009年闵行区各街镇已实施全面编制部门预算，并逐步建立起一套框架体系完整、内容有机结合、运转高效有序的财政资金分配、使用和管理机制，初步实现预算管理的公开、公正、公平。在部门预算编制过程中，正确处理好全局和局部、重点和一般、预算编制和预算执行的关系；把财政指导和部门推动相结合、积极创新和吸收借鉴相结合，为下一步在镇、街道、莘庄工业区全面推行以结果为导向的绩效预算改革奠定基础。

2010年，闵行区委全委会决定选择部分镇、街道进行以结果为导向的预算编制改革试点。各镇在预算编制过程中，主动接受镇人大监督，积极推进公共财政预算审查监督制度改革，进一步改进预算编制方式，开展预算初审，通过会前培训、初审讨论、分组审议，让人大代表、社会公众参与到预算编制的过程中来，并最终形成初审报告报镇人代会，各镇全部实现向镇人代会公开镇政府预算明细。

按照闵行区预算绩效管理改革的要求，镇、街道（工业区）各预算部门在编制下一年度预算时同步编制预算绩效目标，并逐年提高项目绩效目标填报比例。截至2018年底，街镇在编制2019年度部门预算时，绩效目标申报项目3 701个，申报资金总量125.95亿元，基本实现绩效目标申报全覆盖。同时，街镇财政不断完善项目绩效目标审核机制，加强项目的立项评审力度，将确定的绩效目标作为优化项目管理、实施绩效跟踪的重要依据。

镇、街道（工业区）拟定本级部门年度评价工作通知，明确评价工作要求，指导和督促预算部门开展前、中、后全过程绩效评价工作。2019年度预算立项前评价的项目共计286个，评价资金总量46.20亿元，达到街镇公共财政项目支出的40.06%；2018年度绩效跟踪评价项目共计99个，评价资金总量46.64亿元，达到本级公共财政项目支出的38.18%；2017年度绩效后评价项目共计150个，评价资金总量36.91亿元，达到本级公共财政项目支出的35.19%（其中政府购买服务项目105个，评价资金量10.44亿元，达到本级公共财政项目支出的14.37%）。

（五）建立全过程绩效管理信息公开制度

公开透明和社会公众的参与既是绩效预算的重要组成部分，又是推进绩效预算改革的重要手段。在现代财政预算制度框架下，政府的预算应该是公开透明的，社会公众有对政府预算的知情权。同时，通过推动预算的公开透明，广泛接受社会公众的监督，可以有效约束预算项目申报的随意性，保证资金的使用到位和减少资金浪费，从而切实提高资金的使用效益。闵行区在这方面也做了积极的改革尝试，区财政局按照政府信息公开的要求，制定了《闵行区财政预算信息公开管理办法》和公开目录，规范闵行区预算信息公开的原则、主体、内容、时间、程序、监督反馈机制等，明确预算信息公开的内容包括政府预算、决算信息，部门预算信息，民生专项资金信息，绩效评价信息和其他财政预算信息五大类信息。为提高预算公开的严肃性、准确性、及时性，闵行区财政局将此办法作为2011年财政重大改革事项，提交区委四届十七次全体会议表决并得到原则通过，为全面实施包括绩效管理信息在内的预算信息公开工作提供了政治保障。

同时，为了保证财政预算信息公开工作有序、高效进行，闵行区财政局内部制定了《闵行区财政局2011年财政预算信息公开实施工作方案》和任务分工表，明确了每个阶段的任务、目标和工作职责，确保区财政局相关科室与其他信息公开部门实现有效对接。

预算绩效评价结果在闵行区政府网站、部门网站以及《闵行报》等相关媒体进行公开，接受公众的监督。闵行区财政局在闵行区门户网站上，将重点绩效评价项目过程进展情况以及最终结果向闵行区民众公示；预算单位将项目的绩效目标、内容、预算明细、自评报告及其他相关信息在网站上进行为期三周的公示；

同时，项目绩效信息在《新民晚报》（闵行版）刊发。公示期间，闵行区财政局通过电视、报纸等传媒，动员民众积极参与评论，主管部门应及时回应网上意见或建议，形成良性互动；邀请人大代表、政协委员、社情民意联络员通过座谈会等方式进行评价，最广泛地吸纳各方意见。公示结束后，主管部门广泛吸纳合理的意见和建议，对项目相关内容修改和完善。

三、部门共舞、公众参与：建立全过程预算绩效管理机制

上海市闵行区在实施绩效预算管理改革的几年间，率先实施"以结果为导向"的项目绩效预算管理，同时建立起全过程绩效预算管理框架，项目事前、事中、事后的绩效评价机制。在全国遥遥领先，取得了显著的成效。

（一）集体领导决策实现各部门和谐"共舞"

闵行区预算绩效管理改革是在党委领导下，进行了顶层制度设计，在财政部门、预算部门和人大等各方协同配合下完成和谐"共舞"的过程。

一是区委集体决策将公共预算绩效改革提到政治高度。闵行区委区政府对公共预算绩效管理改革极为重视，从提高执政党能力、推进政府行政效率建设的高度进行定位，每年以区委全委会表决形式来对公共预算改革的方向、原则、重点推进工作进行决策，一旦表决通过就无条件执行。区委全委会对公共预算改革的高度重视和全力支持成为推动预算绩效管理改革顺利进行的强大政治动力。2008年以来，区委全委会共表决通过了16项重点财政改革任务，紧紧围绕绩效预算改革，涵盖了以结果为导向的部门预算管理改革、街镇部门预算编制改革、预算信息公开、预算审查监督制度等改革事项。

二是政府提出目标、党委集体决策、人大履行监督、部门集体"共舞"。政府提出财政改革的战略目标，由党委进行决策，政府各部门通过预算编制将工作目标转化成绩效目标，人大作为权力机关代表民众审查监督，这样就科学地解决了党委、人大、政府之间的关系。审计监察、行政效能考核办、发改委、政研室等相关部门"共舞"形成合力，为绩效改革提供保障、将管理工作落到实处，共同推进闵行绩效改革不断前行。

三是纳入重大事项审议和行政效能考核。将绩效管理工作纳入区政府常务会

议重大审议事项、区人大常委会审议听证事项和年度行政效能考核内容，助推闵行预算绩效改革提质增效，把绩效实现度与部门行政效能考核的内容相挂钩并作为评判政府部门履职实效的重要依据。

（二）立法机构有效行使审查监督效能，发动社会公众有序参与

以宪法框架为基础进行制度创新，立法机构有效行使审查监督效能，发动社会公众有序参与是闵行区推进公共预算民主化进程的一大创举。在这一过程中，闵行区党委大力支持，区委、人大、政府三方面的通力合作，区财政部门积极配合，创造了很多新的制度和工作方式。

1. 预算决策的科学化和民主化与人大预算审查机制有机结合

为了保证绩效评价的公正、公开和公平，也为了打造一把科学合理、代表民意的评价"尺子"，闵行区的绩效预算决策机制始终坚持了以人大为主导，制度化有序参与的方向。闵行区人大及其常委会制定了《预算审查监督办法》《预算修正案试行办法》《预算项目听证会规则》等管理办法，通过人代会前初步审议、人代会期间正式审议，召开听证会、质询会、座谈会等形式对政府预算进行审查监督。监督审查的内容涵盖预算的编制、审查、执行等各个环节。在监督审查过程中注重发挥人大代表、有关专家和居民的主体地位作用，使预算审议过程真正发挥作用，成为发扬民主、广纳民意、力求科学的过程。

首先，在预算编制和审议过程中，政府和财政部门根据人大对预算审议的要求，改进了向人民代表大会提供的预算信息，以"三书"（蓝皮书、黄皮书和电子书）的形式提供不同层面、详细程度不同的公共财政预算，使人大代表们能看得懂、看得准确、审得了，以利于形成完整的审议链和审议实效。其次，在项目绩效评价过程中，邀请人大、政协的专家和代表共同参与对绩效目标和指标的论证、对项目效果和评价报告的评审，充分发挥人大的主导作用。绩效评价结果在众多部门反复论证通过后，以"结果反馈书"的形式反馈至项目单位。绩效报告成为人大对部门履职情况质询的依据，项目单位要根据"结果反馈书"上的意见和建议进行整改，整改结果需报区人大预算工委、区行政效能办验收通过，同时，项目实施单位还要接受区人大主任会议对绩效完成情况的质询，作为对部门履职完成情况评估的重要依据。

2. 持续推进信息公开，强化预算绩效管理监督反馈机制

公开透明和社会公众参与既是预算绩效管理的重要组成部分，又是推进预算

绩效改革的重要手段。按照政府信息公开相关要求，通过制定《闵行区财政预算信息公开管理办法》和公开目录，明确信息公开的原则、主体、内容、时间、程序等，全过程的绩效评价结果在区政府网站、部门网站以及《闵行报》等相关媒体进行公开，接受公众的监督。

预算单位将项目的绩效目标、内容、预算明细、评价报告及其他相关信息在网站上进行为期三周的公示。公示期间，区财政局通过电视、报纸等传媒，动员民众积极参与评论，主管部门及时回应网上意见或建议，形成良性互动；邀请人大代表、政协委员、社情民意联络员通过座谈会等方式进行评价，项目主管部门广泛吸纳合理化建议，对项目相关内容修改和完善。

（三）将评价嵌入预算管理环节，实现动态全过程绩效管理

闵行区财政局在借鉴国内外经验的基础上，结合自身的实际，研究开发了一套评价程序和评价体系，把对项目支出结果的事后评价扩展到预算管理的全过程，分别建立了项目支出的事前、事中和事后的绩效评价制度，即与绩效目标、绩效预算相对应的立项评审，与项目实施和预算执行相联系的过程评价，以及与项目产出和效果相联系的事后评价，形成了以结果为导向，前评价、过程评价和后评价"三位一体"的绩效评价体系，而且过程评价可以修正前评价，前一期的后评价还用来修正下一期的前评价，形成了一个自我修正的良性反馈系统。绩效评价包含自评价和重点评价两个层次，自评价由项目实施单位按照相关要求和规范自行组织实施，重点评价是在项目自评的基础上由区财政部门依据一定的标准选取重点项目统一组织实施绩效评价。这些机制建设防范由于信息非对称所导致了部门自评的"道德风险"，提高了部门自评的效果；重点评价还可以有针对性地对社会关注的民生项目进行重点分析，以点带面提升政府行政绩效。全过程的绩效评价体系突破了单纯事后评价的局限性，有利于保障预算资金的有效配置和发现问题及时纠正，以提高政府管理效率、资金使用效益和公共服务水平，最终实现"目标结果导向"的预算绩效管理。

为实现绩效评价管理与部门预算管理有机结合，闵行区 2016 年 10 月制定了《闵行区区级部门预算项目库管理暂行办法》，将预算项目库管理与财政中期规划、绩效评价相结合，从项目评审、项目入库、项目调整和出库以及预算申报四个方面规范预算项目库管理，通过全覆盖申报绩效目标、大额项目开展项目评价、"协同理财"实施集中评审、重大项目进行重点评价和重大政策实行政策评估，

建立多层次项目评审机制。

(四) 打造常态化工作机制，确保绩效管理持续长效

闵行区切合年度预算管理的环节，在每年3月左右开展上年度支出结果评价、8月开展本年度实施过程跟踪评价、10月开展下年度立项评价。立项前评价工作分为绩效目标申报、预算单位自评价和财政重点评价三个阶段，其中：绩效目标申报于预算"一上"7月底完成，部门于"二上"9月底开展自评价，财政重点评价于"二下"10月底完成。预算执行过程的跟踪评价工作于当年度8月启动，9月完成报告，经专家评审后对报告进行修改和完善，并将评价结果公开。项目支出结果后评价工作一般于下一年度3月底启动，5月召开"方案"专家评审会，6月召开"报告"专家评审会。预算部门将评价结果与决算同步公开。

绩效评价在前、中、后三个阶段中都实行自评与重点评价相结合，预算单位必须按规定开展自评，财政和预算主管部门选取部分项目进行重点评价，人大组织部分项目预算听证，形成常态化机制，从而确保绩效管理工作取得持续、长效的成果。

1. 规范预算单位自评价工作程序，着力提高自评价质量

财政部门根据区绩效评价工作领导小组的部署，启动年度评价工作，明确自评工作要求，分类制定自评项目共性指标及自评表预算主管部门根据内部职能分工，组织有关业务、财务、纪检、人事等部门成立评价工作组，具体实施本部门绩效评价工作。各预算单位根据财政部门、主管部门的布置和要求，开展绩效自评工作，包括收集评价基础材料、梳理绩效目标、确定评价指标、综合分析评判、确认评价结果，填报自评表和撰写自评报告等。主管部门组织实施、指导、监督和检查预算单位的绩效自评工作，督促其及时报送自评报告，并将评价情况审核汇总，形成本部门的项目绩效评价工作报告，向同级财政部门报送本部门的自评材料及报告。

财政部门聘请中介机构、组织专家组对各部门报送自评材料及报告的客观性、科学性和规范性进行重点评审，形成评审意见报经区绩效评价工作领导小组通过，将审核意见反馈给主管部门。财政部门、主管部门、预算单位对绩效评价工作进行总结，针对存在问题，提出改进措施。最后，财政部门整理撰写全区开展财政预算项目绩效评价工作（事前、事中、事后）总报告，专题报请区绩效评价工作领导小组审查，通过后上报区人民政府及人大常委会审议通过。

2. 客观、公正地开展重点评价工作

重点绩效评价工作在预算单位自评工作的基础上开展，并同步进行。财政和主管部门围绕区委区政府提出的战略工作目标，根据部门年度重点工作目标，从财政预算支出项目资金实际安排情况出发，拟订重点评价项目计划，确定重点评价项目，并报区绩效评价工作领导小组审批通过；财政部门牵头成立区重点评价工作组，具体组织实施重点项目支出绩效评价工作；预算单位根据重点评价工作要求，采集整理评价基础指标和数据资料，填列相关评价基础数据表格，将项目绩效预算目标与实际绩效对比分析的文字材料，连同评价基础数据表格一并报送财政和主管部门。

重点评价工作组要进行现场勘验、听取资金使用情况汇报、查阅评价基础资料，组织专家评议问卷调查及其方法的科学合理性；核实评价报告及其评价资料的全面性、真实性以及指标口径的一致性；组织相关部门以及行业专家开展报告评审，形成最终评审稿，反馈重点评价项目实施结果，撰写重点评价总报告。

3. 以"先评审指标，后评价项目"确保评价程序及其结论的科学性、合理性

项目的绩效目标和预期要达到的指标水平是考察项目是否立项和安排预算资金的重要依据，也是项目后评价设计指标、设定标杆的主要依据。中介机构根据所评价项目的具体情况，按照规范化的评价指标体系框架，设定可量化的共性指标和个性指标，对项目结果进行评价。共性指标适用于各类项目的绩效评价，由财政部门统一要求；个性指标针对部门、行业和项目特点确定。

财政部门会同主管部门、项目单位以及专家、行家先对中介机构提供的绩效评价指标体系及工作方案展开评审，在吸取评审意见、经各方同意后，中介机构再对具体项目开展绩效评价，最后由中介机构出具评价报告，经各方代表及专家评审后，向社会公众公开。采用先评审指标再评价项目的做法，保证了绩效评价工作有的放矢，增强了被评价项目实施单位对评价结果的认可。

（五）把绩效评价结果作为部门履职情况考量的重要内容

将绩效评价结果作为部门履职情况考量的重要内容，这也是闵行区预算绩效管理探索与实践的成功经验。2011年中共闵行区委四届十七次全体会议审通过了"把绩效评价结果与预算指标挂钩，列入各单位行政效能考核指标"的决议。行政效能考核以纳入区级机关目标管理绩效考核的区级预算主管部门和各镇、街道、莘庄工业区为考核对象，以下一年度部门预算绩效目标申报情况及项目立项评审

情况、本年度项目支出绩效跟踪评价的开展情况和上一年度项目支出结果评价开展情况为考核的主要内容，通过自评以及区财政局组织复核审定的考核方式进行。

年度绩效管理工作考核的具体内容包括：（1）绩效目标申报及立项评价情况：下年度项目预算支出数量、金额、绩效目标编报覆盖率；150万元及以上项目支出立项评价的数量及比例。（2）跟踪评价情况：本年度项目支出绩效跟踪评价项目数量、金额及比例。（3）支出结果评价情况：上年度绩效后评价项目数量、金额及比例。（4）结果应用情况：对绩效评价结果及时反馈被评审单位，对绩效评价中发现的问题及时督促整改，并明确整改要求和时间；试行评价结果与预算安排挂钩；实现绩效目标评价结果、绩效报告公开。（5）绩效理念的宣传培训情况：采用多种形式加强对本级预算部门绩效管理工作的指导和业务培训，全面扎实稳步推进预算绩效管理工作。（6）本部门在预算绩效管理工作中取得的成效、存在的问题及改进措施。

考核结果将向区政府、区人大报告，并结合等级换算成相应分值上报区行政效能考核办纳入部门年度考核中。同时，考核结果将在一定范围内进行通报和公开。

（六）财政部门预算管理基础扎实，为绩效管理改革提供有力保障

首先，启动预算编制、执行、监督"三分离"。通过财政内部管理职责的调整，建立健全财政资金分配的内部牵制和管理制度，核心内容为财政部门预算编审、执行和监督"三分离"。通过财政管理方式的改革，规范预算单位预算执行和资金活动，核心内容为财务管理、执行反馈和检查跟踪"三分离"。预算单位支出管理从注重事后稽查向事前、事中、事后全过程全方位监督转变，逐步建立和完善预算执行长效管理机制。为了适应预算绩效管理改革等需要，闵行区财政局对内部机构进行了调整，成立部门预算编审科负责绩效项目的前评价，行政事业财务管理科负责绩效项目的中、后评价，形成了全过程分权制衡的绩效评价体系。

其次，实行管理"两集中"和强化执行管理。通过财政财务管理"两集中"以及严格的"收支两条线"改革，规范了财经秩序；通过细化预算编制，规范定额管理严格审批流程，实现了精细化管理。随着专项结余资金清缴、项目支出执行进度意见征询、部门预算执行分析评价报告、预算绩效事中和事后评估等制度的建立，闵行区财政局在预算编制精细化的基础上，进一步完善了预算执行管理

制度，并借助信息化手段，不断加强财政资金监管的及时性。

四、预算绩效管理改革的成效及难点

自2008年以来，闵行区在预算绩效管理改革方面勇敢地走出了创新探索的第一步，此后，一直紧紧围绕财政改革工作重点，有序推进和完善"以结果为导向"全过程预算绩效管理，将绩效理念和方法逐步融入预算编制、执行、监督的全过程，建立起"预算编制有目标、预算执行有监控、预算完成有评价、评价结果有反馈、反馈结果有应用"的全过程预算绩效管理机制，推动绩效管理扩面、提质、增效，提高部门财政资金使用绩效，提升公共服务质量和水平。

（一）闵行区预算绩效管理改革成效显著

经过十多年的改革实践，闵行区结果导向性预算绩效管理模式已经基本形成，绩效管理评价作为程序化、规范化的工作已经纳入日常管理流程中，全区政府部门的预算管理工作呈现出新的面貌，取得了显著成效。

1. 初步树立了绩效理念

自预算绩效管理改革实施以来，闵行区借助于广播、电视和报纸等多种媒体，以不同形式进行广泛、持续和深入的宣传报道，绩效的理念唱响在全区的每一个角落。此外，每年召开的以公共预算改革为专题的区委全委会及区人代会、区预算编制工作会议等全区性重要会议，对预算绩效管理的贯彻和领会有着重要的引领意义。区财政部门组织的全区性分层分类预算绩效管理培训，对于正确理解和操作执行起到重要作用。预算单位按照预算绩效管理的要求，认真组织实施本部门预算和绩效项目。所有这些做法合在一起，形成了一个良好的绩效管理氛围。预算单位由陌生到熟悉、由不适应到逐步适应，绩效观念潜移默化，渐渐深入人心，"花钱要问效、无效必追究"；"谁使用了公共资金，谁就应该承担相应的公共责任"；"花钱做了多少事，就应该发挥多少的作用"已经成为闵行区预算单位的自觉行为。

2. 提高了财政资金的使用效益

通过绩效管理的引导，闵行财政在评审评价的数量、领域、规模都有明显的扩大。2010~2017年，闵行区财政局对涉及农民增收、劳动就业、义务教育、社会保障、公共安全5大类的项目展开了全过程绩效评价，评价项目的预算资金门槛从一开始的2 000万元降低至150万元，纳入绩效预算评价的评审量从2010年的27个增加到2017年1 169个。编制2019年预算计划时，绩效目标管理项目数量达到了1 896个，立项前评价的资金数量达到36亿元，涉及54家主管预算单位，目标管理从2010年的9家扩大到2018年的64家，占预算主管部门的94%，绩效管理的覆盖面达到100%。

通过评价工作，促使项目的决策更加科学、实施更加规范、管理更为完善、产出目标更加清晰、效果更为明显，提高了公共财政资金的效率和效益。据统计，仅2017年，前评价削减或优化预算支出7.33亿元，绩效跟踪评价调整支出1.37亿元，后评价节俭了1.26亿元，共计节约资金9.96亿元，实现财政资源有效配置。

3. 促进公共财政管理体系的完善

（1）再造项目绩效管理流程。流程再造是指按照预算绩效的要求，对部门支出进行重新分类，并在此基础上重新设计财政资金管理的环节和部门预算的编制、审议和审查流程；将专家前期评审、立项、拨款、运行和管理、绩效评价等环节纳入财政流程。闵行区按照预算绩效的要求重新对财政支出进行分类，将现有的部门预算的基本支出预算和项目支出预算进行细分，特别是对项目支出预算进行细分，改造成适合绩效管理的"绩效项目支出"，闵行区部门预算流程改造示意图如图2-4所示。

图2-4 闵行区部门预算流程改造示意图

闵行区项目绩效管理的流程再造实践活动概括为"三个层面"和"三个维度"的有机整合，如图2-5所示。所谓"三个层面"是指围绕项目绩效目标展开的项目层、预算层和评价层，三个层面环环相扣、层次分明。第一层是围绕目标的项目层，包括项目立项、项目实施、项目验收三个环节；第二层是保障项目落实的资金预算层,预算也是围绕绩效目标进行的,称之为绩效预算,概括为预算编制、预算执行和预算监督三个环节,构成一个预算闭合过程;第三层是绩效评价层,即围绕着绩效目标分别对项目立项、预算安排,项目执行和项目完成情况的评价。所谓"三个维度"是指在三个环节上的绩效管理流程。每个维度上的流程再造都是以绩效目标为原点,以绩效评价为工具,对项目绩效管理流程的改造过程。

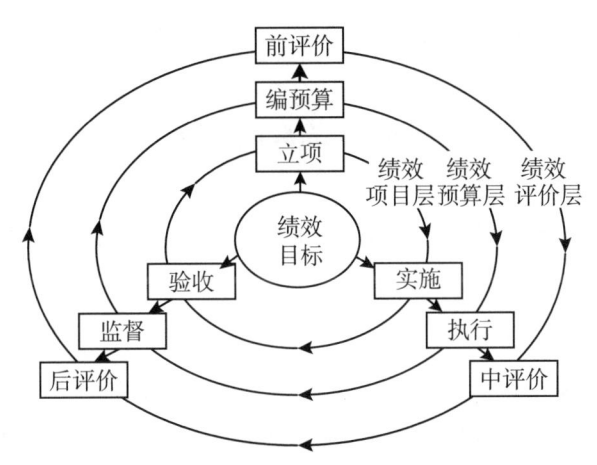

图 2-5 闵行区项目绩效目标管理流程再造示意图

闵行财政将传统的"供给型财政流程"转变成"绩效目标""绩效预算"和"绩效评价"三位一体的绩效管理流程,满足了财政支出绩效目标管理的要求。

(2) 改善了预算管理和项目管理。在结果导向型的绩效预算管理模式下,立项时通过完整的绩效预算信息的填报,迫使预算项目实施单位在项目立项时就考虑清楚,提前筹划项目的定位、目标和管理,预先承诺项目实施的预期效果。其中,过程绩效跟踪与评价有助于监督项目在实施过程中沿着预定的轨道推进,确保财务管理规范。结果的实施效果评价对比项目的立项承诺,有助于评估和发现项目所达到的实际效果。通过网上公示、意见收集、专家评价及第三方评价,绩效评价全过程与项目管理全过程的紧密结合,反馈出许多非常好的意见和建议,大大改善了项目的管理。

4. 推进了财政公开透明的进程

提高了预算透明度和责任归属。预算绩效项目从立项、执行到结果的全过程公开,专家、学者和社会公众代表的全过程参与,大大提高了预算透明度和政府运作的透明性。不仅政府内部的人员能够清楚了解政府的重大公共性、民生性项目，而且还保障了社会公众的知情权、参与权、表达权和监督权。预算绩效下可以清楚了解某个项目总共投入了多少，产生的绩效如何，该项目由谁或者哪个部门负责，有助于提高责任归属。

架起了沟通桥梁，减少了信息不对称。预算绩效对项目的绩效目标、实施方案都给出明确的描述，有助于区人大部门、其他政府部门、社会公众等了解项目实施部门的活动内容，赢得公众对政府工作的理解和支持。通过绩效信息编报和绩效评价，能够发现更多与项目相关的有效信息，有助于改变传统预算下预算项目管理中信息不对称的难题。

（二）闵行区预算绩效管理改革的难点问题

闵行预算绩效管理改革并非一帆风顺，在改革过程中存在着以下几个方面的难点。

1. 传统的思维惯性障碍

绩效理念的深入人心，并内化为一种自觉的行为，需要一个长期的渐进过程。在这个过程中，传统的思维惯性往往成为巨大的阻碍。很多政府人员在编制项目预算时，习惯于算"大数"，缺乏耐心进行"精打细算"；重视项目带来的可看得见的"立竿见影"效果，轻视项目的长期效应；重视项目的立项，轻视项目的执行和后续管理。改变这种普遍存在的思维惯性，绝非一朝一夕之事。

2. 全面、清晰、可量化的绩效指标设置存有难度

绩效指标的设置往往是开展预算绩效工作时碰到的一个倍感头疼却又无法回避的问题。美国等发达国家在这个问题上也是时常感到很困惑。政府的工作不像市场活动那样有着直接的经济效益，政府活动的范围往往是那些市场失灵的领域，提供的公共产品和服务往往关注社会公众的公共需求。政府行为的特殊性决定了传统的和单一的成本、效率、产出等指标难以确切反映出复杂的公共支出绩效状况及综合价值，并且指标往往难以量化。更不用说在中国，由于缺乏精细量化的思维传统和数据采集环境，量化的难度更大。同时，对于评价机构来说，由于财政资金在投入领域和支出目的方面差异很大，绩效评价指标的设计也需要考虑到预算资金的使用目的、项目特性、评分标准等多方面的因素，难度也较大。

3. 绩效目标与预算活动内容匹配度有待于进一步提高

预算部门活动计划目标模糊不清、存在过于简单或过于宽泛的现象，无法准确精炼地反映绩效目标。主要原因有两个方面：一方面，预算部门（单位）作为

绩效管理的主体责任意识还不强，主观上对绩效管理的意义和作用认识深度还不够，使评价信息不对称，产生逆向选择的风险；另一方面，政府部门提供的公共物品通常是调和社会需求矛盾的产物，绩效目标难以量化，客观上不易建立统一、合理、科学的绩效评价指标和标准绩效目标与活动内容的匹配度不高，难以准确、全面、真实地反映公共财政资金的使用效益和效率。

4. 评价结果与预算决策直接挂钩度有待于进一步提高

绩效评价结果对预算决策的影响程度不高，二者之间并非线性的决定关系。主要原因可归纳为：一是政府部门的某些支出项目产出难以界定，评价机构难以确立与投入和效果直接对应、充分反映其绩效情况的评判标准，评价技术不能完全支撑并准确测量所有类型支出项目的绩效。二是预算部门与评价机构的信息不对称，导致评价的结果准确性产生偏差，因此不能简单地依赖评价的绩效结果进行预算决策。三是其他因素，比如主观经验做法以及制度性的程序和机制制约着预算编制和项目活动的具体开展，使其偏离绩效评价的标准和目标。

5. 人力资源对预算绩效管理的瓶颈制约有待于逐步破解

预算绩效管理是一个强大的信息系统，不仅要收集大量基础数据，还要做大量细致、深入、烦琐的调查研究以及测算、分析、研究工作，涉及经济、管理、统计、社会、文化以及各个领域的专业知识，需要大量能开展各方面工作的复合型人才。

从评价机构专业能力层面来讲，评价机构是开展绩效评价的主体之一，其专业水平对独立评价的结论质量起到决定性作用。实际工作中，评价机构形成的评价结论直接应用性不高，问题原因分析不够透彻，提出的改进措施针对性、可操作性不强，主要有以下三个方面局限：一是对绩效管理的核心把握不准；二是对科学化、精细化的财政预算管理理解不透彻；三是对项目背景以及项目实施流程了解不够深入。

从政府部门绩效管理专业人才层面来讲，目前绩效管理专业人才不足的现象较为严重，主要原因有两个方面：一方面，专业人才的培养体系不完善，行业准入标准亟待建立；另一方面，财政部门、预算部门对绩效管理的机构设置、岗位职责设置不够明确，缺乏从事预算绩效管理的专业人员。

五、全面实施预算绩效管理工作展望

未来，政府和部门、单位需牢固树立"要钱须问效，用钱即问责"的理念，实现预算管理的"三个转变",即从"重分配"到"重管理"的转变、从"重项目"到"重效益"的转变、从"力争资金"到"用好资金"的转变,使绩效理念融入预算管理各个环节,实现预算编制、执行、监督、绩效管理的有机统一,进而建立以绩效结果为导向的预算管理制度。

(一)以建立健全项目库制度为抓手,将绩效深度融入全过程预算管理

将预算项目库管理与财政中期规划、绩效评价相结合,实现绩效评价管理与部门预算管理有机结合。从项目评审、项目入库、项目调整和出库以及预算申报四个方面规范预算项目库管理,通过全覆盖申报绩效目标、大额项目开展项目评价、"协同理财"实施集中评审、重大项目进行重点评价和重大政策实行政策评估,建立多层次项目评审机制。

(二)拓宽绩效评价范围,聚焦绩效评价重点

一是重点推进部门整体支出评价,基于部门整体支出评价试点工作经验,选择预算管理、财务管理、业务管理基础比较好的单位继续实施,逐步在区域内形成五年循环覆盖、纵向到底横向到边的部门整体评价模式。

二是着力提高政府购买服务效益,建立标准化管理体系,积极落实上海市财政局《上海市政府购买社会组织服务项目绩效评价管理办法(试行)》文件要求,完善购买服务项目的评价和验收机制,建立健全标准化管理体系。

三是逐步推行专项资金与政策评价相结合模式,针对政策导向型财政支出项目,在关注资金使用效益的同时需与政策本身相结合,深入挖掘评价,提升项目决策水平和效果高度。

四是积极尝试从单个项目评价到项目群评价发展,目标一致,且存在"相关性""群体性""连环性"效应的项目,尝试采用"项目群"评价方式,提高评价的全面性、客观性。

五是有序开展项目预算绩效再评价,提高预算单位自评价的质量,提升绩效管理评价的科学性和公允性。

六是在夯实专项支出项目评价的基础上,不断拓展和尝试新的评价领域,比如政策扶持资金项目、转移支付项目等。

七是推进项目运行及其资金使用的跟踪监控,特别针对跨年度、多单位、多

子项的项目，在保证财政资金执行率的同时，积极推进健全运行及其资金使用的跟踪监控，确保资金"有的放矢"，沉淀资金予以回收，不合理预算予以调整。

八是不断推进街镇预算绩效评价，一方面加强对街镇工作的指导、监督和考核；另一方面有序开展评价工作，形成街镇事前、事中、事后一体化全过程绩效管理。

（三）提升信息化建设应用效果，深化信息发现和价值挖掘

一是依托绩效评价大数据包括预算数据、绩效数据、业务数据，其他数据等，利用人工智能新技术，完善数据积累、建立数据载体、深入信息发现，挖掘大数据价值。

二是完善优化专家库，扩大充实包括行业类、财政财务类、高校理论类等专家的规模和覆盖面，通过上海市财政专家库遴选、预算单位项目自评推荐、专家个人申请等多个渠道，经闵行区财政局审核择优选取后入库管理。重点加大预算部门行业专家的推荐力度，从而逐步建立起闵行区分部门、分行业、分层次、分类型的绩效评价专家库，为预算部门开展绩效重点评价及自评价工作提供质量保障。

三是丰富提升第三方评价机构库，通过采用分级分类、末位淘汰等管理方式，加强对第三方评价机构的培训与考核，逐步凝聚质量高、专业强的社会评价力量，提高绩效管理评价结果的认可度和可接受性。

四是继续深化分部门、分行业绩效评价指标库建设，为进一步构建"全方位、全过程、全覆盖"的预算绩效管理体系，实现绩效与预算管理一体化，在初步建成《闵行区分部门分行业绩效指标库》的基础上，进一步指引各预算部门加快完善分行业、分领域、分层次的核心绩效指标和标准体系，以民生领域行业为主要切入口逐步推进覆盖至全部预算部门。

（执笔人：李婕）

第三章
全过程、全成本：北京市预算绩效管理新探索

全面实施预算绩效管理是党中央、国务院作出的重大战略部署，是政府治理和预算管理方式的深刻变革。北京市自 2002 年启动财政绩效评价试点工作以来，不断深化预算绩效改革，完善公共财政管理体系，在推动政府部门职能转变的同时，优化了社会资源配置和支出结构，提高了财政资金使用效率。十余年来，以"绩效评价"为核心的财政绩效管理改革在北京落地开花，市级部门累计评价项目两千余个、资金涉及 5 000 亿元，2015 年除临时机构和涉密单位外，全市市级部门实现了全过程预算绩效管理的全覆盖；2016 年全市实现预算绩效的闭环管理，2017 年全市实现重点支出项目绩效目标的全面公开，2018 年北京市在全国率先开展全成本绩效预算试点。在不断地实践和探索中，北京市财政绩效管理工作逐步从增量扩面向体制增效方向转变，形成了具有北京特色的预算绩效管理体系。

第一节　奠定基础：北京市财政制度与公共管理体制改革

北京市是一个充满创新活力的城市，改革开放以来，北京市始终走在了改革开放的前列，进入 21 世纪，北京市开始全面推进公共管理和财政管理改革，逐步建立并完善了新的公共管理体制和财政管理体系。

一、优化财政收支结构成为预算管理改革新形式

近十年来,特别是"十一五"时期以来,北京市财政收入规模大幅增加,财力增强为北京市经济和社会发展提供了有力的财力保障。与此同时,北京市在建立完善公共财政体制的基础上,不断优化财政收支结构,有力地促进了经济和各项社会事业发展。

(一)财政收入大幅增加,为北京市经济和社会发展提供了有力的财力保障

北京是中华人民共和国的首都,也是全国的政治中心、文化中心,是世界著名古都和现代化国际城市,全市国土面积 16 410.54 平方公里,共辖 16 个区。截至 2017 年末,全市常住人口 2 170.7 万人,地区生产总值 2.8 万亿元,占全国国民生产总值的 3.4%;地区生产总值结构中,按照产业划分,第一产业、第二产业、第三产业生产总值分别为 0.46 万亿元、0.53 万亿元和 2.25 万亿元,分别占全市地区生产总值的 0.4%、19% 和 80.6%。人均 GDP 方面,北京市人均地区生产总值 12.9 万元,位于全国 34 个省(直辖市、自治区)人均生产总值的第一位,较全国人均国内生产总值(GDP)5.5 万元高出 2.3 倍。[①]

总体上来说,1995 年以来,北京市人口、经济总量和规模均呈上升趋势,年均增长率达到 14.6%、2.5%,其中,2007 年北京市地区生产总值达到 21.3%,2000 年,北京市常住人口增长率 8.1%,分别达到 1995 年来各领域最高值。2011 年开始,伴随着国家整体经济发展增速的下降和人口政策的限制,北京地区生产总值增长率和常驻人口增长率总体上分别呈下降趋势,分别从 2010 年的 16.1%、5.5% 下降到了 2017 年的 9.1%、-0.1%,常住人口数量也达到了历年来人口数量的负增长,但总体上来说,北京市人均经济生产总值仍处于全国前列,同时,一直以来,北京市采取了有效的措施加强税收收入和非税收入的征管工作,财政收入水平伴随经济的发展快速增长,如图 3-1、图 3-2 所示。

[①] 排名不包括中国香港特区、澳门特区和台湾地区。

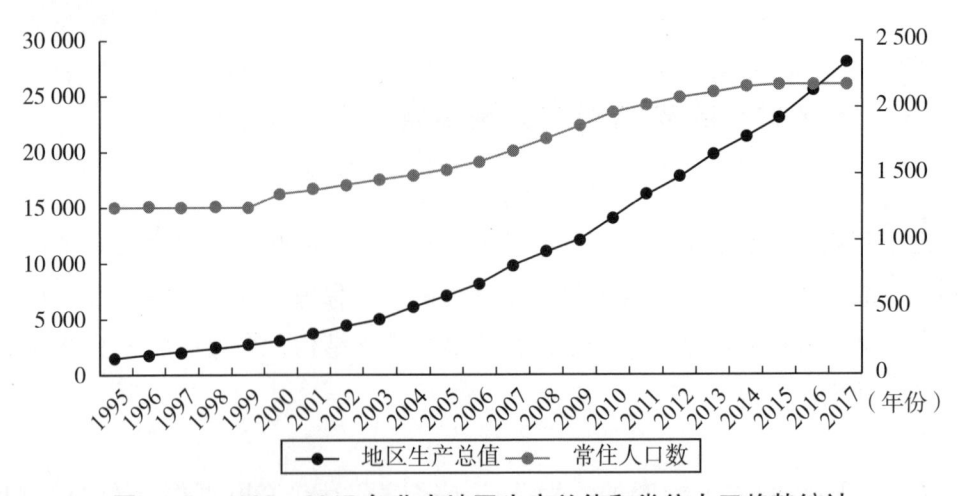

图 3-1 1995~2017 年北京地区生产总值和常住人口趋势统计

资料来源：根据北京市统计局网站数据整理。

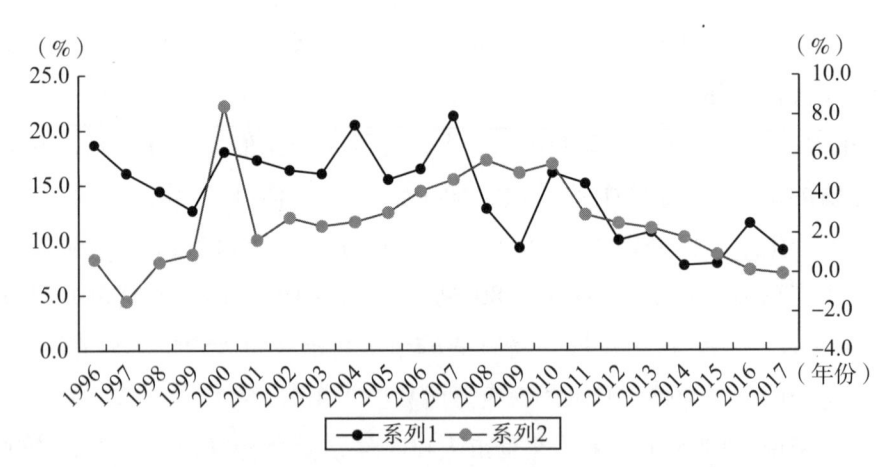

图 3-2 1995~2017 年北京地区生产总值和常住人口增长率

资料来源：根据北京市统计局网站数据整理。

2018 年，北京市一般公共预算收入 5 785.9 亿元，较 2017 年增长 6.5%，2016 年至 2018 年三年间财政收入 18 733.34 亿元比"十五"时期的财政收入 3 244.4 亿元翻了近五番，比"十一五"时期财政收入 8 827.85 亿元翻了近两番。

如图 3-3 所示，"八五"至"十二五"时期，北京市一般公共预算收入呈现大幅度增长，每五期一般公共预算收入最高增幅超过 170%，即便 2008 年遭遇国际金融危机，增幅也高达 100%，体现了强劲的财政增长实力。随着一般公共预算收入的增长，一般公共预算支出也大幅增长，为北京经济和社会发展提供了有力的财力保障，如图 3-4 所示。

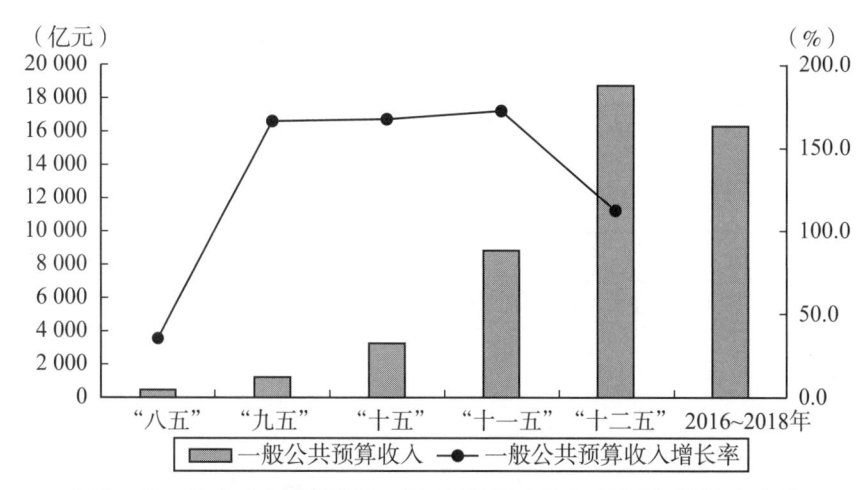

图 3-3　北京市不同时期一般公共预算收入总量和增长率变化

资料来源：《北京市财政年鉴》历年数据汇总整理。

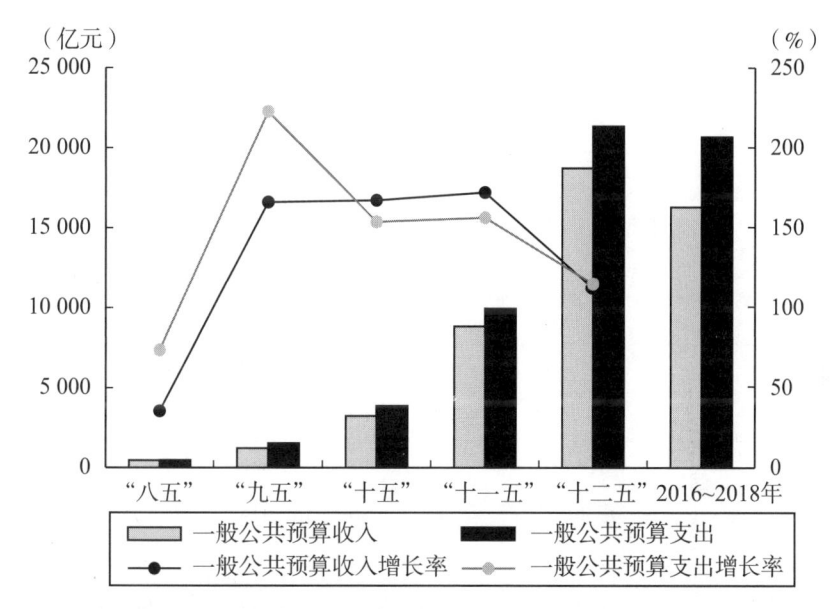

图 3-4　不同时期北京市一般预算收入和一般预算支出总量和增长率变化

资料来源：北京市财政局网站。

（二）财政支出结构不断优化，提升政府公共服务水平促进各项事业发展

按照公共财政的要求，近几年来，北京市将财政资金向公共服务领域倾斜，重点解决事关人民群众利益的突出问题。财政支出按照惠及民生的基本要求，更加注重社会建设，压减对竞争性和盈利性领域的投入，着力保障和改善民生，在

公共安全、医疗卫生、社会保障、改善困难群众生产生活条件、教育等方面的投入不断加大，如表3-1所示。

表3-1　　2013~2017年北京市一般预算支出结构变化　　单位：万元

项目	2013年	2014年	2015年	2016年	2017年
一般公共服务	1 148 866	901 707	812 629	1 156 169	1 922 048
公共安全及国防	1 210 526	1 257 423	1 428 263	1 643 407	2 437 583
教育	3 233 008	3 445 164	3 786 814	376 691	3 743 503
科学技术	2 037 723	2 248 734	2 423 366	2 397 312	2 979 243
文化体育与传媒	11 695	1 066 019	1 177 105	1 283 206	1 218 931
社会保障和就业	1 879 952	1 500 204	1 914 845	1 685 814	1 805 894
医疗卫生与计划生育	1 531 289	1 324 726	1 504 105	1 741 474	1 665 196
节能环保	996 094	15 78 108	2 011 368	2 399 987	2 452 500
城乡社区	1 601 055	1 778 739	3 811 278	4 052 682	2 983 052
农林水	1 621 635	1 825 131	1 954 195	1 918 167	2 484 298
交通运输	2 157 134	1 066 704	1 933 846	3 056 016	3 905 123
资源勘探信息等	901 311	559 946	572 033	486 033	378 886
商业服务等	231 201	221 845	219 087	315 965	355 515
金融	5 607	5 415	7 550	8 293	8 041
援助其他地区	141 380	166 054	203 832	410 804	691 204
国土海洋气象	98 291	82 214	110 707	162 930	206 230
住房保障	101 005	54 119	75 336	2 111 842	460 975
粮油物资储备	38 518	36 123	158 414	78 103	84 954
国债还本付息	52 677	84 935	118 349	361 198	497 287
其他支出	1 625 963	1 306 690	616 878	1 007 051	947 745

资料来源：北京市财政局网站汇总整理。

二、公共财政制度改革为预算绩效管理改革打下基础

21世纪以来，北京市按照市场经济和公共财政体制的要求深化财政改革，逐步完成了部门预算、国库集中首付制度、政府采购制度、财政体制多项改革，这

些改革为北京市试行预算绩效管理改革奠定了坚实的制度基础。

（一）部门预算改革

早在 2000 年，北京市财政部门在全市行政事业单位试点编制部门预算，为适应社会主义市场经济的发展，改革带有强烈计划经济色彩的基数增长预算编制法，北京市根据国家加大综合预算改革力度、深化部门预算改革精神，成立了预算编制小组，深入调查研究，统一部署，精心制定方案，分步推进。2000 年，将预算内外资金全部纳入部门预算管理范围，重新核定了定额标准，推行"零基预算"。经过几年努力，部门预算已在北京市全面推开，2002 年，市级 161 个一级单位全部纳入部门预算，并延伸到 1 261 个基层单位。编制过程中，各单位坚持规范定额、分步编制、细化内容、减少工作量原则，并拟定了《北京市市级基本支出预算管理办法》和《北京市市级项目支出预算管理办法》。2006 年，进一步完善部门预算定额标准体系，规范基本支出，制定了预算单位办公设备配置标准，印刷费、会议费和互联网接入费管理办法，招标确定供应商。2009 年，完善部门预算的公开管理，实现了通过电子查询即可了解部门预算的详细信息，提高预算报告明细程度和易读易懂性，逐步健全政府预算公开制度，增强预算透明度。2015 年，公开当年的部门预算部门由 2014 年的 98 家增至 118 家。2016 年，政府部门预算公开到款级科目，并开始推进权责发生制综合财务报告改革，部门预算改革一直在推进之中。

（二）国库集中收付制度改革

北京市于 2000 年开始试行国库集中收付制度改革，成立了国库处，2002 年，北京市财政局研究制定了《北京市财政国库管理制度改革试点实施方案》及相关配套办法，并加大财政对行政事业单位工资统一发放的范围，加大政府采购资金由财政国库直接拨付商品供应项目的力度。伴随着国库支付中心的成立，于 2003 年 8 月 1 日正式启动北京市国库管理制度改革首批试点，并印发了《北京市财政国库管理制度改革试点方案》，陆续印发了《北京市市级单位财政国库管理制度改革试点资金支付管理暂行办法》《北京市财政国库管理制度改革试点会计暂行办法》《北京市财政国库管理制度改革试点资金银行支付清算暂行办法》三个配套办法，确立了北京市国库管理制度改革的制度框架，随后，针对试点过程中出现的问题，及时印发了《北京市财政国库管理制度改革试点资金支付局内相关工作管理暂行规定》等各项补充规定，保证了改革的顺利进行，同时，以现代化网络系统为支撑，不断改进国库集中支付系统与预算资金审核拨付系统、总预算会计系统、代理银行信息系统、部门信息管理系统、人民银行信息管理系统等系统的融合。2006年末，除驻外省市及保密的基层单位外，北京市市级156个部门及其所属1 222个基层预算单位全面实行国库集中支付制度，扩大了财政直接支付资金范围。在行政事业单位工资财政统发的基础上，对北京市系统财务资金、城市维护建设费、养路费、电费附加等大额专项资金全部纳入改革。2007年，深化推进了国库集中支付制度改革，除涉密单位外，国库支付改革已覆盖所有基层预算单位，并启动了市级代建制项目资金财政直接支付改革试点，加快了非税收入集中收缴改革步伐，将土地出让收入纳入基金预算管理，纳入非税收入集中管理改革的资金比例逐步上升。2010年，推进基本建设资金纳入国库集中支付改革工作，增强资金支付的安全性和资金核算的规范性。2013年，市级国库集中电子化使资金管理踏上了信息化的"高速路"。2015年，市级近1 400家预算单位全部实行电子化支付管理，全市194个乡镇全部纳入集中支付范围，推动了预算执行动态监控向各区延伸，确保预算资金安全高效支付。

（三）政府采购制度改革

2006年，为贯彻国务院《关于开展治理商业贿赂专项工作的意见》，完善了政府采购预算和政府采购资金支付管理办法，从源头上遏制商业贿赂行为。实施新的采购代理机构和供应商的资格管理制度，建立政府采购考核机制，实现优胜劣汰。启动"北京市网上政府采购管理系统"，增强政府采购活动的透明度，简化工作程序，提高采购效率，2006年末，完成政府采购124.5亿元，资金节约率4.5%。2007年，规范政府采购代理机构选取方式，将由采购人自行选择代理机构改为"自行选择，随机抽取"，提高了政府采购的工作透明度。2008年，发挥政府采购政策功能，建立政府强制采购和有限采购制度，支持节能产品、自主创新产品的推广与应用。2014年，创新政府采购通过议价、信息公开、淘汰和退出机制，改进服务，强化监督。2017年12月，北京市财政局印发了《北京市政府采购档案管理及合同备案实施办法》，明确了采购人、采购代理机构是保存政府采购项目档案工作的责任人。政府采购项目档案按照年度项目编号顺序进行组卷。卷内档案材料按照政府采购工作流程顺序排列。采购人、采购代理机构应当建立真实完整的政府采购项目档案并指定专人负责政府采购项目档案的管理，确保政府采购项目档案存放有序、查阅方便，严防毁损、散失，同时，为方便采购人和代理人，将纸质备案调整为网上备案，建立和完善电子化政府采购系统，并全面推开使用，提高了采购活动的效率和透明度。

（四）财政体制改革

1994年，北京市开始实施分税制财政体制改革，具体分为两个阶段，包括初步实施分税制财政体制改革阶段（1994~1999年）和彻底实施分税制财政体制改革（2000~2004年），初步实施分税制阶段主要按照市对县"按新税制征税，按老体制算账"，调整各区县税收返还的挂钩依据。1999年，北京市人民政府印发了《关于北京市财政管理体制改革的决定》，市与区县支出的划分、市与区县收入的划分、基本需求标准的确定、财力基数的确定、建立激励调节机制。从2000年1月1日起，实行新的市对区县财政管理体制。税收划分方面：市级固定税收和区县固定税收，市级固定税收包括：个人所得税、契税、固定资产投资方向调节税；区县固定税收包括：房产税、资源税、印花税、车船使用和牌照税、屠宰税、农业税、牧业税、农业特产税、耕地占用税；与区县共享的税收方面，增值税地方25%部分、营业税、企业所得税（不包括中央级企业缴纳的企业所得税）、企业所得税退税、城镇土地使用税、土地增值税、教育费附加收入地方部分，实行市与区县五五分享，城市维护建设税方面，地方政府扣除全市集中的水利建设基金后的85%部分实行市与区县五五分享。财政收入的分级管理方面，国有资产经营收益、国有企业计划亏损补贴、行政性收费收入、罚没收入、专项收入（不包括教育费附加收入）、其他收入、土地和海洋有偿使用收入、基金收入（以上各项收入简称为非税收入，下同），仍实行分级管理。将城镇集体服务事业费调整为区县固定收入。下放财权管理问题方面，从2000年开始，市政府下放区县政府部分事权，按照事权与财权相统一的原则，相应下放一定的财权，各区县要加强对下放资金的管理。

建立规范的转移支付制度是分税制财政管理体制重要的组成部分。北京市政府将通过调节机制取得的财力和每年安排的定额投入资金作为转移支付资金的来源，根据区县收入努力程度、人均财力以及公共支出水平等因素，以转移支付的方式促进各区县社会公共服务水平的全面提高。2016年，完善转移支付制度体系，制定《关于改革和完善市对区转移支付制度的实施意见》，明确建立一般性转移支付稳定增长机制等22条措施,增强各区资金统筹能力;出台《北京市转移支付管理办法》,规范专项转移支付预算编制,审核和分配等管理。同年,在公共安全领域开展事权和支出责任试点。

三、公共管理体制改革成为预算绩效管理改革助推力

2000年以来,北京市公共管理体制在几个方面进行了重大改革,包括行政审批制度改革、行政事业资产管理改革和机关单位绩效与作风考评改革等。公共管理体制改革大大提高了政府运行效率,北京市服务型政府体系逐步建立。

(一)北京市行政审批制度改革

一直以来,北京市不断推行行政审批制度改革,早在20世纪90年代末北京市就开始清理行政管理事项,推进简政放权工作。2000年,为推进北京市行政审批制度改革,北京市人民政府下发了《关于改革本市行政审批制度的通知》,从三个层面对不符合经济和社会发展、部门发展的行政事项进行清理取消,2000年末,将5 600多项市级、中央级中外合资合作企业及完善独资企业的财政税收管理职能下放到区县财政部门,实行注册地管理。

2001年,北京市人民政府下发了《关于进一步深化本市行政审批制度改革的通知》,提出在2000年改革行政审批制度的基础上进一步精简事项,主要包括五个方面:一是进一步精简行政审批事项,取消不合理的审批事项,对属于经济事务方面的审批事项,要在现行基础上精简30%。二是进一步改进审批方式,缩短审批时间。重点改进建设项目和企业登记注册等经济事务的审批方式,提高行政效率,创造良好的投资环境。包括:建立集中办公大厅,推行"一站式办公";涉及两个以上政府部门的审批事项,采取"一家承办、转告相关、互联审批、限时完成"的审批办法;进一步减少前置审批,逐步对部分前置审批事项改为后置审批;建立审批时限制度;实行行政审批公开制度;建立行政审批投诉中心。三是进一步加快实施电子政务,积极推进政务公开。利用现代管理手段,推行网上办公,为社会提供法规、管理咨询和申报、登记注册等审批事项的服务。一方面,在中关村科技园区加快实施电子政务试点;另一方面,在市政府部分工作部门开展网上办公试点。四是探索与国际接轨的新型行政管理模式。充分借鉴国外行政

管理的先进经验，进一步解放思想，大胆探索，主动开拓，减少审批，提高效率和服务水平，加快与国际接轨的步伐。五是进一步规范保留的审批事项。对保留的行政审批事项，要明确、具体、详细地规定其审批对象、审批内容、审批条件、审批程序和审批时限以及要求申报的有关材料，并具有可操作性，特别是要把审批时限压缩到最低限度。对具备条件的部门和领域要逐步试行审批事项的超时默认制度。要制定审批标准，剔除审批过程中的人为障碍，减少审批人员的自由裁量权。六是各区、县政府要结合机构改革，把改革行政审批制度作为转变政府职能的重要任务。各区、县政府的行政审批制度改革工作，要与机构改革工作紧密结合、同步进行。在清理行政审批事项工作中，要以法律、法规和国务院文件以及本市有关地方性法规、规章为依据，与全市进一步深化行政审批制度改革工作部署相衔接。行政审批事项的清理工作要采取自上而下、上下结合的方式，逐级进行。对凡违反法律、法规和国务院文件规定的审批事项，要坚决取消；能精简的坚决精简；可改为备案的，要改为备案管理。同时，建立健全监督制约机制，公开审批程序和结果，自觉接受群众监督。要进一步规范区、县政府行为，改进和完善行政运行机制。七是进一步加强行政审批法制化建设，建立监督机制。新设置行政审批事项，应当严格控制，依法设立。除有法律、法规和规章规定的外，任何部门及单位不得自行设立、新增或者变相增加行政审批事项。八是建立配套制度，推进收费制度的改革。对取消的审批事项，收费必须相应取消；对保留的审批事项，市政府有关部门要研究制定审批事项收费管理的具体办法，重新依法核定收费项目，进一步改进收费方式，减少收费环节，简化收费手续，全面加强"收支两条线"的管理。

2004年，为深入贯彻落实《中华人民共和国行政许可法》和《国务院办公厅转发国务院行政审批制度改革工作领导小组办公室关于进一步推进省级政府行政审批制度改革意见的通知》精神，进一步推进北京市行政审批制度改革，北京市人民政府下发了《关于进一步推进本市行政审批制度改革的通知》，提出了北京市行政制度改革进一步推进的内容，包括一是结合贯彻行政许可法，进一步做好本市设定的行政审批项目清理和人员培训工作。对于拟取消和改变管理方式的行政审批事项，其中，以地方性法规为依据设定的，由北京市行政审批制度改革工作领导小组提出处理建议，按法定程序办理；以政府规章为依据设定的，要及时调整和修订。二是认真做好取消行政审批事项的后续监管工作。根据市政府各部门的职能，做好职能调整所涉及的行政审批项目的认定和已取消、调整行政审批项目的相关后续工作。三是按照优化发展环境的要求，进一步规范行政审批行为，强化审批责任。进一步优化审批程序，健全审批公示制度，提高审批的公开性和透明度。按照"谁审批、谁负责"的原则，实行审批责任制度，在赋予国家行政机关及审批人行政审批权时，规定其相应的审批责任，做到责任到岗，权责一致。四是积极推进机制和体制创新，促进政府职能转变。充分发挥区县政府的积极性，下放一切应该下放的权力。进一步放宽市场准入，允许非公有资本进入法律法规未禁入的基础设施、公用事业及其他行业和领域。继续清理和精简行政审批事项，本着依法行政、事权责相一致、便民、效率和减少行政成本的原则，建立部门之间和部门内设机构之间的协调机制，制定相应的审批操作规程继续加快推进电子政务建设，加大推行"网上审批"和"一站式"办公力度，全面推广"全程办事代理制"。

2013年，北京市人民政府办公厅印发了《关于本市行政审批制度改革有关事项的通知》，提出为深入推进本市行政审批制度改革工作，经市政府同意，建立北京市行政审批制度改革工作部门联席会议制度，在市委、市政府领导下，具体负责指导和协调本市行政审批制度改革工作；研究审议本市行政审批制度改革实施方案，报经市政府同意后组织实施；研究确定本市行政审批制度改革年度重点工作和目标任务；研究提出市级部门需要减少、调整和保留的行政审批事项建议，报市政府审定；指导、督促、检查市级部门、区县政府行政审批制度改革工作，研究解决工作中的难点问题；承办市政府交办的其他工作。

为深入贯彻党的十八大和十八届二中、三中、四中全会精神，认真落实党中央、国务院相关决策部署，加快转变政府职能，进一步加大简政放权力度，规范审批行为，持续激发市场活力、发展动力和社会创造力，建设人民满意的法治政府和服务型政府，结合北京市实际，就深入推进行政审批制度改革工作，2015年，北京市人民政府印发了《关于深入推进行政审批制度改革工作的实施意见》从加大简政放权力度、深化投资项目审批流程改革、健全完善政务服务体系、规范行政审批权力运行、依法加强事中事后监管五个方面提出了推进行政审批制度的改革工作内容，提出要进一步精简行政审批事项、减少前置性审批和收费项目、全面清理非行政许可审批事项、研究深化重点领域投资项目审批改革、全面清理规范中介服务、推进政务服务平台建设、提高政务服务规范化水平、推行政府权力清单、责任清单制度、推进行政审批规范化标准化、严格控制新设行政许可等主要内容。通过改革，推动了服务重心下移，形成了行为规范、运转协调、公正透明、廉洁高效的行政审批新局面，得到了北京市群众和企业的认可。

（二）行政事业资产管理改革

2006年，完成北京市行政事业单位资产清查工作，建立动态数据库，逐步建立行政事业单位资产管理与预算管理、财务管理的有效衔接。2007年，坚持增量分配与存量调整相结合，通过开展北京市行政事业单位资产清查，开展摸清行政事业单位的资产情况，运用信息化动态手段，初步建立起涵盖日常管理，资产处置及收益管理的制度体系，同时，创新了资产处置方式，规定范围内的国有资产均通过北京产权交易所公开处置，确保国有资产保值增值。2008年，完善行政事业单位资产配置标准，明确最低使用年限，避免重复购置，提高配置效率；同时进一步健全国有资产购入、使用、处置和收益管理的制度体系，实现了市级行政使用单位资产动态管理全覆盖，强化了财政监控能力。2009年，强化资产处置收益管理，将行政事业单位上缴财政专户，实行综合预算管理，通过试编资产购置预算，以存量调控增量，实现资产动态管理全覆盖。2012年北京市财政局印发了《北京市行政事业单位资产清查管理办法》，明确了行政事业单位资产清查的主体、原则、内容及程序，提出资产清查工作主要为基本情况清理、财务清理、财产清查、损溢认定、资产核实和制度完善等，实现行政事业单位国有资产"分级管理"。

（三）政府部门绩效考评改革

北京市是较早探索政府绩效管理的地区之一，是国家政府绩效管理试点城市，2003年，北京市连续对区县的经济和社会发展的绩效评估，2008年奥运会后，北京市聘请相关的研究机构和政府绩效评估研究领域的专家学者，设计出一套简单的绩效考评体系，将绩效管理的主要内容规范为：履职效率、服务效果、管理效能、创新创优四个方面八项指标，简称"三效一创"；2012年起，北京市各区县政府将不再单独接受北京市政府各部门考核，改行绩效管理评价。政府绩效考评引入独立第三方调查机构，考评结果作为区县领导选拔任用的重要依据。根据新发布的《关于"十二五"期间区县政府绩效管理工作的实施意见》，北京市区县政府的绩效管理评价体系，包括战略绩效、行政效能、服务效果和创新发展四个指标。2014年，北京市政府绩效改革的初稿已形成，其主要方向包括改变标准，强化公共服务，弱化GDP，把降低PM2.5作为一项重要的绩效指标；改变主体，加大公众评估的权重；改变应用，尝试公开考评结果应用机制。北京市政府绩效管理办公室创建了"政府绩效管理信息化平台"，通过平台对各职能部门的具体任务的关键节点进行把控和督察。绩效办委托第三方评估机构通过社会调查和实践调查，深入北京市被考评单位现场，看档案资料、查案例数据、找关键人物了解情况，配合绩效办调查。2016年，接受委托的第三方评估机构分别前往59个市级行政机关查资料、核进度，深入到16个区抽点位、看现场，先后组织座谈数十次，实现核验的全覆盖。同时，有针对性地约谈、专访相关当事人、利益相关方和群众，开展点对点、面对面的交流，准确反映把公众对政府的看法。此外，由第三方评估机构结合一定的标准、原有的计划对工作的推进、落实情况进行核查、对账。2016年北京市核验1 670项任务、4 161个预案节点、文件资料16 000余份，获取外部点位类型72类、2 785个，实现了绩效任务覆盖率和有点位项目现场核查率达100%。同时，采用"绩效管理察访核验信息系统"移动互联网工具，借助卫星图、随手拍、GIS（地理信息系统）智能工具、街景地图等最新技术工具，高效、及时地采集各类数据，辅助核对信息。

第二节　改革动因：内外在动因与主客观动因并存

随着国家对财政绩效评价管理工作的重视与开展，国家经济总体水平的不断提升，人民对于公共服务水平和美好生活向往需求的提升，完善政府部门职能、优化社会资源配置和支出结构、提高财政资金的使用效率，越来越成为包括北京市在内的全国各地区促进实现国家供给侧改革和完善国家公共治理体系的改革重点，在此背景和动力推动下，为发挥祖国首都和经济发达地区的人才与改革优势，北京市2002年率先开展了预算绩效管理改革工作，2015年实现了市级全过程预算绩效管理的全覆盖，并创新开展事前绩效评估、推动成本效益绩效预算改革，逐步建立了具有北京特色的预算绩效管理体系。北京市预算绩效管理体系的推行与发展，不仅在于国家实施绩效预算管理的改革推动，更在于全过程的预算绩效管理体系有助于解决北京市近年来不断提升的公共服务和促民生的需求，还有助于缓解财政收入增速放缓与刚性支出增长所形成的压力与挑战。

一、预算绩效管理改革的动因

2002 年，北京市大胆改革传统预算分配制度，推行项目绩效预算，开创了全国财政预算分配制度改革的先河。北京市推进预算绩效管理的动因是更好地提高财政资金分配和使用效益，具体包括以下四个方面。

（一）建立和完善财政管理体制是北京推行预算绩效管理改革的内在要求

随着我国财政体制改革的深入和公众对财政资金使用效益的日益关注，财政部将建立政府公共支出绩效考评制度纳入财政支出管理改革的一项重要内容。2001 年开始，先后在湖北、湖南、河北、福建等地进行了财政支出绩效评价工作小规模试点。2002 年，在中央级教科文部门进行了项目支出绩效评价试点，并逐步推广到行政、农业、经济建设、社会保障等公共支出领域。2003 年 4 月，财政部颁布了《中央级教科文部门项目绩效考评管理试行办法》，同年，按照十六届三中全会提出了"建立预算绩效考评体系"的要求，财政部对建立预算绩效考评体系进行了统一部署。2005 年 5 月，财政部出台了《中央部门预算支出绩效考评管理办法（试行）》，由此规范了中央部门预算支出绩效考评工作，为绩效预算的广泛推广提供了制度保障。2009 年 6 月，为加强财政支出管理，强化支出责任，提高财政资金的使用效益，财政部印发《财政支出绩效评价管理暂行办法》要求各省、自治区、直辖市、计划单列市的所有财政部门和各预算部门实现财政支出绩效管理。近年来，党中央、全国人大、国务院高度重视预算绩效管理工作，多次强调要审核预算制度改革，加强预算绩效管理，提高财政资金使用效益和政府工作效率。2011 年，财政部印发了《关于推进预算绩效管理指导意见》，指出"预算绩效管理是一种以指出结果为导向的预算管理模式"，"逐步建立预算编制有目标、预算执行有监控、预算完成有评价、评价结果有反馈、反馈结果有应用的预算绩效管理机制"。2012 年 9 月，财政部印发了《预算绩效管理工作规划（2012~2015）》，提出预算绩效管理要"建立一个机制""完善两个体系""健全三个智库"和"实施四项工程"体系。2014 年修订的《预算法》中，首次以法律形式明确了我国公共财政预算收支中的绩效管理要求，突出"全过程绩效管理、绩效目标管理、结果应用管理和人大代表参与式管理"四大特征。2015 年发布了

《中央部门预算绩效目标管理办法》《关于加强和改进中央部门项目支出预算管理的通知》和《关于加强中央部门预算评审工作的通知》，2016 年发布了《财政管理绩效考核与激励暂行办法》《关于开展 2016 年度中央部门项目支出绩效目标执行监控试点工作的通知》和《关于开展中央部门项目支出绩效自评工作的通知》，2017 年发布了《地方预算执行动态工作监督考核办法》，不断完善预算绩效管理工作。2018 年 9 月，中共中央国务院颁布了《关于全面实施预算绩效管理的意见》，提出"构建全方位预算绩效管理格局"，全方位实施政府预算绩效管理、实施部门和单位预算绩效管理、实施政策和项目的预算绩效管理；"建立全过程预算绩效管理链条"，建立绩效评估机制，强化绩效目标管理，做好绩效运行监控，开展绩效评价和结果应用；"完善全覆盖预算绩效管理体系"，建立一般公共预算绩效管理体系，建立其他政府预算绩效管理体系；"健全预算绩效管理制度"，完善预算绩效管理流程，健全预算绩效标准体系；同时提出我国将全面建设成"全方位、全过程、全预算"的绩效管理体系。2018 年 11 月，财政部颁布了《关于贯彻落实〈中共中央国务院关于全面实施绩效预算管理的意见〉的通知》，对深入贯彻落实全面实施预算绩效管理的意见提出了指导性建议，并提出到 2020 年底中央部门和省级层面要基本建成全方位、全过程、全覆盖的预算绩效管理体系，既要提高本级财政资源配置效率和使用效益，又要加强对下级转移支付的绩效管理，防止财政资金损失浪费；到 2022 年底市县层面要基本建成全方位、全过程、全覆盖的预算绩效管理体系，做到"花钱必问效、无效必问责"，大幅提升预算管理水平和政策实施效果。

在党和国家重视推动建立和完善预算绩效管理体制的背景和政策推动下，全国各省、市、自治区逐步开始探索预算绩效管理工作，北京市作为全国的政治中心，在始终坚定不移贯彻落实党和国家发展的重大决策的前提下，2000 年，就逐步实施并健全了国库集中收付制度，完善了政府采购制度，推行了市县新的转移支付制度和部门预算编制，进一步完善了公共财政制度改革，为建立预算绩效管理体制形成了良好的重要基础。2003 年，北京市开始尝试和探索建立预算绩效管理体系，逐步开展预算绩效管理体系的建设工作。

（二）发挥首都经济发展的重要性和致力提升公共服务效率是北京推行预算绩效管理体系的外在要求

伴随着经济发展规模的增长和人口规模的稳定性增长（如表 3-2 所示），北京市城镇居民对于公共服务的整体需求在不断扩大与提升；同时，随着北京市经济发展逐步迈入高质量发展提升阶段，公共服务也逐步迈入了并肩质量提升的新阶段，根据近年来北京市政府工作报告，北京市一直以来在完善民生福祉方面投入了大量的财政资金以保证和促进民生发展。在公共服务提升方面，也一直致力于克服较为集中、亟待改善和提高等困难，伴随着人民物质文化水平不断提高和对美好生活需求向往的提升，公众的需要和对公共服务的需求也逐步提升，根据《北京公共服务发展报告（2017～2018）》，目前，北京市公共服务提供方面仍存在一定的不足，包括以下几个方面：一是科技方面，全国科技创新中心的引擎作用和对城市高质量发展的支撑作用仍有待提高。二是基础教育方面，义务教育学位缺口依然较大，学前教育设施和教师依然紧缺。三是公共文化方面，适合网络文化传播方式的精品力作还不多。四是社会保障方面，随着深度老龄化的迅速逼近，医疗和养老产业需求快速释放，医养结合成为破解老龄化问题的重要途径，但当前医养结合融合机制仍需加强。五是基础设施方面，城市基础设施的智慧化水平还有待进一步提升。六是公共安全方面，消防安全和食品药品安全形势依然严峻。七是城市环境治理方面，进一步建立长效机制，重点治理城市垃圾和空气污染。而以上公共服务的提升均需要投入大量的财政资金予以支持。

总体而言，近年来，北京市经济社会发展步伐不断加快，经济总量较快增长，综合实力显著提升，加快转变经济发展方式成为首要任务和迫切要求。财政作为重要的宏观调控职能工具，如何更加有效、充分发挥财政在"保发展、促转型、抓创新、惠民生"方面的职能作用，是亟须思考和解决的课题。尤其是财政在经济发展方式转变过程中，视野变宽、公共服务对象逐步增多、发挥作用和方式更加复杂的前提下，如何更好地发挥财政的作用，如何更进一步完善财政管理体制和机制，均提出了更高、更新的要求。面对不同时期社会主要矛盾，以及新时代社会主要矛盾转变为人民日益增长的美好生活需要和不平衡不充分的发展之间的矛盾，面对首都疏解转型攻坚期财政收入增速放缓与刚性支出不断增长所形成的压力和挑战，预算绩效管理作为合理优化支出结构、提高财政资源使用效益的财政体制之一，在"疏功能、稳增长、促改革、调结构、惠民生、防风险"所要求发挥的重要作用越发凸显，不断推动着北京市政府完善政府项目支出、政策等内容实现全过程的财政绩效管理，逐步推进"全面实施预算绩效管理"工作，以优化各市级部门的财政资金支出结构，进一步提高财政资金的使用效率。

表 3-2　1995~2017 年北京市人口和经济状况一览表

项目	一般公共预算收入（亿元）	地区生产总值（亿元）	常住人口数（万人）	社会劳动生产率（元/人）	科技活动人员数（人）	全社会固定资产投资总额（亿元）	社会消费品零售总额（亿元）	进出口总额（亿元）	税收收入（亿元）	第二产业增加值（亿元）	第三产业增加值（亿元）
1995 年	115.26	1 507.69	1 251	22 679	252 232	841.5	950.4	3 092.8	145.94	645.81	789.72
1996 年	150.9	1 789.2	1 259	27 236	265 552	876.9	1 061.6	2 437.6	201.32	714.65	1 001.19
1997 年	209.91	2 077.09	1 240	31 866	273 161	961.2	1 208.5	2 519.2	235.82	781.85	1 218.06
1998 年	229.45	2 377.18	1 246	37 655	237 127	1 124.62	1 373.6	2 525.6	270.11	840.57	1 458.75
1999 年	279.09	2 678.82	1 257	43 738	229 584	1 171.16	1 509.3	2 844.4	315.1	907.34	1 693.13
2000 年	345	3 161.66	1 363	51 908	261 113	1 280.46	1 658.7	4 108.0	372.79	1 033.29	2 049.12
2001 年	454.17	3 707.96	1 385	60 405	240 609	1 513.32	1 831.4	4 266.1	475	1 142.35	2 484.83
2002 年	533.99	4 315	1 423	67 212	257 326	1 796.14	2 005.2	4 345.8	539.87	1 249.99	2 982.57
2003 年	592.54	5 007.21	1 456	73 839	270 921	2 169.26	2 296.9	5 669.8	588.96	1 487.15	3 435.95
2004 年	744.49	6 033.21	1 493	79 170	301 202	2 528.21	2 626.6	7 827.8	726.5	1 853.58	4 092.27
2005 年	919.21	6 969.52	1 538	82 459	383 153	2 827.23	2 911.7	10 284.4	886.13	2 026.51	4 854.33
2006 年	1 117.15	8 117.78	1 601	92 481	382 756	3 296.38	3 295.3	12 601.0	1 076.82	2 191.43	5 837.55
2007 年	1 492.64	9 846.81	1 676	108 160	450 331	3 907.2	3 835.2	14 682.5	1 435.67	2 509.4	7 236.15
2008 年	1 837.32	11 115	1 771	118 444	450 147	3 814.73	4 645.5	14 921.1	1 775.58	2 626.41	8 375.76
2009 年	2 026.81	12 153.03	1 860	125 496	529 985	4 616.92	5 387.5	18 560.5	1 913.97	2 855.55	9 179.19
2010 年	2 353.93	14 113.58	1 962	142 289	529 811	5 402.95	6 340.3	20 427.4	2 251.59	3 388.38	10 600.84
2011 年	3 006.28	16 251.93	2 019	158 263	605 980	5 578.93	7 222.2	25 171.0	2 854.63	3 752.48	12 363.18

续表

项目	一般公共预算收入（亿元）	地区生产总值（亿元）	常住人口数（万人）	社会劳动生产率（元/人）	科技活动人员数（人）	全社会固定资产投资总额（亿元）	社会消费品零售总额（亿元）	进出口总额（亿元）	税收收入（亿元）	第二产业增加值（亿元）	第三产业增加值（亿元）
2012年	3 314.93	17 879.4	2 069	168 582	651 003	6 112.4	8 123.5	25 761.1	3 124.75	4 059.27	13 669.93
2013年	3 661.11	19 800.81	2 115	180 848	681 346	6 847.06	8 872.1	26 579.5	3 514.52	4 292.56	15 348.61
2014年	4 027.16	21 330.83	2 152	191 009	726 792	6 924.23	9 638	25 527.1	3 861.29	4 544.8	16 627.04
2015年	4 723.86	23 014.59	2 171	202 200	747 461	7 495.99	10 338	19 827	4 263.91	4 542.64	18 331.74
2016年	5 081.26	25 669.13	2 173	213 356	810 195	7 943.89	11 005.1	18 651.1	4 452.97	4 944.44	20 594.9
2017年	5 430.8	28 000.4	2 171	224 578	878 194	8 548.1	11 575.4	21 923.9	4 676.68	5 310.6	22 569.3

资料来源：根据历年《北京市财政年鉴》《北京市统计年鉴》数据整理。

（三）对传统财政预算分配制度缺陷认识是北京不断推行预算绩效管理的主观动因

传统的财政预算分配制度是在计划经济体制基础上建立起来，带有浓厚的计划经济色彩，在市场经济日益成熟的条件下，其制度缺陷表现得越来越明显。传统预算关注的核心问题是分配预算资金过程中，强调的是预算资金是否按照既定规则和程序进行支出，即程序上是否合法，而不是预算资金是否得到高效率配置，在支出预算控制方面，将重点集中在资金使用规则遵守上，久而久之，预算机构及支出部门就会忽略预算支出的真正目的，容易形成只注重程序而忽视结果的低效预算模式。通过实践反思，北京市深感新形势下进行预算改革的需求迫切，下定决心放手改革。归纳起来，采用传统预算分配机制的不足表现在：一是财政资金分配的科学性不足。传统财政资金分配程序是单位报项目，财政部门对项目进行审核调整，再由政府部门审批后，财政下拨资金。这些环节或多或少地存在博弈与潜规则，这种财政资金分配的不科学、代理政府决策的不科学，直接导致政府资源的浪费。二是财政工作重点不够突出。财政部门将大量时间和精力用于搞收入和分配，忽视了对支出的管理，最终陷入收入增加、支出膨胀、分配难做、管理混乱的恶性循环。三是项目预算管理不规范，资金使用效益不高。对于资金使用单位来说，预算立项时，瞄准的是争取财政资金，对立项的可行性缺乏论证，导致某些项目综合效益不高，中途搁置或改变用途，缺乏财政资金自我约束机制，增加反腐倡廉难度。

基于预算分配制度缺陷的存在，近年来，北京市通过大力推动预算绩效管理体制改革以解决预算分配制度困境，但在过程中发现，财政绩效管理过程中长期存在的"重收入轻支出，重资金轻资产，重分配轻管理，重投入轻效益"问题需彻底改变还有待时日。一直以来，财政资金绩效评价关注点主要强调资金的使用效率，包括对财政资金使用合规性、使用进度管理以及结余超支情况具有很高的重视程度，但却忽视了财政资金的使用效果，如经济效益、社会效益，甚至细化到生态环境效益，不利于财政资金效益的最大化及推动经济可持续发展作用的发挥；缺乏绩效预算指标体系的完整性和准确性建设，也不利于资金流向效率高、亟待发展和亟须资金的领域；同时，在长期发展过程中，部分项目或部门资金使用进度与计划不符、资金结余量较大等问题造成了财政资金的闲置和不必要的浪费，部分财政专项资金也存在使用过程中的不合规现象，如费用不合理列支，资金支出进度与计划不符，资金使用和预算存在差异、财政资金大量结余，甚至改变资金使用方向，等等，这些问题均迫切要求构建合理有效的财政绩效管理机制，加强预算绩效管理，充分发挥财政资金的最大使用效益。从财政改革趋势来看，前期国家推动进行的以部门预算、国库集中收付和政府采购管理等为代表的三大财政改革，更多的是从形式上完善了预算制度，但对于预算绩效管理的内容和实质上还有待向纵深发展，因此，对北京地区而言，科学设立绩效目标、提高预算编制能力、增强预算编制的约束性仍是当前预算制度改革的核心。

（四）财政支出压力的日益增大是北京推行预算绩效管理改革的客观动因

近年来，随着北京市经济面向高质量发展，财政收入增速放缓，财政支出刚性压力的存在，成为加快全过程预算绩效管理改革的推动力。1995年以来，伴随经济的快速发展，北京市财政收入和支出规模都呈现较大规模的增长。1995～2017年，财政收入规模从115.3亿元增加到5 430亿元，增幅高达46倍；财政支出规模也在不断增加，支出规模从1995年的154.4亿元增加到2017年的6 824.5亿元，增幅高达43倍，伴随财政收支规模的增加，财政赤字规模也在不断增加。而财政收支增长幅度方面，财政收入增速由1995年的30.9%下降到2017年的6.9%[①]，财政收入增速明显放缓，财政支出增速近年来虽也有所缓慢，但增速明显仍高于财政收入增速（见图3-5、图3-6），为构建社会主义和谐社会仍需要大量的民生投入，对财政本身仍存在很大的刚性压力。究其原因，财政支出压力增大主要来源于几个方面：一是可支配收入的有限性与支出需求的无限性的矛盾循环形成财政支出压力。财政收支矛盾是财政资金需求与供给矛盾的具体体现，反映社会经济发展对财政资金需求的无限性与一定时期财政收入有限性的矛盾。市场经济条件下，虽然资源配置方面以市场机制为主，但政府在弥补市场失灵方面承担大量的职能，资源配置、收入分配、宏观调控等政府职责的履行都离不开财政的参与。而且，随着国家和政府对民生与构建和谐社会的重视，财政对民生和社会事业的投入越来越多，但受经济发展水平和纳税人对课税逆反心理影响，财政收入又不可能短期内大幅增加，这就出现财政可支配收入有限性与支出矛盾无限性的矛盾。二是经济快速发展形成强劲支出压力。与全国各省市一样，北京市进入21世纪后，经济一直处于高速增长态势，财政收入也越滚越大。但以投资

---

① 资料来源于历年《中国统计年鉴》。

为动力的经济增长机制,使得社会各界对财政的需求也越来越大,财政资金增长速度难以赶上需求的增长。面对"入不敷出"的财政压力,实行财政绩效管理成为最优选择。三是预算分配部门平均增长意识与政府发展政策阶段性重点的矛盾对财政支出形成的压力。追求经济效益最大化是财政资源管理的首要目标,但是,绩效预算管理改革之前,财政资金的争分配、争项目现象在各级政府层面尤为严重,且资金分配很大程度通过财政部门和经费申请部门不断博弈,同时预算分配部门平均增长意识很强,难以避免经验决策和关系决策现象,因此无法保证资金分配的合理性与科学性。此外,项目资金各部门获得后,往往后续缺乏行之有效的监控和管理,以致出现投资责任和支出结果无人负责的情况。不仅如此,在传统财政分配制度下各部门都竞相获取财政资金最大获得量,因此,就无法避免。

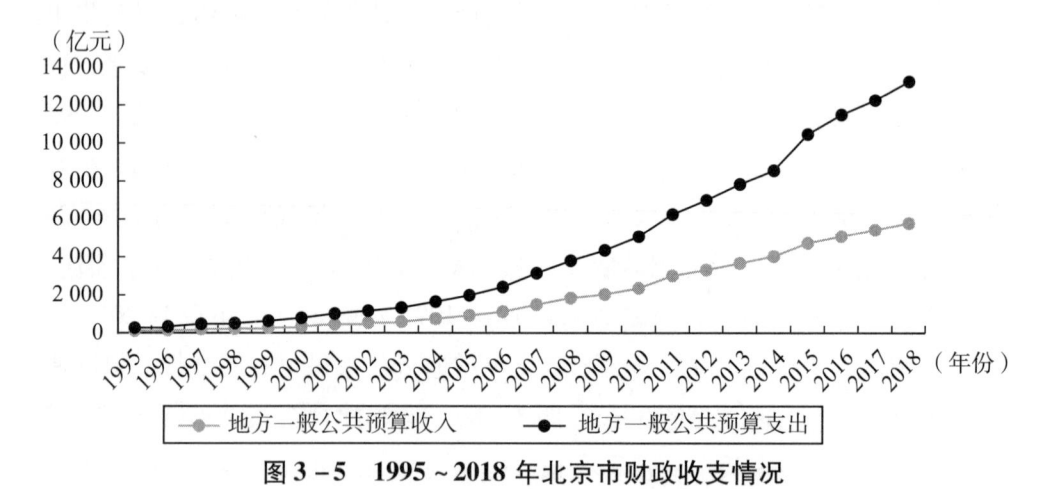

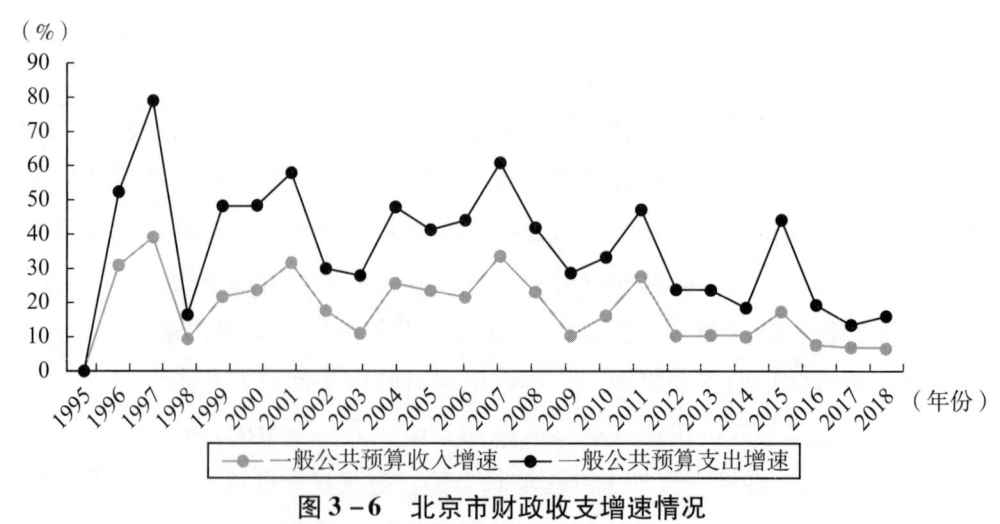

图 3–5　1995~2018 年北京市财政收支情况

图 3–6　北京市财政收支增速情况

资料来源:根据历年《北京市财政年鉴》《北京市统计年鉴》、北京市财政局和北京市统计局网站统计整理。

二、预算绩效管理改革的阶段

北京市预算绩效管理发展共分为四个阶段：一是预算绩效管理的探索阶段（2002~2006年），该阶段重点是对财政支出项目绩效评价工作的探索试点。二是预算绩效管理的逐步完善阶段（2007~2010年），这一阶段，一方面逐步完善财政支出绩效评价工作；另一方面开始探索预算绩效目标管理，开展事前绩效评价工作。三是全过程预算绩效管理推进阶段（2011~2015年），进一步推进完善事前绩效评估、事后跟踪、评价结果应用等财政绩效管理体系，逐步实现了市级部门的全过程预算绩效管理；四是预算绩效管理体系再完善阶段（2016年至今），将预算绩效评价的范围由财政支出项目的绩效评价扩展到财政支出政策的绩效评价，以及政府投资基金、转移支付、债券资金、部门整体支出等多类型的财政资金预算绩效管理。

（一）预算绩效管理的探索阶段（2002~2006年）

自2002年开始，北京市率先在全国开展了财政支出项目绩效评价探索试点工作，确定了"由点及面、由大到小、先易后难、逐步推开"的评价工作思路和原则，重点以规范专项资金管理，选取教育、科学等支出项目，对项目经费的论证、评审、监督检查等方面建立了一套有效的管理机制，以教育、科学部门为重点，率先在全国开展了预算绩效评价探索试点工作。2006年，北京市财政局加大绩效评价工作力度，成立了专门的绩效评价机构——绩效评价处和绩效考评中心，出台了《北京市市级财政支出绩效评价管理暂行办法》，配套制订了20多项规章制度和实施细则，为绩效评价工作打下了良好的制度基础。

专栏1：2002年北京市预算绩效管理改革试点工作的具体内容

一、教育专项资金管理改革试点——多层论证机制

2002年，对教育专项资金的管理实行了专家论证和学校项目文本管理的多层次论证机制。

（一）建立专家委员会。北京市财政局、北京市教育委员会共同成立有财政、教育及相关专家参与的"教育财政咨询委员会"，对教育发展重点和资金投入方

向进行论证。

（二）确定项目论证主体进行论证。根据北京市教育委员会确定的教育发展重点，由市教委业务处室组织相关专家，对重点项目进行论证。对于重点项目以外的其他项目，由学校自行组织论证，并按统一文本格式进行申报。

（三）项目评审。在项目充分论证的基础上，对符合教育专项资金重点投入方向的大额专项项目，由中介机构对项目实施的风险性及预算合理性进行评审，北京市财政局结合财力水平，参考中介机构评审意见安排项目资金。

（四）安排预算。财政部门参考评审结果安排项目预算，最终形成教育资金投入的科学决策机制。

二、科学专项的项目管理模式

（一）项目申报。对科技项目提前发布指南，实行网上申报。

（二）项目评审。对重大科技项目重点由专家组长进行项目评审，采取专家论证与政府决策相结合，对重大项目实施招投标办法，建立完整资金管理办法，规范项目经费支出。

（三）项目跟踪。加强项目执行的事中事后跟踪反馈，借助社会中介机构力量（会计师事务所）对所有科技项目进行中期审计，建立严密的项目档案管理制度。

资料来源：《2003年北京财政年鉴》。

（二）预算绩效管理的逐步完善（2007~2010年）

随着财政支出绩效评价试点工作的顺利推进，2007~2010年，预算绩效管理的工作也逐步完善：一是不断完善财政支出绩效评价工作。为配套《北京市市级财政支出绩效评价管理暂行办法》，2007年，北京市财政局颁布了《北京市市级预算支出绩效考评规范》，并要求重点开展以下工作：一方面继续推动各部门（单位）和项目积极财政支出绩效评价工作，逐步推动财政支出绩效评价项目数量和广度的逐年加大，进而走向规模化和规范化。另一方面市级部门作为评价主体，对本部门项目组织也开始开展自评工作。区县财政局也不同程度地开始开展绩效评价工作。此外，为提高预算管理工作开展的精细化、准确化，2007年，绩效评价工作增加了绩效目标的申报内容，要求部门（单位）在编制2008年部门预算时，对于既定的绩效评价项目，必须填写绩效目标内容，并规定凡是1 000万元以上的预算项目，必须填报绩效目标，缺少绩效目标相关内容的，不能通过预算申报环节。2007年至2010年，财政支出评价的项目数量和金额都呈现逐年增长趋势,由 2007 年的 89 个项目、11.23 亿元,增加到 2010 年的 196 个项目、124.82 亿元,涵盖了教育、科技、农业、医疗卫生、社会保障、城市建设和管理等财政公共支出的各个领域,基本实现了绩效评价工作在市级所有政府组成部门和直属机构(除涉密单位和临时性机构之外)的全覆盖,如表 3-3、图 3-7 所示。

表 3-3　　　　　　　　　　2007~2010 年绩效评价情况

年度	数量（个）	金额（亿元）	项目特点
2007	89	11.23	大部分项目资金量小、受益群体固定、一次性投入
2008	147	20.3	大部分项目资金量小、受益群体固定、一次性投入
2009	204	29.77	部分项目资金量增大、受益群体固定、一次性投入
2010	196	124.82	部分项目资金量大、连续几年投入、效益影响面大

资料来源:北京市财政局提供。

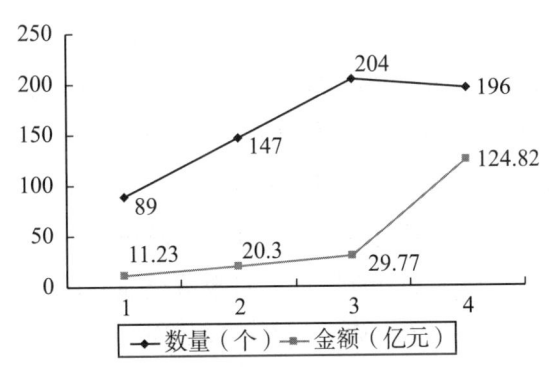

图 3-7　2007~2010 年绩效评价项目数量和金额趋势分析

资料来源:北京市财政局提供。

二是预算绩效管理目标体系的建立。随着评价对象范围的逐步扩大和评价工作的不断深入,财政部门逐渐意识到对财政支出效益实现程度的评价,很大程度上取决于绩效目标的预先设定。2007 年,北京市财政支出绩效评价工作增加了绩效目标的申报内容,要求各部门(单位)在编制 2008 年部门预算时,对于既定的绩效评价项目,必须增加绩效目标内容。2008 年规定,凡是 1 000 万元以上的预算项目,必须填报绩效目标,缺少绩效目标相关内容的,无法通过预算申报环节。截至 2010 年末,北京市组织开展的绩效评价项目累计超到 760 个,评价项目资金累计超过 200 亿元,实现了绩效评价工作在市级所有政府组成部门、直属机构(除涉密单位和临时性机构之外)和区县的全覆盖。通过开展绩效评价工作,预算部门(单位)的绩效意识进一步加强,"重投入、轻产出,重分配、轻管理"的观念初步扭转。同时,2010年,积极探索开展市级项目支出事前评估试点工作,邀请人大代表、政协委员、专业机构等社会力量参与,提高预算资金决策的科学性、公开性,并将绩效评价结果纳入政府行政问责体系,强化预算单位的主体责任。

三是开展大额专项资金绩效管理。为满足国家宏观调控及北京市委、市政府重大决策而提供稳定的资金保障,2007年,经北京市政府批准,设立了处于部门预算之外、由市级财政资金安排、纳入预算管理,一定时期内具有专门用途的大额专项资金。据统计,北京市级大额专项资金重点用于市级重点支持方向和事业发展支出及对区县的专项转移支付,涉及事项有:重大科技成果转化和产业、文化创新发展、社会建设、中关村科技园发展、城市环境综合整治、节能减排及环境保护、养老助残服务产业发展、旅游发展、工业发展、商业流通发展、中小企业发展11个行业的专项资金,专项资金规模2.5亿~100亿元不等,如图3-8所示。大额专项资金解决了特定时期特殊事项与事业发展的需要,但由于资金涉及多个部门,在资金如何分配、拨付、使用、监管等环节存在诸多困难,如资金细化项目过多[①],资金在多主体间分配随意性大,资金拨付时间延迟,资金使用过程不规范,资金绩效评价、问责主体难确定等问题突出;此外,在项目管理方面,也由于项目管理主体的多元化,在具体项目审批、执行、监管方面都存在责任划分不清的问题;绩效评价方面,资金涉及众多项目和政策依据,纯粹用财务和业务指标难以满足项目要求,人员配置也难以达到对政策全面的认识。基于以上问题的存在,2015年之后,北京市政府不再做大额专项资金管理,开始回归部门预算。

专项资金名称	规模(亿元)
中小企业发展专项资金	4.99
商业流通发展专项资金	4.99
工业专项资金	4
旅游发展专项资金	5
养老助残服务事业发展专项资金	51.27
节能减排及环境保护专项资金	30
城市环境综合整治专项资金	10
中关村科技园区发展专项资金	4.06
社会建设专项资金	2.5
文化创新发展专项资金	99.07
重大科技成果转化和产业专项资金	99.97

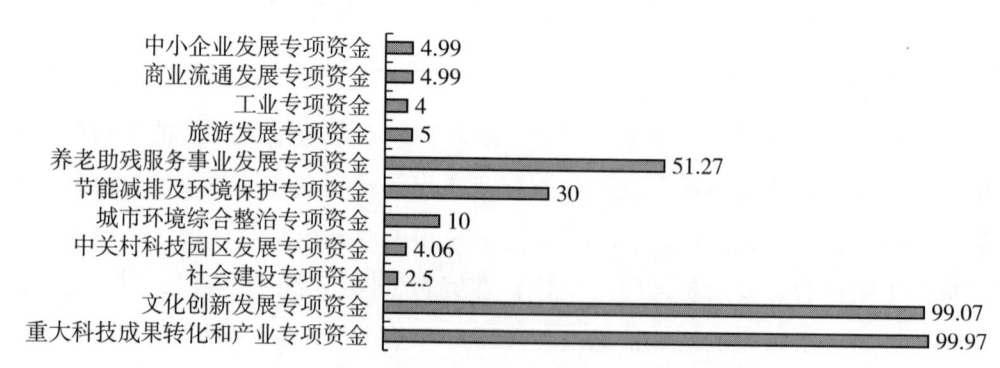

图3-8 2012年北京市大额专项资金规模

[①] 据统计,1个大的专项资金涉及2 000多个项目,纯粹用财务和业务指标难以满足绩效评价要求。

专栏2：大额专项资金内容介绍

一、定义

根据《北京市市级大额专项资金管理办法》，北京市市级大额专项资金（以下简称"大额专项资金"）是为履行政府经济社会宏观调控职能或者完成某项特定重大工作任务，经政府批准设立，在部门预算之外，由财政性资金安排，保持稳定资金投入规模，在一定时期内具有专门用途的资金（不含基本建设投入）。

二、种类规模

根据北京市对大额专项资金的分类，市级大额专项资金共有11项，分别为重大科技成果转化和产业专项资金、文化创新发展专项资金、社会建设专项资金、中关村科技园区发展专项资金、城市环境综合整治专项资金、节能减排及环境保护专项资金、养老助残服务事业发展专项资金、旅游发展专项资金、工业发展资金、商业流通发展资金和中小企业发展专项资金。

三、特点

大额专项资金一般具有资金规模大、政策性强、管理层级多、实施周期长、覆盖面广、支持方式多样、项目内容复杂的特点。

1. 资金规模大。大额专项资金最显著的特点就是资金规模大，但具体到多少金额以上才算大额，目前尚无统一规定。从北京市11项大额专项资金看，"社会建设专项资金"资金量最小，为2.5亿元；"重大科技成果转化和产业专项资金"与"文化创新发展专项资金"资金量最大，接近100亿元。正是由于有大额度资金的保证，才能够充分发挥整合政府财力资源，集中力量办大事的规模效应和集成效应，实现对社会经济发展的宏观调控职能。

2. 政策性强。大额专项资金的设立，是为了满足国家宏观调控以及北京市委、市政府的重大决策而提供稳定的资金保障，因此具有很强的政策性。在宏观层面上，有指导全市的文件政策精神；在中观层面上，有具体资金支持管理办法；在微观层面上，有具体项目的管理办法和流程。一系列的政策办法，对大额专项资金的扶持对象、政策措施、完成目标、实施效果等内容进行了相应的规定，而且在资金的使用原则、使用范围、使用方式、使用程序、监督管理等方面都提出了明确的要求。

3. 管理层级多。大额专项资金在管理上往往属于多部门管理，如在资金审批上由财政部门负责，资金分配和监管主要由主管部门负责，资金实际执行则由项目实施单位负责。对于某些大额专项资金来说，更是呈现出横向和纵向上的多层次管理。如"重大科技成果转化和产业专项资金",顶层设计和管理由市委、市政府领导召集发起的项目审批联席会议负责,项目具体管理则由市发改委、市科委、市国资委、市经信委、市财政局、中关村管委会、开发区管委会七家成员单位负责,各成员单位在各自领域内负责项目发现遴选、资金支持额度方式、项目监管等。

4. 实施周期长。大额专项资金常用于一定时期内重点事项支出,一般都具有较长的实施周期。例如,"工业发展资金"和"商业流通发展资金",均为2002年设立的。在大额专项资金的设立年限上,《北京市市级大额专项资金管理办法》(以下简称《办法》)未明确规定。在大额专项资金的撤销方面,《办法》规定,若遇政策调整变化、预期目标已经实现或者经绩效评价未达到主要预期绩效的,对大额专项资金进行撤销和调整。

5. 覆盖面广。大额专项资金支持的对象和领域非常广泛,目前,北京市大额专项资金主要体现在科技、文化、工业、商业、社会建设、环境保护、旅游等领域,资金的规模效应和集成效应日益突出。

6. 支持方式多样。大额专项资金大多以项目拨款、补助、奖励、贴息的方式进行支持,近年来,对企业的支持又创新使用了股权投资、共享知识产权、资本金注入等方式,资金支持方式日趋完善。

7. 项目内容复杂。从某种意义上讲,每一项大额专项资金都是由若干个项目组合起来的项目集合,在这个项目集合包中,又可以分为不同类型的子项目,个别子项目由于涉及多个部门、甚至多个区县,项目内容显得较为复杂。

资料来源:北京市财政局绩效评价处提供。

(三) 全过程预算绩效管理推进(2011~2015年)

预算绩效管理是一种以结果为导向的预算管理模式,2011年7月,财政部颁布了《关于推进预算绩效管理的指导意见》通知,提出要"充分认识预算绩效管理的重要性,要逐步建立以绩效目标实现为导向,以绩效评价为手段,以结果应用为保障,建立覆盖所有财政性资金,贯穿预算编制、执行、监督全过程的具有中国特色的预算绩效管理体系。"为响应财政部要求,同时进一步推进北京市预算绩效管理工作的开展,2011年9月,北京市人民政府办公厅出台了《关于推进本市预算绩效管理的意见》,提出"完善预算绩效管理框架体系,强化推进预算绩效管理的保障措施",市财政局也陆续出台相应的关于绩效评价、事前评估、全过程跟踪等相关管理办法及实施细则，进一步明确了预算绩效管理的具体内容和细节，同年，北京市选取科学技术委员会、市卫生局、市医院管理局作为首批预算绩效管理试点部门，2012年又选取北京市旅游发展委员会、北京市教育委员会等9个部门作为第二批试点，2013年，选取北京市财政局等30个单位作为第三批试点部门，2015年起，将所有市级部门全部纳入全过程预算绩效管理。这一阶段，北京市市级部门的全过程预算绩效管理工作实现了较为充分的开展。

（四）预算绩效管理体系再完善（2016年至今）

2016年以来，伴随着北京市市级部门全过程预算绩效管理的全覆盖，全市逐步开始扩大财政支出绩效评价的类型和范围，将财政绩效评价的范围由财政支出项目的绩效评价扩展到财政政策支出的绩效评价，以及政府投资基金、转移支付、债券资金、部门整体支出等其他类型的财政资金绩效评价。2016年，全市实现预算绩效管理的全闭环管理；2017年全市实现重点指出项目绩效目标的全面公开；2018年，北京市率先开展绩效成本预算试点，选取了学前教育、养老机构、公交补贴、供暖补贴、自来水补贴等11个领域进行成本效益分析，建立以"投入成本、产出治理、效益效果"为核心内容的指标体系。至今，在不断实践和探索中，预算绩效管理工作逐步从增量扩面向提质增效方向转变，逐步形成了具有北京特色的预算绩效管理体系。

第三节　做法突出：事前、事中、事后全过程预算绩效管理体系

2002年开始，北京市率先开展财政支出绩效考评试点，开启了全市预算绩效管理改革。伴随着党的十六届三中全会"建立预算绩效评价体系"的提出，北京市预算管理工作的开展也不断逐步完善，先后成立了专门的机构负责预算绩效管理工作，目前，初步建立形成了以预算绩效目标管理、绩效运行跟踪监控管理、绩效评价实施管理、绩效评价结果反馈和应用管理全过程预算绩效管理体系，并强化绩效理念逐步融入预算管理全过程，使之逐步与预算编制、预算执行、预算监督共同成为预算管理的有机组成部分，逐步实现"预算编制有目标、预算执行有监控、预算完成有评价、预算结果有反馈、反馈结果有应用"的预算绩效管理机制，如图3-9所示。

事前评价绩效目标 → 事中评价绩效跟踪 → 事后评价绩效评价 → 事前评价绩效目标

预算绩效管理

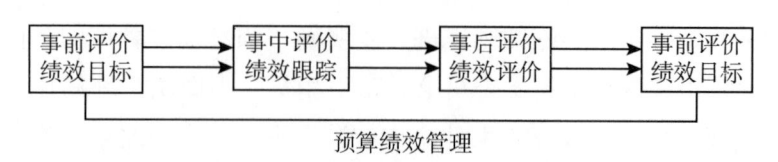

图 3-9　全过程预算绩效管理机制

按照《北京市市级预算绩效管理试点工作总体方案》，北京市预算绩效管理工作主要包括四个阶段，如图 3-10 所示，一是预算编制阶段（首年 9 月至 11 月），这一阶段主要是指预算部门填报部门整体支出和项目支出绩效目标、财政部门审核绩效目标阶段，同时，该阶段对部门上报的项目支出中选择部分重点项目进行事前绩效评价；二是预算执行阶段（次年 1 月至 12 月），这一阶段主要是将绩效目标同预算一并批复、绩效目标跟踪、绩效目标完成汇报阶段；三是预算监督阶段（第 3 年 1 月至 9 月），该阶段主要是财政部门对试点部门的整体支出绩效评价和监督，部门根据评价结果整改阶段；四是结果应用阶段（第 3 年 9 月至 12 月），该阶段一方面试行绩效奖惩和问责，对于预算部门的预算支出绩效行政问责考评纳入北京市市级国家行政机关绩效管理专项考评，对存在的问题的部门实施扣分，对预算绩效未达到相关要求的部门，采取收回预算资金等实行绩效问责；另一方面，建立绩效应用制度，将绩效结果作为下年度预算安排的参考依据。

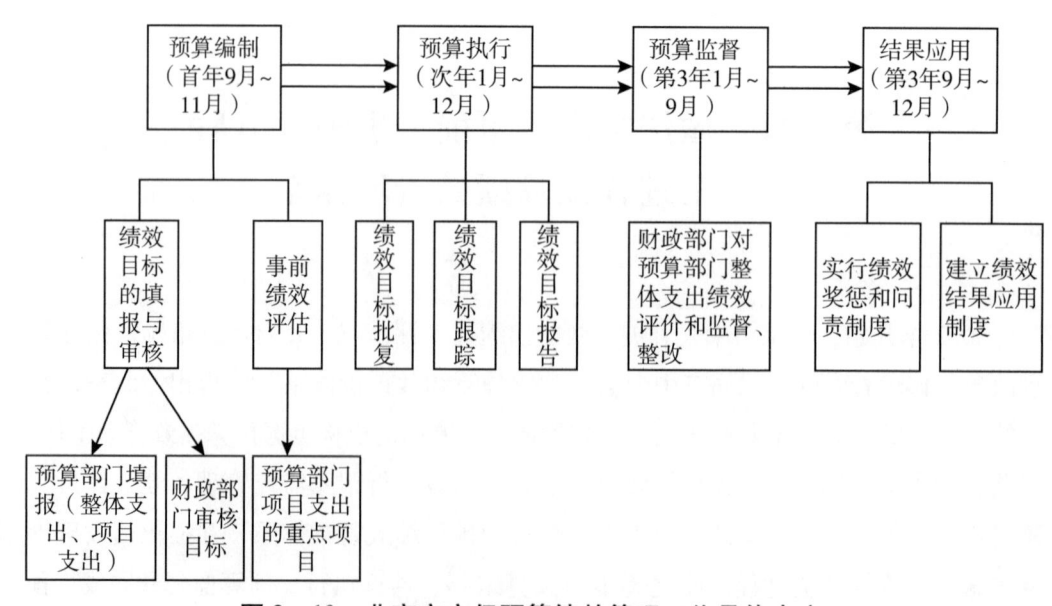

图 3-10　北京市市级预算绩效管理工作具体内容

资料来源：根据北京市财政局提供资料汇总整理。

一、建立和完善预算绩效管理组织保障体系

为推进和保障财政绩效管理工作的顺利开展与运行,北京市财政局成立了专门的财政绩效评价机构——绩效评价处和绩效考评中心,其中,绩效评价处负责拟订本市财政支出绩效管理的有关政策、制度、办法及指标体系和评价标准,组织财政支出绩效管理相关工作。绩效考评中心承担市本级财政支出绩效管理事务性、辅助性工作;对设立的绩效指标体系进行研究,开展相关审核工作;承担本市财政绩效评价、再评价、事前评估等具体工作,如图3-11所示。

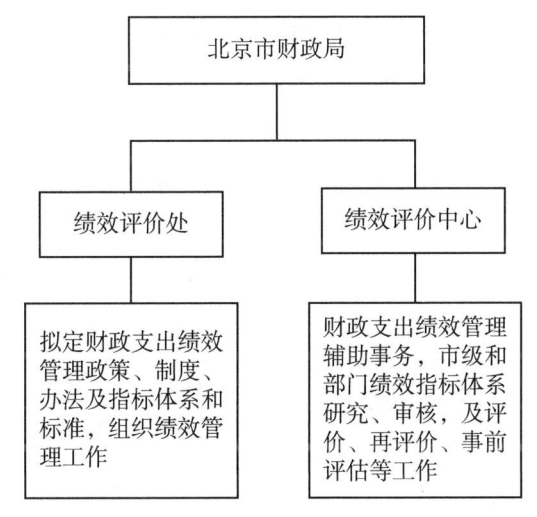

图 3-11 北京市财政局预算绩效管理组织部门

资料来源:根据北京市财政局网站统计整理。

按照《北京市人民政府办公厅关于推进本市预算绩效管理的意见》《北京市财政局关于印发〈北京市财政支出绩效评价管理暂行办法〉》《北京市预算绩效管理办法》(试行)等相关管理办法,为推进预算绩效管理顺利工作,形成了一套财政部门、主管部门和预算单位分工明确的预算绩效管理工作体系。其中,财政部门层面,具体负责拟定预算绩效管理制度、办法,统一组织指导预算绩效管理工作;负责绩效目标的形式性审核、事前绩效评估;跟踪预算执行;具体实施财政评价和再评价;根据评价结果提出整改建议;指导各部门和下级财政部门开展预算绩效管理工作。主管部门层面,负责具体组织实施本部门的预算绩效管理工

作，督促、检查、指导所属单位的预算绩效管理工作；按规定编报绩效目标，配合财政部门开展事前绩效评估工作；对预算执行进行绩效跟踪，并按规定及时将执行中存在的问题和整改措施报财政部门；组织开展本部门和所属单位的绩效自评工作，并配合财政部门开展财政评价和再评价工作；根据评价结果加强资金管理，改进绩效管理工作。预算单位层面，负责具体实施单位的预算绩效管理工作。包括：按规定编制绩效目标，配合财政部门开展事前绩效评估工作；对预算的执行进行绩效跟踪，并按规定及时将执行中存在的问题和整改措施报主管部门；配合财政部门和主管部门开展绩效评价工作，实施本单位绩效自评工作；根据评价结果加强资金管理，改进绩效管理工作。自2006年北京市财政局建立了绩效考评处和绩效考评中心以来，各预算部门也逐步建立绩效考评处和绩效考评中心，按照北京市政府机构的财政项目支出情况划分，以及经2018年北京市人民政府机构重新调整后，北京市财政绩效管理对象设36个市级预算单位（北京市国家安全局除外），2018年，基本实现了各市级预算单位的绩效考评的部门全覆盖（见表3-4）。

表3-4 北京市政府机构设置及职能一览表

机构设置及数量	机构名称	机构职能
市政府办公厅及组成部门	北京市人民政府办公厅	协助市政府领导同志处理市政府日常工作
	北京市发展和改革委员会	负责北京市国民经济和社会发展统筹协调、经济体制改革综合协调的市政府组成部门
	北京市教育委员会	主要负责北京市贯彻落实国家关于教育方面的法律法规，及与教育有关的事务
	北京市科学技术委员会	负责本市科技工作的市政府组成部门
	北京市经济和信息化委员会	负责本市工业、软件和信息服务业发展、推进信息化工作
	北京市民族事务委员会（宗教事务局）	负责贯彻执行国家关于民族、宗教工作方面的方针、政策和法律、法规、规章，及处理相关事务
	北京市公安局	主管北京市公安工作的市政府组成部门
	北京市民政局	负责本市民政事业管理工作的市政府组成部门
	北京市司法局	负责本市司法行政工作的市政府组成部门
	北京市财政局	负责本市财政收支、财税政策、财政监督、行政事业单位国有资产管理工作

续表

机构设置及数量	机构名称	机构职能
市政府办公厅及组成部门	北京市人力资源和社会保障局	负责本市人力资源和社会保障工作
	北京市规划和自然资源委员会	负责本市土地规划与矿产资源行政管理，贯彻落实国家关于城乡规划、测绘、建设工程勘察与设计等方面的法律、法规、规章和政策及相关事务
	北京市的生态环境保护局	负责本市生态环境保护工作
	北京市住房城乡建设委员会	负责本市住房和城乡建设行政管理
	北京市城市管理委员	负责本市城乡环境建设综合协调、城市综合管理协调和相关市政公用事业、市容环境卫生管理
	北京市交通委员会	贯彻落实国家关于交通方面的法律、法规、规章和政策，及与交通相关的事务
	北京市农业农村局	负责统筹协调本市农村发展和农村经济工作的市政府组成部门
	北京市水务局	负责北京市贯彻落实国家关于水务工作方面的法律、法规、规章和政策，以及与水务有关的事务
	北京市商务委员会	负责本市内外贸易和对外经济合作
	北京市文化和旅游局	负责北京市贯彻执行国家关于文化艺术和文化市场方面的方针、政策和法律、法规、规章，及与文化有关的事务
	北京市卫生健康委员会	负责北京市贯彻落实国家关于卫生、计划生育方面的法律、法规、规章和政策，及与卫生方面有关的事务
	北京市应急管理局	负责本市人民防空和防灾救灾相关工作
	北京市市场监督管理局	主管本市市场监督管理和行政执法工作的市政府直属机构负责北京市贯彻落实国家关于质量技术监督方面的法律、法规、规章和政策，及与此相关的事务
	北京市审计局	北京市依法独立行使审计监督权的审计机关，在市长和审计署的领导下，负责北京市的审计工作
	北京市人民政府外事办公室	负责本市外事和港澳事务
市政府直属特设机构	北京市人民政府国有资产监督管理委员会	是市政府授权代表国家履行国有资产出资人职责的市政府直属特设机构

续表

机构设置及数量	机构名称	机构职能
市政府直属机构	北京市广播电视局	负责本市广播电影电视事业、新闻出版事业和著作权管理工作
	北京市文物局	负责本市文物和博物馆事业管理工作
	北京市体育局	负责本市体育事业管理工作
	北京市统计局	负责北京市贯彻执行国家关于统计方面的法律、法规、规章和统计制度、统计标准，及与统计相关的事务
	北京市园林绿化局	负责本市园林绿化工作的市政府直属机构
	北京市地方金融监管局	负责本市金融发展、金融服务和金融市场建设工作
	北京市人防办	负责本市人民防空和防灾救灾相关工作
	北京市人民政府信访办公室	是市委、市政府负责本市信访工作的市政府直属机构
	北京市知识产权局	负责组织协调本市保护知识产权工作，推动知识产权保护工作体系建设；会同有关部门建立知识产权执法协作机制，开展有关的行政执法工作；开展知识产权保护的宣传工作等
	北京市政府侨办	负责本市侨务工作的市政府直属机构

资料来源：北京市人民政府网站。注明：此结构为2018年政府机构改革后的北京市机构设置。

专栏3：北京市政府机构分类

一、北京市政府机构分类

北京市有436个政府机构，需要按照某一标准对其进行归类，以便北京市绩效管理指标体系的构建。北京市各政府机构按照其主要财政支出所属的功能进行分类，可分为15大类，即一般公共服务、外交、民防、公共安全、教育、科技、文体广播、社会保障、医疗卫生、环境保护、城乡社区事业、农林水、交通运输、工业商业金融及其他，其中：

一般公共服务涵盖的范围主要是提供以下服务的政府机构：有政府办公厅提供的服务、统计服务、财政税收服务、审计服务、知识产权服务、工商与技术监督服务、监察服务、民族、华侨与宗教事务、国土资源与测绘服务、社会建设及规划有关的服务。

外交类主要是指负责本市对外合作与交流的政府机构。

民防类主要是指负责本市人民防空和防灾救灾政府机构。

公共安全类主要是指与武装警察、公安、国家安全、检察、法院、司法行政、监狱及其他法制事务相关的政府机构。

教育类主要是指与各种教育管理事务相关的政府机构。

科技类主要是指与科学技术管理事务、基础科研、社会公益研究、高技术研究、应用技术研究与开发、科技成果应用、科技服务等有关的政府机构。

文体广播类主要是指与文化、文物、体育、广播影视、新闻出版等有关的政府机构。

社会保障类主要是指与社会保障及就业管理、抚恤优待、社会福利、残疾人事业、社会救济、自然灾害生活救助、基本养老保险基金、失业保险基金、基本医疗保险基金等有关的政府机构。

医疗卫生类主要是指与卫生、医药、人口、计划生育等有关的政府机构。

环境保护类主要是指与环境保护管理、污染治理、园林绿化、退耕还林、风沙治理等有关的政府机构。

城乡社区事业类主要是指与城乡社区管理、城乡社区规划、城乡社区住宅、公共基础设施建设等有关的政府机构。

农林水类主要是指与农业、林业、水利等有关的政府机构。

交通运输类主要是指与交通运输业有关的政府机构。

工业商业金融类主要是指与制造业、建筑业、邮政电信、旅游、外资外贸、金融保险等有关的政府机构。

其他主要是指不属于以上14类中的政府机构，主要有北京市民政局、北京市人民政府国有资产监督管理委员会、中共北京市委北京市人民政府信访办公室。

二、对北京市政府机构开展的财政项目进行分类

可以按照项目开展的形式，对北京市政府机构开展的财政项目进行分类。一类为生产制造建设类项目，这类项目的结束时一般都有工程竣工的验收报告。另一类为非生产制造建设类项目，也就是在项目开展的过程中不涉及生产制造建设的项目，一般多为服务类的项目，这类项目一般都要通过服务对象的满意度来评价项目完成的质量，对于大额项目也要有项目验收报告，一般通过第三方测评机构对项目进行验收。

资料来源：根据北京市财政局绩效评价处提供材料整理。

二、事前评价：建立绩效目标管理和事前绩效评估体系

（一）建立绩效目标管理体系

绩效目标管理是指财政部门、各部门及其所属单位以绩效目标为对象，以绩效目标的设定、审核、批复等为主要内容所展开的预算管理活动。财政部门和各部门及其所属单位是绩效目标管理的主体。绩效目标管理的对象是纳入各部门预算管理的全部资金，而不仅仅是财政性资金。设定绩效目标有一定的难度，必须以一定的依据为基础。

1. 北京市绩效目标管理探索。目前，北京市在克服设定绩效目标的难度方面有一些有益的尝试，按照《北京市市级预算绩效管理试点工作总体方案》，在预算编制阶段，要求预算部门填报绩效目标，绩效目标分为部门整体支出绩效目标和部门项目支出绩效目标，对于两种绩效目标的设立，北京市一直进行了一系列有益的探索。

2006 年，北京市财政局印发了《北京市市级部门预算支出绩效考评管理暂行办法》首次提出了预算支出绩效考评的依据为市级部门实现其职能所确定的绩效目标的实现程度，以及为实现这一目标安排预算的执行结果。但由于这一时期处于北京市实施预算绩效管理的探索初期，尚未对绩效目标的设定给予明确标准，对绩效目标的研究也不够深入。因此这一时期，北京市预算绩效管理还未将绩效目标设定在一个很重要的位置，也没有提出设定绩效目标的基本依据、具体内容等。

随着预算绩效管理工作的推进，北京市逐步认识到绩效目标在绩效预算管理中的重要性。2010 年，在出台的《北京市市级财政支出绩效评价管理暂行办法》中，关于绩效评价的基本内容中有两条涉及绩效目标，提出绩效评价的基本内容涵盖绩效目标与战略发展规划的适应性，绩效目标的实现程度及影响目标实现的因素分析；明确"绩效目标是部门（单位）根据其履行职能，发展事业的需要，结合预算支出提出的在规定年限内达到的目的和效果"，提出"绩效目标由部门（单位）设定，市财政局审核"设定绩效目标和界定审核主体的具体要求，明确绩效目标要纳入部门年度预算且要符合国民经济和社会发展规划、部门职责及事业发展规划，并要与部门相应财政支出的范围紧密相关，制定绩效目标要明细可量化、合理可行、以结果为导向和具有时效性，在这一要求下，2011 年开始，北

京市财政局选取了试点部门开展绩效目标的填报与审核,目前确定的绩效目标包括:一是预期提供的公共产品和服务,包括产品和服务的数量目标、质量目标、时效目标、成本目标以及服务对象满意度目标;二是达到预期提供的公共产品和服务所必需的资源;三是支出的预期效果,包括经济效益、社会效益和可持续影响等,其中经济效益是项目实施后预期取得的各项经济效益指标。指标预测要有客观、合理的依据;社会效益指标是项目实施的目的或对经济社会发展、环境保护等方面的影响度,指标确定要客观、符合实际、依据明确;可持续影响指标是项目实施对社会经济和资源环境的持续影响程度等。

在实施预算绩效管理过程中,北京市对设定预算绩效目标依据的研究和探索不断深入,绩效目标的内容也更加丰富。2012年,北京市已经把设定绩效目标的依据落脚到"效果"方面,北京市财政局印发了《北京市财政支出绩效评价管理暂行办法》,明确"绩效目标是绩效评价的对象计划在一定期限内达到的产出和效果",提出绩效评价与财务检查、财务审计有本质区别,不能只停留在反映项目执行情况和执行结果的层面上。绩效评价要关注资金使用的安全性、合法性外,更重要的是依据科学的指标体系、合适的评价方法和系统的评价标准,还要对财政资金使用的政治、经济、社会等综合效果进行评判。在这种认识下,绩效目标的设定将更能反映预算资金的预期产出和效果,相应的绩效指标也更为细化,包括以下几个方面:一是预期产出,包括提供的公共产品和服务的数量目标、质量目标、时效目标、成本目标以及服务对象的满意目标;二是预期效果,包括经济效益、社会效益和可持续影响等;三是服务对象或项目受益人满意程度;四是达到预期产出所需要的成本资源;五是衡量预期产出、预期效果和服务对象满意程度的绩效指标。此外,还要求绩效目标要从数量、质量、成本和时效等方面进行细化,尽量进行定量表述,无法量化的,可采用定性的分级分档形式表述,至此,绩效目标的设定更为完善,目标内容更为丰富、明确。各预算部门绩效目标确认后,为保证预算绩效目标的实现,相应的主管部门将对部门本级和下级单位的绩效目标进行审核,北京市财政局作为主管财政部门,根据各部门上报的绩效目标,结合年度工作重点和政府财力,审核确定预算安排。目前,各部门在编制项目支出预算时,要求500万元以上的项目、重点民生项目,以及200万元以上的政府购买服务项目均须填报绩效目标。此外,为保证各部门能够合理安排预算目标,北京市还针对绩效目标管理工作进行了"一对一"的培训工作,指导预算部门合理填报绩效目标。同时,更加重视目标管理责任的认定,按照"谁申请资金,谁设定目标"的原则,预算部门及其所属单位还要对绩效目标的填报负责,将绩责任明确到人。按照"谁分配资金，谁审核目标"的原则，建立预算部门和财政部门"双审核"机制，确保了绩效目标填报的完整性和准确性。

2. 北京市预算绩效目标的管理。目前，绩效目标管理重点对项目支出绩效目标和部门整体绩效目标的管理。

一是项目支出绩效目标管理。项目支出是预算部门为完成特定的行政任务或事业发展目标、纳入部门预算编制范围的年度项目支出计划，该计划每年度是由各级财政部门根据各地经济与社会发展需求、财政支出政策、政府工作重点等自行确定（见表3-5）。其中，项目总体绩效目标是描述事实项目计划在一定期限内达到的产出和效果。绩效指标是对项目绩效目标的细化和量化，一般包括产出指标和效果指标。产出指标是反映预算部门根据项目既定目标计划完成的产品和服务情况，其可用产出数量指标、产出质量指标、产出进度指标和产出成本指标具体说明：产出数量指标反映项目计划完成的产品和服务数量，通常用绝对数表示；产出质量指标反映项目计划提供产品或服务达到的标准、水平和效果，表明服务或生产的相对水平、平均水平指标，它的数值不随总体范围的大小而增减；产出进度指标反映项目计划提供产品或服务的及时程度和效率情况；产出成本指标反映项目计划提供该产品或服务所需成本，分单位成本和总成本等。效果指标反映与既定绩效目标相关的、财政支出预期结果的实现程度，主要用来说明预算支出计划或可能给预算执行单位以外的服务对象和社会群体提供的价值，既包括短期价值，也包括长期价值。效益指标可以用经济效益指标、环境效益指标、可持续影响指标和服务对象满意度指标来具体说明：经济效益指标是指预算支出活动或项目本身所具有的一些经济特性，即是否有利于服务对象经济收入的增加，或者是否有利于预算活动或项目实施地区在国内生产总值（GDP）、人均GDP城乡居民收入、基尼系数、恩格尔系数等经济效益方面的改善。社会效益指标是项目活动可能完成的有形资源、无形服务、知识产权等产出物，为一定数量的服务对象或社会群体带来的直接或间接的社会价值、思想价值、文化价值等，包括劳动机会、娱乐活动、文化进步等。环境效益指标，是对项目活动的环境后果的衡量，可以从植被覆盖、水土流失、三废治理、节能减排、生态平衡等维度进行具体描述。可持续影响指标是项目实施对社会经济和资源环境的持续影响程度等。服务对象满意度指标反映的是公众或者相关利益方对预算项目活动产出物或提供的服务所产生的感受与自己期望所进行的对比，如公众满意度、医疗投诉率、内部员工满意度等指标。实践中，项目年度绩效指标的内容是由北京市各地区、各部门根据预算绩效管理工作的需要可选取、补充和细化指标内容，可量化的用数值描述,不可量化的以定性描述。

表3-5 项目支出绩效目标申报表及填报

项目名称			申请数合计(万元)	
项目总体绩效目标				
绩效指标	一级指标	二级指标	具体指标(指标内容、指标值)	
	产出指标(一)	产出数量指标		
		产出质量指标		
		产出进度指标		
		产出成本指标		
	产出指标(二)	产出数量指标		
		产出质量指标		
		产出进度指标		
		产出成本指标		
	产出指标(三)	产出数量指标		
		产出质量指标		
		产出进度指标		
		产出成本指标		
		……	……	
	效果指标	经济效益指标	……	
		社会效益指标		
		环境效益指标		
		可持续影响指标		
		服务对象满意度指标		
		……		
其他说明的问题				

资料来源:北京市财政局绩效预算处提供。

二是部门整体支出绩效目标。部门整体支出绩效目标是预算部门(单位)依据部门预算支出方向、重点、部门职能及事业发展规划等,所填报用于申请财政部门预算编制的目标内容(具体流程见图3-12)。从2011年开始,北京市财政局试点开展绩效目标的填报和审核,选取卫生局3个部门进行试点,2012年选取市教委等9家部门扩大试点规模,2013年选取市财政局等30个部门纳入试点范围,北京市财政局依据部门预算支出的方向和重点、部门职能及事业发展规划,对申报的绩效目标进行形式性审核,符合相关要求的,可进入下一步预算编审流程,不符合相关要求的,财政部门要求其调整、整改。2017年以来,北京市开始建立绩效目标公开机制,建立初期,首先对500万元以上的重点项目绩效支出目标予以公布,至2018年,北京市所有市级预算部门(除涉密单位外)项目绩效目标均随预算向社会公开,实现绩效目标管理与预算管理全面融合,预算公开也从"晒账单"向"晒绩效"转变。

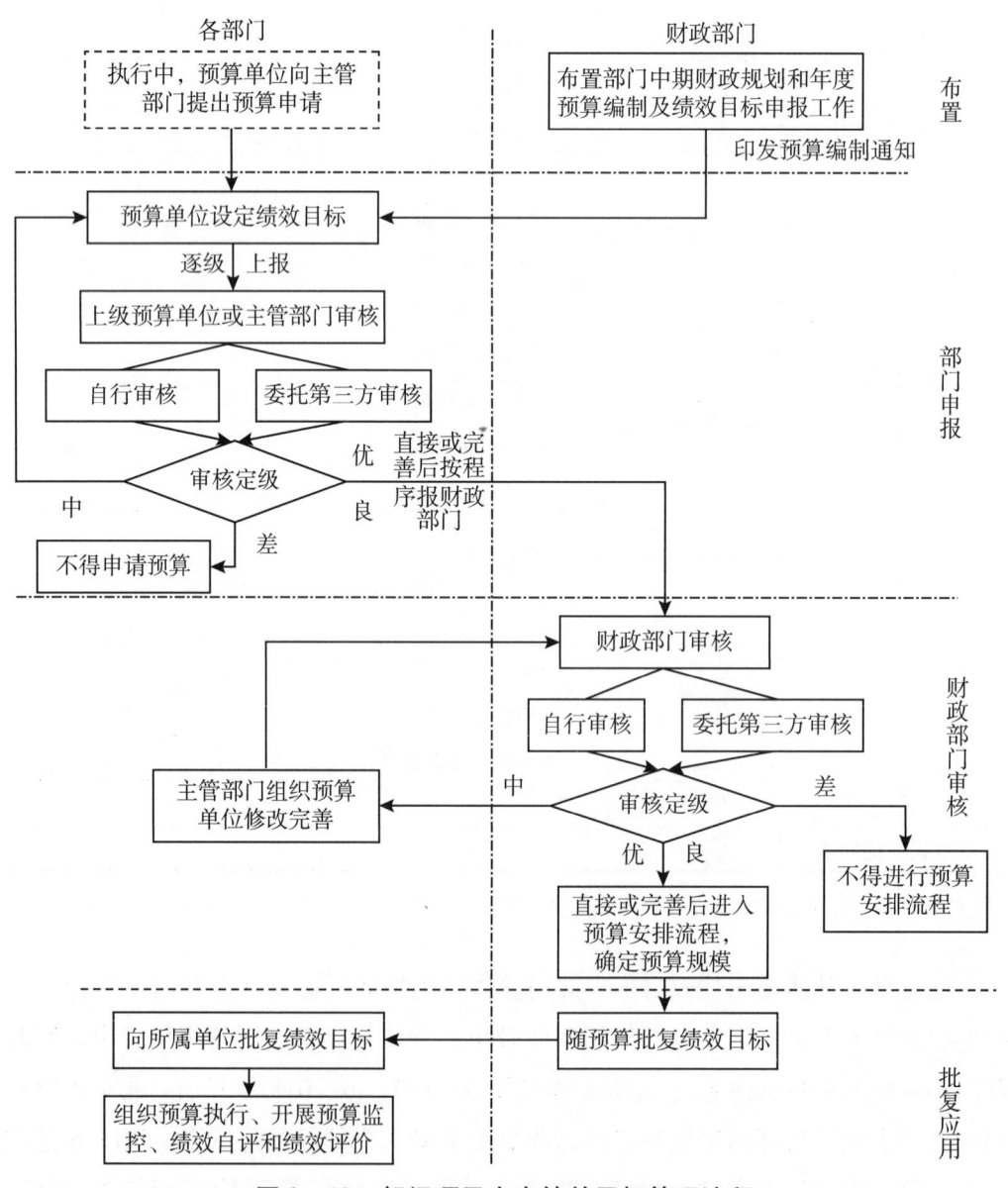

图3-12 部门项目支出绩效目标管理流程

资料来源:根据北京市人民政府办公厅《关于推进本市预算绩效管理的意见》整理。

专栏4：北京市社会科学院2015年部门支出绩效目标

一、部门职能概述

北京市社会科学院的主要职责是在市委市政府的领导下，研究首都经济、政治、文化、社会协调发展的中长期战略规划；研究在改革、发展、实践中所遇到的重大理论问题和实际问题，为市委市政府的科学决策提供理论支持。北京市社会科学院承担着重要的社科基础理论研究和学科建设任务，注重发挥本院特长学科的作用，突出首都特色，以理论和实践的双重创新，认真实践"三个代表"重要思想。

二、部门绩效目标

北京市社会科学院以建设"决策智囊、学术高地、社会智库"为办院方针。以"四个建设好、一个努力"为基础，打造一流地方社科院。一是建设好市委市政府的思想库、智囊团，做到"信得过、用得上、离不开"；二是建设好马克思主义中国化理论阵地，做到"有发展、有创新、有建树"；三是建设好首都哲学社会科学主阵地，做到"话语权、创造性、表现力"；四是建设好新型智库，做到"立得住、叫得响、过得硬"；五是在全盘工作和长远发展上，努力做到"与国际接轨、创国内一流"。围绕上述方针和发展策略，北京市社会科学院2015年拟开展课题类、学术交流类、期刊类、基础建设类、人才培养类、日常运行保障类和其他类，共7类、38个项目。其中，课题研究类包括重点课题、皮书系列、一般课题等7个项目，通过项目实施，进一步提升本院整体科研水平和科研成果质量的影响力；学术交流类包括社科系统学术交流、科研成果应用转化及社科理论传播推广等8个项目，通过项目实施，促进社科系统内同行的交流，实现科研成果的实时共享；期刊类包括《北京社会科学》《城市问题》等7个项目，通过支持期刊的持续运营和改进，不断提高社科系统内重要刊物的影响力，为政府决策提供更有价值的参考数据；基础建设类包括社科基地2号楼更新电梯、图书信息资源建设经费等6个项目，通过项目实施，进一步完善社科院开展科研工作的硬件和软件配套设施；人才培养类包括2015年人才引进、选拔和职称评审、非公经济职称改革经费，博士后科研工作站建设与博士后培养2个项目，通过项目实施，完善院内人才引进和培养机制，进一步提升本院科研队伍实力；日常运行保障类项目包括信息系统维护费、购置台式计算机等7个项目，通过项目实施，保障院内日常工作的正常开展；其他类包括资产及项目绩效监管专项经费1个项目，通过项目实施，进一步完善本院项目的绩效管理工作和财务资产管理等工作。

三、绩效指标

绩效指标为一级指标，二级指标分设产出指标和效果指标。

（一）产出指标

1. 产出数量指标

（1）课题类项目：①重点课题：发表核心期刊论文30篇以上，获得省部级以上领导批示10项以上，出版各类著作10部以上；②皮书系列：出版皮书10本，论丛6本；③一般课题：发表各类学术论文200余篇；④青年课题：对本院39岁以下的青年科研人员以支持30个课题的方式进行培养，每个课题至少需公开发表期刊论文1篇，至少形成研究报告、文献综述等1篇；⑤激励课题：按2014年度综合量化考核总分，在2015年分三档对前40名科研人员进行课题奖励；⑥完成首都城市安全应急保障研究报告一份（含10个子报告），总字数约30万字；⑦聘请约625名专家参与课题立项评审、课题结项鉴定和举行全院学术专题论坛及全年论坛等。

（2）学术交流类项目：①派5~10人参加全国社科系统会议及到上海社科院、广西社科院等地方社科院调研学习；②组织学科、研究基地小型学术研讨会、讲座等若干次，开展市内外实地调研若干次，参加各级各类学术会议若干次并进行主旨发言；③举行两年一度的哲学社会科学优秀科研成果评奖、优秀调研报告奖的评选，10次相关成果发布活动和30次本院学者与市及以上媒体的交流活动；④完成社会热点、难点问题汇编1部；⑤为市委中心组理论学习提供必要的参考资料汇编12期；⑥邀请并接待30位外国学者来北京市社会科学院进行学术交流活动；⑦派出6个课题组共计38名学者赴国外进行学术访问和交流；⑧不定期举办关于北京社科系统热点、难点问题的学术交流会议。

（3）期刊类项目：①出版《北京社会科学》12期，每期128页；②报送要报《看一眼》40期；③出版院报《北京社会科学报》20期；④出版《城市问题》12期，每期2 500册，共30 000册；⑤修改《北京市社会科学志》志稿55万字，统稿240万字，资料检索400万字；⑥编辑《国际学术动态》4期；⑦不定期印制《科研动态与社科前沿综述》；⑧印制《首都智库专报》10期以上；⑨编辑印发《首都综治研究》6期，每期刊登文章10篇以上。

（4）基础建设类项目：①数据库建设方面：建设一个国内外社科热点问题追踪及深度分析系统，包含：网络资源采集、数据加工与处理、信息发布与服务三个子系统；②图书文库建设、管理与资助方面：购买电子图书10万册，购买全年人大复印资料的电子版，购买社科类图书1 500册以上，购买期刊200种以上，图书期刊装订1 000册以上，图书期刊补缺7 500页以上，购买网络有偿数据库11

个，资助本院各类学术著作 50 余部在中国经济出版社、社会科学文献出版社、中国社会科学出版社等出版；③修缮改造方面：社科基地中院修缮藤萝架、凉亭各 1 处以消除安全隐患，重新铺装人行步道 1 处，社科基地科 2 号楼更新安装电梯 3 部；④档案建设方面：完成 2014 年行政、科研档案收集、整理、装订、电子扫描，完成舆情信息报告 30 篇以上。

（5）人才培养类项目：①引进人才 8~15 名；②完成正高 5 人，副高 8 人，中级 5 人的职称评审工作；③招收 8 名左右的进站博士后，并进行合作培养。

（6）日常运行保障类项目：①购置台式计算机 40 台；②购置办公家具 80 件；③加固车库消防自动喷水灭火系统，安装 16 个喷淋头；④改造车场管理系统，开发停车管理软件 1 套，操作系统 3 套；⑤购买社科基地机械车库服务 1 年；⑥购买 60M 带宽的互联网服务 1 年；⑦购买系统维护服务 1 年，对本院 250 台计算机，15 台服务器，10 个应用系统的正常运行提供技术支持；⑧在院网站和 OA 办公系统编辑发布 600 篇中文文章、30 篇英文文章。

（7）其他类项目：①立项评审方面：对约 38 个项目进行立项评审，并分别出具评审报告；②绩效管理方面：出具半年和全年绩效总结报告各 1 份和重点项目绩效跟踪分析表；③内部审计方面：开展 4 次内部审计，完成 4 份审计报告；④购买固定资产管理委托服务方面：对本院约 200 间房屋内的固定资产进行逐一盘点、核实，对已达到最低使用年限且不能使用的固定资产进行报废处理，并对本院 2014 年出台的《固定资产管理暂行办法》《固定资产日常管理流程》执行情况进行监督。

2. 产出进度指标

（1）课题类项目：课题立项评审工作在立项评审阶段完成；批准立项的课题按照计划进度在 2015 年内完成所有论文、专著或报告等的发表、出版工作；学术论坛活动根据时间安排不定期开展。

（2）学术交流类项目：根据各类学术交流活动的具体时间安排进行组织、人员安排和经费支出等，全部工作严格按计划于 2015 年底前完成。

（3）期刊类项目：各类刊物按照各自的刊期等完成年度任务，并支出相关经费。

（4）基础建设类项目：各项基础建设类项目工作按照既定计划在年度内完成，经费支出进度与项目具体实施进度一致。

（5）人才培养类项目：人才培养类项目工作按照既定计划在年度内完成，经费支出进度与项目具体实施进度一致。

（6）日常运行保障类项目：本类项目工作按照既定计划在年度内完成，经费支出进度与项目具体实施进度一致。

（7）其他类项目：立项评审、绩效管理、内部审计和固定资产管理4项工作按照委托服务合同约定时间开展。

3. 产出成本指标

严格按照预算额控制成本，经费使用符合相关财务管理规定。

（二）效果指标

1. 经济效益指标

日常运行保障类项目：保障基础设施运行，提高工作效率。其他类别的项目：均为"无"。

2. 社会效益指标

（1）课题类项目：聘请专家对申报课题进行立项审核，从源头上保障了科研成果的产出质量；聘请专家对批准立项的课题进行结项鉴定，形成了一种较有力的约束机制，督促科研人员严格按既定目标完成相关成果；最终成果能为相关领域的深入研究和发展提供理论基础，能为市委市政府决策提供参考依据；课题研究工作的开展有利于提升科研人员的科研能力，培养高素质的科研队伍。

（2）学术交流类项目：推进社会科学研究的深入和发展，促进社科系统内相关科研成果的共享，扩大成果在社会上的影响；帮助本院研究人员及时了解国内外社会科学前沿成果和发展动态，开阔视野，不断提高自身科研水平。

（3）期刊类项目：帮助社科系统内的从业人员及时了解国内外科研动态，促进全国各地社科院同行的交流沟通及优秀科研成果的及时推介和共享；为市委、市政府、各区县及委办局的决策提供参考依据。

（4）基础建设类项目：修缮改造方面的工作为本院科研人员提供更安全舒适的办公环境；数据库建设、图书文库建设、档案建设等方面的工作为科研人员提供更广阔、完善的资源获取渠道及方式，更有利于科研成果的共享，更大限度地满足政府部门做决策时对相关参考数据的需求。

（5）人才培养类项目：通过人才引进提升本院人才队伍质量；通过职称评审提高科研人员科研积极性；通过招收博士后并进行合作培养，提升博士后学术水平和科研能力，更好地为市委市政府决策咨询和推进哲学社会科学研究服务。

（6）日常运行保障类项目：所购办公设备改善集中办公环境，车库停车相关系统及车库消防设施的完善，为正规车场管理秩序提供保障，给广大职工创造一个良好的停车环境；互联网接入和信息系统维护可保障北京市社会科学院网络办公自动化及日常工作的正常开展。

（7）其他类项目：项目立项评审、绩效管理、内部审计和固定资产管理工作有利于进一步完善北京市社会科学院项目的绩效管理工作和财务资产管理工作，提高财政资金的使用效率，并实现资源的优化配置。

3. 环境效益指标

（1）基础建设类项目：网站建设和数据库建设与购买可减少纸本消耗，节约资源。

（2）日常运行保障类项目：减少纸质材料消耗，节约资源。

（3）其他类别的项目：均为"无"。

4. 可持续影响指标

（1）课题类项目：课题类相关工作开展及高质量成果的出版共享，有利于促进北京市社会科学院学科体系和人才队伍建设的不断完善，进一步巩固其作为政府决策智库的地位。

（2）学术交流类项目：以国内和国际交流不断推动我院科研、人才培养水平的全面提升，扩大本院科研成果和学者在国内外社科领域的声誉和影响。

（3）期刊类项目：刊印的相关科研成果为社科系统的基础研究工作提供理论指导，产生一定的学术影响；刊物中记录并传承的哲学社会科学知识，有助于社科事业的可持续发展。

（4）基础建设类项目：修缮改造后院内设施及更新安装的电梯可长期为相关使用人员提供安全的服务；数据库建设、图书文库建设、档案建设等方面的工作有利于促进学术成果转化为对首都经济、政治、文化及社会发展的有利规划与战略思想，并建立良好的文献保障体系，为北京市社会科学院建成国内外有影响的"一流社科研究机构"提供一定的基础。

（5）人才培养类项目：引进人才和做职称评定有利于北京市社会科学院人才队伍的建设和巩固，从而保证本院科研工作的长期稳定深入开展；招收进站博士后并合作培养，可不断提升本院科研队伍的整体素质和能力，为科研事业的持续发展储备力量。

（6）日常运行保障类项目：所购办公设备在不损坏的情况下，可长期使用；车库相关系统和服务可长期为车库的正常运营提供安全保障，为汽车管理的信息化提供便利；互联网接入、信息系统维护及院网和OA办公系统内容的更新，可为北京市社会科学院社会科学研究提供持续稳定的网络支持和信息共享。

（7）其他类项目：项目立项评审和绩效管理工作有助于建立长期有效的项目预算管理机制；内部审计和固定资产管理工作可促进北京市社会科学院不断规范资金和资产管理，实现财务资产管理的科学性。

5. 服务对象满意度指标

（1）课题类项目：科研人员对评审、激励约束机制工作满意，市委市政府领导对相关科研成果的决策参考价值认可等。

（2）学术交流类项目：参与学术交流的各方对学术交流类项目开展成效的认可度较高。

（3）期刊类项目：刊物评审方及刊物读者等对期刊的整体满意度较高。

（4）基础建设类项目：科研人员和相关设施使用人员对改造和建设工作的满意度较高。

（5）人才培养类项目：引进的人才、参与职称评定的科研人员和进站博士后对相应工作的认可度较高。

（6）日常运行保障类项目：相关设备和系统的使用者对设备和系统运行情况的满意度较高。

（7）其他类项目：相关部门对中介机构提供的服务和成果满意。

资料来源：北京市财政局网站整理。

（二）建立项目支出事前绩效评估模式

伴随着财政预算绩效管理工作的持续推进，北京市财政局在财政支出项目绩效评价推进过程中发现了一些问题，如财政支出项目绩效评价结果对预算部门的约束作用不强，没有起到实际的引导整改作用；预算编制和预算批复由财政部门负责管理，由于财政部门和预算部门存在彼此信息的不对称，出现了财政预算单位（部门）存在侥幸多报预算的现象，进而引发市人大及多方质疑财政预算管理结构和支出结构的合理性问题。为解决以上问题，2010年，北京市财政局借鉴了世界银行贷款模式的事前绩效评估体系，开始对财政投入风险、可行性、持续性组织相关论证，并经过后续的不断调整完善，旨在为财政部门进行预算批复提供参考依据，通过2~3年执行后，北京市提出要严格按照事前绩效评估结果安排预算，并不断完善指标体系、流程。

2012年，北京市财政局下发了《北京市市级项目支出事前绩效评估管理暂行办法》，在全国创先推出了事前绩效评估模式的管理办法；2014年，为推进事前绩效评估管理工作，北京市财政局印发了《北京市市级项目支出事前绩效评估管理实施细则》，再次对项目支出事前绩效评估进行了明确界定，指出"市级项目支出事前绩效评估是财政部门根据部门战略规划、事业发展规划、项目申报理由等内容，通过委托第三方的等方式，运用科学、合理的评估办法，对项目实施必要性、可行性、绩效目标设置的可行性、财政支持的方式、项目预算的合理性等方面进行客观、公正的评估"。

根据北京市事前绩效评估管理办法对事前绩效评估的界定，事前绩效评估的对象主要包括与市财政局直接发生预算缴拨款关系的市级国家机关、政党组织、事业单位、社会团体和其他独立核算的法人组织等申请国家财政资金的项目，事前绩效评估关注的重点是预算的民生类、城市管理服务和城市建设类等社会关注度较高、金额较大的项目及重大政策等，评估过程中要遵循四项原则：一是客观公正原则，即事前评估应以相关法律、法规、规章以及财政部、北京市有关文件等为依据，按照"公开、公平、公正"的原则进行；二是科学规范原则，事前评估工作应通过规范的程序，采用定性与定量相结合的评估方法，科学、合理地进行；三是依据充分的原则，在评估过程中，应收集足够的相关文件及材料，并要通过现场调研，为评估结论提供充分的依据支持；四是成本效益原则，事前评估工作的重点是评估项目立项的合理性和预算的准确性，在开展事前评估过程中，还要注意控制成本，节约经费，提高评估工作的效率与效益。实践中，事前绩效评估模式一方面是对预算部门重大项目支出绩效目标的细化，另一方面将支出项目绩效评价内容置于整个预算绩效管理的前端，更加强化了预算绩效管理项目的支出责任，也更加深入了"花钱必问效"的预算绩效管理理念。

目前，绩效评价也正从预算编报期前移到项目申报阶段，逐步开始建立事前评估审核机制，通过组织第三方服务机构、专家和人大参与的形式，依据部门战略规划、事业发展规划、项目申报理由，对各部门新增事业发展类项目的必要性、可行性、绩效目标设置的科学性、申请资金额度的合理性、财政支持的方式等方面进行论证，评估结果作为当年追加和下一年度预算安排和部门决策的重要依据。2010年以来，北京市经过事前绩效评估的重大政策及民生项目300多项，评估资金320亿元，事前绩效评估项目资金规模年均提高10%以上。人大代表、政协委员和行业专家参与预算评估2100多人次，事前绩效评估从源头上为提高财政资金使用效益增添了保证，已成为北京市特有的、亮丽的绩效管理风景线。[1]

专栏5：北京市市级项目事前绩效评估主要做法介绍

一、事前评估的组织管理

事前评估工作由财政部门统一领导，通过委托第三方的方式进行；主管部门、预算单位配合第三方具体实施。具体实施主体及工作内容包括：

---

[1] 数据由北京市财政局绩效预算处提供。

事前评估的实施主体是财政部门，财政部门负责拟定事前评估规章制度和相应的技术规范；确定事前评估项目，制定总体评估方案；依据事前评估结论安排下一年度预算；结合事前评估结果提出改进预算支出管理意见并督促落实。

主管部门负责组织、指导预算单位配合开展事前评估工作；督促落实事前评估改进工作。

预算单位负责制定本部门事前评估相关规章制度；具体组织实施本部门的事前评估工作，配合财政部门和评价机构完成评估工作，提供项目相关材料；向财政部门报送《事前绩效评估项目预期绩效报告》《事前绩效评估项目绩效目标申报表》和《事前绩效评估项目预期绩效与管控措施申报表》；落实财政部门整改意见；根据事前评估意见完善预算管理，提高预算编制水平。

第三方应按照财政部门的要求，依据本办法，组织实施具体的事前评估工作。财政部门可邀请人大代表和政协委员参与事前评估工作。

二、事前评估的主要依据与主要内容

（一）主要依据

1. 相关法律、法规和规章等；
2. 国家及北京市政府制定的国民经济与社会发展规划和方针政策等；
3. 财政部及北京市财政部门制定的预算管理制度、资金及财务管理办法等；
4. 部门（单位）的职责、年度工作计划和中长期发展规划等；
5. 相关行业政策、行业标准及专业技术规范等。

（二）主要内容

1. 项目实施的必要性。主要评估项目立项依据是否充分，项目内容与北京市宏观政策、行业政策、主管部门职能和规划、当年重点工作是否相关；项目设立依据的宏观政策是否具有可持续性，项目所在行业环境是否具有可持续性；项目是否具有现实需求、需求是否迫切，是否有可替代性，是否有确定的服务对象或受益对象；是否有明显的经济、社会、环境或可持续性效益，项目预期效益的可实现程度如何。

2. 项目实施的可行性。主要评估项目组织机构是否健全，职责分工是否明确，组织管理机构是否能够可持续运转；项目内容是否明确具体，是否与绩效目标相匹配；项目技术方案是否完整、先进、可行，与项目有关的基础设施条件是否能够得以有效保障；项目单位及项目的各项业务和财务管理制度是否健全，技术规程、标准是否完善，是否得到有效执行；针对财政资金支持方式和市区两级财政配套资金可能存在的风险，是否有相应的保障措施。

3. 项目绩效目标。主要评估项目是否有明确的绩效目标，绩效目标是否与部门的长期规划目标、年度工作目标相一致，项目产出和效果是否相关联，受益群体的定位是否准确，绩效目标与项目要解决的问题是否匹配、与现实需求是否匹配，是否具有一定的前瞻性和挑战性；绩效指标设置是否与项目高度相关，是否细化、量化。

4. 财政支持范围、方式。主要评估项目是否具有公共性，是否属于公共财政支持范围；项目单位是否有类似项目得到财政资金重复支持；项目资金来源渠道是否明确，各渠道资金到位时间、条件是否能够落实；财政资金支持方式是否科学合理，市区两级财政资金配套方式和承受能力是否科学合理。

5. 项目预算。主要评估项目预算是否与绩效目标、项目内容相匹配，预算编制是否符合相关规定，编制依据是否充分，投入产出比是否合理。

6. 其他内容。其他需评估的内容。（事前绩效评估具体申报资料由表1所示）

表1　北京市市级项目支出事前绩效评估资料准备清单

资料名称	资料内容	具体内容
项目单位需填报的资料	1. 事前绩效评估项目申报书	
	2. 事前绩效评估项目绩效目标表	
	3. 事前绩效评估项目预期绩效与管控措施申报表	
	4. 事前绩效评估项目预期绩效报告	
项目单位需准备的资料	1. 项目立项背景及发展规划	国家及北京市相关法律、法规和规章制度
		国家及北京市确定的大政方针、政策
		部门或行业的发展规划（计划）
		项目单位职能及单位简介
	2. 项目立项申请材料	项目实施方案
		可行性研究报告
		立项专家论证意见
		初步设计资料或总体设计、初步设计图纸
	3. 项目预算申请材料	项目预算及明细、测算说明
		主要材料、设备的名称、型号、规格品牌、生产厂家、价格及依据
		工程预算定额、取费标准及行业主管部门制定的相关专业定额
		反映测算依据的其他相关文件规定
	4. 与项目相关的组织管理制度	
	5. 与项目立项和预算有关的其他材料	

资料来源：北京市财政局网站。

三、事前评估的方式和方法

（一）评估方式

事前评估的方式包括聘请专家、网络调查、电话咨询、召开座谈会、问卷调查、人大代表和政协委员参与等方式。

1. 聘请专家。是指邀请技术、管理和财务等方面的专家参与事前评估工作，提供专业支持。

2. 网络调查。是指通过互联网及相关媒体开展调查，向评估对象利益相关方了解情况或征询意见。

3. 电话咨询。是指通过电话对专业人士、评估对象及其他相关方进行咨询。

4. 召开座谈会。是指由第三方组织特定人员或专家座谈，对评估项目集中发表意见和建议。

5. 问卷调查。是指调查者运用统一设计的问卷向评估对象利益相关方了解情况或征询意见。

6. 人大代表和政协委员参与。是指邀请人大代表和政协委员参与事前评估工作，人大代表和政协委员可分别从预算监督和民主监督的角度提出意见和建议。

（二）评估方法

事前评估方法包括成本效益分析法、比较法、因素分析法、最低成本法和公众评判法等。

1. 成本效益分析法，是指通过将项目的预算支出安排与预期效益进行对比分析，对项目进行评估。

2. 比较法，是指通过对绩效目标与预期实施效果、历史情况、不同部门和地区同类预算支出（项目）安排的比较，对项目进行评估。

3. 因素分析法，是指通过综合分析影响项目绩效目标实现、实施效果的内外因素，对项目进行评估。

4. 最低成本法，是指对预期效益不易计量的项目，通过综合分析测算其最低实施成本，对项目进行评估。

5. 公众评判法，是指通过专家评估、公众问卷及抽样调查等方式，对项目进行评估。

6. 其他评估方法。

事前评估方式和方法的选用应当坚持简便有效的原则。根据评估对象的具体情况，可采用一种或多种方式、方法进行评估。

四、事前评估的工作程序

确保事前评估工作的客观公正，事前评估工作应当遵守严格、规范的工作程序。程序一般包括事前评估准备、事前评估实施、事前评估总结及应用三个阶段。

（一）事前评估准备阶段

1. 确定事前评估对象。北京市财政局根据经济社会发展需求和年度工作重点确定事前评估对象。

2. 下达事前评估任务。北京市财政局下达事前评估项目通知书，明确评估组织实施形式，确定评估目的、内容、任务、依据、评估时间及要求等方面的情况。

3. 成立事前评估工作组。第三方接受事前评估任务，成立事前评估工作组，组织开展事前评估各项工作。

（二）事前评估实施阶段

1. 拟定工作方案。评估工作组按要求拟定具体的事前评估工作方案。

2. 入户调研。评估工作组到市财政局主管业务处室和项目单位进行入户调研，了解项目情况，辅导项目单位收集准备资料。

3. 组建专家组。评估工作组依据项目内容遴选评估专家，组成专家组，并适时对专家进行业务培训。

4. 收集审核资料，现场调研。评估工作组收集审核项目资料，与专家、人大代表、政协委员到项目现场进行调研。通过咨询专业人士、查阅资料、问卷调查、电话采访、集中座谈等方式，多渠道获取项目信息。

5. 进行预评估。评估工作组与专家组对项目相关数据进行摘录、汇总、分析，完成预评估工作。对于资料不全或不符合要求的，要求项目单位在5个工作日内补充上报，逾期视同资料缺失。

6. 召开正式专家评估会。专家组通过审核项目资料和听取项目单位汇报，对项目的相关性、预期绩效的可实现性、实施方案的有效性、预期绩效的可持续性和资金投入的可行性及风险等内容进行评估，形成评估结论。

参与评估的人大代表、政协委员可单独出具评估意见，包括对事前评估工作的意见建议及项目的评估意见等。

（三）事前评估总结及应用阶段

1. 撰写报告。评估工作组根据专家、人大代表和政协委员评估意见，按照规定的文本格式和要求，撰写事前评估报告，整理事前评估资料。

2. 提交报告。评估工作组在专家评估会后5个工作日内，向市财政局绩效考评中心提交事前评估报告和资料手册。

3. 结果反馈与应用。市财政局及时向主管部门、参与事前评估的人大代表和政协委员反馈事前评估结果，并根据事前评估结果做出预算安排决策；主管部门和预算单位根据事前评估意见进一步完善预算管理。

4. 结果汇报。市财政局向市人大和市政府汇报事前评估结果。

（四）事前评估的时间安排

1. 预算编制过程中的项目事前评估工作在每年9～11月完成；

2. 年中申请追加的项目事前评估工作应于财政部门下达评估任务后2个月内完成。

五、事前评估相关报告设计

事前绩效评估工作需要经过对项目预期的内容、绩效目标等进行自我评估，根据预期绩效报告进行事前评估，根据评估结果出具事前评估报告。

（一）预期绩效报告

预期绩效报告是被评估部门（单位）对项目计划内容、绩效目标、实施方案和预期效益等进行自我评估，按一定格式要求撰写的报告文本。其中，预期绩效报告应当在评估工作组规定的时间内完成，被评估部门（单位）对预期绩效报告涉及基础资料的真实性、合法性、完整性负责。

预期绩效报告主要包括以下内容。

1. 项目基本情况。说明项目背景、项目主要内容等。

2. 项目实施的相关性。说明项目的立项依据，包括项目与部门职能、相关政策及规划、现实需求等方面的相关性。

3. 项目绩效目标。说明项目的总体绩效目标以及绩效指标，绩效目标内容应具体明确、符合项目现实需求及部门长期规划和年度工作目标，绩效指标应具体细化、量化，并且要有可衡量的评价标准。

4. 项目实施方案的有效性。说明项目的具体实施方案，包括项目决策程序、实施程序，人、财、物等基础条件保障情况，相关管理制度建设情况，以及对不确定因素和风险的控制措施等。

5. 项目预期绩效的可持续性。说明与项目相关的政策、行业环境等方面的可持续性，预期产出及效果的可持续性，组织管理机构、运行机制的可持续性。

6. 项目预算。说明项目的预算构成、预算测算依据和标准、财政支持的范围和方式、市区两级财政经费保障渠道和方式等。

7. 其他内容。《北京市市级项目支出预算管理办法》《年度部门预算编制工作方案》中规定的其他需要说明的内容。

表2　　事前绩效评估项目绩效目标申报表

（　　　　年度）

项目名称				申请数合计（万元）	
项目总体绩效目标					
绩效指标		一级指标	二级指标	具体指标（指标内容、指标值）	
		产出指标（一）	产出数量指标		
			产出质量指标		
			产出进度指标		
			产出成本指标		
		产出指标（二）	产出数量指标		
			产出质量指标		
			产出进度指标		
			产出成本指标		
		产出指标（三）	产出数量指标		
			产出质量指标		
			产出进度指标		
			产出成本指标		
		……	……		
		效果指标	经济效益指标	……	
			社会效益指标		
			环境效益指标		
			可持续影响指标		
			服务对象满意度指标		
			……		
其他说明的问题					

一、填报要求

列入事前绩效评估的项目，市级部门应按照规定，填报事前绩效评估项目绩效目标申报表（以下简称"财政支出绩效目标表"）并附相关材料。项目经过事前绩效评估，财政资金予以安排支持的，市级部门在事前绩效评估意见基础上，进一步调整和完善财政支出绩效目标表，并上报市财政局。

二、申报项目应当同时具备以下条件

1. 符合国家有关法律、法规、方针政策规定，以及市委市政府工作部署；

2. 符合财政资金供给范围和支持方向；

3. 属于本部门履行职能和落实事业发展的规划；

4. 有明确的项目目标、项目实施方案及科学合理的资金使用计划，并经过充分地研究和论证。

三、财政支出绩效目标表填报说明

1. 年度：填写编制部门预算所属年份或申请使用专项资金的年份。如：2013年编报2014年部门预算，填写"2014年"，2013年申请本年度使用专项资金，则填写"2013年"。

2. 项目基本情况。

（1）项目名称：按规范的项目名称内容填报，与部门预算项目名称一致。

（2）申请数合计：填写项目资金总额。

3. 项目绩效目标。

项目绩效目标：描述所实施项目计划在一定期限内达到的产出和效果。

4. 绩效指标：是对项目绩效目标的细化和量化，一般包括以下几个方面。

（1）产出指标：反映预算部门根据项目既定目标计划完成的产品和服务情况。产出指标按具体产出内容分项填写，每项产出内容可以用产出数量指标、产出质量指标、产出进度指标和产出成本指标来具体说明。

①产出数量指标：反映项目计划完成的产品或服务数量，通常用绝对数表示。

②产出质量指标：反映项目计划提供产品或服务达到的标准、水平和效果，表明服务或生产的相对水平、平均水平的指标，它的数值不随总体范围的大小而增减。

③产出进度指标：反映项目计划提供产品或服务的及时程度和效率情况。

④产出成本指标：反映项目计划提供产品或服务所需成本，分为单位成本和总成本等。

（2）效果指标：反映与既定绩效目标相关的、财政支出预期结果的实现程度，主要用来说明预算支出预计或可能给预算执行单位以外的服务对象或社会群体提供的价值，既包括短期价值，也包括长期价值。效果指标可以用经济效益指标、社会效益指标、环境效益指标、可持续影响指标和服务对象满意度指标来具体说明。

①经济效益指标：是指预算支出活动或项目本身所具有的一些经济特性，如是否有利于服务对象经济收入的增加，是否有利于国内生产总值（GDP）、人均GDP、城乡居民收入、基尼系数、恩格尔系数等方面的改善。

②社会效益指标：是项目活动可能完成的有形资源、无形服务、知识产权等产出物，为一定数量的服务对象或社会群体带来的直接或间接的社会价值、思想价值、文化价值等。包括劳动机会、娱乐活动、文化进步等。

③环境效益指标：是对项目活动环境后果的衡量，可以从植被覆盖、水土流失、三废治理、节能减排、生态平衡等方面进行具体描述。

④可持续影响指标：是项目实施对社会经济和资源环境的持续影响程度等。

⑤服务对象满意度指标：反映的是公众或者相关利益方对预算项目活动产出物或提供的服务所产生的感受与自己的期望所进行的对比，是一个相对概念。如：公众满意度、医疗投诉率、内部员工满

意度等指标。

（3）实际操作中确定的项目年度绩效指标具体内容，可由各地区、各部门根据预算绩效管理工作的需要，在上述指标中选取或做另行补充，若项目内容较为复杂，层次较多，可增设三级指标，并对指标内容进行细化（见表3）。

（4）具体指标：包含指标内容和指标值两个部分，指标内容是对二级指标的细化；指标值是对指标内容确定的具体值，其中，可量化的用数值描述，不可量化的以定性描述。

5. 其他说明的问题：反映项目绩效目标申请中其他需补充说明的内容。

6. 其他。

（1）填报人：填写具体填报人员姓名。

（2）填报日期：填写申报的具体时间。

表3　　　　　　事前绩效评估项目预期绩效与管控措施申报表

一级指标	二级指标	三级指标	填报说明	预期绩效实现情况/管控措施阐述
项目决策	绩效目标	目标内容	依据我国国民经济和社会发展规划、部门职能及事业发展规划、项目申请理由，对项目预期总目标、阶段性目标进行简要阐述；对总体目标分解后的项目预期年度目标进行详细阐述，明确具体目标内容（数量、质量、成本、时效、效果及满意度等）及目标值	
	决策过程	决策依据	对项目设立遵循的经济社会发展规划和部门年度工作计划重点内容进行简要阐述，在此基础上总结归纳项目申请理由、计划解决的问题，围绕问题说明项目实施规划的设定情况或预计设定计划	
		决策程序	明确阐述项目立项过程中已履行或预计履行的申请、报批程序，若在立项过程中存在调整，请详细阐述项目已履行或预计履行的调整、报批手续	
项目管理	项目资金	预算管理	结合绩效目标及项目内容，阐述项目预算编制过程中考虑的资金分配因素、采用的资金分配方式方法，分配时依据的政策文件等；并明确预算编制详细结果，各部分内容测算金额、标准、测算依据等；同时针对项目执行计划说明预算执行计划拟定情况	
		资金到位	若项目资金存在多渠道来源，请阐述市区财政经费及其他来源资金预计落实时间、条件等，以说明相关资金来源能够得到有效保障并能够支持项目顺利完成	
		财务管理	阐述项目预算执行可遵循的相关财务管理制度，以及计划拟定并遵照执行的财务管理规范文件；明确执行过程中预计采用的方式方法或推行的相关机制，以确保制度有效执行，促进项目会计核算、资金使用的规范性	

续表

一级指标	二级指标	三级指标	填报说明	预期绩效实现情况/管控措施阐述
项目管理	项目实施	组织机构	阐述项目单位为保证项目顺利、有效实施已搭建或计划搭建的组织管理机构及内部成员分工情况	
		制度建设	阐述项目实施可遵循的相关项目管理制度,以及计划拟定并遵照执行的项目管理规范文件;结合项目绩效目标、项目内容阐述项目实施方案的设定情况或预计设定方案的时间及内容	
		过程控制	阐述项目实施过程中计划采用的方式方法,推行的管控措施、机制等,以确保与项目相关的各种法律、法规、制度得以严格执行;项目实施方案或实施计划得以落实;项目实施程序科学合理	

资料来源:根据《北京市市级项目支出事前绩效评估管理实施细则》内容整理。

(二)事前评估报告

事前评估报告是评估工作组根据专家组、人大代表和政协委员评估意见,做出的带有相关结论的报告文本(见表4),是对评估对象是否具有必要性、可行性、效率性、效益性、可持续性等方面的文字分析和描述。事前评估报告内容主要包括:评估对象概况、评估的方式方法、评估的内容及结论、评估的相关建议、其他需要说明的问题等。事前评估报告的具体格式由财政部门统一制定,分为正文和附件两部分。事前评估报告正文应当依据充分、真实完整、数据准确、分析透彻、逻辑清晰、客观公正。事前评估报告附件应包括事前评估预期绩效报告、项目支出绩效目标申报表、事前绩效评估专家组评估意见、专家意见、人大代表和政协委员意见等内容(人大代表和政协委员的意见应单独列示)。

表4 人大代表、政协委员评估意见示例表

**项目事前绩效评估人大代表 (人大工作机构负责人) 评估意见	**项目事前绩效评估政协委员 评估意见
人大代表(人大工作机构负责人)签字: 日期:	政协委员签字: 日期:

事前评估报告具体包括以下内容：

1. 评估对象。包括项目立项依据、背景、实施主体、主要内容、预算情况等。
2. 评估方式和方法。包括评估程序、论证思路及方法、评估方式等内容。
3. 评估内容与结论。包括项目的相关性、项目预期绩效的可实现性、项目实施方案的有效性、项目预期绩效的可持续性、财政资金投入的可行性风险和总体结论。项目的相关性主要针对政策相关性、职能相关性、需求相关性、财政投入相关性和产出与效果相关性等进行分析；项目预期绩效的可实现性主要针对绩效目标明确合理性、绩效目标细化量化程度和项目预期效益可实现程度等进行分析；项目实施方案的有效性主要针对项目内容明确性、决策程序规范性、预算编制科学合理性、项目资金保障条件、组织机构健全有效性、技术方案科学合理性、项目管理制度健全有效性和项目管控措施健全有效性等进行分析；项目预期绩效的可持续性主要针对政策的可持续性、预期产出及效果的可持续性和组织管理机构的可持续性等进行分析；财政资金投入的可行性风险主要针对财政投入能力风险、财政资金重复投入风险、支持方式导致的财政资金投入风险和项目执行风险导致的财政资金投入风险等进行分析。
4. 相关建议。结合实际情况提出改进建议。
5. 其他需要说明的问题。阐述评估工作基本前提、假设、报告适用范围、相关责任以及需要说明的其他问题等。

六、事前评估结果及应用

事前评估结果分为"建议予以支持""建议调整完善后予以支持""建议部分支持"和"建议不予支持"。事前评估结果须在充分论证的基础上得出，"建议部分支持"的结论需在结论中明确支持和不支持的具体内容，以便财政部门安排预算使用。其中，财政部门应当及时整理、归纳、分析、反馈事前评估结果，按照评估结果安排预算，并将其作为改进管理的重要依据。主管部门及预算单位应根据事前评估结果，改进管理工作，调整和优化本部门预算支出结构，合理配置资源。此外，建立事前评估信息公开制度，将事前评估结果在一定范围内公布。

七、事前评估行为规范

事前评估第三方、专家和参与事前评估工作的相关人员应当按照独立、客观、公正的原则开展工作，严守职业道德，遵守保密纪律。违反相关规定的，财政部门应当视情节轻重，终止委托合同、取消事前评估资格等处理；有违法违纪行为的，移交有关部门处理。

财政部门应与委托的第三方签订委托合同，明确双方的权利义务关系；第三方应要求专家签署承诺书，明确承诺内容和保密条款。

第三方应严格按照《参与北京市市级预算绩效管理工作中介机构行为规范》，遵守职业道德、廉洁自律；不得干预和影响被评估单位的正常工作，评估期间发生的一切费用不得由被评估单位支付；遵守保密原则，不得将文件、数据等与评估有关的资料对外公布，不得提前对被评估单位和相关人员公布专家意见、评估结果等；自觉履行回避制度及其他相关纪律。

专家应坚持实事求是、客观公正的科学态度，深入实际了解和调查情况，遵守职业道德；严格执行保密制度，保守国家秘密和被评估单位的商业和技术秘密；不得对外透露专家评估会议内容、咨询意见、争议问题等有关情况。专家、人大代表和政协委员应遵守回避制度，不得与被评估单位有任何经济利益和其他关系等。

对在事前评估过程中弄虚作假，干扰、阻碍事前评估工作的预算部门（单位），按照《北京市预算绩效管理问责办法（试行）》处理。

资料来源：根据《北京市市级项目支出事前绩效评估管理暂行办法》总结整理。

三、事中评价：建立绩效运行跟踪管理体系

预算绩效运行跟踪监控管理是预算绩效管理的重要环节。按照跟踪监控管理在预算绩效运行的时间不同，可分为预算执行中（事中）的绩效跟踪和预算执行后（事后）的绩效自评工作。预算执行中，各部门及所属单位应对资金运行情况和绩效目标预期实现程度开展绩效监控，及时发现并纠正绩效运行中存在的问题，以保证绩效目标的如期实现。一般而言，财政部门和各部门会定期采集绩效运行信息并汇总分析，对绩效目标运行情况进行跟踪管理和督促检查，纠偏扬长，促进绩效目标的顺利实现。预算执行结束后，资金使用部门会对照确定的绩效目标开展绩效自评，形成相应的自评结果，作为部门预、决算的组成内容和以后年度预算申请、安排的重要基础。

2006年北京市财政支出绩效评价工作正式启动以来，尤其是在各部门预算绩效目标执行的过程中发现，绩效目标在执行中存在预算执行与绩效目标偏离，支出绩效评价结果常出现项目执行不到位、资金浪费现象严重、资金使用难以达到预期目标效果等问题，为防止预算执行与绩效目标发生偏离，及时采取矫正措施，从2011年开始，北京市逐步建立预算执行过程中的绩效跟踪机制，财政部门和各项预算部门对财政支出的预算执行、管理和绩效目标运行等情况开始进行跟踪管

理与督促检查。2013年，北京市财政局和预算部门也分别成立领导小组，制定工作方案，认真梳理年度预算执行情况，分析执行过程中存在的问题，提出改进措施，其中，各部门还对一些与首都经济和社会发展密切相关、金额较大项目的安排落实情况进行了重点跟踪分析，定期召开项目落实情况汇报会，以确保绩效目标的实现；市财政局对试点部门的绩效跟踪，及时了解项目执行情况，要求部门报送绩效目标半年和全年完成情况，说明部门绩效目标的完成进程、存在问题和改进措施，对绩效目标的运行情况进行督促检查，确保财政资金安全有效使用。同年，出台了《北京市市级财政支出绩效跟踪管理办法》，该办法规定了跟踪的主体，明确了跟踪对象和分类，制定了绩效跟踪的分析表扬和跟踪报告范本，为各部门开展绩效跟踪工作的落实奠定了基础。2018年，北京已形成了预算执行中—部门自行监控和财政跟踪相结合、决算环节—部门自评管理的财政支出绩效跟踪管理体系，实现了绩效目标与预算执行的"双监控"和政府行政工作"放管服"的要求。

根据《北京市市级财政支出绩效跟踪管理办法》，北京市建立市级财政支出绩效跟踪管理体系的具体做法如下。

1. 确立绩效跟踪的主体。根据财政支出绩效跟踪管理办法，市级财政支出绩效跟踪管理是财政局和市级预算部门（单位）运用科学、合理的绩效信息汇总分析方法，对财政支出的预算执行、管理和绩效目标运行等情况进行跟踪管理和督促检查，及时发现问题并采取有效措施予以纠正的做法。按照规定，绩效跟踪涉及的主体包括两类，一是财政部门，具体负责制定绩效跟踪规章制度和工作规范，指导、监督预算部门（单位）的绩效跟踪工作，并根据需要选择部分重点项目开展绩效跟踪；二是市级预算部门，负责制定本部门绩效跟踪规章制度，具体组织实施本部门的绩效跟踪工作，接受市财政局的监督，完善预算支出管理。其中，绩效跟踪可由实际预算部门自行组织开展或委托专家、中介机构等第三方实施，各项目单位配合提供真实、必要材料。

2. 确定绩效跟踪遵循的基本原则。按照绩效跟踪管理办法，为加强预算绩效管理，强化支出责任，建立科学、合理的财政支出绩效跟踪机制，提高资金使用效益，要基于三项基本原则：一是目标管理原则。绩效跟踪应以绩效目标为核心，围绕绩效目标完成情况、预算执行情况等开展工作，对发现问题及时纠正，对项目支出的绩效完成情况进行总结、报告。二是权责统一原则。作为预算绩效管理主体，市级预算部门应具体负责组织实施本部门的绩效跟踪工作，承担部门主体责任并接受市财政局监督。三是突出重点原则。市级预算部门应以突出体现本部门职能，城市管理服务、城市建设、民生类等社会关注度较高、金额较大的项目及重大政策为重点进行跟踪。

3. 明确绩效跟踪的内容与方式。一是绩效跟踪的内容包括预算执行情况、管理情况、绩效目标实现程度。二是绩效跟踪的方式包括两种,一种为日常跟踪,即市级预算部门在年度预算执行中,不定期对项目支出情况采取的绩效跟踪,这种绩效跟踪侧重于对重点项目及绩效目标变动项目,目的是发现项目预算执行中的问题,及时调整、纠正;对此,北京市要求各部门填写《北京市市级项目支出跟踪分析表》,反映对重点项目及绩效目标变动项目的日常跟踪情况,按照北京市规定,进行日常跟踪的重点项目数不少于部门年度预算项目总数的30%。另一种为半年总结分析跟踪,是指实际预算部门(单位)每半年根据日常跟踪情况,对部门(单位)整体财政支出情况实施总结分析,并撰写《北京市市级财政支出绩效跟踪报告》,于当年7月和次年1月上报市财政局。

4. 制作绩效跟踪报告。绩效跟踪报告是对重点项目和绩效目标变动项目进行日常和半年跟踪的总结性报告,报告要达到依据充分、真实完整、数据准确和客观公正的要求,一般来说,绩效跟踪报告包括正文和附件两部分,正文部分主要是对绩效跟踪工作的组织实施情况、年度预算执行情况、绩效目标完成情况、存在问题及原因分析、下一步改进的工作建议以及其他需要说明的问题进行总结,其中,绩效跟踪工作组织情况涵盖了绩效跟踪工作组织机构的设置、职责分工、工作计划、计划实施情况介绍;绩效目标情况及分析涵盖了绩效目标完成情况和原因分析,具体说明部门整体支出及项目支出绩效目标完成情况,与预期完成情况的偏离程度,对绩效跟踪工作组织管理、预算执行绩效与绩效目标偏离的原因分析。附件部分主要是对重点项目和绩效目标变动各项目日常跟踪进行分析,目前,北京市制定了《北京市市级项目支出绩效跟踪分析表》用于记载项目及目标的变动情况,如表3-6所示。

表3-6 北京市市级项目支出绩效跟踪分析表

绩效跟踪分析要点	绩效跟踪分析情况	工作要点与填写说明
1. 项目初始绩效目标		列出预算批复时的项目绩效目标,注意绩效目标要明确、细化、量化
2. 项目调整情况		说明项目的实施方案、预算等是否发生了重大调整及调整内容
3. 绩效目标调整情况		对照初始绩效目标,提出需细化补充的绩效指标和应修改的绩效目标,并说明原因

续表

绩效跟踪分析要点	绩效跟踪分析情况	工作要点与填写说明
4. 项目资金到位情况		考查项目申报单位向资金使用单位拨付资金是否足额、及时，自筹资金到位是否足额、及时
5. 项目财务管理情况		考查与项目执行相关的财务制度是否健全、执行是否严格，与项目相关的会计核算是否符合会计原则
6. 制度建设及执行情况		是否建立了项目管理制度和必要的实施方案，并执行了相关制度和方案。列出具体文件名称和文号
7. 组织机构情况		考查项目管理执行机构是否健全、人员分工是否明确，列出项目实施组织架构图和职责分工
8. 项目进度情况		说明项目实际进度与预期进度相比是否存在滞后，影响因素是什么，能否按原计划完成项目。如不能按原计划完成，说明调整方式和新的项目进度安排
9. 阶段性完成情况		说明项目已完成的产出和已实现的效益，并分析绩效目标实现程度

资料来源：北京市财政局绩效评价处提供。

5. 明确绩效跟踪结果应用管理。对于市级绩效跟踪情况，北京市财政局将其作为财政绩效评价的重要参考依据，市级预算部门（单位）根据绩效跟踪情况完善预算管理，调整支出结构，合理配置资源。

四、事后评价：建立财政支出绩效评价和再评价体系

财政支出绩效评价作为绩效预算的核心内容，是政府部门根据设定的绩效目标，运用科学、规范的绩效评价手段，对照统一的评价标准，按照绩效的内在原则，对财政支出行为过程及其经济、政治和社会效果进行科学、客观、公正的衡量比较与综合评判，并将考评结果融入预算编制的财政管理活动。根据《北京市财政支出绩效评价实施细则》，财政支出绩效评价是指财政部门和预算部门（单位）根据设定的绩效目标，运用科学、合理的绩效评价指标、评价标准和评价方法，对财政支出的经济性、效率性和效益性进行客观、公正的评价。其中，绩效目标的设立是开展绩效评价的前提和基础，绩效评价指标是绩效评价的工具和手段，财政支出的经济性、效率性和效益性是绩效评价的主要内容。

财政支出绩效评价中，财政部门和预算部门（单位）是绩效评价的主体，由财政

部门开展的绩效评价,称之为财政部门组织评价,绩效评价主体为财政部门,由预算部门(单位)开展的绩效评价,称为预算部门组织评价,绩效评价主体为预算部门(单位)。目前,北京市实现了"财政组织评价"和"部门自行评价"相结合的预算绩效管理全覆盖,其中,财政部门组织评价主要是对项目支出和部门整体支出进行的支出绩效的评价和再评价部门,预算部门的自行评价主要为预算部门的项目支出评价。

2002年开始,北京市对财政支出绩效评价工作方面开展了探索,2003年正式推行财政资金支出项目绩效评价制度,选择北京市政府电子政务网站——《首都之窗》网络运行维护费和"医保信息系统"作为首要试点项目,重点对项目进行了业务考评和财务考评,具体包括对立项目标完成程度、项目组织管理水平、项目的社会经济效益、资金落实情况、财务信息质量、财务管理状况等内容进行绩效考评,并根据绩效考评的结果对下一年度的预算安排进行适当调整,推进了各预算部门和单位绩效观念的树立。2004年开始探索财政资金绩效评价工作,2006年,北京市财政局和各预算单位开始成立专门的绩效考评机构,到2008年,累计对80个市级预算单位和18个区县的540个项目进行了项目绩效考评,对19个市级预算单位进行了部门绩效考评;2011年,开始部门和大额专项资金绩效评价,2013年,对市级项目支出和预算部门整体支出评价出台更新的管理办法,2015年,又开始试点财政政策支出绩效评价,考评规模稳步扩大,考评方法逐渐丰富,考评制度不断健全,绩效管理机制趋于完善,考评质量逐步提高,在优化支出结构和社会资源配置、强化财政资金的监管等方面的作用初步呈现,为进一步提高财政资金效率和优化政府预算编制质量奠定了良好的基础,北京市逐渐形成了一套由绩效目标管理、绩效运行跟踪监控管理、绩效评价实施管理、绩效评价结果反馈和应用管理共同组成的财政资金绩效预算管理架构。此外,北京市还逐步将全过程预算绩效管理由工作层面提升到制度层面,强化制度的顶层设计,北京市人民政府办公厅出台了《关于推进本市预算绩效管理的意见》,北京市财政局配套出台《北京市预算绩效管理办法》《北京市预算绩效管理问责办法》和《北京市预算绩效管理试点工作总体方案》,形成了"一个意见、两个办法、一个试点方案"的预算绩效管理制度体系以及制定了相关实施细则,至此,北京市预算绩效管理制度体系初步形成。

总体来看,目前,根据《北京市财政支出绩效评价实施细则》,财政支出绩效评价的主要内容及做法包括几个方面:一是确立绩效评价对象和重点。财政支出绩效评价的对象主要为纳入政府预算管理的资金和纳入部门预算管理的资金,其中,纳入政府预算管理的资金是指经法定程序审核批准的、具有法律效力和制度保证的政府年度财政性资金收支计划,它规定财政性资金收入的来源、数量以及财政性资金支出的各项用途和数量，包括公共预算、国有资金经营预算、基金预算和社保基金预算等；纳入部门预算管理的资金是指由各预算部门编制、财政部门审核，并报本级政府和人大批准的部门资金收支计划，它是政府预算管理的基础，包括一般预算收支计划和基金预算收支计划。其中部门预算支出绩效评价支出分为基本支出绩效评价、项目支出绩效评价和部门整体支出绩效评价。目前财政支出绩效评价以项目支出为重点，重点评价一定金额以上[①]、与本部门职能密切相关、具有明显社会影响和经济影响的项目。二是明确绩效评价的基本内容。具体从绩效目标的设定情况、资金投入与使用情况、为实现绩效目标制定的制度与采取的措施、绩效目标的实现程度和效果，其中，绩效目标的设定重点关注绩效评价目标设立的充分性、明确性、合理性及细化程度，以及绩效目标是否符合客观实际并与部门（单位）的履职相一致，且绩效指标清晰、细化和可衡量。资金投入与使用情况方面，重点评价资金分配过程、投入方式、资金到位、预算执行和结果，关注资金分配过程的科学规范性、资金投入方式的合理性、资金及时到位情况、预算执行预期到位情况以及资金使用的经济性和高效性。实现绩效目标制定制度和采取措施方面，主要关注项目管理制度、财务管理制度、资产管理制度和绩效跟踪管理制度。绩效目标实现程度和效果方面，实现程度关注产出数量、产出质量、产出时效和产出成本，效果包括经济效益、社会效益、生态效益、可持续影响以及服务对象的满意度等。三是设立绩效评价指标体系。绩效评价指标的确定要遵循相关性、重要性、可比性、系统性和经济性原则。绩效指标可分为共性指标和个性指标，其中，共性指标是适用于所有评价对象的指标，主要包括预算编制和执行情况、财务管理状况、资产配置、使用、处置及其收益管理情况以及社会效益、经济效益等，由财政部门统一制定；个性指标是针对部门或项目特点设定，适用不同预算部门或项目的业绩评价指标，具体由财政部门会同预算部门制定。绩效指标评价体系由分级指标、指标权重和评分标准构成，指标次级数量根据评价内容复杂度设定，一般最少为三级，根据实际情况进行增减调整；指标权重是具体指标所占的分值，反映具体指标在指标体系的重要性，由财政部门发布的一、二级指标权重原则上不予调整，三、四级指标依据指标内容分配调整。评分标准按照预先制定的计划、行业、历史和经财政部门确认的标准为准。四是制定绩效评价的工作程序。绩效评价的工作程序一般分为准备、实施、总结三个阶段如表3-7所示，其

[①] 一定金额的项目，按照评价主体划分，财政部门组织的评价原则上选取500万元以上的项目；预算部门组织的评价，原则上选择100万元以上的项目。

中，准备阶段主要是制订年度工作计划、确定绩效评价对象，制定评价实施方案、部署绩效评价工作和成立绩效评价工作组；实施阶段主要是下达评价入户通知、组织针对性培训、开展自评工作、收集与审核、资料遴选专家并组建专家评价工作组、制定具体评价工作方案、现场调研和勘察、研究制定指标体系和筹备与召开专家评价会；总结阶段主要是撰写绩效评价报告、沟通初步评价意见、形成正式绩效评价报告、报送绩效评价报告、下发绩效评价报告和归档绩效评价资料等工作。

表 3 –7　　　　　　　　　　绩效评价工作阶段与主要内容

绩效评价工作阶段	绩效评价的主要内容
准备阶段	（一）制订年度工作计划。财政部门结合预算管理工作，综合考虑评价数量、评价重点及评价范畴等情况，制订当年度绩效评价工作计划。 （二）确定绩效评价对象。财政部门和预算部门根据年度绩效评价工作计划，研究确定年度绩效评价对象。评价对象确定后，原则上不再进行调整。 （三）制定评价实施方案。根据年度绩效评价工作计划、评价对象及预算管理要求，评价组织机构制定年度绩效评价工作实施方案，明确绩效评价实施工作目标、任务、时间安排和工作要求等具体事项。 （四）部署绩效评价工作。评价组织机构统一下发绩效评价通知，并召开年度评价工作部署会，组织开展相关培训。 （五）成立绩效评价工作组。评价组织机构根据评价对象、内容和参与绩效评价第三方中介机构情况，成立评价工作组，组织开展绩效评价各环节工作。
实施阶段	（一）下达评价入户通知。评价工作组下达《绩效评价入户通知》，明确评价依据、任务、时间、人员等事项。 （二）组织针对性培训。评价工作组根据预算部门（单位）的不同需求，开展有针对性的培训工作。 （三）开展自评工作。预算部门（单位）成立自评委员会，准备相关资料，根据指标体系内容和报告范本，撰写项目（部门）绩效报告，并报送评价工作组。 （四）收集与审核资料。评价工作组根据资料清单，结合评价对象实际情况收集资料，并对所收集的资料进行核实和全面分析，对重要的和存在疑问的基础数据资料进行核实确认。 （五）遴选专家，组建专家评价工作组。评价工作组遴选绩效管理专家、财政财务专家和业务专家，组成专家评价工作组。评价工作组应适时对专家进行绩效评价业务培训。 （六）制定具体评价工作方案。评价工作组在充分了解评价对象的基础上，与绩效管理专家共同制定具体评价工作方案。方案中应明确评价对象、评价目的、评价内容、评价方法、指标体系框架、组织形式、技术和后勤保障等内容。 （七）现场调研和勘察。按照工作方案内容，评价工作组到项目现场进行实地调研和勘察，并对勘察情况进行视图和文字记录。有明确服务对象的，要设计调查问卷，进行服务对象满意度调查。 （八）研究制定指标体系。评价工作组根据现场调查情况，会同专家细化评价指标，明确指标权重和评分标准，制定评价指标体系。 （九）筹备和召开专家评价会。评价工作组会同项目单位在完成评价会资料准备和召开专家预备会的基础上，召开专家评价会。专家对绩效实现情况进行评价和打分，并出具评价意见。

续表

绩效评价 工作阶段	绩效评价的主要内容
总结阶段	（一）撰写绩效评价报告。评价工作组在专家评价会结束后，汇总专家打分和评价意见，撰写绩效评价报告。 （二）沟通初步评价意见。绩效评价报告初稿完成后，评价工作组就报告中所反映的问题与被评价单位进行沟通。 （三）形成正式绩效评价报告。评价工作组在被评价单位反馈意见的基础上，对报告内容进行完善，形成正式绩效评价报告和报告简本。 （四）报送绩效评价报告。评价工作组将绩效评价报告和评价资料报送评价组织机构。 （五）下发绩效评价报告。评价组织机构对评价结果进行汇总，将绩效评价报告送达被评价单位，对报告中指出的问题，要求项目单位提出整改意见，并落实整改。 （六）归档绩效评价资料。绩效评价工作结束后，评价组织机构应及时将资料整理归档。预算部门组织评价工作，应及时将评价结果报财政部门备案。

资料来源：北京市财政局绩效评价处提供。

为保证北京市财政支出绩效评价工作的顺利开展，促进项目支出和部门整体支出绩效评价体系的建立，北京市财政局印发的《北京市财政支出绩效评价实施细则》分别对财政支出绩效评价和再评价的具体做法、工作内容、规范给予了明确的政策规定。按照北京市目前绩效评价工作的重点来看，财政支出的绩效评价主要为预算部门项目支出绩效评价、整体支出绩效评价、财政支出政策的绩效评价和财政支出绩效的再评价。

1. 预算部门财政项目支出绩效评价

按照《北京市市级预算部门组织财政项目支出绩效评价规范》要求，目前，预算部门财政项目支出绩效评价是市级预算部门对于部门职能或事业发展方向密切相关、金额较大、绩效目标明确、社会关注程度较高项目进行绩效评价，属于财政支出绩效评价一种类型的绩效评价方式，绩效评价的对象确定一般由预算部门结合本年度财政部门组织评价的项目和本部门工作实际确定，也可由财政部门根据经济社会发展需求和年度工作重点等相关原则确定。预算部门财政项目支出绩效评价具体做法如下（见图3-13）。

一是评价方案的制定。评价方案包括两个层次：总体评价方案和具体项目评价方案。其中，总体评价方案是预算部门组织开展本部门绩效评价工作的方案，对整体评价工作进行规范。主要内容包括评价组织实施机构、评价项目总体情况、评价工作计划、评价工作要求和评价结果应用等内容；评价组织机构是负责部门组织评价工作的组织、实施、协调等工作的机构，在开展工作过程中应秉持分工

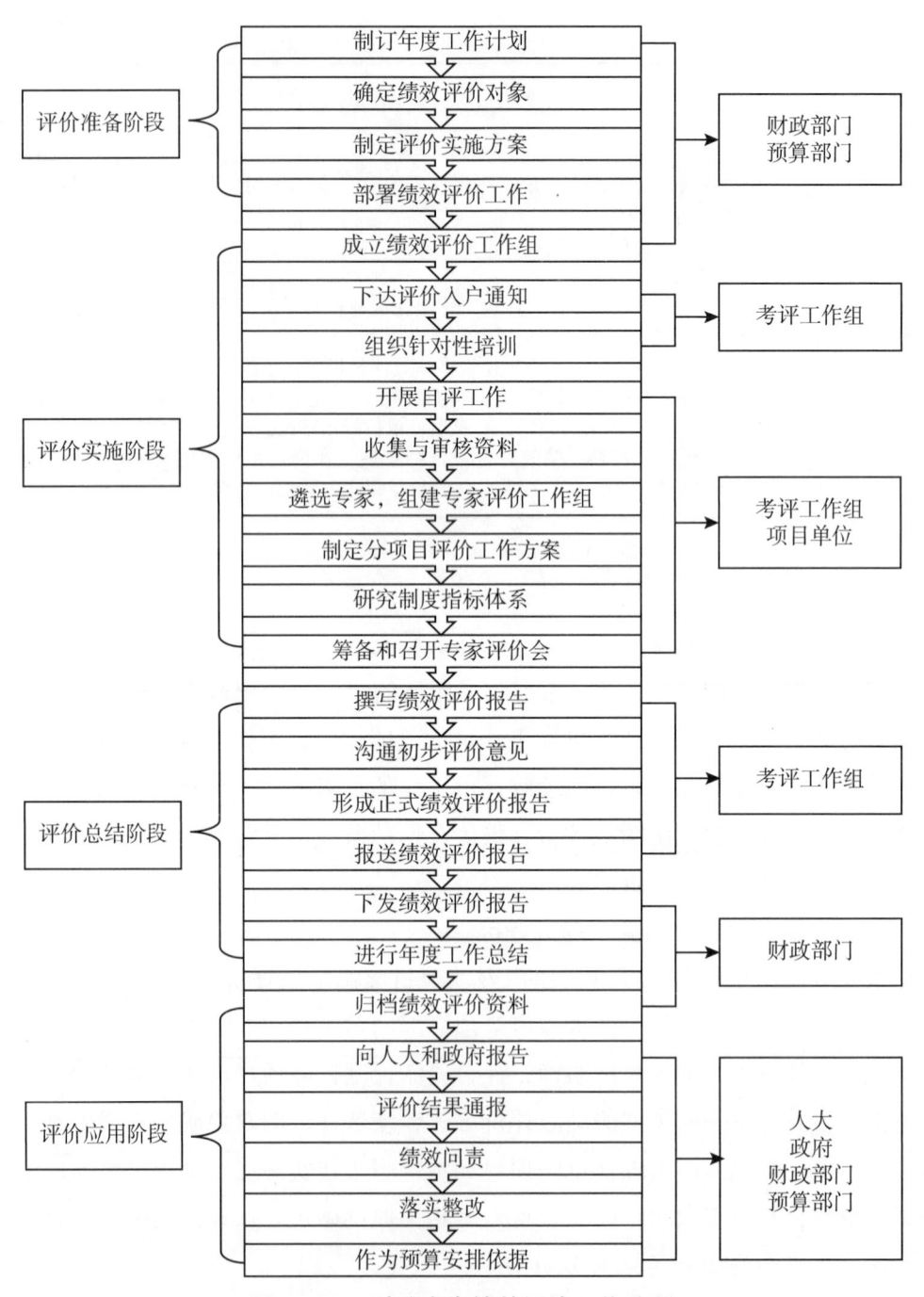

```
评价准备阶段 ┤ 制订年度工作计划           ├→ 财政部门
             │ 确定绩效评价对象           │   预算部门
             │ 制定评价实施方案           │
             └ 部署绩效评价工作           ┘

评价实施阶段 ┤ 成立绩效评价工作组
             │ 下达评价入户通知           ├→ 考评工作组
             │ 组织针对性培训             ┘
             │ 开展自评工作
             │ 收集与审核资料
             │ 遴选专家,组建专家评价工作组 ├→ 考评工作组
             │ 制定分项目评价工作方案     │   项目单位
             │ 研究制度指标体系           │
             └ 筹备和召开专家评价会       ┘

评价总结阶段 ┤ 撰写绩效评价报告
             │ 沟通初步评价意见           ├→ 考评工作组
             │ 形成正式绩效评价报告       │
             │ 报送绩效评价报告           ┘
             │ 下发绩效评价报告           ├→ 财政部门
             └ 进行年度工作总结           ┘

评价应用阶段 ┤ 归档绩效评价资料
             │ 向人大和政府报告
             │ 评价结果通报               ├→ 人大
             │ 绩效问责                   │   政府
             │ 落实整改                   │   财政部门
             └ 作为预算安排依据           ┘   预算部门
```

图 3-13 财政支出绩效评价工作流程

资料来源:北京市财政局绩效考评处。

明确，责任到人，确保部门组织评价工作顺利开展；评价工作计划设置是明确本部门绩效评价工作的程序和整体时间进度；评价工作要求目的是明确工作开展过程中的工作原则、注意事项、工作质量标准等；评价结果应用，即要明确评价结果的应用方式和范围。此外，针对具体的评价项目还应制定具体项目评价方案，要明确具体评价人员分工、项目评价指标体系、评价方法、具体时间安排等内容。

二是编制绩效评价指标体系。绩效评价指标体系是考量部门预算支出绩效目标实现程度的工具，它由分级指标、指标权重和评分标准构成。其中，绩效评价指标由多个级次构成，一级和二级评价指标应以市财政局发布的绩效评价指标体系参考样表为准，不可调整，三级评价指标参考市财政局发布的绩效评价指标体系参考样表，可根据项目实际情况进行增减或者调整，四级评价指标可根据项目实际情况进行设置；权重是具体指标所占的分值，反映具体指标在指标体系中的重要性，其中一级和二级评价指标的权重不可调整，三级评价指标的权重原则上不可调整，确需调整的，可根据实际情况进行微调，四级评价指标权重可根据实际情况进行设置；而评分标准则应依据计划标准、行业标准和历史标准等评价标准进行制定。这一层次的绩效评价主要是针对项目的财政支出情况，如表3-8所示。

表3-8　　　　　　　项目层次的财政支出绩效评价指标体系

一级指标	二级指标	三级指标	指标解释
财务指标	资金到位情况	资金到位率	资金实际到位金额÷预算资金总额
		资金到位及时性	资金是否按项目进度及时到位
	资金实际支出情况	资金使用率	实际使用金额÷实际拨付金额
		支出的相符性	项目的实际支出与预算批复的用途是否一致
		支出的合规性	资金的实际支出是否符合相关规定
	财务管理情况	制度的健全性	项目单位的内部财务管理制度、会计核算制度的完整性和合法性，即是否有项目资金管理办法，并符合有关财务会计管理制度的规定
		管理的有效性	对于金额较大的开支是否经过评估论证，资金拨付是否有完整的审批手续

续表

一级指标	二级指标	三级指标	指标解释
业务指标	项目立项情况	立项依据的充分性	项目的立项依据是否充分
		项目可行性	项目在立项过程中是否进行可行性分析，并有可行性研究报告
	目标完成情况	目标完成率	目标完成数÷预定目标数
		目标完成质量	实际达到的效果÷预定目标的效果
		项目完成的及时性	项目是否能按计划的时间完成
		验收的有效性	项目验收方式的合理性、选取验收机构是否权威
	项目的管理水平	管理制度的有效性	项目的管理制度是否健全、是否落实到位、项目过程中产生的资料是否保存完整
		质量管理情况	项目的技术指标和质量管理是否达到规定的标准
	项目实现的效益	经济效益	根据项目的特点和内容，设立进一步的评价指标
		社会效益	根据项目的特点和内容，设立进一步的评价指标
		生态环境效益	根据项目的特点和内容，设立进一步的评价指标
		可持续影响	根据项目的特点和内容，设立进一步的评价指标

资料来源：北京市财政局绩效评价处提供。

三是收集评价资料。评价资料是对相应评价指标进行评分的依据，因此收集过程中要重点关注：首先，明确每一末级指标（评分时直接评分的指标）所对应的评价资料，确保每一末级指标都有明确对应的支撑资料；其次，开展资料收集工作。如围绕确定的末级指标，对于能够由被评价方提供的资料，将资料清单提供给被评价方，要求限期提供。对于不同类型的资料应要求全部提供；如对于内容较多的同类型资料，可按一定比例进行现场抽查。而对于来自利益相关者的观点，可设计访谈内容，制定访谈计划，根据部门利益相关者的范围，有重点地、科学地抽取必要数量的利益相关者进行访谈，规范填制访谈问卷。此外，对于利益相关者人数众多的情况，可设计调查问卷，进行问卷调查。不仅如此，具体项目的产出目标完成情况，还需进行现场检查或测量，勘查前需制定检查方案，明确具体的检查内容和方法。对于不同类型的内容，应全面检查；如果需检查内容较多，可选定科学合理的检查比例进行抽查。最后，绩效评价应对所有收集的资料分类整理，并建立完备的资料手册，便于查阅和归档。按照操作办法，绩效评价资料的收集主要包括以下内容：项目决策资料，包括：项目单位职能文件、部门或项目单位中长期规划、部门或项目单位本年工作计划、项目立项背景及发展规划、项目立项报告或任务书、上级主管部门对于立项的批复文件、项目申报书、财政支出绩效目标表、项目可行性研究报告、立项专家论证意见、项目评审报告、项目内容调整和预算调整的相关申请和批复；项目管理资料，包括：项目实施方案、项目预算批复、项目管理制度、与项目执行相关的部门或单位内部财务管理制度、反映项目管理过程的相关资料、项目经费决算表以及审计机构对项目执行情况的财务审计报告；项目绩效资料，包括：项目单位绩效报告；项目执行情况报告，反映产出目标（产出数量、质量、时效和成本的）完成情况的有关证据资料，如评价机构对项目产出目标完成情况的调研结果、评价专家对项目产出目标完成情况的认定结果、有关专业机构对项目产出目标完成情况的认定证明、项目完工验收报告、科研课题结题报告、项目完工实景图片、采购设备入库记录等；反映项目实施效果的证据资料，如：反映项目实施效果的有关经济数据、业务数据、发表论文、申请专利与专利授权、获奖情况、服务对象调查问卷、项目实施效益与历史数据对比、成本合理性分析等。

四是完成报告撰写。绩效评价报告的主要目的是反映项目绩效实现情况。绩效评价报告应按照规定的格式和要求撰写。绩效评价报告包括项目概述、评价工作简述、绩效评价分析、评价结论、问题及建议。其中，项目概述包括项目概况、项目资金情况和绩效目标，项目概况又包括项目实施主体、主要内容以及立项依据、背景等内容；项目资金情况包括项目预算、资金组成以及预算执行、结果等；绩效目标包括总体目标和阶段性目标。评价工作简述包括评价目的、原则、方法、指标体系和评价组织实施情况。绩效评价分析包括了绩效目标分析、绩效控制评价分析和产出及效果评价分析，其中，绩效目标主要针对目标明确性、目标合理性和目标细化程度进行分析，绩效控制主要针对资金使用及管理情况、项目组织情况、项目管理情况进行分析，项目产出及效果主要针对项目经济性、效率性和效益性进行分析。评价结论包括项目总体评价结论和评分结果。问题及建议针对总体性的问题或重点问题进行描述，并结合实际情况提出改进建议。绩效评价报告要做到内容完整、真实准确、章节分明、依据充分、论证合理、重点突出、页码和目录齐全。

五是绩效评价报告的评价、管理与应用。财政支出绩效报告的绩效评价实施百分制和四级分类，四个级别分别是：优秀（90分（含）~100分）、良好（75分（含）~90分）、一般（60分（含）~75分）、较差（60分（不含）以下）。完成后的绩效评价报告需要及时提交预算部门相关领导，为部门决策和管理考核提供参考，同时反馈被评价项目单位，为加强预算绩效管理提供依据；对绩效评价报告中反映的问题，被评价项目单位应采取措施进行整改、完善，并上报整改结果；此外，绩效评价结果在一定范围内公布，并作为编制下一年度部门预算的重要参考依据。根据规定，评价报告和相关档案应由本部门整理存档，保存期限为5年，市财政局将以此作为财政再评价选择项目的依据。

2. 预算部门整体支出绩效评价

预算部门整体支出绩效评价一般由财政部门组织负责，是对包括部门基本支出和项目支出在内的整体预算支出的绩效评价，评价以项目支出为重点，如表3-9所示，北京市部门整体支出绩效评价共性指标体系覆盖三级指标体系，其中一级指标包括了部门决策指标、部门管理指标和部门绩效指标，所占比重为15%、40%和45%；其中部门决策以及指标又涵盖目标设定（6分）、决策过程（3分）和资金分配（6分）二级指标；部门管理指标涵盖预算管理（15分）、预算执行（15分）、绩效管理（5分）和资产管理（5分）二级指标；部门绩效指标包括产出指标（20分）和绩效指标（25分）二级指标。

目前，北京市预算部门（单位）财政支出绩效评价指标的选取遵循了定量与定性相结合、统一与专门相结合、短期效益与长期效益相结合的原则，同时兼顾评价指标的简便易行和经济适用性。所以将绩效评价指标分为共性指标和个性指标两大类，同时，又可细分为单位和处室财政支出绩效评价指标体系。

从单位层次构建北京市财政支出绩效评价指标体系。单位层次的财政支出绩效评价是针对北京市政府机构整体的财政支出绩效进行评价，在评价的过程中采取共性指标与个性指标相结合的方法。共性指标是指北京市所有政府机构财政支出绩效评价的共性指标，这些指标对所有政府机构都适用。个性指标是指适合于不同类别的北京市政府机构财政支出绩效评价的个性指标，这类指标在通用指标的基础上，根据各个类别的政府机构的特点而制定，目的是保持整个绩效评价指标体系的灵活性和评价结果的准确性。

从共性指标角度，北京市单位层次部门预算财政支出绩效评价可从三个方面展开，即单位日常管理情况、开展项目情况、单位年度业绩情况。评价单位日常管理情况选取的指标有规章制度执行有效性、人员违纪情况、资金使用合规性、财政资金结余率、资产管理有效性；评价开展项目情况选取的指标有立项的合理性、执行的有效性、验收合格率；评价单位年度业绩情况选取的指标有单位年度计划完成率、经济效益、社会效益、可持续影响、生态环境效益。单位层次财政支出绩效评价的通用指标选取情况如表3-10所示。

表 3-9　　部门整体支出绩效评价共性指标体系（参考样表）

一级指标	二级指标	三级指标	指标解释	指标说明	评分标准
部门决策（15分）	目标设定（6分）	目标依据充分性	部门（单位）设立整体绩效目标的依据是否充分，用以反映和考核部门（单位）整体绩效目标与部门履职的相符性情况	评价要点： ①是否依据国家法律法规、北京市国民经济和社会发展总体规划； ②是否符合部门"三定"方案确定的职责； ③是否符合部门制定的中长期实施规划	
		绩效目标合理性	部门（单位）所设立的整体绩效目标是否符合客观实际，用以反映和考核部门（单位）整体绩效目标与年度工作任务的相符性情况	评价要点： ①是否与部门年度任务或计划相对应； ②是否可实现、可完成	
		绩效指标明确性	部门（单位）依据整体绩效目标所设定的绩效指标是否清晰、细化、可衡量，用以反映和考核部门（单位）整体绩效目标的明细化情况	评价要点： ①是否将部门整体的绩效目标细化分解为具体的工作任务； ②是否通过清晰、可衡量的指标值予以体现	
	决策过程（3分）	决策程序	部门（单位）决策程序是否明确规范，决策依据是否充分，用以反映决策程序的有效性	评价要点： ①决策流程的明确性、规范性； ②决策依据的充分性； ③决策责任的可追溯性； ④决策风险的可控性	
	资金分配（6分）	分配依据	部门（单位）预算编制、分配依据是否充分	评价要点： 资金分配的政策依据、测算依据、定额标准	
		分配结果	与绩效目标的一致性、分配结果合理性	评价要点： ①资金分配是否与部门整体绩效目标内容相一致； ②分配结果是否合理	
		重点支出保障率	部门（单位）本年度重点项目支出与部门项目总支出的比重，用以反映和考核部门（单位）对履行主要职责或完成重点任务的保障程度	重点支出保障率=（重点项目支出/项目总支出）×100% 重点项目支出：部门（单位）年度预算安排的，与本部门履职和发展密切相关、具有明显社会和经济影响、党委政府关心或社会比较关注、一定金额以上的项目支出总额 项目总支出：部门（单位）年度预算安排的项目支出总额	

续表

一级指标	二级指标	三级指标	指标解释	指标说明	评分标准
部门管理（40分）	预算执行（15分）	非税收入预算完成率	部门（单位）本年度非税收入预算执行数与非税收入预算数的比率，用以反映和考核部门（单位）非税收入完成程度	非税收入预算完成率=（非税收入预算执行数/非税收入预算数）×100% 非税收入预算执行数：部门（单位）本年度实际完成的非税收入数。 非税收入预算数：财政部门批复的本年度部门（单位）非税收入数	
		支出预算执行率	部门（单位）本年度支出预算执行数与财政预算下达数的比率，用以反映和考核部门（单位）预算支出完成程度	支出预算完成率=（支出预算执行数/支出预算下达数）×100% 支出预算执行数：部门（单位）本年度实际完成的预算支出数。 支出预算数：财政部门批复下达的本年度部门（单位）预算支出数	
		支出预算调整率	部门（单位）本年度支出预算调整数与支出预算数的比率，用以反映和考核部门（单位）预算支出的调整程度	支出预算调整率=（支出预算调整数/支出预算数）×100% 支出预算调整数：部门（单位）在本年度内涉及支出预算自行调整的资金总和	
		结转结余率	部门（单位）本年度结转结余总额与支出预算数的比率，用以反映和考核部门（单位）对结转结余资金的实际控制程度	结转结余率=结转结余总额/支出预算数×100% 结转结余总额：部门（单位）本年度的结转资金与结余资金之和	
		结转结余变动率	部门（单位）本年度结转结余资金总额与上年度结转结余资金总额的变动比率，用以反映和考核部门（单位）对控制结转结余资金的努力程度	结转结余变动率=[（本年度结转结余资金总额-上年度结转结余资金总额）/上年度结转结余资金总额]×100%	
		政府采购执行率	部门（单位）本年度实际政府采购金额与年初政府采购预算的比率，用以反映和考核部门（单位）政府采购预算执行情况	政府采购执行率=（实际政府采购金额/政府采购预算数）×100% 政府采购预算：采购机关根据事业发展计划和行政任务编制的，并经过规定程序批准的年度政府采购计划	

续表

一级指标	二级指标	三级指标	指标解释	指标说明	评分标准
部门管理（40分）	预算管理（15分）	三公经费控制情况	部门公务接待、公务用车、公款出国费用的控制情况是否符合财政部门当年的预算要求和相关管理制度要求	评价要点： ①三公经费总体支出情况是否符合财政部门当年的控制要求； ②三公经费具体支出标准是否符合相关管理制度规定	
		管理制度健全性	部门（单位）为加强预算绩效管理、规范财务行为而制定的管理制度是否健全完整，用以反映和考核部门（单位）预算绩效管理制度对完成主要职责或促进事业发展的保障情况	评价要点： ①预算资金管理办法、绩效跟踪管理办法、资产管理办法等各项制度是否健全； ②部门内部财务管理制度是否完整、合规； ③会计核算制度是否完整、合规	
		资金使用合规性和安全性	部门（单位）使用预算资金是否符合相关的预算财务管理制度的规定，是否符合相关规定的开支范围，用以反映考核部门（单位）预算资金的规范运行和安全运行情况	评价要点： ①是否符合国家财经法规和财务管理制度规定以及有关专项资金管理办法的规定； ②资金的拨付是否有完整的审批程序和手续； ③项目的重大开支是否经过评估论证； ④是否符合部门预算批复的用途； ⑤是否存在截留、挤占、挪用情况； ⑥资金使用是否符合政府采购的程序和流程； ⑦资金使用是否符合公务卡结算相关制度和规定	
		预算信息公开性	部门（单位）是否按照政府信息公开有关规定公开相关预算信息，用以反映和考核部门（单位）预算管理的公开透明情况	评价要点： ①是否按规定内容公开预算信息； ②是否按规定时限公开预算信息。 预算信息是指与部门预算、执行、监督、绩效等管理相关的信息	

续表

一级指标	二级指标	三级指标	指标解释	指标说明	评分标准
部门管理（40分）	预算管理（15分）	基础信息完善性	部门（单位）基础信息是否完善，用以反映和考核基础信息对预算管理工作的支撑情况	评价要点： ①基础数据信息和会计信息资料是否真实； ②基础数据信息和会计信息资料是否完整； ③基础数据信息和会计信息资料是否准确	
	绩效管理（5分）	组织管理机构设立情况	考核部门（单位）对绩效管理相关组织机构的设立情况	①部门（单位）是否成立绩效管理领导小组； ②部门（单位）是否指定相关处室和专人负责绩效管理工作	
		绩效信息收集情况	考核部门（单位）在绩效管理信息的收集、汇总和上报情况	①部门（单位）是否及时收集相关绩效信息； ②部门（单位）是否及时对绩效信息进行汇总分析整理； ③部门（单位）是否对绩效目标偏离情况及时进行矫正； ④部门（单位）是否及时向财政部门上报绩效信息	
	资产管理（5分）	资产管理规范性	部门（单位）的资产是否保持安全完整，资产配置是否合理，资产使用和资产处理是否规范，用以反映和考核部门（单位）资产管理的整体水平	评价要点： ①对外投资行为是否经审批，是否存在投资亏损； ②是否有因管理不当发生严重资产损失和丢失情况； ③是否存在超标准配置资产； ④资产使用是否规范，是否存在未经批准擅自出租、出借资产行为； ⑤资产处置是否规范，是否存在不按要求进行报批或资产不公开处置行为； ⑥其他资产管理制度办法执行情况	
		固定资产利用率	部门（单位）实际在用固定资产总额与所有固定资产总额的比率，用以反映和考核部门（单位）固定资产使用效率程度	固定资产利用率=（实际在用固定资产总额/所有固定资产总额）×100%	

续表

一级指标	二级指标	三级指标	指标解释	指标说明	评分标准
部门绩效（45分）	产出（20分）	产出数量	部门产出数量是否达到绩效目标	评价要点： 计划完成率=（实际完成工作数/计划工作数）×100% 实际完成工作数：一定时期（年度或规划期）内部门（单位）实际完成工作任务的数量。 计划工作数：部门（单位）整体绩效目标确定的一定时期（年度或规划期）内预计完成工作任务的数量	
		产出质量	部门产出质量提升及标准达成	评价要点： 质量达标率=质量达标工作数/实际完成工作数×100%。 质量达标工作数：一定时期（年度或规划期）内部门（单位）实际完成工作数中达到部门绩效目标要求（绩效标准值）的工作任务数量	
		产出进度	部门产出时效是否达到绩效目标	评价要点： 按时完成率=（按时完成工作数/实际完成工作数）×100%。 按时完成工作数：部门（单位）按照整体绩效目标确定的时限实际完成的工作任务数量	
		产出成本	部门运营成本控制与改善	评价要点： ①单位产出相对于上一年度的节约额； ②单位产出相对于市场同类产出的节约额； ③部门公用经费的控制情况	

续表

一级指标	二级指标	三级指标	指标解释	指标说明	评分标准
部门绩效（45分）	效果（25分）	经济效益	部门（单位）履行职责对经济发展所带来的直接或间接影响	此四项指标为设置部门整体支出绩效评价指标时必须考虑的共性要素，可根据部门实际情况有选择地进行设置，并将其细化为相应的个性化指标。对于效益类指标可从受益对象瞄准度、受益广度和受益深度上进行设计分析	
		社会效益	部门（单位）履行职责对社会发展所带来的直接或间接影响		
		环境效益	部门（单位）履行职责对环境所带来的直接或间接影响		
		可持续影响	部门绩效目标实现的长效机制建设情况，部门工作效率提升措施的创新		
		服务对象满意度	部门（单位）的服务对象对部门履职效果的满意程度	服务对象是指部门（单位）履行职责而影响到的部门、群体或个人。一般采取社会调查的方式	

资料来源：北京市财政局绩效评价处提供。

表 3-10　北京市单位层次的财政支出绩效评价的通用指标

一级指标	二级指标	三级指标	指标解释
单位日常管理情况	规章制度执行有效性		依照各单位规章制度的制定情况设定相应的评价标准
	人员违纪情况	人员违纪率	违纪人员数÷人员总数
		人员违纪严重情况	根据制度制定情况，设定评价标准，分5个等级：非常严重、比较严重、一般严重、略微严重、不太严重
	资金使用合规率		合规使用资金总额÷单位年度内资金总额
	财政资金结余率		财政资金结余金额÷财政资金总额
	资产管理水平		损坏资产的金额÷资产总额，根据单位情况制定评价标准，分5个评价等级：非常高、比较高、一般、略低、非常低

续表

一级指标	二级指标	三级指标	指标解释
开展项目情况	立项的合理性	项目立项申报及批复程序的合规率	符合规定程序申报获批的项目数÷申报项目总数
		可行性研究的开展率	已进行可行性研究的项目÷项目总数
		项目调整合规率	已合规调整项目数÷进行调整的项目总数
	执行的有效性	项目按期完成率	按期完成的项目数÷单位年度内项目总数
		项目财政资金使用与预算间的偏差率	所有项目预算资金总额－项目使用资金总额÷所有项目预算资金总额
	验收情况	项目验收率	已验收项目数÷需验收项目总数
		项目验收合格率	验收合格项目数÷已验收项目总数
单位年度业绩情况	单位年度计划完成情况	计划完成率	已完成工作量÷计划完成工作总量
	经济效益	参照个性指标	
	社会效益	参照个性指标	
	可持续影响	参照个性指标	
	生态环境效益	参照个性指标	

资料来源：北京市财政局提供。

从个性指标建设角度，单位层次的北京市财政支出绩效评价的个性指标主要针对的是共性指标体系的一级指标——单位年度业绩情况下的四个二级指标展开的，这四个二级指标分别是经济效益、社会效益、可持续影响和生态环境效益。根据财政支出功能对北京市政府机构进行的分类，北京市分别构建"经济效益、社会效益、可持续影响和生态环境效益"四个指标下所属的各指标。

i. 一般公共服务类。由于一般公共服务类的政府机构较多，而且职能比较分散，表3-11中只列举了一些二级指标，三级指标的制定需要根据各政府机构的特点及当年开展工作的情况进行制定。

表 3-11　一般公共服务类政府机构财政支出绩效评价的个性指标

一级指标	二级指标	三级指标	指标解释
经济效益	对北京市 GDP 的影响	应用根据政府机构的职能设定具体的指标	各政府机构通过实施出台的政策、法规，制定的发展战略、年度计划，评价各政策针对领域的 GDP 是否得到提升，根据各领域的特点制定评价标准
	对北京市产业结构调整的影响	同上	政府机构通过实行相关的政策，对北京市的产业结构是否产生积极的影响
	……	……	……
社会效益	对少数民族事业的影响	同上	通过相关政策的制定，是否对少数民族事业的发展产生积极影响
	民族宗教突发事件的有效处理率	同上	计算：民族宗教突发事件的有效处理量÷民族宗教突发事件总数
	失业情况是否有所改善	同上	将本年的失业率与上一年相比
	贫富差距是否缩小	同上	将本年的贫富差距与上一年相比
	……	……	……
可持续影响	土地利用的改善情况	同上	通过实行相关政策，土地使用节约情况
	循环经济的发展情况	同上	通过实行相关政策，循环经济是否在原有基础上得到发展
	新能源产业的发展	同上	可通过一些量化指标进行评价，如新能源产业的产值占北京市 GDP 的比重、新能源企业数量的增长率、有关新能源的专利发明或知识产权数量的增长率
	……	……	……
生态环境效益	节能减排工作的进展	同上	可通过一些量化指标来评价，如机动车辆尾气排放的合格率、工厂废水废气排放的合格率等
	环保产业的发展	同上	可通过一些量化指标来评价，如环保产业产值在北京市 GDP 所占比重是否有所提高
	……	……	……

资料来源：北京市财政局绩效评价处提供。

第三章 全过程、全成本：北京市预算绩效管理新探索

ii. 外交类。外交类政府机构绩效评价的个性指标如表3-12所示。

表3-12　　外交类政府机构财政支出绩效评价的个性指标

一级指标	二级指标	三级指标	指标解释
经济效益	由对外活动所产生的经济利益情况		根据对外开放政策的制定情况，可通过对外投资及国外投资产生经济利益的增长率来评价
	……	……	……
社会效益	对外活动产生的社会影响	因公到京来访外籍人员的增长率	计算：（本年来访外籍人数－上年来访外籍人数）÷上年来访外籍人数
		因公出访的京籍人员的增长率	计算：（本年出访的京籍人数－上年出访的京籍人数）÷上年出访的京籍人数
	……	……	……
可持续影响	北京与国外友好城市的外交关系发展情况		可通过统计建立友好关系的国外城市的数量测算
	……	……	……

iii. 民防类。民防类政府机构绩效评价的个性指标如表3-13所示。

表3-13　　民防类政府机构绩效评价的个性指标

一级指标	二级指标	三级指标	指标解释
经济效益	防灾救灾工作对经济建设的影响		可通过防灾救灾工作的数量或防灾救灾工作挽救的经济价值来评价
	……	……	……
社会效益	公众对防灾救灾工作的满意度		通过开展问卷调查等工作获取数据
	……	……	……
可持续影响	城市地下空间的利用情况	本市防空地下室和城市地下防护空间建设发展	通过计算指标在数量上的增长率来评价
	……	……	……
生态环境影响	防灾救灾工作对生态环境产生的影响		通过防灾救灾工作挽救的生态资源的数量进行评价
	……	……	……

iv. 公共安全类。公共安全类政府机构绩效评价的个性指标如表3-14所示。

表3-14　　　　　公共安全类政府机构绩效评价的个性指标

一级指标	二级指标	指标解释
经济效益	经济案件在所有案件中的比重	计算：经济案件数量÷案件总量
	……	……
社会效益	对社会治安稳定性的影响	通过社会治安案件的发案率来评价
	……	……
可持续影响	对公共安全的影响程度	通过各种案件发案率的改善情况来评价
	法律法规的完善程度	对法律法规的修订情况来评价
	……	……

资料来源：北京市财政局绩效评价处提供。

v. 教育类。教育类政府机构绩效评价的个性指标如表3-15所示。

表3-15　　　　　教育类政府机构绩效评价的个性指标

一级指标	二级指标	三级指标	指标解释
经济效益	教育经费的增加情况		计算：教育经费占财政支出总额的比重，与往年相比是否增加
	教育产生的经济收益情况		可通过计算义务教育支出乘数、支出收入弹性、支出产出弹性来评价
	……	……	……
社会效益	义务教育普及率		接受义务教育的人数占总人数的比重
	高等人才培养情况	本科及以上学历人数占接受教育总人数的比例	计算：本科以上学历人数÷接受教育总人数
		研究生及以上学历人数占接受教育总人数的比例	计算：研究生及以上学历人数÷接受教育总人数
	毕业生就业率		计算：毕业生就业人数÷毕业生总人数
	教育系统从业人员增长率		计算：教育系统从业人员数量÷从业人员总数
	……	……	……

续表

一级指标	二级指标	三级指标	指标解释
可持续影响	教育经费对教育水平的影响		通过教育经费投入多少对教育水平（如义务教育普及率、高等人才比重等）的影响来说明
	……	……	……

vi. 科技类。科技类政府机构绩效评价的个性指标如表3－16所示。

表3－16　　　　　科技类政府机构绩效评价的个性指标

一级指标	二级指标	指标解释
经济效益	科技成果对北京市产生的直接或间接的经济效益情况	科技成果对北京市产业产品直接引起的产值和经济效益的增加，分为高、较高、一般三个评价等级
	……	……
社会效益	对北京市科技进步的推动作用	通过开展科技类项目对北京市提升创新能力的影响，分为大、较大、一般三个评价等级
	科技人员增长率	计算：科技人员增长数量÷上年科技人员数量
	……	……
可持续影响	科技成果对北京市社会经济可持续发展的促进作用	科技成果对产业结构调整和技术升级，以及综合开发利用、节约资源、保护环境方面发挥的支持作用，分为高、较高、一般三个评价等级
	……	……

vii. 文体广播类。文体广播类政府机构绩效评价的个性指标如表3－17所示。

表3－17　　　　文体广播类政府机构绩效评价的个性指标

一级指标	二级指标	三级指标	指标解释
经济效益	文体广播相关产值占北京市GDP的比重		通过计算各产业产值占北京市GDP的比重来评价
	……	……	……

续表

一级指标	二级指标	三级指标	指标解释
社会效益	文体广播相关企业的发展情况	文体广播相关企业的增长率	通过计算文体广播相关企业的增长率来评价
		文体广播相关从业人员的增长率	通过计算文体广播相关从业人员的增长率来评价
	文体广播相关产品或服务的提供情况		通过各类产品或服务提供的数量和质量来评价
	……	……	……
可持续影响	对北京市产业结构调整的影响		通过产业结构比重来评价
	……	……	……

viii. 社会保障类。社会保障类政府机构绩效评价的个性指标如表 3-18 所示。

表 3-18　　　　社会保障类政府机构绩效评价的个性指标

一级指标	二级指标	指标解释
社会效益	促进就业情况	通过计算每万元就业财政资金支出来促进就业人数评价
	城乡社会保障体系的完善程度	通过北京市城乡社会保障覆盖率来评价
	对农民工合法权益的保护程度	通过北京市农民工工作综合性政策和规划的制定及落实情况来评价
	……	……
可持续影响	社会保障体系的完善对人民生活的影响程度	社会保障体系的不断完善，对人民生活保障的影响，分为高、比较高、一般三个评价等级
	……	……

ix. 医疗卫生类。医疗卫生类政府机构绩效评价的个性指标如表 3-19 所示。

表3–19　　医疗卫生类政府机构绩效评价的个性指标

一级指标	二级指标	指标解释
社会效益	医疗卫生从业人员情况	通过计算每万元医疗卫生财政支出培养的从业人员数量来评价
	社区医疗卫生服务站建设情况	通过计算每万元医疗卫生财政支出新增社区医疗服务站数量来评价
	人口增长控制情况	通过计算北京市人口增长率来评价
	……	……
可持续影响	医疗卫生财政支出对北京市人口平均寿命的影响程度	通过北京市医疗卫生财政资金的多少与人口平均寿命之间的关系来评价，分为高、比较高、一般三个评价等级
	……	……

x. 环境保护类。环境保护类政府机构绩效评价的个性指标如表3–20所示。

表3–20　　环境保护类政府机构绩效评价的个性指标

一级指标	二级指标	三级指标	指标解释
社会效益	新能源企业的发展情况	新能源企业的增长速度	通过北京市新能源企业的增长率评价其增长速度
		新能源企业从业人员的增长速度	通过北京市新能源企业从业人员的增长率评价其增长速度
	节能减排设施的使用情况		通过节能减排产品的市场占有率评价其使用情况
	……	……	……
生态环境效益	森林保护情况		通过计算每万元环保财政资金增加的森林数量来评价
	绿地保护情况		通过计算每万元环保财政资金增加的绿地面积来评价
	污水净化情况		计算每万元环保财政资金增加的净化污水数量来评价
	……	……	……

xi. 城乡社区事业类。城乡社区事业类政府机构绩效评价的个性指标如表 3-21 所示。

表 3-21　　城乡社区事业类政府机构绩效评价的个性指标

一级指标	二级指标	指标解释
社会效益	人均住房面积	计算人均住房面积，评价北京市人口住房的紧张程度
	……	……
生态环境效益	人均绿地面积	计算人均绿地面积，评价北京市城乡社区绿地规划情况
	……	……

xii. 农林水类。农林水类政府机构绩效评价的个性指标如表 3-22 所示。

表 3-22　　农林水类政府机构绩效评价的个性指标

一级指标	二级指标	指标解释
经济效益	单位面积产值增长率	计算农民单位面积产值增长率，评价生产效率提高的情况
	渔民每年收入增长率	计算渔民每年收入的增长率，评价渔业生产效率的情况
	……	……
社会效益	农民培训率	计算农民参加培训的比例，评价农民技能提高情况
	先进技术应用率	计算先进技术在农林水领域的应用率，评价先进技术对农林水的影响情况
	……	……

xiii. 交通运输类。交通运输类政府机构绩效评价的个性指标如表 3-23 所示。

表 3-23　　交通运输类政府机构绩效评价的个性指标

一级指标	二级指标	三级指标	指标解释
经济效益	物流行业对北京市的经济贡献		物流行业的产值占北京市 GDP 的比重
	……	……	……

续表

一级指标	二级指标	三级指标	指标解释
社会效益	交通基础设施的建设	新建公路增长率	新建公路数量÷原有公路数量
		新建铁路增长率	新建铁路数量÷原有铁路数量
		新建机场增长率	新建机场数量÷原有机场数量
	对物流企业发展的促进作用	物流企业的增长率	新增物流企业数量÷原有物流企业数量
		物流从业人员的增长率	新增物流从业人员数量÷原有物流从业人员数量
	……	……	……

xiv. 工业商业金融类。工业商业金融类政府机构绩效评价的个性指标如表3-24所示。

表3-24　　工业商业金融类政府机构绩效评价的个性指标

一级指标	二级指标	指标解释
经济效益	促进工商业及金融企业的增长	计算这类企业的增长率
	促进旅游业的经济增长	计算北京市旅游业新增产业占GDP的比重
	……	……
社会效益	创造更多的就业机会	计算工商业及金融企业新增从业人员的年增长率
	……	……
可持续影响	有利于提高北京市的知名度	计算来北京市旅游人数的年增长率
	……	……

xv. 其他类。其他类政府机构主要依据机构各自的职能特点及年度开展工作的具体情况制定评价指标。

处室层次的财政支出绩效评价重点针对处室日常管理及经常性财政支出构建指标体系，具体情况如表3-25所示。

表 3-25　　处室层次的财政支出绩效评价指标体系

一级指标	二级指标	三级指标	指标解释
决策	处室年度计划目标制定的明确性		根据是否有明确的量化指标，制定评价标准，分5个评价等级：高、比较高、一般、比较低、低
	决策过程	决策依据的充分性	根据决策支撑材料的多少，制定评价标准，分5个评价等级：充分、比较充分、一般、比较不充分、不充分
		决策程序是否符合规定	根据决策程序的制度，制定评价标准，对决策程序的合规性做出判断
管理	人员违纪情况	人员违纪率	计算：违纪人员数÷人员总数
		人员违纪严重情况	根据制度的制定情况，设定评价标准，分5个等级：非常严重、比较严重、一般严重、略微严重、不太严重
	资金管理	资金预算编制的合理性	计算预算核减金额占预算总金额的比例，通过制定评价标准，判断预算编制的合理性
		资金使用过程列支的合规性	计算资金列支不合规金额占总金额的比重，根据比重的大小判断资金使用的合规性高低
		资金管理制度执行的有效性	处室在对资金进行管理的过程中是否按照相应的制度执行
	资产损坏率		计算损坏资产金额占资产总金额的比重，判断处室资产管理的水平

资料来源：北京市财政局绩效评价处提供。

3. 财政支出政策绩效评价

为了进一步深化预算绩效管理改革，拓展绩效评价方式，2015年，北京市财政局在全国率先探索开展财政政策绩效评价，以"北京市平原地区造林工程"为试点；2016年，又开展了多项财政政策的后评价，并在编制2017年预算时将财政政策的事前评估纳入其中。至2018年，已形成了财政支出政策绩效评价的事前、事中、事后财政政策绩效评价指标体系和工作流程建设。[①]

4. 财政支出绩效的再评价

为规范预算部门组织绩效评价工作，提高预算部门组织绩效评价，财政部门

---

① 事前、事中、事后财政支出政策绩效评价体系将在后续进行详细介绍，此处仅简单介绍。

组织再评价，包括对预算部门组织绩效评价质量和对被评价项目的再次绩效评价。2014年，北京市财政局印发了《北京市市级财政支出绩效再评价工作规范》，明确了财政支出绩效再评价是由市财政局为主体。对预算部门组织的绩效评价的工作质量以及部门组织绩效评价项目的绩效进行评价的一种绩效评价形式，具体做法重点包括以下几个方面。

一是确定再评价内容。再评价的主要内容包括预算部门组织绩效评价工作质量（以下简称"工作质量"）评价和项目绩效评价两部分内容。其中"工作质量"评价主要考核部门组织绩效评价工作程序的规范性和评价结果的准确有效性；项目绩效评价主要是财政支出绩效评价。

二是明确再评价的主体。再评价的评价主体是市财政局，其可委托中介机构参与具体实施。市财政局针对每一项再评价项目成立再评价工作组，负责每一项项目的具体评价工作。再评价工作组由市财政局人员和中介机构人员共同组成。市财政局成立评分工作组，负责对所有再评价项目"工作质量"进行评分。

三是再评价的指标体系，指标体系分别设置了"工作质量"评价指标体系和项目绩效评价指标体系，其中，"工作质量"评价由市财政局成立的专门的评分工作组进行评价，具体指标体系由两级指标构成：一级指标共6个，其中反映评价程序规范性的指标有4个，分别是工作方案制定及执行情况、指标体系编制情况、资料搜集情况、绩效报告和绩效评价报告；反映评价结果准确有效性的指标有2个，分别是财政评价和部门评价结果差异和问题整改情况。二级指标共11个，分别是对每个一级指标的细化。项目绩效评价由评价工作组根据绩效评价要求选取专家进行评价（见表3-26）。

表3-26　　预算部门组织绩效评价工作质量考核指标体系

序号	一级指标	二级指标	指标解释	评分标准	再评价工作支撑材料
1	工作方案制定及执行情况（10分）	工作方案制定情况（5分）	考查部门评价方案应包括内容的全面性和完善性	每次缺少一项扣除1分；规定不细致具体扣除0.5分	部门评价工作计划；项目评价工作方案
		评价工作开展情况（5分）	考查部门评价工作开展与工作方案的一致性	每存在一处差异扣除0.5~2分。注：具体扣除分数依据差异大小确定	

续表

序号	一级指标	二级指标	指标解释	评分标准	再评价工作支撑材料
2	指标体系编制情况（10分）	指标设置的合理性（5分）	考查评价指标设置是否遵循指标编制原则。原则包括：相关性原则、重要性原则、可比性原则、系统性原则、经济性原则等	存在一处与指标编制原则不符扣1分；相同情况重复出现，每出现一次扣0.5分	部门评价指标体系；编制部门评价指标体系依据的技术支撑资料
		指标体系的规范完整性（5分）	考查评价指标体系是否符合评价指标体系编制要求，每一个项目是否都规范齐全	存在一处问题扣除1分	
3	资料搜集情况（20分）	资料的全面性（15分）	考查评价资料收集的全面程度	每缺少一项资料扣1分，同类资料缺失最多扣5分	评价项目资料清单；与资料清单相对应的评价资料
		资料整理情况（5分）	考查资料是否便于查阅	资料手册目录清晰、页码编制准确，便于查阅不扣分；资料手册目录不清晰或没有目录扣1~2分；资料手册页码不准确或没有页码扣1~3分	项目资料手册
4	绩效报告和绩效评价报告（20分）	绩效报告的规范完整性（10分）	考查项目绩效报告结构的完整性、内容的充实性、数据的准确性、表述的清晰性和格式的规范性	每出现一项不足扣0.5分，同类不足最多扣2分	项目的绩效报告；项目的绩效评价报告
		绩效评价报告的规范完整性（10分）	考查项目绩效评价报告结构的完整性、内容的充实性、数据的准确性、表述的清晰性和格式的规范性	每出现一项不足扣0.5分，同类不足最多扣2分	

续表

序号	一级指标	二级指标	指标解释	评分标准	再评价工作支撑材料
5	财政评价和部门评价结果差异（35分）	评价认真程度（5分）	比较再评价专家评分与部门评价得分之间的差异，考查部门评价的认真程度	项目再评价得分大于或等于评价得分，不扣分；项目再评价得分小于评价得分2分（含）以内且不跨级的，不扣分；项目再评价得分小于评价得分2~10分（含）且不跨级的，扣除2分；项目再评价得分小于评价得分10分以上或项目再评价得分与评价得分跨级的，不得分	项目绩效评价报告
		问题差异（30分）	通过比较再评价专家会发现的问题与部门评价发现的问题之间的差异，考查部门评价发现问题的全面性	一个严重问题未发现扣15分；一个一般问题未发现扣2分。注：严重问题即存在项目资金未按预算批复内容执行，部门内部自行调整资金用途超过项目金额30%的；存在项目间或单位间挪用资金、违规违纪、弄虚作假等问题的	
6	问题整改情况（5分）	问题整改情况（5分）	考查部门整改工作落实情况	制定了科学有效的整改措施并明确落实计划，或已完成整改不扣分；仅制定整改措施未落实扣除1~2分，视整改措施质量而定；未制定整改措施扣除5分	部门关于评价结果整改的相关资料

资料来源：北京市财政局绩效评价处提供。

四是实施再评价工作。具体包括准备阶段、实施阶段和报告撰写阶段。评价准备阶段，主要为制定再评价实施方案、成立再评价工作组、部署再评价工作。其中，制定再评价实施方案，市财政局结合本年度再评价工作的实际需要，制定再评价具体实施方案，确定参与评价中介机构的工作任务，明确工作要求和时间安排等具体事项；成立再评价工作组方面，市财政局根据再评价工作任务进行分工，由市财政局工作人员及参与评价的中介机构工作人员共同组成再评价工作组，每个工作组人员不得少于 3 名，工作组组长由市财政局人员担任，副组长和组员由中介机构人员担任，共同负责再评价具体实施工作，并承担相应的责任；部署再评价工作方面，市财政局向各主管部门统一下发再评价通知，并相应组织召开年度再评价工作部署会并组织对中介机构开展相关实操业务培训。评价实施阶段，包括下达再评价入户通知、收集复核再评价工作资料和部门绩效评价报告、遴选再评价专家、确定再评价指标体系、召开专家预备会和专家评价会、再评价工作组进行初步评分、召开预算部门"工作质量"评价会。报告撰写阶段，主要包括撰写再评价报告初稿、形成再评价报告正式稿。最后，形成再评价结论是由"工作质量"评价结论和项目绩效评价结论加权形成的综合评价结论，目前，再评价报告实行百分制，其中："工作质量"评价结论权重为 60%，项目绩效评价结论权重为 40%，综合结论实行四级分类：90 分（含）~100 分为"优秀"、75 分（含）~90 分为"良好"、60 分（含）~75 分为"一般"、60 分以下为"较差"。

五是再评价结果的应用。再评价报告形成后，市财政局根据再评价报告提出的问题和建议对相关预算管理进行必要的调整，然后将再评价报告及时反馈给预算部门，并要求预算部门根据再评价报告提出的问题和建议及时进行整改，并将整改结果反馈市财政局。再评价结果在一定范围内公布，并作为编制下一年度部门预算的重要参考依据。

五、事前、事中、事后相结合的财政支出政策绩效评价

近年来，为加强北京市市级财政支出政策绩效管理，强化支出责任，进一步规范市级财政支出政策绩效评价工作，突出政策的适用性、易用性和可操作性，北京市不断探索建立市级财政支出政策的绩效管理体系，目前，已形成了事前、事中、事后评价相结合、指标体系侧重不同的财政支出政策绩效评价

体系。

按照《北京市市级财政支出政策绩效评价操作规范》(试行),财政支出政策对财政支出分配原则具有明确要求,以满足基本公共服务需求为导向,具有特定政策目标,由单个项目或某些项目群构成的具体的财政支出政策。市级财政支出政策绩效评价(以下简称政策绩效评价),是指市财政局依据设定的绩效评价操作规程,运用科学、合理的绩效评价方法,选择合适的评价指标,按照科学的评价标准和原则,通过考察财政支出过程的各个阶段、各个环节,对各项财政支出政策的经济性、效率性、效益性和公平性进行的综合性考核评价。北京市财政局为市级财政支出政策绩效评价的主体,通过对市级财政支出政策的绩效评价,重点在于提高财政支出政策决策的规范性、政策设计的可行性、政策实施的有效性,以及执行效果与政策目标的耦合度,以促进公共政策优化,资源配置、支出结构优化,提高资金使用效益。

目前,按照评价介入时点不同,北京市建立了政策事前绩效评价、政策事中绩效评价和政策事后绩效评价体系。其中,介于不同时点政策所发挥的效果与重点不同,政策事前、事中、事后绩效评价体系所关注的工作内容与设立的指标体系也存在很大差异。

一是政策事前绩效评价是在政策实施之前,针对财政支出政策实施方案进行的绩效评价;通过事前评价,完善相关政策,修订相应的政策目标,以提高预期目标的可实现程度,因此,在政策的事前绩效评价内容方面,主要关注政策实施的必要性,政策实施方案的科学性、明确性及可行性,预算资金投入的合理性(包括财政支持的范围、规模和方式),以及政策预期效益对社会绝大多数人群公共利益的满足程度(即政策是否具有普惠性);同时,在指标体系设计方面,重点关注政策相关性、决策科学性、实施方案有效性、资金分配可行性、预期绩效普惠性及影响五大部分(一级指标),各指标具体又包括以下几个方面:政策相关性方面,主要包括设立依据充分性、需求充分性、目标明确性、政策分解任务系统性;政策决策科学性方面,主要包括决策依据充分性、决策程序规范性、应急机制有效性;实施方案有效性方面,主要包括方案制定科学性、过程控制有效性、管理制度健全性;资金分配可行性方面,主要包括资金分配依据充分性、预算分配公平性、预算分配结果与目标相符性;预期绩效可持续性,主要包括预期绩效的社会/经济效益、政策效益普惠性、预期绩效的可持续影响。具体如表3-27所示。

表 3-27　　　　　　　　财政支出政策事前绩效评价指标体系

一级指标	二级指标	评价要点	分值
政策相关性（25%）	设立依据充分性	是否依据国家法律法规、国民经济和社会发展总体规划、国家行业规划；是否依据北京市经济和社会发展规划、北京市行业发展规划等政策文件；是否符合政策实施主管部门的职责	5
	需求充分性	政策设立是否具有现实需求、需求是否迫切；政策设立是否符合公共利益；政策是否有明确的服务对象或受益对象	10
	目标明确性	是否能够满足现实需求；是否将政策绩效目标细化分解为具体的工作任务；是否通过清晰、可衡量的指标值予以体现；是否设定总体性指标和阶段性指标	5
	政策分解任务系统性	政策分解任务目标是否与政策总目标一致；政策分解任务目标是否具有科学的方案设计，并与现实情况相适用	5
政策决策科学性（15%）	决策依据充分性	是否经过充分调研、专家咨询或公众听证等；决策风险是否可控	5
	决策程序规范性	决策程序是否明确性、规范性；决策责任是否可追溯性	5
	应急机制有效性	是否制定应急预案；应急预案是否科学、合理；应急机制是否可行、有效	5
实施方案有效性（25%）	方案制定科学性	政策层面是否具备完备的制度、组织和资金保障；政策分解任务层面是否具有完备的制度、组织和资金保障	5
	过程控制有效性	政策分解任务是否订立明确的计划进度安排，并且能够在各时间节点及时完成；政策分解任务实施方案考虑因素是否全面	10
	管理制度健全性	预算资金管理办法、绩效跟踪管理办法、资金管理办法等各项制度是否健全；政策实施主管部门内部财务管理制度是否完整、合规；政策实施主管部门会计核算制度是否完整、合规	10
资金分配可行性（15%）	资金分配依据充分性	资金分配是否具有或符合政策依据、测算依据、定额标准	5
	预算分配公平性	政策资金在各分解任务之间分配是否公平合理；政策资金分配是否充分考虑可承受能力、资金风险等因素	5
	预算分配结果与目标相符性	政策资金分配是否与政策绩效目标内容相一致；分配结果是否与资金配置计划一致	5

续表

一级指标	二级指标	评价要点	分值
预期绩效可持续性（20%）	预期绩效的社会/经济效益	是否能给社会/经济发展带来直接或间接有利影响	5
	政策效益普惠性	政策实施是否能够满足社会绝大多数人群的公共利益；是否具有非排他性及无差异性	10
	预期绩效的可持续影响	政策实施是否与国家及北京市后期发展规划、发展方向一致；政策实施是否有充足的人员、资金、技术等内部条件按保障后续运维	5

资料来源：北京财政局绩效评价处提供。

二是政策事中绩效评价。是对政策实施过程中的执行情况进行的绩效评价。虽然此时政策执行还尚未结束，但政策推行的成效已经部分显现，特别是政策方案中存在的缺陷、政策环境改变带来的不利影响等问题已经暴露，通过评价可对执行中的政策提出修订及完善建议；政策事中绩效评价一般以预算年度为周期，也可以中期预算（跨年度）为周期。因此，基于此，政策事中绩效评价的内容主要包括：政策在实施过程中的合规性；政策的执行与预期的吻合度；政策阶段性目标的达成情况；同时，政策事中绩效评价指标体系的建立更侧重于对政策执行过程中是否存在的问题进行判断，包括政策执行保障性、过程控制有效性和目标预期达成性三大部分（一级指标），各部门具体又涉及：政策执行保障性方面，主要包括制度建设保障性、机构人员保障性、运行机制保障性；过程控制有效性方面，主要包括实施进度控制有效性、实施程序控制有效性、实施资金控制有效性；目标预期达成性方面，主要包括政策阶段目标达成性、政策整体目标可实现性。具体如表3-28所示。

表3-28　　　　　　　财政支出政策事中绩效评价指标体系

一级指标	二级指标	评价要点	分值
政策执行保障性（35%）	制度建设保障性	管理制度是否健全、规范；是否明确具体，便于操作	10
	机构人员保障性	是否专门组织机构或部门负责政策执行；相关机构职责、人员分工是否明确、清晰；执行人员间是否能有效的沟通与协调	10

续表

一级指标	二级指标	评价要点	分值
政策执行保障性（35%）	运行机制保障性	政策实施的具体方案（如进度安排、质量标准要求、保障措施等）是否科学合理并具有操作的可行性；政策是否得以合法、合规地有序执行；政策监督机制的设置是否科学、合理；政策宣传的渠道是否畅通	15
过程控制有效性（35%）	政策实施进度控制有效性	政策实施中整体时间分配是否合理；政策实施中时间节点分解是否清晰、明了；整体时间安排计划是否按时完成；各时间节点的政策目标是否按时完成	10
	政策实施程序控制有效性	政策实施各阶段的管理流程划分是否科学、规范；每一环节是否均有规范严格的操作审批程序；政策是否按照各阶段规定流程实施和执行	10
	政策实施资金控制有效性	预算编制及审批程序是否合理、规范；政策实施预算是否细化、清晰；实际执行与预算批复内容是否一致；财政资金使用进度是否符合实际情况及合同约定；财务管理制度是否健全，执行是否有序、有效；会计信息是否完整、核算是否规范、账务处理是否及时、依据是否充分	15
目标预期达成性（30%）	政策阶段目标达成性	政策分解的阶段性数量任务是否按时完成；政策分解的阶段性质量目标是否完成；政策阶段性社会经济效益是否达成	20
	政策整体目标可实现性	整体数量目标是否能够按预期实现；整体质量目标是否能够按预期实现；政策总体社会经济效益是否按预期实现	10

资料来源：北京市财政局绩效评价处提供。

三是政策事后绩效评价。是对已经执行完成、退出实施阶段的政策进行的绩效评价，涵盖政策全过程，是对财政支出政策绩效的总体评价；其目的在于总结经验、查找不足，为未来相关政策的拟定提供参考，辅助相关部门提高决策效率。因此，政策事后绩效评价的内容更侧重于对政策实施的效果和效益进行评价，主要包括政策执行结果与政策目标的匹配度，政策执行过程的规范性，政策效果所涵盖的具体效果、效率、效益的实现情况，以及政策在执行过程中及执行完成后总结的经验和发现的不足和对后续类似政策的影响及借鉴。同时，事后评价指标体系设置更关注政策目标相关性、政策执行效率性、政策实施有效性、政策公平性和政策实施结果可持续性。其中，政策目标相关性方面，主要包括目标与需求相符性、政策任务分解合理性、政策目标与效果（或结果）相关性；政策执行效率性方面，主要包括政策规划科学性、政策过程控制有效性、政策执行及时性；

政策实施有效性方面，主要包括政策实施效果、政策执行满意度；政策公平性方面，主要包括政策资金分配公平性、政策效果普惠性；政策效果可持续性方面，主要包括政策效果的积极因素、政策示范性及可持续性。具体如表3-29所示。

表3-29　　　　　　　　财政支出政策事后绩效评价指标体系

一级指标	二级指标	评价要点	分值	指标标准值
政策目标相关性（20%）	目标与需求相符性	政策目标是否能够满足现实需求；政策目标是否与需求主体的需求具有一致性；政策目标满足需求的比例如何	6	100%
	政策任务分解合理性	反映政策任务分解结果的合理性；预期分解结果、实际分解结果如何？可从数量、金额等方面进行分析	4	80%
	政策目标与效果相关性	反映政策实际效果与目标规划效果的匹配程度；政策目标预期效果如何？实际效果如何？	10	100%
政策执行效率性（20%）	政策规划科学性	反映政策规划的覆盖程度；政策规划覆盖面所占的比例	6	100%
	政策过程控制有效性	反映预算控制有效性；政策分解任务的实施是否按照各阶段规定流程执行；政策任务调整是否合规	7	100%
	政策执行及时性	预算执行是否及时性；政策落实是否及时；业务进度是否及时	7	100%
政策实施有效性（35%）	政策实施效果	政策预期产出与实际产出相符情况；政策产生的经济效益情况；政策产生的社会效益情况；其他影响情况	25	100%
	政策执行满意度	政府部门对政策执行效果的满意程度；政策服务对象对政策执行效果的满意程度	10	90%
政策公平性（15%）	政策资金分配公平性	资金分配在不同群体间是否公平；政策资金在各分解任务之间分配是否公平合理	5	100%
	政策效果普惠性	政策实际受益群体的情况；反映政策在实施过程中是否具有公共性、无差异性、非排他性；公共性考虑政策实施能够满足社会绝大多数人享受政策效益的程度；考虑政策受益群体所享受到的效益是否存在明显差异；非排他性考察政策实施是否损害特定群体利益或将其排除在受益范围之外	10	具体范围、数量

续表

一级指标	二级指标	评价要点		分值
政策效果可持续性（10%）	政策效果的积极因素	反映积极因素产生的效果；积极因素体现在哪些方面	4	具体效果
	政策示范性及可持续性	政策示范效应如何？政策对后续类似政策的借鉴程度；政策是否具有可持续性，与后期发展规划方向是否一致	6	依据具体情况确定

资料来源：北京市财政局绩效评价处提供。

财政支出政策事前、事中、事后绩效评价体系的比较如表3-30所示。

表3-30　财政支出政策事前、事中、事后绩效评价体系的比较

不同阶段	界定	主要内容	指标侧重
事前评价	在政策实施之前，针对财政支出政策实施方案进行的绩效评价	政策实施的必要性；政策实施方案的科学性、明确性及可行性；预算资金投入的合理性（财政支持的范围、规模及方式）；政策预期效益对社会绝大多数人群公共利益的满足程度（政策是否具有普惠性）	政策相关性主要包括：设立依据充分性、需求充分性、目标明确性、政策分解任务系统性；决策科学性主要包括：决策依据充分性、决策程序规范性、应急机制有效性；实施方案有效性主要包括：方案制定科学性、过程控制有效性、管理制度健全性；资金分配可行性主要包括：资金分配依据充分性、预算分配公平性、预算分配结果与目标相符性；预期绩效可持续性主要包括：预期绩效的社会/经济效益、政策效益普惠性、预期绩效的可持续影响
事中评价	对政策实施过程中的执行情况进行的绩效评价	政策在实施过程中的合规性；政策的执行与预期的吻合度；政策阶段性目标的达成情况	政策执行保障性，主要包括：制度建设保障性、机构人员保障性、运行机制保障性；过程控制有效性，主要包括：实施进度控制有效性、实施程序控制有效性、实施资金控制有效性；目标预期达成性，主要包括：政策阶段目标达成性、政策整体目标可实现性；

续表

不同阶段	界定	主要内容	指标侧重
事后评价	对已执行完成、退出实施阶段的政策进行的绩效评价，涵盖政策全过程，是对财政支出政策绩效的总体评价	政策执行结果与政策目标的匹配度； 政策执行过程的规范性； 政策效果所涵盖的具体效果、效率、效益的实现情况； 政策在执行过程中及执行完成后总结的经验和发现的不足，以及对后续类似政策的影响及借鉴	政策目标相关性，主要包括：目标与需求相符性、政策任务分解合理性、政策目标与效果（或结果）相关性； 政策执行效率性，主要包括：政策规划科学性、政策过程控制有效性、政策执行及时性； 政策实施有效性，主要包括：政策实施效果、政策执行满意度； 政策公平性主要包括：政策资金分配公平性、政策效果普惠性； 政策效果可持续性，主要包括：政策效果的积极因素、政策示范性及可持续性

资料来源：北京市财政局绩效评价处提供。

目前，财政支出政策绩效评价主要包括三个阶段：评价准备阶段、评价实施阶段和评价结果形成阶段。一是评价准备阶段，主要工作：成立评价工作组、遴选评价专家和入户调研。二是评价实施阶段，主要工作：全面收集资料、合规性审查、现场调研、收集利益相关群体意见建议、编制评价指标体系。同时主管部门开展自评工作，报送绩效报告。三是评价结果形成阶段，召开专家预备会和专家评价会、形成绩效评价结论、撰写绩效评价报告，并对财政支出政策的评价结果给予了详细规定，政策事前绩效评价结果的四个级别分别是：予以支持（90分（含）以上）、调整完善后予以支持（75分（含）~90分）、部分支持（60分（含）~75分）、不予支持（60分（不含）以下）；政策事中绩效评价和政策事后绩效评价结果的四个级别分别是：有效（90分（含）以上）、较有效（75分（含）~90分）、一般（60分（含）~75分）、无效（60分（不含）以下）。此外，北京市财政局还明确了财政支出政策绩效评价应建立完整的工作记录和档案，编制资料手册，档案保存期限为5年等要求。

六、建立财政支出绩效结果反馈和应用体系

财政支出绩效评价结果应用体系是根据财政部门预算绩效管理相关规定，采

用科学合理的评价指标、评价标准和评价方法，对市级财政支出进行绩效评价所形成的评价结论和意见等绩效评价结果，目的是实现对财政支出的反馈与整改、绩效报告与公开、与预算安排相结合、综合考核的财政支出绩效结果的应用体系。

1. 绩效结果的反馈与应用。

自2002年北京市财政支出绩效评价工作开展以来，所形成的绩效报告和意见不断应用于预算编制和预算执行过程中，2017年，为加强实际财政支出绩效评价结果应用，强化绩效理念和支出责任，提高财政资金使用效益，全面实施绩效管理，北京市财政局下发了《北京市市级财政支出绩效评价结果应用暂行办法》，明确了市级财政支出绩效评价结果应用的主体责任、应用内容、方式与具体的实施办法，规范了财政支出绩效评价结果的应用体系。按照绩效评价结果的应用办法，北京市财政局具体负责财政组织开展的绩效评价结果应用，市级预算部门负责本部门和下属单位组织开展的绩效评价结果应用。应用的方式主要涉及反馈与整改、报告与公开、与预算安排相结合、综合考核等。

一是反馈和整改方面，明确要求以市级财政部门为主体开展的绩效评价，财政部门应及时将绩效评价结果和整改要求书面反馈给被评价部门（单位），同时送达绩效评价报告；被评价部门（单位）自收到绩效评价报告之日起六十日内，根据评价结论及整改要求，制定整改措施，报送市级财政部门（预算管理处室）和主管部门，同时，被评价部门（单位）制定整改措施应坚持问题导向，针对评价反映的问题，通过加强绩效目标管理、完善制度办法、提高预算管理水平等具体措施进行整改。而市级财政部门（预算管理处室）和主管部门对被评价部门（单位）的整改情况及时，还要进行跟踪管理。

二是报告与公开方面，明确了市级财政部门及预算部门的绩效评价报告随同年度决算向市政府、市人大报告并公开，市级财政部门将绩效评价结果向预算部门通报的同时，报送市政府、市人大。市对区转移支付类项目绩效评价结果通报的同时，抄送区政府。绩效评价结果应按照政府信息公开的有关规定，在一定范围内逐步公开，绩效评价报告纳入依申请公开文件目录。

三是与预算安排相结合方面，提出市级财政部门要加强内部协调与配合，将绩效评价结果作为财政改进预算管理、以后年度编制预算和安排财政资金的重要依据，建立健全资金分配与绩效评价结果挂钩机制；同时，市级财政部门根据不同的评价结果，在预算安排中进行应用，具体预算安排原则及扣减比例在每年市级部门预算编报指南中应予以明确；不仅如此，对于事前绩效评估核减的预算资金，由市财政从预算部门的年度预算控制数中相应核减。此外，市级财政部门根据各类型绩效评价结果、预算绩效管理综合考核结果，对绩效优秀的市级预算部门予以表扬，并在编报下一年度预算时给予优先安排。对绩效评价结果较差（级别为一般、差）的被评价部门（单位），财政部门在安排下一年度部门项目预算时应当减量甚至不予安排。至2018年，北京市财政局加大了财政支出绩效评价结果核减部门预算的核减力度，其中，一般项目的评价结果核减部门预算的5%，差项目核减部门预算的10%。

四是影响综合考核方面，采取激励与问责相结合的方式，将市级财政部门开展的各类型绩效评价结果纳入预算管理综合考核，作为评价市级预算部门工作和开展财政评价的重要依据。其中，对财政绩效评价结果评级为优秀的预算部门，在预算管理综合考核评分时给予加分奖励；对预算管理综合考核结果较好（综合排名前十名）的预算部门予以通报表彰；同时，当年的绩效评价工作可以以部门自评方式为主（重点支出和重大投资项目除外），向市级财政部门提交绩效评价报告。而对预算管理综合考核结果排名靠后的预算部门，市级财政部门将启动约谈机制，根据实际情况对相关负责人进行集中工作约谈；同时加强绩效跟踪和再评价工作，督促整改落实。

此外，重点将预算管理综合考核结果纳入市政府绩效考核体系，与市政府绩效考评结果、部门绩效考评结果、个人的绩效考评结果相挂钩，如2018年，预算绩效管理考核结果一等到二等之间绩效单位员工的工资相差几百到千元不等；又如市政府对所有行政管理部门的年度绩效考核，财政绩效管理由5分权重增到2018年的7分权重。

2. 建立预算绩效管理问责机制。

北京市财政支出绩效评价结果不仅应用于预算绩效管理外，2011年，为加强北京市绩效预算管理，北京市财政局下发了《北京市预算绩效管理问责办法》（试行），明确提出，在预算编制和执行过程中，对预算绩效管理的相关材料达到报送要求、财政资金配置和执行绩效未能达到预期目标或规定的主管部门、预算单位实行绩效问责。具体做法包括以下几个方面。

一是明确各绩效主体问责机制中的主要职责。财政部门负责制定预算绩效管理问责制度、办法，统一组织实施预算绩效管理问责工作；主管部门负责组织本部门绩效目标的编报，配合财政部门开展事前绩效评估、财政评价和再评价工作，对所属单位或项目的绩效实现情况进行监督、评价，并实施问责；预算单位负责按照要求编报本单位绩效目标，积极配合事前绩效评估和绩效评价工作的开展，实施本单位绩效自评工作，及时报送相关绩效材料。

二是明确了主管部门、预算单位在预算绩效管理工作中绩效问责情形和问责方式。问责的具体情形包括：不按规定编报绩效目标的；事前绩效评估结果较差的；预算执行中，绩效未按预定目标同步实现或发生偏离的；项目结束后，绩效达不到预定目标的；绩效评价结果较差的；不按规定履行相关预算绩效管理职责、干扰、阻碍预算绩效管理工作、绩效评价工作组织不得力的；财政资金管理使用过程中，违反《财政违法行为处罚处分条例》或相关法律、法规、规章规定的；预算绩效管理工作中弄虚作假的；其他应该问责的事项。针对以上情形，财政部门可采取不予安排预算资金，收回年度没有执行或没按规定执行的预算，并相应减少下年度预算，依照有关规定给予通报批评以及其他法律法规规定的方式予以处罚。

北京市财政支出绩效评价的应用与问责机制，通过激励、问责相容的办法，对进一步推进政府绩效管理和财政科学化、精细化管理，提高财政资金使用效益起到重要的推动作用。

专栏6：北京市文化局2017年"北京市惠民低价票演出补贴"项目绩效评价报告

为提高财政资金使用效益，合理配置公共财政资源，根据《中华人民共和国预算法》和《北京市财政局关于开展2018年财政支出绩效评价工作的通知》，北京市财政局成立了绩效评价工作组，于2018年4~5月，对2017年度北京市文化局的"北京市惠民低价票演出补贴"项目开展了绩效评价。该项目评价结果为84.58分。有关情况如下。

一、项目基本情况

（一）项目背景

1. 项目立项依据。

2012年1月，在北京市人民代表大会第十三届五次会议上，人大代表分别提出的"关于降低北京儿童剧演出高票价"的建议（第0954号），和"关于降低北京演出剧院票价"的建议（第0629号）。建议指出：北京演出市场化程度高，演出票价居高不下，大部分首都市民很少有机会走进剧场观赏高雅艺术，基本的文化权益难以得到保障。建议政府应加大对演出剧院的资金补贴，让演出剧院的票价降到普通老百姓能够承受。针对代表委员提出的建议，北京市文化局经认真研究认为，通过政府出资购买服务，鼓励剧场设置低价票区域并适度给予补贴，才能保障演出团体、剧场、观众三方均能受益，并且确保市场运转不受干扰。

自2012年，北京市文化局启动试点工作以来，在国家大剧院、保利剧院、首都剧场等15个剧场先行推开低价票补贴工作。2013年继续推行试点，将参加低价票补贴的剧场扩大到23家。2014年，北京市文化局总结试点经验，印发了《北京市惠民低价票演出补贴项目管理办法（试行）》，之后又继续修改完善，于2015年底正式印发了《北京市惠民低价票演出补贴项目管理办法》，北京市惠民低价票演出补贴项目工作开展严格按照《北京市惠民低价票演出补贴项目管理办法》执行。

2. 项目实施主体。

该项目实施主体为北京市文化局。

（二）项目主要内容及目标

1. 项目主要内容。

《北京市惠民低价票演出补贴项目管理办法》规定，凡是在京注册、取得营业性演出资格的500~3 000座剧场，均可自愿报名申请低价票补贴。凡在此类剧场举办的营业性演出，无论本市还是外国、外省文艺表演团体，只要符合政策规定，均可通过演出所在剧场申请低价票补贴。

享受补贴的剧场、剧院团、演出经纪机构，必须取得营业性演出许可资质，补贴的项目必须是营业性演出；补贴演出场所（剧场）范围包括所有符合条件的3 000座以下营业性演出场所（包括500座以下的小剧场，但不包括茶馆及带餐饮的戏楼）；补贴演出内容包含弘扬优秀民族文化艺术、高雅、健康的所有艺术门类（不包含通俗演唱会、旅游演出等），主题、内容应积极健康。

2. 项目年度目标。

预期总目标：保障市民基本文化权益，扩大演出场所经营单位公益服务范围，让更多的观众有机会参与高水准文化鉴赏活动，通过在剧院开辟更多的低价票区域，让更多观众走进剧场，让普通百姓特别是中低收入者欣赏到高水平的文艺演出，促进北京演出市场的繁荣发展，使剧场、演出团体、观众三方受益，共享文化发展成果。

阶段性目标：2017年计划补贴1 700场惠民低价票演出，补贴低价票21余万张，推出3 600余场惠民低价票演出，预期售出100元以下低价票可达42余万张，让更多的普通观众走进剧场观看精品演出。

（三）项目资金情况

该项目2017年度申报预算资金2 602.86万元，包含票价补贴2 527.05万元、项目管理服务费50.81万元、第三方测评费25.00万元。项目批复资金金额为2 602.86万元。截至2017年12月31日，项目实际支付资金为2 568.39万元，项目结余金额34.47万元，该结余资金已及时上缴财政局。

二、绩效评价情况

（一）绩效评价指标及方法

1. 绩效评价指标体系。

主要包括项目决策、管理、绩效3个方面，满分100分。一是项目决策指标（15分），主要评价项目目标、项目立项决策管理等内容；二是项目管理指标（30分），主要评价资金到位和管理、组织实施等内容；三是项目绩效指标（55分），主要评价产出、效果、可持续影响、服务对象满意度等内容。项目绩效评价指标体系详见附件。

2. 绩效评价方法。

本次绩效评价遵循"客观、公正、科学、规范"的原则，采取定性与定量相结合的方式，采用案卷研究法、抽样统计法、专家评议法、数据统计分析法等方法开展评价工作。

（二）项目绩效情况

2017年度该项目按照《北京市惠民低价票演出补贴项目管理办法》的规定进行补贴，完成了预期目标。在不影响剧场和剧团收入的前提下，北京市惠民低价票演出补贴项目的实施对降低演出票价起到了一定的作用，一定程度上实现了文化惠民，推动文化发展的成果为人民共享。截至2017年12月31日，全年共补贴惠民低价票演出1 856场，同比上年（1 365场）增长35.97%；补贴低价票23.3万张，同比增长1.75%以上，补贴金额达2 567万余元，同比增长0.67%，完成年初设定的绩效目标。

（三）绩效评价结果

绩效评价工作组根据项目实际情况，经专家综合评价，北京市惠民低价票演出补贴项目资金绩效评价综合得分，绩效级别为"良好"。其中，项目决策得分13分，项目管理得分25.94分，项目绩效得分45.64分。

三、存在的主要问题及建议

（一）存在的主要问题

1. 绩效目标不够明确，量化程度不足。

项目支出绩效目标申报表中的总体绩效目标不够明确；部分产出指标未能有效体现对项目总体目标的支撑，可持续性影响指标指向不准确，服务满意度指标设置的预期服务对象仅局限于接受补贴剧团、观众，范围涵盖不全面。

2. 可行性论证不够翔实，实施方案不够完整。

项目可行性研究报告中关于需求分析的基础数据不够详细，制定补贴额度的依据不够充分,所采用的方式方法的科学性、公平性不足,编制的项目实施方案不够完整。缺少实施项目的考核标准及风险分析等内容。

3. 项目过程管理严谨性有所欠缺。

项目合同管理不规范,与被委托单位签订的多份合同存在缺陷。如缺少签约日期等合同要素,未能明确相应工作完成的质量标准、缺乏明确的验收指标、付款依据表述不够清晰细化。

4. 项目实施的公众知晓率不高,社会效益实现尚不充分。

根据项目委托实施的第三方满意度调查结果显示,北京市居民对惠民低价票补贴项目的知晓率仅为9.8%,虽然进入剧场观看演出的观众项目知晓率为66.7%,但城市居民总体知晓率和剧场观众知晓率仍然有待提高,社会效益实现尚不充分。

(二)相关建议

1. 进一步提升绩效意识,按照指向明确、具体细化、合理可行、量化可考的要求规范填报绩效目标申报表。

2. 夯实项目实施基础,完善可行性论证内容,完整编制项目实施方案。

3. 完善财政补贴制度和政策,精细化管理措施、规范项目过程管理,提升项目科学化管理水平。规范签订项目合同,明确工作质量及考核验收标准等合同要素。

4. 采取措施,提高财政补贴的普惠性和公平性,提高北京市居民对惠民低价票补贴项目的知晓率,扩大项目社会效益。

附件:"北京市惠民低价票演出补贴"项目绩效评价指标体系及打分情况。

附件　　　　　　　　　指标体系及打分情况

一级指标	二级指标	三级指标	四级指标	得分
项目决策（15分）	绩效目标（5分）	目标内容（5分）	目标明确性与合理性（3分）	2.44
			目标可衡量性（2分）	1.5
	决策过程（10分）	决策依据（5分）	与国家和北京市文化政策的符合性（1分）	1
			与居民需求的符合性（1分）	0.96
			与文化局职能定位的符合性（1分）	1
			与文化局工作计划或中长期发展规划的符合性（2分）	1.9
		决策程序（5分）	前期需求及调研的充分性（3分）	2.2
			项目申报、评审、批复程序的合规性（2分）	2

续表

一级指标	二级指标	三级指标	四级指标	得分
项目管理	项目资金	预算管理	预算编制程序合规性（1分）	1
			预算编制的细化程度（2分）	1.42
			预算执行的一致性（2分）	1.84
		资金使用	资金到位率（2分）	2
			资金使用及时性（2分）	1.92
		财务管理	财务制度健全性（3分）	2.74
			资金审批的规范性（1分）	0.98
			资金核算的规范性（1分）	0.98
			资金支付的规范性（1分）	0.98
	项目实施	组织机构	项目组织管理机构的健全性（2分）	1.6
			职责分工明确（2分）	1.8
		制度建设	项目管理制度的健全性（3分）	2.6
			项目管理制度执行的有效性（2分）	1.66
		过程控制	招投标过程管理的规范性（2分）	1.66
			合同管理的规范性（2分）	1.76
			项目跟踪监督控制的有效性（2分）	1
项目绩效	项目产出	产出数量	全年补贴低票价演出不低于1 700场（5分）	5
			补贴总票数不低于21万张（5分）	5
		产出质量	项目审核合格率（2分）	1.96
			惠民票项目知晓率（4分）	1.6
			惠民票项目覆盖率（4分）	1.6
		产出时效	项目完成及时率（5分）	4.8
		产出成本	成本控制措施的健全性（2分）	1.82
			成本控制措施的有效性	2.56
		社会效益	促进文化单位的供给，调动演出单位积极性，推出更多低票价演出项目（5分）	4
			满足居民文化需求，提升文化消费理念（5分）	4.4
		可持续影响	补贴方式的科学性（4分）	3.4
			丰富市民文化生活，提高全民文化素质（3分）	3
		服务对象满意度	观众、剧场、剧团的满意度（7分）	6.5
合计				84.58

资料来源：北京市财政局网站关于《2017年预算绩效管理情况说明》。

第四节　成效显著：预算绩效管理的格局化、常态化与责任化[①]

北京市自2002年启动预算绩效评价试点工作以来，2010年创新开展事前绩效评估，2015年实现了全过程预算绩效管理，2018年探索实施绩效成本，十多年对于预算绩效管理的实践工作一直在不断地尝试与探索中推进，最终逐步形成了全面实施预算绩效管理的"北京模式"，并连续7年被财政部评为预算绩效管理优秀省市。

一、构建多方共同参与、全方位预算绩效管理的鲜明格局

为顺利推进北京市预算绩效管理工作的开展，2011年以来，逐步形成了以北京市委市政府为统一领导，政府统筹、财政牵头、区级联动、人大政协参与监督的预算绩效管理协同推进机制。

一是市政府统筹领导预算绩效管理工作。2011年，北京市人民政府印发了《关于推进本市预算绩效管理的意见》，提出了"建立以目标为导向，以绩效评价为手段，以制度建设为保障，以改善管理、优化资源和提高公共服务水平为目标的预算绩效管理体系"，为全市开展预算绩效管理工作提供了指引，同时，省级政府为主的全面统筹，为各部门积极开展预算绩效管理工作提供了动力。

二是财政部门牵头构建预算绩效管理制度体系。首先，重点完善预算绩效管理制度框架。2011年以来，北京市财政局先后印发了《北京市预算绩效管理办法》《北京市市级财政支出绩效评价结果应用暂行办法》等10余个关于绩效管理应用的政策文件、16项操作规范、35个工作模板及样表，为财政绩效管理工作的实施提供充分的政策依据和翔实的操作办法。其次，建立多层次、分行业的绩效指标体系。从项目支出、部门整体支出、部门自评和财政再评价等维度，以及支出政策、政府投资基金、债务基金、转移支付资金等类型，建立多层次评价指标

[①] 北京市推进全过程预算绩效管理的成效内容部分来源于北京市财政局绩效预算处提供。

体系，充分考虑各领域事业支出特点，实现了教育、卫生、文化、科技等部门细化了的20多项分行业指标体系建设。最后，引入和引导第三方机构参与预算绩效管理，严格执行质量监督管理，建立了绩效评价专家"全过程"参与机制，深度参与方案制定、指标体系构建、现场调研和专家评价会等关键绩效评价环节。

三是预算部门承担绩效管理主体责任。首先，通过人大参与、信息公开、督促整改、行政问责、宣传培训等措施，推动部门提高对预算绩效管理工作的重视程度。其次，强化部门主体责任，完善绩效管理流程，促进提高财政资金使用的效率与效果。普及、强化"花钱必问效、无效必问责"的绩效理念，促使预算部门支出责任和绩效意识不断增强。北京市各级预算部门落实绩效管理主体责任方面，都取得较为明显的成果。如北京市卫健委成立了由财务部门、组织人事部门、监察审计部门联合组成的预算绩效管理领导小组，指导本部门开展绩效自评和行业绩效目标体系研究；北京市科委不断完善全过程预算绩效管理体系，将绩效管理要求落实到日常科技管理工作之中，贯穿于总体计划、资金分配、组织实施、管理监督和绩效评估等各方面；北京市民政局加强转移支付资金管理，将绩效评价结果作为编制政府购买服务项目预算和选择承接主体的重要依据，并纳入区级民政部门重点工作考评体系。

四是形成市区两级绩效管理工作联动机制。首先，市对区转移支付绩效评价工作过程中，形成了市、区两级共同充分参与、密切配合的联动工作机制。其次，市财政建立绩效资源共享平台，将专家库信息和资料实现市、区共享，为提高区级预算绩效管理工作的开展提供技术支撑。

五是人大政协全程参与绩效监督。2010年以来，已形成了北京市人大代表、政协委员参与事前绩效评估、事中绩效跟踪、事后绩效评价全过程的预算绩效管理工作制度。截至2018年末，北京市先后对346项政策（项目）、710亿元资金开展事前绩效评估，评估不予支持政策（项目）34项、不予支持资金62亿元，其中，人大代表、政协委员和行业专家参与事前绩效评估高达2 200多人次。[①]2017年，为推动预算绩效监督体系的建立，北京市人大出台了《北京市预算审查监督条例》，将预算绩效管理作为审查监督的重要抓手，要求预算审查监督遵循完整、合法、公开、注重绩效原则。市人大常委会在预算审查中，则注重关注"重点支出"和"重大投资项目"的绩效目标是否明确、可行，预算安排是否适当；在决算审查中，则更为关注市级预算单位的绩效评价报告、重点支出和重大投资

---

① 数据由北京市财政局绩效预算处提供。

项目的绩效情况。

二、创新开展事前绩效评估，建立全过程化预算绩效管理体系

第一，创新开展事前绩效评估体系。2010年，北京市在全国率先推出事前绩效评估模式，首先对于社会关注度高、金额较大的重大政策和项目开展事前评估，推动关口前移，严把入口关，防止"拍脑袋决策"，从源头上提高预算编制的科学性和精准性。依据部门战略规划、事业发展规划等，重点审核立项必要性、投入经济性、目标合理性、方案可行性、筹资合规性等内容。事前绩效评估工作以财政部门为主导，委托第三方中介机构具体参与，邀请人大代表、政协委员、业内专家进行论证，评估过程更加客观公正，评估结果作为项目（政策）入库的必备要件和预算安排的重要依据。截至2018年末，共对346个项目（政策）、710亿元资金开展事前绩效评估，其中34个不予支持，涉及资金62亿元。2018年北京市继续加大事前绩效评估力度，对500万元以上新增事业发展类项目（政策）全部开展事前绩效评估，重点评估支持区域经济发展、"疏整促"、学前教育、美丽乡村建设等重大政策和项目，以事前评估意见定好重大政策和项目的"规矩"。

总体看，北京市事前绩效评估工作做到了"五个结合"：一是实现项目评估与政策评估相结合；二是实现绩效目标审核与重点支出项目评估相结合；三是实现以财政为主体与专家作用发挥相结合；四是实现绩效评估与预算监督相结合，代表委员履行"依法监督"和"民主监督"职责，在北京市人大第十五届全会和市政协第十三届全会上，事前评估和绩效管理成为代表委员热议的话题，并得到一致好评；五是实现事前评估和预算评审有机衔接，提高评估、评审的效率和质量。

第二，夯实绩效目标管理基础。北京市从三个方面加强绩效目标管理：一是明确绩效目标填报范围和标准。编制预算时，要求500万元以上项目、重点民生项目，以及200万元以上政府购买服务项目都必须填报绩效目标。二是加强对预算部门和单位的指导。编订印发了绩效目标范本和案例集，通过全市预算编制培训会和"一对一"上门培训，帮助指导预算部门填报绩效目标。三是强化绩效目标管理责任。按照"谁申请资金，谁设定目标"的原则，预算部门及其所属单位要对绩效目标的填报负责，并将绩效责任明确到人。按照"谁分配资金，谁审核目标"的原则，建立预算部门和财政部门"双审核"机制，确保绩效目标填报的

完整性和准确性。

第三，积极推动部门绩效监控和自评工作。在预算执行中，北京市主要采取部门自行监控和财政跟踪相结合的形式进行管理，在充分发挥部门自身能动性的同时，财政部门通过选取事前评估的项目开展事中绩效运行监控，实现绩效目标与预算执行"双监控"。决算环节，加强部门绩效自评管理，体现"放管服"要求。一是简化了自评程序。将部门自评方式分为简易程序和普通程序两种，部门选取重点项目开展普通程序评价，其他项目进行简易程序评价。二是扩大了自评规模。2018年，全市所有市级预算部门全部开展绩效自评，自评项目6 190个，自评资金647亿元。三是加强抽查和考核。针对自评工作开展的及时性、规范性、有效性等方面，市财政局对部门自评工作开展抽查和考核，促进提升绩效自评质量。

三、建立重点绩效评价常态机制，加强评价结果应用管理

2014年以来，在预算绩效管理工作的开展中，针对重大的政策和重点民生项目，北京市建立了重点绩效评价常态机制，每年选择部分重大政策和重点民生项目组织开展绩效评价，对优化预算安排、调整完善政策、改进项目管理发挥了重要作用。2014~2018年，北京市财政局对200多个项目（政策）开展了绩效评价，资金规模超过2 200亿元，覆盖部门大额资金项目、财政支出政策、市对区专项转移支付、政府投资基金、国有资本经营预算、政府债务资金等，基本实现重点绩效评价支出类型全覆盖。近年来，北京市不断加强绩效评价结果应用，完善绩效评价结果的报告制度、公开制度、通报制度、整改制度和问责制度。一是市财政局以整改通知的形式将绩效评价结果及时反馈部门和单位，要求其限期整改；二是探索建立评价结果与预算安排挂钩机制，评价结果为"一般"（75分以下）和"较差"（60分以下）的，分别扣减下一年度部门项目预算总控制数的5%和10%。

四、促进财政绩效与政府绩效相结合，硬化绩效责任约束

一是将预算绩效管理纳入政府绩效考核与奖惩体系。北京市按照"三效一

创"（履职效率、管理效能、服务效果、创新创优）设定政府绩效考核指标体系，预算绩效管理工作作为重要评分指标和扣分依据（权重为7%），直接影响部门和区县绩效考核奖惩，作为单位和个人年终绩效工资发放的依据，充分调动部门预算绩效管理工作的积极性和主动性。

二是建立预算绩效责任制度。制定了《北京市预算绩效管理问责办法》，明确预算绩效管理责任主体、绩效问责的情形和方式、绩效问责程序等内容，对事前、事中、事后的绩效责任做出明确界定，将绩效责任延伸至基层单位和资金使用终端。

三是加大绩效信息公开力度。2017年，北京市首次实现绩效目标和绩效评价报告"双公开"。预算编制阶段，强化绩效目标管理，做到项目绩效目标随预算同步审核、同步批复、同步公开，实现绩效目标管理与预算管理全面融合。市人大审议决算时，市财政局将重点支出和重大投资项目绩效评价报告汇编成册，供代表审议参考。市人大对决算报告审议通过后，财政评价报告和部门自评报告分别随政府决算和部门决算向社会公开。

四是预算单位绩效意识明显增强。北京市通过全方位开展预算绩效管理工作，不断强化支出责任和主体责任，部门绩效管理意识明显增强。北京市卫计委成立了由财务部门、组织人事部门、监察审计部门联合组成的预算绩效管理领导小组，指导本部门开展绩效自评，开展行业绩效目标体系研究；北京市科委不断完善全过程预算绩效管理体系，将绩效管理要求落实到日常科技管理工作中，贯穿于总体计划、资金分配、组织实施、管理监督和绩效评估等各方面；北京市交通委结合行业特点，研究建立了公路预算项目指标体系和操作指南。其他部门也高度重视预算绩效管理工作，使之成为一项常态化工作，成为加强和规范预算管理的一项重要手段。

五是区级预算绩效管理迈上新台阶。在北京市财政局统一指导下，各区不断创新预算绩效管理方法途径。海淀区成立了公共支出绩效管理行业协会，定期组织专家学者、社会第三方开展预算绩效管理理论研讨；门头沟区试行预算绩效管理创新改革，建立了"部门职责—工作活动—预算项目"三个层级的绩效目标管理体系；密云区强化预算执行管理，2017年被财政部评为"国家财政管理绩效考核激励区"；顺义区、石景山区强化预算绩效管理培训力度，以"领导决策"为切入点，将"预算绩效管理"内容嵌入处级干部轮训课程；房山区重视评价结果的有效运用，将评价结果纳入组织部考核部门领导班子考核体系；东城区不断深化改革，总结出"四梁八柱"预算绩效管理工作经验。

五、探索全成本绩效预算管理，推动提升政府的行政效能

全成本绩效预算是在公共管理中借鉴市场经济的基本理念和方法，基于成本效益分析、突出目标质量导向的新型预算资金分配与管理模式，有助于准确、全面核算政府提供公共产品和服务所需成本和预期效益，促进各部门节约成本，提高预算决策的科学性、合理性，提升资金使用效益。目前，全成本绩效预算普遍应用于OECD国家，但在我国尚无先例。

2018年，在北京市委副书记、市长陈吉宁同志亲自批办和督导下，北京市率先开展全成本绩效预算试点，选取学前教育、养老机构、公交补贴、供暖补贴、自来水补贴、老旧小区改造、院前急救、平原造林、农村污水处理、文化创意、商业流通11个领域进行成本效益分析，建立以"投入成本、产出质量、效益效果"为核心内容的指标体系。同时，以"兜底线、保质量、强监管、重问效、可持续"为着力点，对机构运营进行"全成本"测算，推动建立"预算安排核成本、资金使用有规范、综合考评讲绩效"的全成本绩效预算管理模式。

目前，北京市已完成学前教育和养老机构运营补贴2个领域的成本效益分析，累计收集1 780家机构成本数据，回收调查问卷15万份，形成《幼儿园运行绩效成本预算报告》和《养老机构运营绩效成本预算报告》[①]，明确了学前教育和养老机构补贴的成本要素和支出标准，在核算成本、分析效益、制衡预算、影响决策、创新施政方式和政绩观念等方面取得了突破性进展，实现了国内全成本绩效预算改革的"破题"。上述结果已经应用于2019年预算编制中，为推动全成本绩效预算改革、政府科学决策提供了有力支撑。

总体而言，北京市预算绩效管理模式的推进在完善公共财政管理体系、提高财政资金使用效益、树立绩效理念和责任意识、提升政府公信力和执行力等方面取得重要成效。

一是促进了公共财政管理体系的完善。部门预算改革、国库集中支付改革、政府采购改革三大改革等，主要针对预算管理的规范性和合理性，侧重于资助金使用的合法性和合规性，但对资金实际效益的管理相对欠缺，存在明显的缺陷和不足。

---

① 北京市财政局将"绩效成本预算"修改为"全成本绩效预算"，本文中统一为"全成本绩效预算"，但由于两份报告形成时以上名称并未改动，因此报告名称本文不再统一，改用原名称。

预算绩效管理则对上述缺陷和不足进行了补充与完善，使得预算管理的科学化程度进一步提高。在北京市预算绩效管理探索和实践过程中，审核绩效目标和事前绩效评估都要借助人大、政协、专家学者、社会公众等力量，开展绩效评价时也要利用科研院所、社会中介等第三方机构，评价结果要向社会公众公开，接受公众质疑和监督等，都是政治民主思想在预算管理中的具体体现，是对民主理财内容的重要补充，进一步丰富了公共财政的管理方式，促进了公共财政管理体系的完善。

二是提高了财政资金的使用效益。预算绩效管理改革，将对预算细节效益的追求贯穿到预算管理全过程。北京市绩效目标的管理和项目支出的事前评估模式，使预算部门和相应的项目支出既要根据部门规划对预算资金取得的总体目标进行描述，又要细化、量化、可实现的绩效指标为支撑，将部门预算与部门发展规划和年度工作计划有机结合，最大限度地将有限资源配置到效益最佳的部门并发挥最大效益，预算编制的合理性得到提高；绩效运行监控，在督促预算部门按照既定的实施计划开展工作，提高了预算执行进度外，还通过对预期目标实现程度的跟踪监控，促进了预算部门合理高效使用财政资金，减少了财政资金支出的随意性和盲目性；绩效评价实施，对预算资金实际绩效做出客观、公正的判断，将绩效成果明确地呈现在政府部门和社会公众面前，进一步提升了部门的责任意识；绩效评价结果的应用，不仅将绩效评价发现的各种问题得以解决，提高了预算管理水平，而且通过和以后年度预算编制的结合，通过向政府报告绩效结果等，既提高了预算决策的科学性，也为政府财政政策调整提供了参考，进一步整合了财政资源，优化了财政支出结构。从北京市各部门的实践来看，实施绩效管理项目资金的使用效益比以往得到较大提高，也带动了预算资金整体效益的提高，并在一定程度上缓解了较为严峻的收支矛盾。

三是树立和融入绩效理念和责任意识。预算绩效管理将市场经济的一些机制引入到公共管理之中，将企业的成本—效益理念融入预算管理之中，要求公共财政资金不仅取之于民，用之于民，更要有效地用之于民；预算管理不仅关注投入和过程，更关注产出和结果；预算部门和工作人员不仅要清晰地了解预算资金所要达到的政治效果、社会效益和经济效益等目标，而且要始终围绕既定的绩效目标开展工作，并以结果为导向，确保绩效目标的如期实现，否则，就要追究相应的绩效责任。这种理念的提出和在实践中的推进，使传统预算中存在的"重投入轻管理，重分配轻绩效"现象有所改变，热衷于跑项目、争资金的现象有所缓解，讲求绩效、注重绩效、追求绩效的现象正在出现，根据北京市调研统计，北京市各市级、区县级预算部门和工作人员的自我约束意识正在形成，"花钱必问效，无效必问责"的绩效理念和责任意识初步树立。

四是提升了政府的公信力和执行力。政府履职需要财政预算资金来保障，预算绩效管理的实施，提高了预算资金的使用效益，为政府高效履职创造了前提和条件；预算绩效管理强化的"用钱问效，无效问责"的理念，使得政府部门及其工作人员对预算的执行结果负责，促使部门更好履行经济调节、市场监管、公共服务、社会管理等政府职能，促进了政府部门提高公共管理效率，改善决策服务水平；通过网络、媒体等多种方式将政府部门、机构的预算信息和绩效信息向社会公开，逐步公开绩效评价结果，将资源投入和政府行为的产出以及结果联系起来，满足了社会公众关注政府状况的需要，保障了社会公众的参与权和监督权，以权谋私、贪污腐败、形式主义、官僚主义、失职渎职、损失浪费现象有所控制。推进预算绩效管理，促进了高效、责任、透明、廉洁政府的建设，提高了社会公众对政府的信任程度，促进了政府公信力和执行力的提升。

第五节 经验启示：探索预算绩效管理的精准化、精细化发展

通过对北京推进预算绩效管理过程、做法及成效的分析，可以得到以下几方面启示。

一、事前、中、后评价相结合的预算绩效管理

长期以来，北京市一直致力于实现全过程的预算绩效管理制度建设，逐步探索建立事前、事中、事后评价相结合的全过程预算绩效管理体系。北京市全过程预算绩效管理体系的建立是一个循序渐进的过程，其中，财政支出绩效评价是北京市最初开展预算绩效管理的出发点，重点对预算部门和项目支出资金使用效果进行绩效评价，同时还将结果应用于预算部门的下一年度的预算，这为绩效理念融入各预算部门（单位）提供了思想基础；另外，在完善财政支出绩效评价的过程中发现存在的一系列问题，如事后评价时发现的绩效目标偏离、绩效资金使用效果不理想、无法达到预期效果、资金到达周期长等，都不利于资金使用效率与

效益的提高，为解决如上问题，事中评价—绩效运行跟踪管理的运用防范了在资金使用周期内绩效目标的偏离，基本解决了财政资金在运行周期内效率难以提高的一系列问题；针对重点政策和重大项目支出，为保证项目预算的科学性、合理性和准确性，创新探索了事前评估的做法，有效地提升了重要政策和重大项目支出的资金使用效益，将"花钱必问效"的绩效理念融入部门（单位）预算管理中，直接推动了预算绩效管理体系的建立和完善。

此外，北京市创新建立的事前、事中、事后的财政支出政策绩效评价体系，是推进预算绩效管理体制建立的一大重要进步，不仅实现了预算绩效管理的全过程、全链条的绩效评价管理，还建立了不同阶段、有区别但又相互联系的事前、事中、事后财政支出政策的预算绩效指标体系，一方面，三套指标体系的服务目标和侧重点有差别。政策实施之前的预算绩效评价指标体系服务于政策的设立和完善，因此，侧重对政策实施的预期绩效；政策实施中，侧重于对政策实施的合规性、执行与预期的吻合度和政策预期目标的达成情况评价，侧重于政策实施过程中的绩效评价；政策实施后绩效评价体系则主要对政策执行结果与目标匹配度、政策规范性、政策效果、效率等进行评价，侧重于政策实施后的绩效评价。另一方面，三套评价体系前后呼应，指标体系评价的大致内容和范围相似，政策实施后的绩效评价体系不仅依据事中绩效评价的经验和不足，还要对后续类似政策的影响和借鉴进行评价，如2018年财政支出政策确定的指标中，政策事后绩效评价将"政策在执行过程中及执行完成后总结的经验和发现的不足，以及对后续类似政策的影响及借鉴"作为评价内容和后续类似政策的评价依据。

二、预算绩效目标对预算绩效管理体系的导向

绩效目标是预算绩效管理的基础和起点。绩效目标管理体现了政府资金管理方式由"重投入、重过程"的管理到"重结果、重效果"的转变。设定预算绩效目标，不仅有效地指导预算部门（单位）的预算编制和执行，也对部门战略目标起到重要的导向作用。导向作用具体表现在：一是实现了战略目标与预算目标的有机结合。北京市绩效目标管理体系建立的实践表明，预算绩效目标的设立是可以促进和提升部门的战略目标，预算目标对于部门（单位）的战略目标，不仅是被动的适应战略目标，而且是通过绩效预算的手段，使部门战略目标更加明确、具体和可操作，一年至两年的短期绩效目标实施对部门战略目标影响虽体现的尚

不明显，但通过绩效目标的长期导向作用，部门将持续不断地在预算绩效目标的实现过程中进而提升和完善自身的战略目标，通过绩效目标对部门战略目标的持续性拉升，可显著提高公共部门的服务与管理水平。二是统一的框架预算目标体系保证了预算绩效目标的统一性、可比性和独特性。北京市建立了统一框架下的预算绩效目标体系，所有的部门都在一个目标体系内进行，确保了预算绩效目标的统一性和可比性；同时，基于此框架，部门可根据自身情况确定符合部门属性和特点的预算绩效目标，也反映了部门的独特性。三是预算绩效目标的申报和审核实现了财政政策和部门政策的有机结合。北京市预算绩效目标通过预算部门申报，一方面，反映了部门的政策意图，让部门将自身掌握的内部信息展现出来，避免了由于信息不对称而导致的道德风险和逆向选择行为；另一方面，部门申报后，通过财政部门审核，又将财政政策的意图反馈到各预算部门，实现了预算过程通过程序设置，将财政政策和部门政策实现了有机结合。

三、绩效评价结果应用强化融入绩效管理理念

从绩效评价结果应用的角度来说，事前绩效评价和事后绩效评价对于引导项目申报或预算编制管理都具有类似的重要引导作用，其中，事前绩效评价作为预算绩效管理的核心内容，围绕绩效目标，对预期产出和预期效果展开评价，将预算绩效评价的过程前置，对提高项目申报、项目预算编制和管理水平具有重要的引导作用；而事后绩效评价作为财政资金使用后效果和效率的评价手段，对下一年度项目支出和部门整体预算起到重要的依据作用，因此，这两类绩效评价的作用总体上来说对制定项目申报、编制预算和部门申报预算起到重要的引导和支撑作用。而从引导绩效理念形成的角度来说，事前和事后绩效评价都对绩效理念的形成具有重要的推动作用，但对于绩效理念的形成所产生的力度和承受的机会成本则存在差异。事后绩效评价更侧重于财政支出结果形成后的下一期绩效理念的形成，而北京市事前绩效评估方式，则逐渐从对项目预算编制的影响上升到对项目申报的影响，实践中，这种绩效评价的前置，则起到了对预算部门（单位）绩效理念加重的作用，即对部门（单位）而言，一旦事前绩效评估处于较差或不合格的状态，其机会成本要高于事后绩效评价完成后对项目或部门整体所产生的影响成本，因为事后绩效评价完成后，如若财政支出绩效评价达到较差标准，则部门可选择不再推进下一期项目设立或申报，甚至不需再消耗成本去设立或申请项

目，而事前绩效评价则是在项目已消耗人力、物力准备一定阶段的情况下实施申报后的评价，一旦未达到评价标准，则可能面临项目无法申报的境况，同时也无法逃避已占用和消耗人力和物力成本所带来的损失，因此，预算部门（单位）则更加注重项目的实施效果和效率，这实际上无形中对预算绩效理念的认同和融入。目前，北京市重大项目和政策的事前绩效评价模式，则充分发挥了事前绩效评价对预算绩效理念融入预算部门的重要引导作用。

四、绩效跟踪运用管理防范项目绩效目标偏离

事前、事后的绩效评价过程对绩效目标管理起到一定的作用，如事前绩效评价对绩效目标的设定起到合规、科学的认定作用，事后绩效评价则对绩效目标的实现起到确认实现的认证作用，但是两者均未在财政资金的使用过程中起到及时发现问题的作用，因为事前绩效评价无法实现动态的资金使用管理评价，事后绩效评价是对资金使用的效果的评价，无法明确资金使用过程中存在的问题，以及防范绩效目标偏离的问题。绩效跟踪运用管理，实际上是事中绩效评价管理的重要体现，对于绩效目标的偏离、资金使用过程中存在资金到账不及时、资金使用不规范等问题都能起到重要的及时发现作用。2011年开始，北京市就开始逐步建立预算执行过程中的绩效跟踪机制，财政部门和各项预算部门对财政支出的预算执行、管理和绩效目标运行等情况开始进行跟踪管理与督促检查。2013年，北京市财政局和预算部门也分别成立领导小组，制定工作方案，认真梳理年度预算执行情况，分析执行过程中存在的问题，提出改进措施，其中，各部门还对一些与首都经济和社会发展密切相关、金额较大项目的安排落实情况进行了重点跟踪分析，对发现项目过程绩效目标的偏离、资金使用规范性等问题起到重要的防范作用。

五、绩效评价、再评价的结果反馈与应用提升

目前，北京市绝大多数的项目财政支出绩效评价已下放到各预算部门（单位）组织自评，充分发挥了预算部门（单位）绩效评价工作开展的自主性，解决了信息不对称情况下财政部门难以实现准确、充分评价的尴尬处境，提高了绩效评价结果的应用效率。但在由预算部门（单位）自主开展绩效评价的过程中，也

存在一定的问题，如自主评价可能产生的评价不规范、不合理等情况也会影响绩效评价开展的真实有效性和降低了绩效评价的效率，因此，为解决此问题，北京市对于预算部门（单位）组织的自评项目，开展抽选部分项目进行财政支出绩效的再评价工作，一方面，解决了自主评价中可能产生、面临以上的问题；另一方面，也有利于财政部门深入了解预算项目和财政政策支出情况，对于进一步完善财政政策和部门预算支出评价政策起到重要的推进和结合作用。

第六节　难点与展望：全过程、全成本预算绩效管理再推进

一、北京市预算绩效管理的难点

北京市预算绩效管理体系建设的成功经验对于推进全国其他地区开展预算绩效管理工作起到重要的示范和引领作用，对加快国家实现全方位、全过程、全覆盖的预算绩效管理体系具有重要的推动作用，目前，北京市虽已形成了市级部门全覆盖、多数项目和政策全过程的预算绩效管理体系，但在推进过程中，也发现了一些问题以及在健全预算绩效管理体系过程中存在的难点。

（一）预算绩效管理体系的覆盖面仍需扩大，部门、区域之间工作开展不充分、不均衡

一是财政支出的事前绩效评估体系覆盖面仍需扩大。目前。事前绩效评价工作主要围绕财政支出政策的事前绩效评价和部分重大项目的事前绩效评价，对于更能突出绩效理念，并更容易将绩效理念融入政府预算管理的事前绩效评价的角度而言，部门整体支出和部门项目的预算管理均未纳入事前绩效评价体系，因此，事前绩效评价体系的覆盖面还有待扩大。二是预算绩效管理工作的开展在市级部门之间、各区之间还不充分、不均衡。2015年，北京市预算绩效管理实现了市级部门的全覆盖，对于区县预算部门来说，2013年北京市印发了《北京市区县预算绩效管理工作考核办法》，有效地促进了区县一级预算绩效管理工作的开展，但是

根据预算绩效管理实际工作的开展来看，各市级部门、区县之间开展的预算绩效管理工作还尚不充分、不均衡，表现在：部分市级部门、区县之间预算绩效管理指标设计不够完善，预算绩效管理发展较好的部门和一般部门对于预算绩效管理工作在工作流程、指标设计、开展质量上存在明显差异；此外，部分区县未形成全面的预算绩效管理体系，对于事前绩效评价工作，部分区县还处于资料发现阶段，未能实现真正开展和运用；少数部门、地区还缺乏绩效运行追踪管理体系建设。

（二）预算绩效管理对优化财政支出结构作用还有待进一步发挥

长期以来，全国多数省份包括北京地区预算编制的重点在于控制财政资源，而较少追求提升分配效率和优化财政支出结构，政府制定的短期预算，无法对政策和计划的长期成本进行统筹考虑；此外，预算绩效管理进程中更侧重关注项目支出的绩效管理与评价，重点放在改善资金使用效果和提高资金的使用效率，而各公共服务行业之间的评价指标建设主要关注的是相对应的行业资金使用情况评价，未建立对比体系，因此，现有的预算绩效管理体系对于优化各财政支出结构的效果尚不明显，对于财政支出结构的调整与优化还处于探索阶段。此外，发挥预算绩效管理在优化支出结构中的作用主体主要为预算部门，而在日常各部门对于财政支出结构的评估，会由于人员配置参差不齐，部门关注度的不同，进而影响了预算绩效管理对于财政支出结构优化的重要作用。

（三）预算绩效管理体系建设还有待于完善

首先，分行业的绩效指标体系建设有待于继续完善。一是部门、区县之间评价指标体系的建设差距较大。目前，北京市部分市级部门、区县虽然一直不断充实完善绩效评价指标体系建设，但由于各部门、地区绩效管理人员素质、业务水平和业务能力相差较大，部分部门和地区指标体系的建设还尚不全面、不均衡。二是由于部分行业属于新兴产业，更新交替速度较快，分行业指标体系的建设难以跟得上其发展更新变化，各地区各部门仍处于自行探索、自我完善阶段，建立相应量化的分行业评价指标体系难度较大。三是市财政支出项目内容十分广泛、项目间存在较大的差异且项目效益的不确定性较大，导致绩效指标体系设计难度大。财政预算部门与企业不同，并没有客观的市场数据如营业额、获利率或市场占有率等来彰显绩效，其所重视的"公共利益"价值、公共服务的特殊性和层级组织所强调的伦理性行为，都会使责任归属不够明确，产生模糊现象，这也成为绩效评价指标的设置绩效的评价难点。从国外财政支出绩效评价指标体系构建的经验来看，指标构建的复杂性主要体现在绩效的度量上，绩效的度量直接关系到评价结果和计划工作的实现程度，所以通过应用指标体系，科学有效地度量财政支出绩效成为绩效评价工作的重要任务。但北京市的政府机构较多，职能非常广泛，所以要想构建一套通用性较强的指标体系，通过使用该绩效评价指标体系使不同政府机构之间的绩效可比，且政府机构本身的财政支出年度绩效纵向可比非常困难。因此，在对财政支出项目构建绩效评价指标的过程中存在较大困难。

其次，预算绩效管理的分析方法还有待深入研究。目前，北京市正探索开展投入产出、成本质量效益等绩效分析方法，重点围绕全成本绩效预算开展试点，选取学前教育、养老机构、公交补贴、供暖补贴、自来水补贴、老旧小区改造、院前急救、平原造林、农村污水处理、文化创意、商业流通11个领域进行成本效益分析，目前，已形成了《学前教育成本效益分析报告》和《养老机构成本效益分析报告》两份报告，其他领域的全成本绩效预算还有待进一步深入开展。

最后，绩效结果应用的范围和质量有待扩展和提高，问责机制有待进一步落实提高。目前，北京市绩效运行跟踪监管主要预算执行进度和日常兼顾管理，较少凸显对绩效信息的收集和分析，因此，对绩效跟踪结果应用实现的趋势关注不多。此外，通过近两年的全过程评价实践来看，还有许多配套性的保障措施和办法有待建立和完善。如行业绩效评价指标体系及评价方法研究，财政支出绩效系统化（事前、事后和监测）评价体系研究，绩效管理信息分析方法研究，绩效评价专家库建设、中介机构库建设及质量管理办法，全过程绩效评价工作监督指导工作条例、绩效报告管理及应用分析方法等。尤其是针对不同行业、不同部门的投入资金的绩效评价指标的确定正在成为整个预算绩效机制建设和实施的瓶颈因素。

（四）预算绩效管理的认识有待进一步深入，与绩效管理尚未实现充分融合

一是重资金分配、轻绩效管理的意识未得到根本扭转。近年来，北京市通过逐渐构建事前、事中、事后的预算绩效管理体系，逐步完善财政支出的预算绩效管理，但实践中，部分部门（单位）和各区县仍然存在重预算编制、轻监督检查；重资金分配、轻绩效考核；重资金拨付、轻跟踪调查的现象，这主要在于部

分部门（单位）和各区县预算绩效管理的理念还未实现真正融入。二是绩效管理和预算管理"两张皮"的情况还比较普遍。2015 年，北京市市级部门实现了全过程预算绩效管理，区县级预算绩效管理也在不同程度的推进，但由于目前还存在尚未推进的区县、预算部门（单位）和项目，因此，绩效管理和预算管理还未实现全地区的融合。另外，北京地区 2002 年以来，重点侧重财政支出绩效评价方面的探索，近年来，才实现绩效管理和预算管理的初步融合，从国际经验来说，预算绩效管理模式的实现需要长时间的不断探索与完善。因此，对于机构众多的北京地区，多行业、多部门的绩效管理与预算管理的融合还有很长一段路要走。

二、北京市预算绩效管理的展望

推进预算绩效管理工作任重道远。下一步，北京市在市委、市政府坚强领导下，全面实施预算绩效管理，更加注重结果导向、强调成本效益、硬化责任约束，大力推行全成本绩效预算改革，建立以质量、成本、效益为重要考核内容，以结果导向配置公共资源、调整公共政策的预算管理机制，实现预算和绩效管理一体化，加快建成全方位、全过程、全覆盖的预算绩效管理体系。

（一）加大全面预算绩效管理宣传力度，牢固树立预算绩效管理的理念

继续贯彻落实《中共中央国务院关于全面实施预算绩效管理的意见》及财政部《关于贯彻落实〈中共中央国务院关于全面实施预算绩效管理的意见〉的通知》相关文件精神，充分利用各类新闻媒体、政府网络平台、专家解读等形式，加大宣传培训力度，积极宣传全面实施预算绩效管理的理念，提高各部门各单位的绩效理念和成本意识，为推进全面实施预算绩效管理创造良好的氛围和环境。另外，加强顶层设计，构建全面实施预算绩效管理的制度体系；对照中央文件要求，查找存在的差距和突出问题，研究制定贯彻落实方案，印发《北京市贯彻落实〈中共中央　国务院关于全面实施预算绩效管理的意见〉的实施意见》，修订和完善北京市预算绩效管理制度办法，促进预算和绩效管理一体化。

（二）继续完善全过程绩效管理体系建设

一是扩大事前绩效评估范围。对民生领域资金规模较大的政策性项目，加大

事前评估力度；探索实行项目立项制，完善事前绩效评估制度，不断推动绩效关口前移，推动以部门为主体开展事前绩效评估，评估结果作为项目入库和安排预算的必备条件，做到项目随时申报、随时评估、随时入库。扩大事业单位实行全过程预算绩效管理范围，将全过程绩效管理向企业集团所属事业单位推广。继续选择部门社会关注度高、影响范围广的政策，逐步完善财政政策绩效评价；逐步健全分类、分行业的评价指标体系，进一步完善评价结果与预算安排挂钩的长效机制。

二是完善预算绩效信息化管理建设，提升绩效管理质量和效率。贯彻精简高效的原则，在现有基础上，完善预算绩效管理信息化系统建设，将预算绩效管理嵌入预算编审系统，使绩效目标、事前评估、绩效评价等内容作为项目申报的必选项和必填项。进一步加大绩效内容的审核力度，做好预算绩效管理系统和预算编审系统的有效对接，提升绩效管理质量和效率。

（三）继续推广完善成本效益分析方法试点，建立新型全成本绩效预算管理模式

按照北京市委、市政府的决策部署，加大探索成本效益分析方法试点推广，在开展学前教育、养老试点的基础上，加快推进水电气热补贴、公交地铁补贴、商业流通、平原造林等领域全成本绩效预算试点工作。向各单位宣传、介绍、推广全成本绩效预算的理念和方法，提高成本测算的合规性、产出质量的合理性、效益效果的科学性。建立基于信息化的成本效益数据采集和财务分析系统，强化对预算绩效管理数据的整合，推进预算绩效信息资源共享，提升成本效益信息综合分析利用能力。下一步，拓展全成本绩效预算试点范围。逐步将经验推广到各区政府，使全成本绩效预算管理成为节约财政资金、化解收支矛盾、降低施政成本的"坚盾"和"利器"，以高水平理财推动高质量发展。围绕北京市市政府第180项折子工程，在完成第二批全成本绩效预算试点的基础上，继续拓展全成本绩效预算试点范围，总结相应工作方法和流程，形成较为完善的基于成本—效益基础上的预算绩效管理制度体系。

（执笔人：刘天琦）

第四章
地方预算绩效管理改革的逻辑
——对地方典型案例的比较分析

中国幅员辽阔，地域之间差异大。从纵向的政府层级审视，中央层级之下，还有省市县乡四级政府。改革开放以来，在中央统一领导下，不同区域经历着不尽相同的改革发展之路。很多领域的改革遵循渐进式的路径，地方在中央倡导下开展改革试点，或自发地先行先试，积极进行改革创新探索，地方一些成功的经验和做法被吸纳到国家层面出台的政策、制度里，换言之，中央出台的制度、政策在一定程度上体现了一些地方成功的实践和探索。从这个角度看，地方的改革实践也是推进预算制度变迁的重要驱动力。从财政支出的总体格局看，地方支出占大头，加上转移支付资金，地方财政支出占全国支出的比重超过80%。因此，对典型地方改革实践的比较分析有重要的借鉴意义。

预算管理制度是财政改革的先行步骤，随着绩效管理改革的推进，绩效信息逐渐渗透到政府活动的方方面面。总体看，预算绩效管理改革作为深化预算管理制度改革的重要方面，是在中央的倡导下推进的，但一些地方的积极探索和成功实践，为绩效预算管理改革的推广和实施提供了借鉴参考。对典型地区、典型案例的比较，分析其异同之处，能够更好地厘清地方预算绩效管理改革的逻辑。

第一节 地方预算绩效管理改革的共同点

一、地方预算绩效管理改革的背景

地方预算绩效管理改革，可以追溯到2001年，湖北、湖南、河北、福建等地进行的财政支出绩效评价工作小规模试点。回顾21世纪以来各地在深化预算管理制度改革过程中围绕绩效开展的改革，特别是早期地方实施财政支出绩效评价改革试点的情况，可以发现，财政支出压力大，收支矛盾尖锐是推动改革的直接动因。当地领导的重视与支持，人大立法机构的参与推动是实施改革的重要推动力。而市场化程度高，较发达的经济基础等因素为改革营造了良好的外部环境。

（一）财政收支矛盾日益尖锐是实施绩效预算管理改革的内在动因

2000年以后，我国经济持续快速增长。2001年GDP突破10万亿元，2006年GDP超过20万亿元，2015年GDP超过60万亿元。在经济高速增长的过程中，财政收支快速增长，且财政支出以快于财政收入的速度增长，如表4-1、表4-2所示。财政支出快速增长，财政收支矛盾尖锐，放在全国大背景下看，与城镇化的快速发展相关。2000年以后，我国城镇化加速发展，如图4-1所示，2003年全国城镇化率首次突破40%，达到40.53%。2018年城镇化率接近60%，达到59.58。短短15年，城镇化率上升了20个百分点。部分省市城镇化率上升幅度更大。上海、北京、广东、浙江的城镇化率远高于全国平均水平。随着人口向城市的迁移，对城市公共服务的需求也急剧增加，财政支出的压力不断加大。财政收入的盘子越来越大，而支出的压力并没有减少，反而越来越大，优化预算资金配置，提升财政支出绩效变得日益迫切，探索财政支出绩效维度的改革，向管理要效益，成为日益显见的现实需求。

表4-1　　　　　　　全国财政收支及GDP情况

年份	财政收入（亿元）	财政支出（亿元）	GDP（亿元）
2000	13 395.23	15 886.50	50 886.70
2001	16 386.04	18 902.58	108 639.20
2002	18 903.64	22 053.15	118 561.90
2003	21 715.25	24 649.95	130 463.20
2004	26 396.47	28 486.89	143 657.80
2005	31 649.29	33 930.28	160 027.00
2006	38 760.20	40 422.73	211 147.70
2007	51 321.78	49 781.35	241 195.80
2008	61 330.35	62 592.66	264 472.80
2009	68 518.30	76 299.93	289 329.90
2010	83 101.51	89 874.16	320 102.60
2011	103 874.43	109 247.79	452 429.90
2012	117 253.52	125 952.97	487 976.20
2013	129 209.64	140 212.10	525 835.40
2014	140 370.03	151 785.56	564 194.40
2015	152 269.23	175 877.77	603 212.10
2016	159 604.97	187 755.21	735 355.00
2017	172 592.77	203 085.49	785 770.00
2018	183 352	220 906	900 309

资料来源：历年《中国统计年鉴》，2018年数据来自国家统计局和财政部网站。

表4-2　　　　　　　中央和地方财政收支情况

年份	全国财政收入（亿元）		全国财政支出（亿元）	
	中央财政收入	地方财政收入	中央财政支出	地方财政支出
2000	6 989.17	6 406.06	5 519.85	10 366.65
2001	8 582.74	7 803.30	5 768.02	13 134.56
2002	10 388.64	8 515.00	6 771.70	15 281.45
2003	11 865.27	9 849.98	7 420.10	17 229.85
2004	14 503.10	11 893.37	7 894.08	20 592.81
2005	16 548.53	15 100.76	8 775.97	25 154.31

续表

年份	全国财政收入（亿元）		全国财政支出（亿元）	
	中央财政收入	地方财政收入	中央财政支出	地方财政支出
2006	20 456.62	18 303.58	9 991.40	30 431.33
2007	27 749.16	23 572.62	11 442.06	38 339.29
2008	32 680.56	28 649.79	13 344.17	49 248.49
2009	35 915.71	32 602.59	15 255.79	61 044.14
2010	42 488.47	40 613.04	15 989.73	73 884.43
2011	51 327.32	52 547.11	16 514.11	92 733.68
2012	56 175.23	61 078.29	18 764.63	107 188.34
2013	60 198.48	69 011.16	20 471.76	119 740.34
2014	64 493.45	75 876.58	22 570.07	129 215.49
2015	69 267.19	83 002.04	25 542.15	150 335.62
2016	72 357.30	87 194.80	27 404.00	160 437.10
2017	81 123.36	91 469.41	29 857.15	173 228.34
2018	85 447	97 905	32 708	188 198

资料来源：Wind 数据库，2018 年数据来自财政部网站。

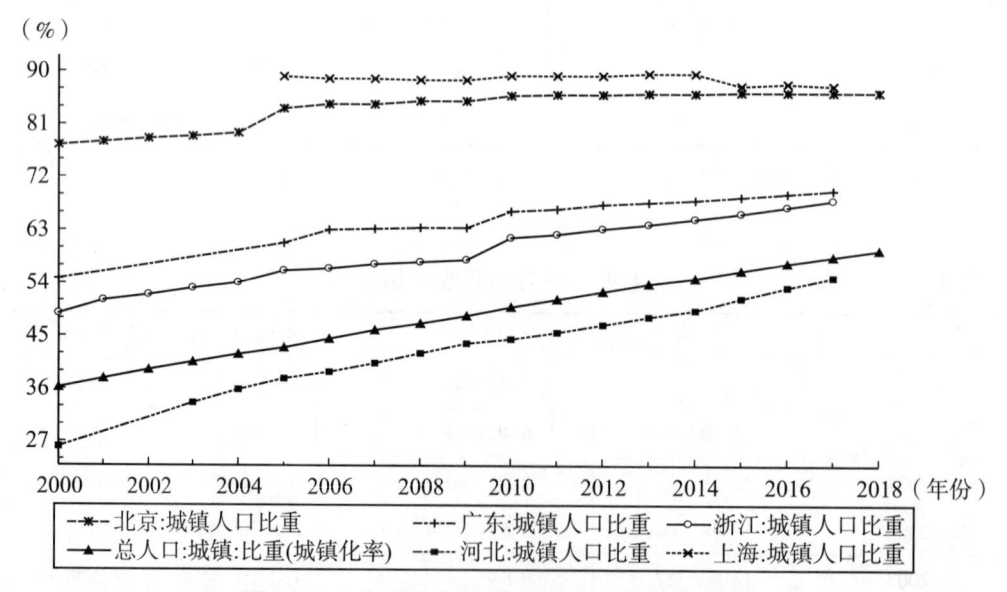

图 4-1 全国和部分省市城镇化率变化情况

资料来源：Wind 数据库。

对部分绩效预算改革的典型案例地区的分析发现，较早推行绩效预算相关改革的省市并不是财政经济状况差的地区，而是财政经济状况较好的省市。财政收入少时，部门支出扩张的冲动不明显。财政收入持续增加，政府部门办事创业的积极性更高，争基数、争盘子的冲动更明显，收支矛盾反而更加尖锐。通过预算绩效管理约束部门支出扩张的冲动，缓解日益尖锐的财政收支矛盾，成为推动预算绩效改革的内在动力。2000年以后，地方财政收支增长迅速。特别是地方财政支出以快于财政收入的速度增长，如表4-2所示，地方财政支出数额快速增长，地方财政支出的占比也在快速提高，如图4-2所示。近几年，我国经济增速不断放缓，各地区经济增长已经进入一个相对平稳的发展时期，财政收入也不会有大幅的提高，加之减税力度不断加大，而用于教育、社保、环保、扶贫等领域的财政支出刚性增长，财政收支矛盾进一步加剧，强化绩效预算管理，提升财政支出绩效变得尤为重要。

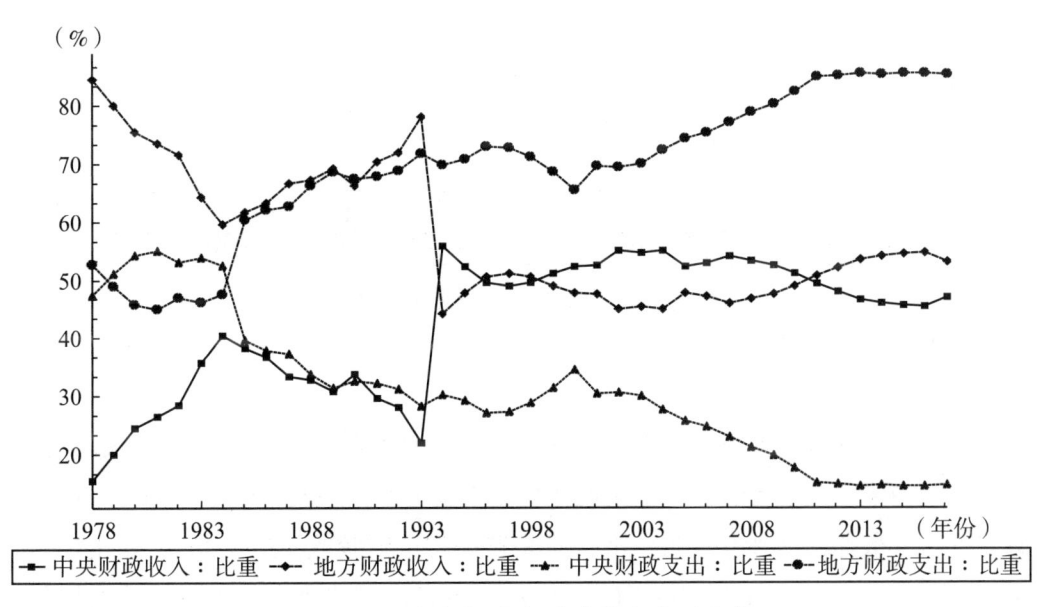

图4-2 中央与地方财政收支比重变化

资料来源：Wind 数据库。

以浙江省为例，随着城镇化的快速发展，政府职能的扩张，一般性公共服务需求不断增加，地方财政收入已经无法支撑各部门日益增长的刚性支出需求。如图4-3所示，2003年以来，浙江省的财政收入增速虽然很快，但财政支出增速显然更快，收支之间的缺口不断扩大，反映出收支矛盾日益尖锐。实施绩效预算

381

改革能有效提升财政支出效率，减少低效或无效的政府支出，缓解财政收支压力。浙江省从2003年开始探索预算绩效管理工作，2004年已在教育、科技、卫生、农业4个重要部门开展财政支出绩效评价试点，2005年省政府办公厅下发《关于认真做好绩效评价工作的通知》，初步建立了较为完善的绩效评价体系。2012年，省政府出台《关于全面推进预算绩效管理的意见》，从面上推动全省预算绩效管理工作，2014年起探索开展了财政专项资金政策绩效评价。经过多年的探索和实践，浙江省初步构建了预算绩效管理机制。

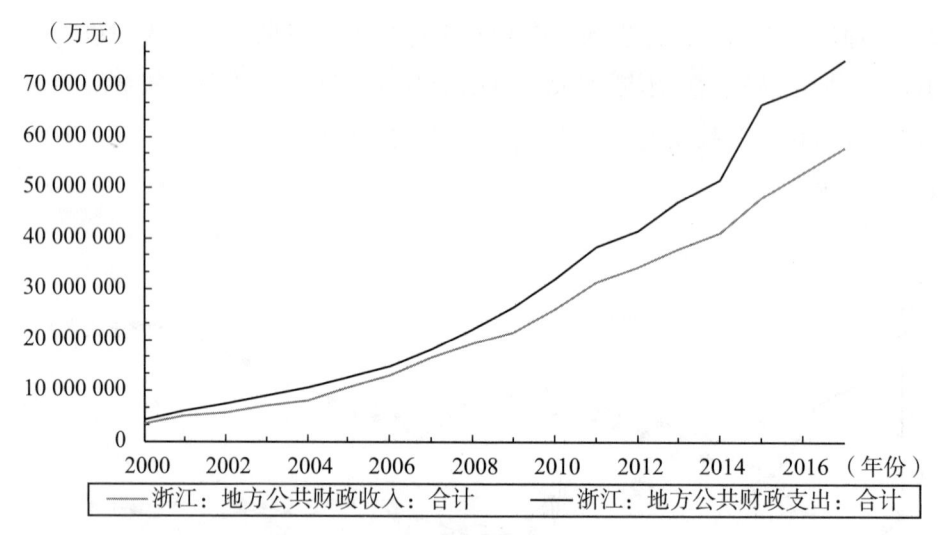

图 4-3　浙江省地方财政收支变化

资料来源：Wind 数据库。

考察较早实施预算绩效管理改革的省市，来自财政支出方面不断加大的支出压力是这些地方在中央倡导下积极推行财政支出绩效管理改革的主要动力。例如，湖北省、广东省、上海市、北京市、河北省等省市财政收支变化情况如图4-4、图4-5、图4-6、图4-7和图4-8所示，各省市财政收支都以较快速度增长，但收支之间的差值不断加大。[①] 随着经济发展水平的提升，公众对公共服务的需求不断增加，政府用在教育、医疗、社会保障和就业等方面的财政支出逐年增加，财政支出压力加大，财政收支矛盾日益尖锐。预算绩效管理改革很好地解决了管理低效、资金使用混乱、资金使用效率低下，资金使用不透明等问题，有效提升财政资金配置效率，缓解财政资金有效性与支出需求无限性之间的矛盾。

---

① 地方财政收入反映地方本级财政收入，未考虑转移支付等，数据来自 Wind 数据库。

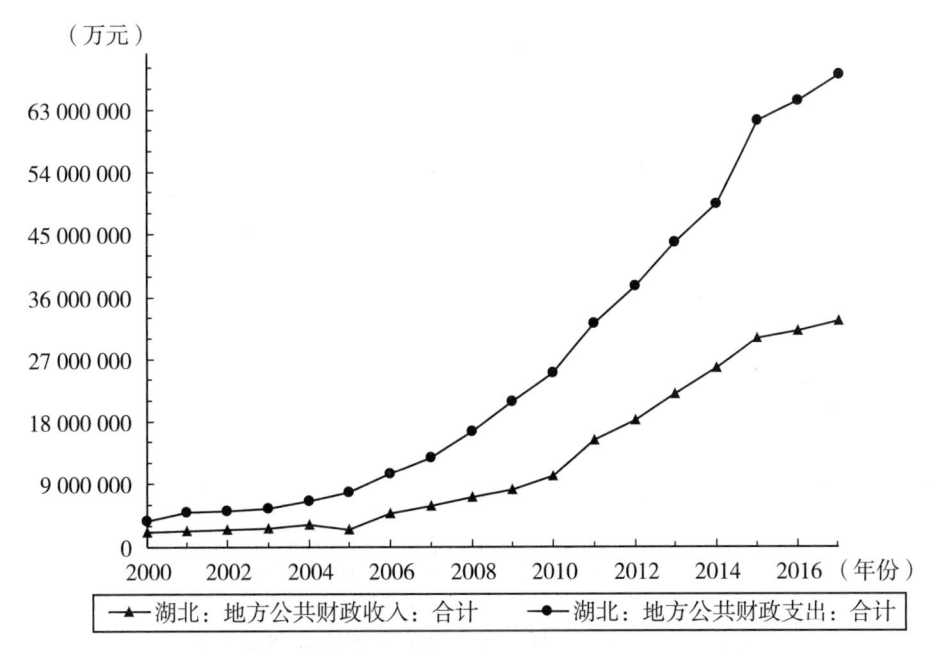

图 4-4　2000~2017 年湖北省地方财政收支变化

资料来源：Wind 数据库。

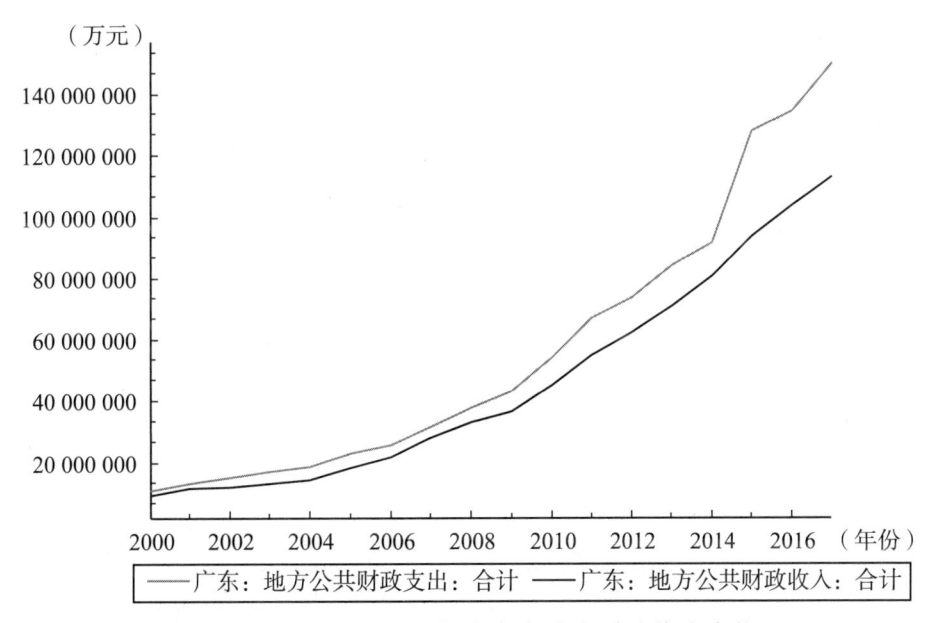

图 4-5　2000~2017 年广东省地方财政收支变化

资料来源：Wind 数据库。

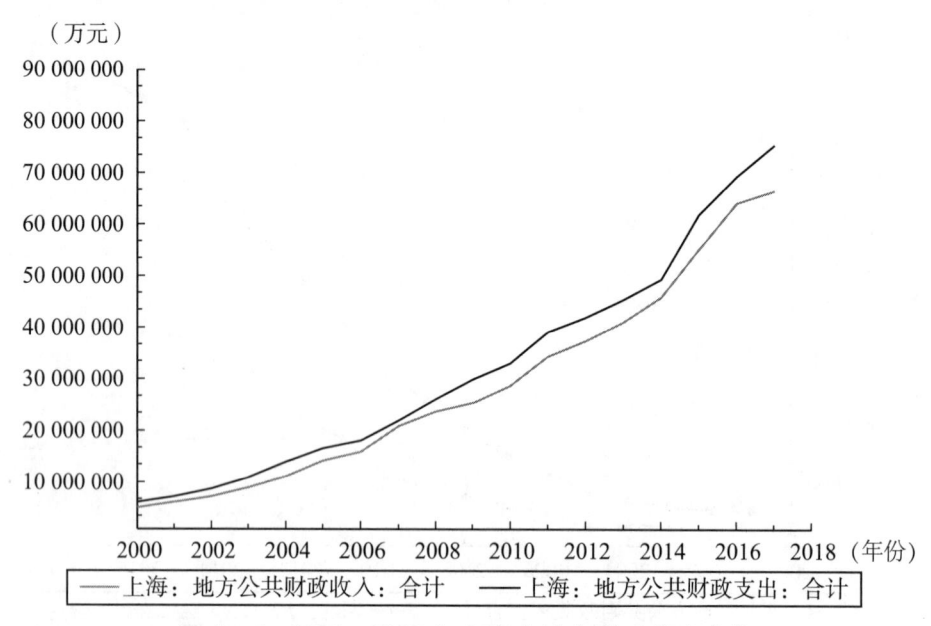

图 4-6　2000~2018 年上海市地方财政收支变化

资料来源：Wind 数据库。

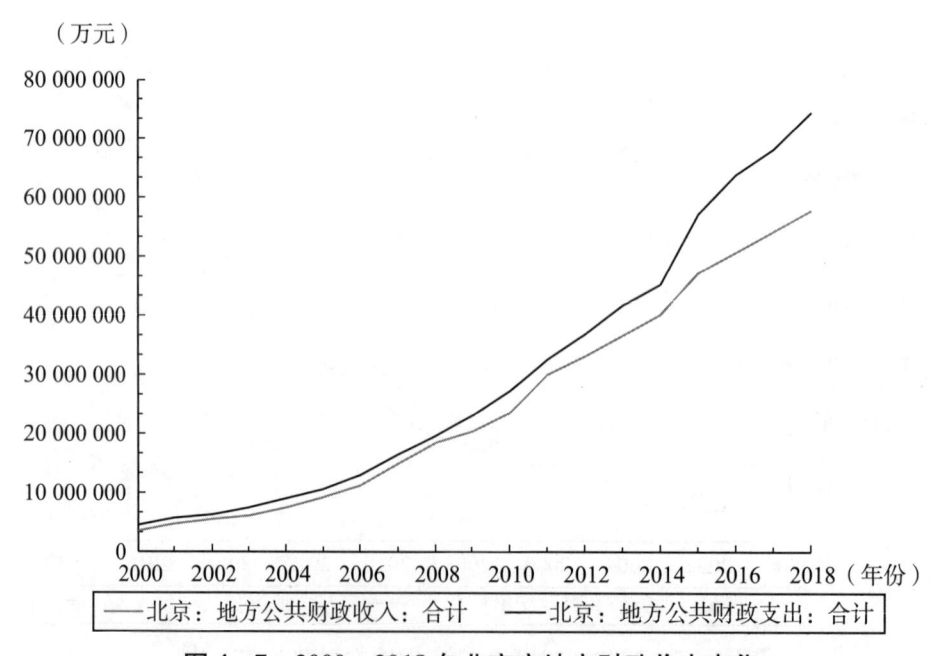

图 4-7　2000~2018 年北京市地方财政收支变化

资料来源：Wind 数据库。

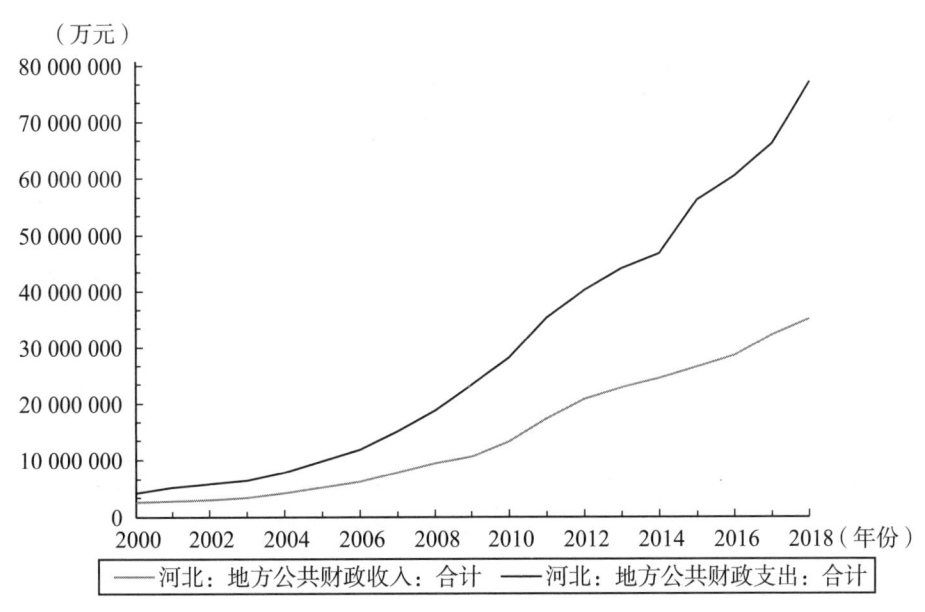

图 4-8　2000~2018 年河北省地方财政收支变化

资料来源：Wind 数据库。

从省以下的典型案例看，收支矛盾尖锐同样是推动政府实施绩效预算改革的直接因素。上海市闵行区是绩效预算管理改革的先行者，闵行区处于上海市的城乡接合部，大量人口的流入带动公共服务需求的提升，为应对日益尖锐的财政收支矛盾，闵行区主动推行预算改革，向管理要效益，从项目预算绩效管理改革入手，不断推进预算绩效管理改革。闵行区人口增长情况、财政收支变化情况如图 4-9、图 4-10 所示。

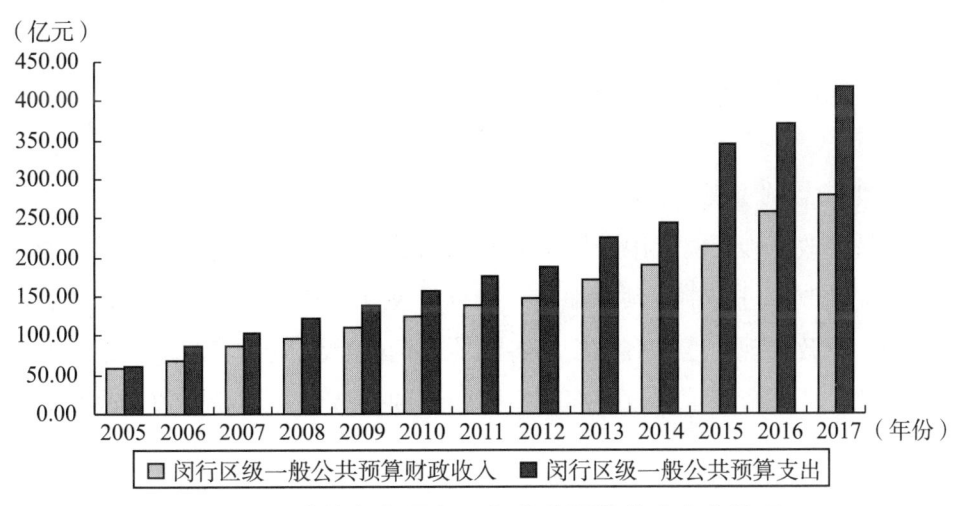

图 4-9　上海闵行区级一般公共预算收支变化情况

资料来源：Wind。

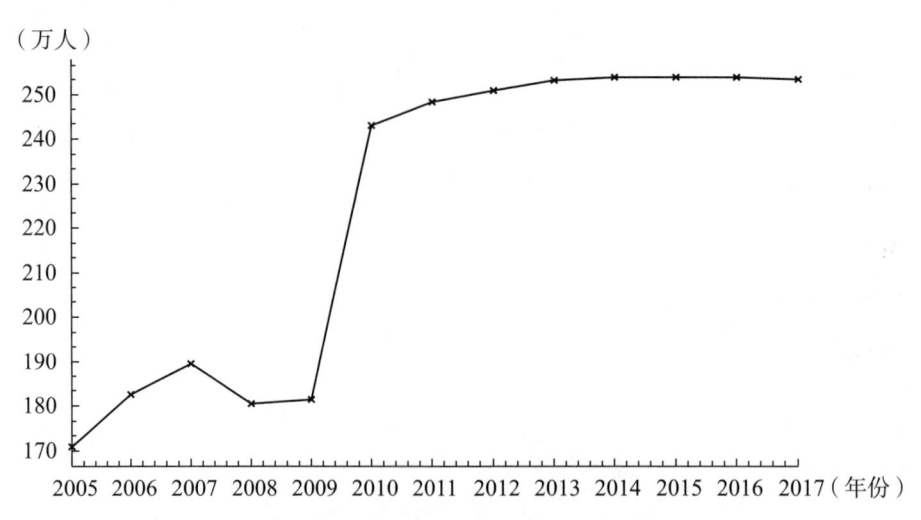

图 4-10　上海闵行区人口增长情况

资料来源：Wind 数据库。

广东省佛山市南海区较早探索预算绩效管理改革，2004 年全面推行项目绩效预算，把绩效管理理念和方法引入财政管理，探索出了预算绩效管理的"南海模式"。追溯其改革背景，其中，财政支出压力日益增大是南海区推行绩效预算的客观动因。21 世纪初，南海区财政收入大幅增加，但支出需求比财政收入增长更快。可支配收入的有限性与支出需求的无限性之间的矛盾，齐头并进、跨越式发展战略，预算分配的部门平均增长意识与政府发展政策阶段性重点的矛盾等等因素导致财政支出压力日益增大[①]。

（二）当地领导的重视与支持是实施改革的重要推动力

1. 当地领导的重视与支持

绩效预算改革涉及对有限资源的监管与再分配，涉及部门间利益的调整。加之在预算制度改革进程中，预算编制、执行、决算等管理制度尚在完善中，将绩效理念引入财政管理制度具有难度，各职能部门对待绩效预算改革的态度和行为不同，在这种环境背景下，政府部门主要领导的支持对推动绩效预算改革起至关重要作用。

---

① 白景明，赵新国，李成威，马洪范. 广东南海模式与建立中国式绩效预算［M］. 北京：中国财政经济出版社，2010.

以浙江省为例，政府主要领导的强力推动，使绩效预算改革顺利推进。2004年5月，在中央文件精神的指示下，时任省长在省级财政专项资金管理工作座谈会上明确指出："从2004年下半年开始，省财政厅必须要对省级财政专项资金进行财政绩效评价。专项资金不能白给，一定要和产出一起挂钩，拿出与产出相对等的效益。"2005年，在省政府指导下，浙江省财政厅制定了《关于认真做好财政支出绩效评价工作的通知》《浙江省财政支出绩效评价办法（试行）》，2006年，浙江省办公厅下发了《关于加强财政支出绩效评价结果应用的意见》《浙江省财政支出绩效评价实施办法》。2010年时任浙江省副省长在全省财税工作会议上指出："绩效管理是财税工作的重点，从预算管理到跟踪评估循序渐进，并根据预算绩效管理来反思支出结构，所有的专项资金都要根据绩效预算管理的结果进行调整优化。"[①] 2011年浙江省政府成立了由省委组织部、发改委、监察厅、财政厅、编委办、人力社保厅、法制办、审计厅和统计局九个部门组成的预算绩效管理工作联席会议制度，协助省政府实行绩效预算。2012年，浙江省人民政府下发《浙江省人民政府关于全面推进预算绩效管理的意见》，目标是建立"预算编制有目标、预算执行有监控、预算完成有评价、评价结果有应用"的预算绩效管理运行机制。

再如，上海市闵行区在实施绩效预算改革过程中，政府主要领导高度重视与支持，有力地支持了预算绩效管理改革的扎实推进。闵行区从政府治理变革的高度定位绩效预算改革。区全委会讨论预算改革，闵行区预算改革以人大为主导。闵行区发文规定，各部门主要领导为各部门绩效预算改革的主要负责人，明确责任人，为各部门各单位参与绩效预算改革提供了条件。

2. 人大立法机构积极参与

对上海市闵行区、广东省等多个案例的考察发现，立法机构的积极参与是绩效预算管理改革的重要推动力。以上海市闵行区为例，该区在实施绩效预算改革过程中，人大积极参与，发挥预算监督作用，与行政部门形成了良好的互动机制。为确保立法部门参与预算的规范性和有效性，闵行区人大相继出台了《预算审查监督办法》《预算修正案试行办法》《预算项目听证会规则》等管理办法，对预算审批监督的程序和主体作了明确规定。在此基础上，提前介入，推进预算编制工作的广泛参与；规范程序，提高预算审查的公开性和透明度；突出重点，加强对

[①] 苏舟，陈小华. 绩效预算改革：动因、进程与挑战——以浙江省为例[J]. 财政监督，2018(7)：48–52.

预算执行的监督；积极探索，努力推进预算绩效评价工作。人大对包括预算绩效管理在内的公共预算改革的全面介入给行政部门的工作提出了更高的要求，也推动了民主理财和依法理财的进程。

（三）经济较发达，市场化程度高，公众支持改革等因素为改革营造了良好的外部环境

1. 民营经济发达，市场经济相对较为成熟，绩效管理的理念更容易被接受和推广

图4-11显示了2000年以来部分省市市场化进程，从图中可以看出，广东、浙江、上海的市场化进程一直在全国领先，这为预算绩效管理改革提供了良好的外部环境。其预算绩效管理改革进展顺利，取得明显成效。对各地改革的比较分析显示，各地方政府在预算绩效管理改革的力度、方式和成效等方面都存在较大的差异性，在一定程度上与有利的改革环境相关。以较早推行绩效预算改革的浙江省、广东省为例，两省商业文化浓郁，民营经济发达，市场经济相对较为成熟，绩效管理的理念更容易被接受和推广，这种以产出和结果为导向的绩效预算改革顺应了经济社会发展需要。

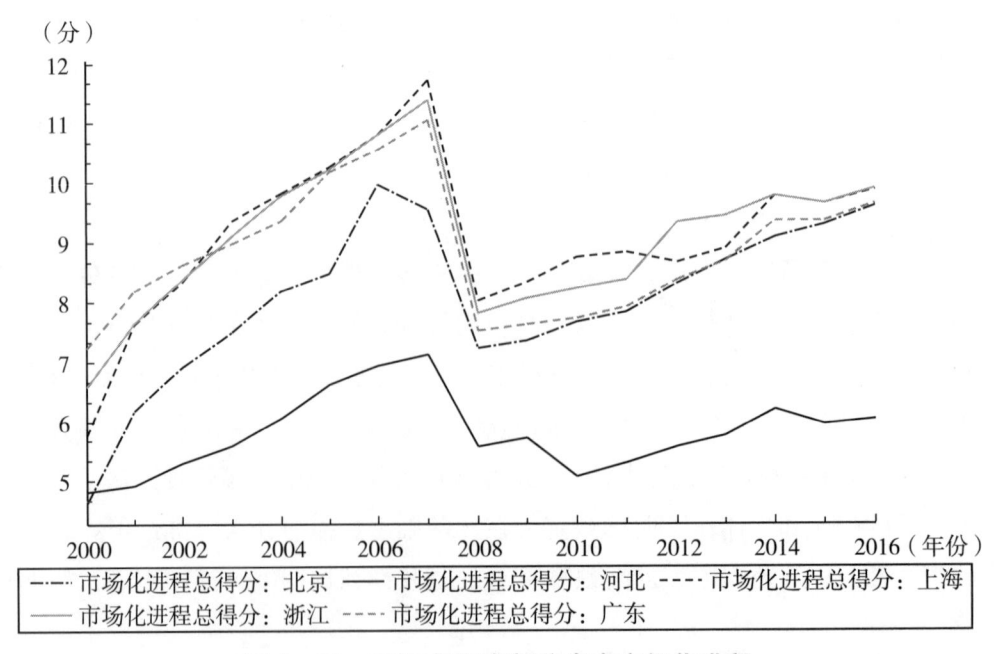

图4-11 2000年以来部分省市市场化进程

资料来源：Wind数据库。

2. 较为发达的经济发展水平为预算绩效管理改革提供了良好的基础

以较早推行预算绩效管理改革的广东为例，优越的经济发展和经济增长基础带来了财政收入的稳定增长，相对充裕的财政资金为更加科学合理高效地预算分配提供了条件，是广东省成为预算绩效管理领跑之地的重要基础。

3. 社会公众的关注与支持提供了有利的改革环境

随着经济发展水平的提高，为提升公共服务水平，改善人民生活，让广大民众共享改革开放的成果，政府在相关民生领域的财政支出不断增加。部分省市的发展与民生指数见图 4-12。而政府增加相关民生领域的财政支出，使得社会公众对于预算绩效的关注度越来越高。推进预算绩效管理改革，提高预算透明度，更好地回应了公众对预算绩效的关切。

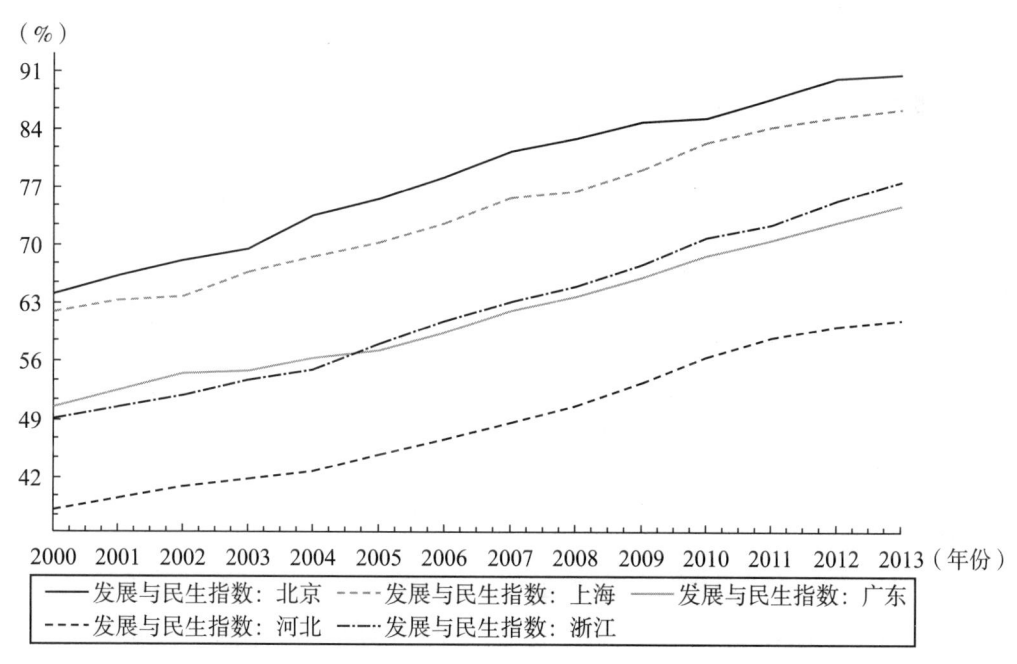

图 4-12 部分省市的发展与民生指数变化情况

资料来源：Wind 数据库。

二、地方预算绩效管理改革的路径和阶段

通过编年表式的梳理地方绩效预算管理改革的历程，可以发现，地方改革遵循中央顶层设计与地方试点探索的改革路径，从项目支出绩效评价、部门整体支

出绩效评价、政府绩效评价以及支出政策绩效评价的改革阶段。

（一）中央顶层设计与地方试点探索的改革路径

在2003年中央明确提出建立预算绩效评价体系之前，部分地方在财政部的倡导下，自发开展了绩效评价的试点工作。例如，湖北省2001年率先在恩施市土家族自治州进行财政支出绩效评价试点工作，省政府2002年发布了《湖北省财政支出效益评价实施办法（试行）》，开展绩效评价试点工作。再如，河北省财政厅于2002年开始对科教文、农业等方面的专项资金进行绩效评价试点。

党的十六届三中全会通过的《中共中央关于完善社会主义市场经济体制若干问题的决定》中，明确提出了"建立预算绩效评价体系"，此后，财政部陆续出台了规章制度，开展中央部门预算支出绩效评价试点。2003年发布了《中央级行政经费项目支出绩效考评管理办法（试行）》，2005年发布《中央部门预算支出绩效考评管理办法（试行）》。在中央提出建立预算绩效评价体系之后，一些地方积极探索，开展财政项目支出绩效评价工作。例如，广东省于2003年开展财政支出绩效评价工作，同年12月省财政厅发布《加强财政支出管理的意见通知》，2004年印发《广东省财政预算绩效评价试行方案》，指导全省开展预算绩效管理的初步探索。北京市2003年开始以市级事业单位财政支出项目为突破口试点绩效考评工作。浙江省从2003年开始探索预算绩效管理工作，2004年已在教育、科技、卫生、农业四个重要部门开展财政支出绩效评价试点，2005年省政府办公厅下发《关于认真做好绩效评价工作的通知》，初步建立了较为完善的绩效评价体系。河北省财政厅2004年出台了一系列实施绩效预算改革的文件。湖北省2005年颁布项目支出考评管理办法，逐年扩大实施范围。上海市2003年开始绩效评价试点工作，选择闵行、浦东与长宁三区先行先试。2005年开始陆续在科技、教育、卫生系统和浦东、闵行、嘉定、松江、长宁等区开展了绩效评价试点。安徽省在2005年选择革命老区专项转移支付资金、城市污水处理厂建设等四个项目开展绩效评价试点工作，并在同年出台了《安徽省本级项目支出绩效考评管理办法》。江苏省2005年选择了义务教育等两个项目进行绩效评价试点，2006年江苏省财政厅制定并印发了《江苏省财政支出绩效评价办法（试行）》，明确主要以财政性资金为对象实施绩效评价。四川省2005年出台了《省级财政支出预算绩效考评办法（试行）》，2006年制定了《省级财政支出预算考评试点工作实施方案》，推进试点工作。云南省2005年开始预算绩效评价试点工作，2006年省政府办公厅印发《云南省省级财政支出绩效评价暂行办法》。山西省 2005 年出台《省级项目支出绩效评价办法（试行）》。2007 年，天津印发《天津市市级财政项目支出绩效评价管理办法（试行）》，以此为起点，逐步探索开展项目支出绩效评价工作。2007 年内蒙古自治区出台《区本级部门预算支出绩效考评管理暂行办法》。

随着我国预算绩效管理不断深入，2009 年财政部印发《财政支出绩效评价管理暂行办法》，开始指导地方财政部门对财政支出进行绩效评价工作。以此为标志，大多数地方开始逐渐建立财政支出预算绩效评价体系。2011 年出台《中央部门财政支出绩效评价工作规程（试行）》，出台《财政支出绩效评价管理暂行办法》，对《财政支出绩效评价管理暂行办法》（2009）进行修订，确定了预算绩效管理的指导思想、基本原则和主要内容。这标志着我国预算绩效管理工作在全国范围内展开。2012 年财政部发布了《绩效预算管理工作规划（2012~2015）》，明确提出我国绩效预算改革的总体目标与主要任务。在中央做好预算绩效管理的顶层设计的同时，各地方也在积极推进预算绩效管理，特别是建立科学的财政支出绩效管理机制，加强省级财政支出预算管理。例如，广东省预算绩效管理围绕"四个环节、三大体系和两个要点"展开。四个环节即在推动预算绩效全过程管理时，要抓好预算绩效管理中的目标管理、绩效监控、绩效评价、结果应用四个重点环节；三大体系即构建规范的预算绩效管理制度体系、科学的第三方管理体系、完备的绩效评价指标体系；两个要点即完善预算绩效信息化管理、建立专业的绩效管理机构和队伍。2011 年，天津市政府转发天津市财政局《关于推进天津市预算绩效管理的指导意见》，天津预算绩效管理实现由单一事后绩效评价向覆盖预算编制、执行、监管全过程发展阶段。"十二五"期间，浙江省共开展绩效评价项目 2.76 万个，涉及财政资金 3 811.84 亿元。近年来，已经基本实现绩效自评在省级部门的全覆盖。

2014 年新修订的《预算法》首次将绩效入法，突出了"绩效原则""绩效评价结果"和"绩效目标管理"等内容。截至 2016 年末，按照政府绩效管理试点任务分工和工作要求，财政部积极组织地方各级财政部门和中央各部门全面开展预算绩效管理工作试点，在组织机构建设、规章制度建立、管理机制创新等方面取得了积极进展。例如，四川省按照《预算法》和《国务院关于深化预算管理制度改革的决定》相关要求，制定《四川省财政绩效管理五年规划（2016~2020 年）》。为深入贯彻落实《国务院关于深化预算管理制度改革的决定》关于"将绩效评价重点由项目支出拓展到部门整体支出和政策、制度、管理等方面"的要求，四川省财政厅积极研究拓展绩效评价范围，在抓好抓实项目评价和部门整体评价的基础上，启动实施政策和管理评价。河北省从 2014 年开始在省级全面推行绩效管理改革，此后将绩效管理改革进一步推广至各市县。

2017 年党的十九大报告提出，"建立全面规范透明、标准科学、约束有力的预算制度，全面实施预算绩效管理"。2018 年 9 月，中共中央办公厅、国务院办公厅印发了《关于全面实施预算绩效管理的意见》，明确指出全面实施预算绩效管理是推进国家治理体系和治理能力现代化的内在要求，是深化财税体制改革、建立现代财政制度的重要内容，是优化财政资源配置、提升公共服务质量的关键举措。明确了全面实施预算绩效管理的指导思想和基本原则，并要求构建和完善全方位、全过程、全覆盖的预算管理体系。广东省在多年探索的基础上，建立了具有广东特色的预算绩效目标管理体系。2018 年 6 月，广东省财政厅构建了《广东财政预算绩效指标库》，为强化预算绩效目标管理提供了有力抓手。

（二）绩效评价经历项目支出——部门整体支出——支出政策评价等阶段

从支出绩效评价的实践看，我国的绩效评价经历了项目支出绩效评价、部门整体支出绩效评价、政府绩效评价以及支出政策绩效评价四个阶段。由于各地经济发展状况、财力基础差异显著，政府及相关部门对预算绩效管理的理念和认识不同，财政预算管理能力不同，因而，各地方处于不同的绩效管理阶段。

各地均是从项目支出绩效评价试点开始，逐步探索建立了较为完善的项目支出绩效评价的职能机构、制度体系和操作规范，项目支出绩效评价开展规范，与预算管理过程有机结合。例如，2003 年上海市开始财政项目支出绩效评价试点，此后不断完善项目支出绩效评价操作规范，逐年扩大项目绩效评价的范围，并开展重点支出项目的评价。2016 年预算部门、区财政开展重点绩效评价的资金总量不低于全部项目支出的 30%。2017 年，上海市绩效评价资金平均覆盖率达到 44.87%，市财政局重点支出项目的评价资金占比已逼近整个项目支出的 1/3。2018 年，对重点支出项目的评价资金比例已接近项目支出的 35%。[①]

在项目支出绩效评价实施较为成熟的基础上，各地开展了部门整体支出绩效评价，反映部门履职资金的整体绩效。预算部门（单位）依据部门预算的支出方向、重点、部门职能及事业发展规划等，编制部门整体支出绩效目标，形成完整

---

① 资料来源：上海市财政局，2018 年 12 月。

的部门预算。例如，上海市积极组织开展部门整体支出绩效评价，近年来，开展了对 25 个部门的整体支出评价。

随着预算绩效管理改革的深入推进，一些起步较早的省市开始将重点评价进一步从项目评价转向政策评价，开始政策绩效评价探索，探索出适合本地特点的绩效评价模式，如北京市、广东省、浙江省、上海市等。例如，浙江省从 2014 年起探索开展了财政专项资金政策绩效评价，以经济性、效率性、有效性为核心，对财政专项政策实施评价。2015 年，浙江省财政厅重点加大财政专项资金政策评价力度，评价结果作为政策取消、调整、存续的重要依据，切实提高财政资金使用绩效，让财政资金花出高效，花得更"值"。2015 年，对浙江省森林食品质量安全提升政策、农家乐休闲旅游发展政策、农村能源开发利用政策、水资源保障百亿工程政策、海洋经济与渔业新兴产业政策 5 项支农专项政策实施绩效评价，作为支农政策取消、调整和存续的重要依据，评价结果提出两项政策取消、两项政策调整、一项政策改进的评价建议。

尽管项目绩效评价与政策绩效评价的总体思路都是依据"3E"原则，从经济性、效率性、有效性三个维度出发，但具体指标和评价标准各不相同。项目绩效评价与政策绩效评价框架对比如表 4-3 所示。

表 4-3 项目绩效评价与政策绩效评价框架对比

遵循原则	项目绩效评价	政策绩效评价
经济性	是否符合经济社会发展规律及政府战略政策	政策设立的必要性
	绩效目标是否明确、合理、可行	政策目标合理
	是否采用最优方案	政策方案科学
效率性	产出效率（产出与计划的符合度）	政策管理效率（业务管理及资金分配的效率）
	管理效率（业务管理、资金管理）	政策执行效率（政策扶持项目的相符度及进度）
有效性	是否实现了预期效果	政策实际效果
	利益相关方的满意度	相关方满意度
		政策公平性
可持续性	后续是否能够持续运行并持续发挥效益	—

资料来源：根据浙江省财政厅提供资料整理。

三、地方绩效预算管理改革的主要做法[①]

对地方预算绩效管理改革评估发现，在改革成效显著的地区，多层次的预算绩效管理制度框架提供制度支撑，科学的预算绩效目标管理发挥源头把控作用，完备的绩效评价指标体系提供技术保障，绩效评价的结果应用机制强化绩效评价的约束力。

（一）多层次的预算绩效管理制度框架提供制度支撑

实施预算绩效管理改革，制度先行。在预算绩效管理改革的探索过程中，地方建立了多层次的预算绩效管理制度框架，为规范有序地推进预算绩效管理提供了有力的制度支撑。

广东省在预算绩效管理改革过程中，注重制度建设，通过绩效评价的综合性制度、专项制度，实现规范性操作。先后出台的综合性制度包括：《广东省财政支出绩效评价试行方案》《关于印发推进广东省财政绩效管理改革指导意见的通知》《关于引入第三方评价财政资金使用绩效的意见》《广东省省级部门整体支出绩效评价暂行办法》《广东省省级部门整体支出绩效评价管理办法》等。专项制度包括：《广东省欠发达地区基础设施建设和经济发展专项转移支付资金绩效评价操作规程（试行）》《省级财政专项资金竞争性分配绩效管理暂行办法》《广东省产业转移工业园发展资金绩效评价操作规程》《省财政部分专项资金实施第三方绩效评价试点工作方案》《省级财政到期资金使用绩效评价暂行办法》《广东省财政一般性转移支付资金使用绩效评价暂行办法》《预算绩效管理委托第三方实施工作规程（试行）》《预算绩效管理委托第三方实施业务指南》《广东省财政支出绩效评价报告质量控制和考核指标体系框架（试行）》等。

浙江省从工作整体推进、具体操作、责任考核三个层面构建了多层次的制度框架。在工作整体推进层面，2005年浙江省政府办公厅下发了《关于认真做好绩效评价工作的通知》，并随文下发了《浙江省财政支出绩效评价办法（试行）》，为全省财政支出绩效评价工作确立了基本制度依据。2012年，浙江省政府出台了

[①] 地方实践做法的部分资料来源于北京、上海、广东等财政部门提供的资料。

《关于全面推进预算绩效管理的意见》，明确了建立"预算编制有目标、预算执行有监控、预算完成有评价、评价结果有应用"的预算绩效管理运行机制的总体目标和各项工作要求，为面上推动工作奠定了制度基础。在具体操作层面，浙江省财政厅针对预算绩效管理的各个环节，分别出台了相应的具体管理制度，例如，通过《省级预算绩效目标管理暂行办法》完善绩效目标管理；通过《浙江省财政支出绩效评价实施意见》，对评价内容与方法、操作规范、指标体系、报告格式等作了具体细化；通过《中介机构参与绩效评价操作规程》，规范第三方参与绩效评价行为。在责任考核层面，出台了《省级部门财政管理绩效综合评价办法》，并从2012年度起将浙江省政府直属单位的预算绩效管理工作纳入省政府目标责任制一类目标考核内容；出台了《浙江省预算绩效管理工作目标责任制考核办法》，指导推进各市县预算绩效管理工作。

上海市在预算绩效管理改革中，始终把建立和完善绩效管理制度作为绩效管理改革的切入点。先后出台了《上海市全面推进预算绩效管理意见》《上海市预算绩效管理实施办法》《关于加强镇（乡）财政预算绩效管理的实施意见》《上海市财政支出预算绩效管理服务委托第三方机构管理办法》《上海市政府购买社会组织服务项目绩效评价管理办法（试行）》20余项管理制度。2018年，上海市财政会同上海市经信委制定了《上海市市本级信息化项目绩效评价管理办法》，进一步加强对信息化项目的绩效管理。同时，制定了《市级预算部门开展特定财政项目支出绩效评价简易程序（试行）》，进一步强化预算部门和单位绩效主体责任，规范绩效评价行为，提高评价工作管理质量和效率。制定了《财政评审、绩效评价和财政监督工作协同机制》，积聚绩效管理工作合力。经过持续的制度体系建设，目前在市一级层面基本形成了"管理办法——指导意见——操作指南——业务通知"的预算绩效管理制度框架体系，搭建了基础指导原则、业务操作规范、专家、中介管理办法以及政府购买指导意见四层架构体系，为预算绩效管理提供健全的制度及政策保障体系。

北京市以"绩效评价"为核心推进预算绩效改革，以总体指导意见、工作实施文件、操作规范等多层次的制度框架，辅之以标准化的工作模板和样表，推进预算绩效管理的精细化、标准化。以北京市政府办公厅出台的《关于推进本市预算绩效管理的意见》为指导，全市共出台绩效管理政策文件9个，操作规范17个，工作模板35个，绩效目标样表56个，涵盖事前评估、事中跟踪、事后评价和问责的相关办法。

（二）科学的预算绩效目标管理发挥源头把控作用

预算绩效目标体系是实施预算绩效管理的首要环节，也是实施预算绩效管理的重要基础。只有目标合理，预算绩效管理才能可行。地方政府在实施预算绩效管理的改革中，注重预算绩效目标管理，为预算绩效管理的有效实施提供了基础保障。

广东省以绩效目标为导向，将绩效目标管理的要求嵌入预算管理各环节中。第一，将绩效目标作为项目入库的重要前置性条件。从2017年起，明确将绩效目标设置作为项目入库的资格条件，对未申报绩效目标的项目，不得进入项目库。第二，将绩效目标审核结果作为预算安排的重要依据。对未通过审核的项目，原则上不列入预算安排。各项预算管理制度文件，在各项预算管理制度中予以体现。第三，强化绩效目标信息报送和公开。绩效目标随同预算项目一并提交省人大参阅，并与预算同步批复、下达与公开。第四，将绩效目标管理内化于财政预算管理的各项制度规定中。特别是在2018年以来修订的项目库管理办法、专项资金管理办法、预算编制工作规程等一系列文件中，均对绩效目标管理作出明确规定。上述举措有力地保障了绩效目标设置的准确性、科学性和约束性。

浙江省将绩效目标管理嵌入预算编制中。从2007年在部门预算中引入绩效目标管理，从2012年起要求省级所有项目必须申报预算绩效目标，将绩效目标管理与部门预算"二上二下"相结合，强化绩效目标考核，切实增强预算绩效约束。按照"绩效可比、具体细化、合理可行"的原则，设置了不同类别项目的绩效目标填列框架，明确了相应类别项目的绩效指标，并嵌入部门预算编制系统中，实现相关数据信息的整合运用，提高绩效目标管理的可操作性，也增强了同类项目绩效水平的可比性。加强预算资金与绩效目标的匹配性审核，为绩效决策提供了重要依据。"十二五"期间，全省绩效目标管理涉及财政资金6 333.52亿元。浙江省预算绩效目标管理流程如图4-13所示。①

---

① 楼梅芳. 浙江省预算绩效管理工作主要办法及展望 [J]. 财政科学，2016 (10)：117-120.

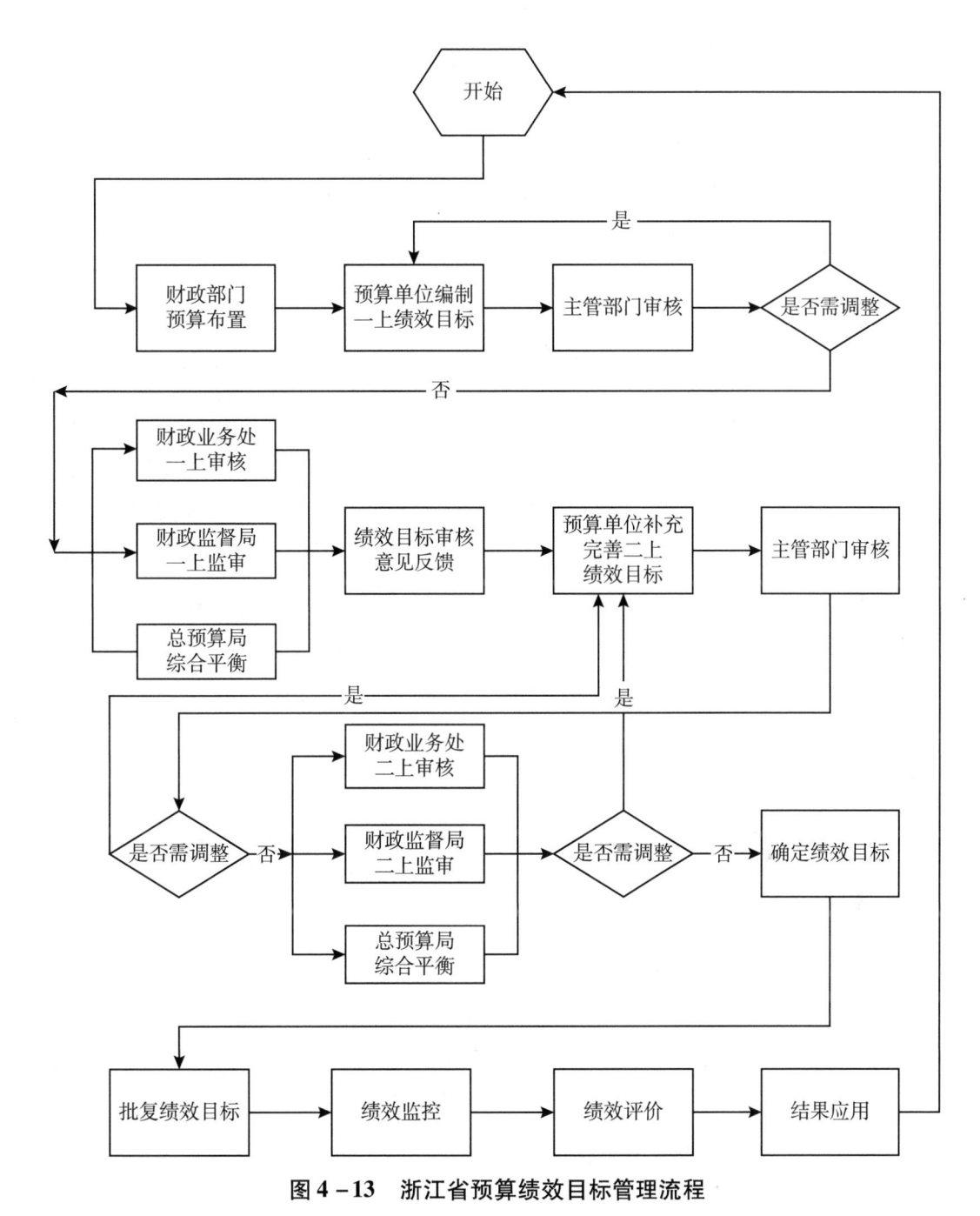

图 4-13 浙江省预算绩效目标管理流程

资料来源：浙江省财政厅。

北京市注重在预算全过程中强化绩效目标管理。在预算编制环节，明确绩效目标填报范围和标准。要求 500 万元以上项目、重点民生项目，以及 200 万元以上政府购买服务项目都必须填报绩效目标。加强对预算部门和单位的指导。编订印发了绩效目标范本和案例集，通过全市预算编制培训会和"一对一"上门培训，帮助指导预算部门填报绩效目标。强化绩效目标管理责任，绩效责任明确到单位及个人。按照"谁申请资金，谁设定目标"的原则，预算部门及其所属单位对绩效目标的填报负责。在预算审核环节，按照"谁分配资金，谁审核目标"的原则，建立预算部门和财政部门"双审核"机制，确保绩效目标填报的完整性和准确性。在预算执行环节，通过选取事前评估的项目开展事中绩效运行监控，实现绩效目标与预算执行"双监控"。

上海市将绩效目标管理与预算管理有机衔接。随着预算绩效管理工作的深入推进，不断优化绩效目标的编报方式，逐步前置绩效目标编报。预算部门在申报预算的同时必须完成绩效目标的编报，2016年所有市级预算部门的主要项目编报绩效目标实现了全覆盖，绩效目标的编报逐步精细化、科学化。财政部门结合预算功能科目与产出构成、经济科目、成本费用与绩效目标的关联审核预算，绩效目标与项目预算的匹配性得到提升。不断扩大绩效目标编制试点。在项目支出绩效目标管理的基础上，选择部分市级预算部门开展部门整体支出绩效目标编制试点，进一步促进部门整体支出绩效目标与部门中期预算管理的衔接。推进国有资本经营预算和社保基金预算项目的绩效目标管理试点，加强对政府购买服务项目的绩效目标管理。

四川省以严格绩效目标管理为龙头保障绩效预算管理质量。项目预算和绩效目标同步编制、同步审核、同步批复。在编制环节，同时启动项目预算编制和绩效目标编制；在审核环节，按照编报层级实行逐级同步审核，不符合要求的绩效目标将连同项目预算一并退回编报单位进行修改完善，直至预算与目标合理匹配并经审核通过。除财政部门审核之外，将省级部门所有项目支出绩效目标提交省人大预算工作委员会进行预审，其中5个部门的绩效目标提交2017年全省人民代表大会审议。在批复环节，部门预算与绩效目标同时进行批复，批复后将具有法律效力，不得随意进行调整，如有特殊情况确需调整，必须按规定程序报批。强化信息系统支撑。为提高绩效目标编审效率，四川省财政厅建立绩效目标管理信息模块，根据部门预算项目和专项预算项目（包括省本级使用专项预算项目和对下专项转移支付）分别设计编报模板，重点对不同项目设置符合项目属性的特性绩效指标，绩效目标的编制、审核、修改全部在信息系统完成[①]。

---

① 四川省资料来源于财政部网站。

（三）完备的绩效评价指标体系提供技术保障

绩效评价指标体系是考量部门预算支出绩效目标实现程度的工具，也是绩效评价的关键技术。地方在推进预算绩效管理进程中，除建立制度规范操作流程之外，还逐步建立了完备的项目支出绩效评价指标体系、部门整体支出绩效评价指标体系、政策绩效评价指标体系。绩效评价指标体系主要由分级指标、指标权重和评分标准构成。指标既包括共性指标，也包括个性指标。权重是具体指标所占的分值，反映具体指标在指标体系中的重要性。评分标准则应依据计划标准、行业标准和历史标准等评价标准进行制定。

例如，北京市建立了分行业、分领域、分层次的绩效指标体系，构建了涵盖项目支出评价指标体系和部门整体支出绩效评价指标体系，部门自评和财政再评价指标体系，政策评价、基金评价、政府债务资金以及市对区转移支付资金等各类型支出的多层次评价指标体系；充分考虑各领域事业支出特点，指导教育、卫生、文化、科技等部门细化了20多项分行业指标体系，形成了横纵结合的评价指标体系架构。具体到项目支出绩效评价指标体系，由多个级次构成，一级和二级评价指标应以北京市财政局发布的绩效评价指标体系参考样表为准，具体指标及其权重均不可调整，三级评价指标参考北京市财政局发布的绩效评价指标体系参考样表，可根据项目实际情况进行增减或者调整。其权重原则上不可调整，确需调整的，可根据实际情况进行微调。四级评价指标及其权重可根据项目实际情况进行设置。

（四）绩效评价的结果应用机制强化绩效评价的约束力

预算绩效管理真正具有生命力，关键在于预算绩效管理结果的应用。地方在推进绩效预算管理的过程中，强调结果导向，注重绩效评价的结果应用，推动绩效预算管理真正从由"重结果"到"用结果"的转变，从"好看"到"管用"的转变。

例如，浙江省在推进预算绩效管理改革的过程中，围绕绩效评价结果应用建立反馈整改机制、结果报告机制、结果通报机制，以及预算安排机制和绩效问责机制。每年要求省级各部门选择项目实施绩效自评，财政部门抽取一定比例的自评项目实施抽查，促进部门自评工作质量的不断提高。着力推进绩效自评程序和结果在部门内部的公开，逐步提高绩效评价结果的透明度。

再如，上海市注重绩效评价结果应用，做到信息公开，反馈及时，整改问责到位。推进市级预算部门开展绩效目标、绩效评价报告等绩效信息的公开，截至2018年，已要求每个预算部门选择4个项目绩效目标和4个项目绩效评价报告向社会公开。2018年部门决算公开时，财政部门选择了10个重点支出项目的绩效评价报告全文，以及预算部门的近500份评价报告摘要，作为参阅材料报年中召开的上海市人大常委会会议。及时反馈重点评价项目的评价结果、督促问题整改，近年来，预算部门对重点支出项目绩效问题的整改情况反馈率达100%，措施落实到位率超过93%。

北京市不断完善绩效评价结果的报告制度、公开制度、通报制度、整改制度和问责制度，强化绩效评价结果的刚性约束。2017年，北京市首次实现绩效目标和绩效评价报告"双公开"。预算编制阶段，强化绩效目标管理，做到项目绩效目标随预算同步审核、同步批复、同步公开，实现绩效目标管理与预算管理全面融合。北京市人大审议决算时，北京市财政局将重点支出和重大投资项目绩效评价报告汇编成册，供代表审议参考。北京市人大对决算报告审议通过后，财政评价报告和部门自评报告分别随政府决算和部门决算向社会公开，实现了预决算公开由"晒账单"向"晒绩效"的转变。探索建立评价结果与预算安排挂钩机制，评价结果为"一般"（75分以下）和"较差"（60分以下）的，分别扣减部门项目预算控制数的5%和10%。

第二节　地方预算绩效管理的相异之处

结合调研发现，上一节总结了改革成功的地方预算绩效管理改革的共同动因、路径和做法，本节主要比较地方预算绩效管理改革的不同之处，分析领先地区的一些富有特色的做法，以资借鉴。至于改革成效不明显的成因、障碍等，本节不作分析，留待下文的启示和展望中予以阐述。

一、地方预算绩效管理差异的总体分析

回顾地方预算绩效管理的改革进程，比较研究发现，各地方政府预算绩效管

理无论在改革时点、改革力度、改革方式,还是在改革进展和成效等方面都存在较大的差异性。各地预算绩效管理改革有先有后,进展不平衡,成效差异大。

从横向看,不同省市之间、不同地区之间进展不平衡,改革成效存在明显差异。部分预算绩效管理工作开展较早的省份实现了试点范围全覆盖,对所有部门、所有财政资金都开展了预算绩效管理试点,预算绩效管理不断向纵深推进;但还有部分地区预算绩效管理起点不高,绩效管理各项工作进展缓慢,有些省份只在一些部门和用部分资金开展试点,少部分省份试点范围很小,涉及的资金规模非常有限。一些地方的绩效预算管理改革力度较大,实施成效显著。随着预算绩效管理改革的推进,绩效目标、绩效评价、绩效管理的信息已嵌入政府治理流程中,正在推动政府治理体系的重塑。但大多数地方的绩效评价更多的是一种日常工作,限于人员和机构力量,开展好绩效评价工作都不是很容易,更别说以此约束部门的预算或施政行为。有一些地方政府预算绩效管理改革成效甚微,改革流于形式,现实中表现出"为评价而评价"花钱走过场情况,财政支出绩效未能真正提高,僵化、固化、低效的预算支出结构未能真正优化,基数加增长的预算编制模式未能真正改变,预算绩效管理制度的效应未能真正发挥。

从纵向看,省市县不同级次政府之间预算绩效管理改革进展不平衡。省级部门的工作整体开展较快、较好,绝大多数省都开展了试点工作,覆盖部门广,试点项目较多,但在市、县层面则相对落后,预算绩效管理试点覆盖面小,仅有部分市县财政部门开展了预算绩效管理试点工作,对预算绩效管理的认识还不到位,工作尚未取得实质性进展。

二、北京事前绩效评估管理模式——绩效管理关口前移

北京市预算绩效管理在事前绩效评估管理方面富有特色。2010年,北京市在全国创新推出了事前绩效评估模式,将重大政策及民生项目纳入事前绩效评估范围,通过邀请人大代表、政协委员和业内专家参与预算的审核和评估,严把入口关,防止"拍脑袋决策",从源头上提高预算编制的科学性和精准性。2018年,北京市继续加大事前绩效评估力度,对所有新增政策和新增事业发展类项目全部开展事前评估,评估结果作为项目(政策)入库和预算安排的必备要件。不断创新事前绩效评估方式方法,建立财政支出项目(政策)随时申报、随时评估、随时入库的工作机制。财政部门通过事前绩效评估,充分论证项目实施的可行性和

必要性，合理评判财政资金投入的预期效果，有效摒除无预期绩效的资金和项目，实现绩效管理关口前移。八年来，北京市先后对 346 项政策（项目）、710 亿元资金开展事前绩效评估，评估不予支持政策（项目）34 项、不予支持资金 62 亿元，人大代表、政协委员和行业专家参与事前绩效评估 2 200 多人次，基本形成了"格局全方位、部门全覆盖、内容全过程、制度有创新"的事前绩效评估发展格局。

三、广东财政预算绩效指标库服务全过程预算绩效管理

在多年扎实的预算绩效管理实践的基础上，广东省建立了体系完整、分类科学、设置规范的财政预算绩效指标库，作为收录和管理全面实施预算绩效管理所使用绩效指标的数据库。兼顾政府收支分类科目设置、各部门主要工作职能及全部专项资金使用方向，财政预算绩效指标库指标设置上共分为 20 个大类，包括通用类指标和行业类指标。各大类指标在总体架构上分为 3 个层级，其中：一级指标分为产出、效益两方面的指标，二级指标分为数量、时效、质量、成本、社会效益、经济效益、生态效益七方面的指标，以上这两级指标均使用了财政部通用的指标分类，体现与中央财政资金绩效管理的充分对接；三级指标为各部门和行业细化的个性化指标。作为指标库建设重点的三级指标，指标库对每个三级指标都设计了资金用途、指标名称、所属的一二级指标分类、指标解释、指标出处（依据）、评分标准、指标标准值、指标历史值、指标取值来源、其他地区参考值（外省、市）、指标适用层级（省、市、县）、指标适用的评价类型、关键字 13 项信息项。绩效指标库实现五个转变，即从定性信息向定量数据的转变，从财政部门自建自用向各级各部门共建共享转变，从静态编制向动态管理转变，从单向使用向综合应用转变，从绩效依靠"人为判断"向"数字应用"转变，绩效管理的质量和效率将明显提升。

财政预算绩效指标库为全过程预算绩效管理提供了参考和依据，包括为绩效目标提供可衡量的指标值、为绩效监控提供可对比的目标值、为绩效评价提供可考核的标准值。在具体操作上，通过类型检索，直接抽取可用指标。通过关键词搜索，形成各功能指标集。

四、北京探索全成本绩效预算管理新模式——基于成本收益分析的绩效管理

北京市在深化预算绩效管理体系的同时，紧紧围绕市政府折子工程和全市重点工作任务，以全成本绩效预算为切入点和突破口，在学前教育、养老机构运行补贴、水电气热补贴、公交地铁补贴、商业流通、平原造林等领域，有序推进全成本绩效预算改革试点，确定了以"部门职责—保障范围—行业标准—投入成本—工作数量—施政结果—绩效考核"为闭环的成本分析绩效预算工作思路，建设以"质量、成本、效益"为核心内容的指标体系，推动建立"预算安排核成本、资金使用有规范、综合考评讲绩效"的新型全成本绩效预算。2018年，北京市完成学前教育和养老机构运营补贴2个试点的全成本绩效预算报告，在核算成本、分析效益、制衡预算、影响决策、创新施政方式和政绩观念等方面取得了突破性进展，为推动试点改革工作、政府决策提供了有力支撑，成本分析结果已应用于2019年预算编制。2019年，试点范围将扩大到供排水补贴、电气热补贴、公交补贴等城市管理领域和平原造林建设等生态保护领域；2020年，试点范围将进一步扩大并总结试点3年以来的工作成果，推广基于成本效益分析的全成本绩效预算管理新模式，为全面实施预算绩效管理提供更加有力的支撑。

全成本绩效预算是借鉴企业预算管理的理念，基于成本效益分析与比较方法的新型绩效预算管理。是由各预算部门在职责范围内合理确定绩效目标，制定计划实施方案，并在成本效益分析的基础上编制预算。北京市率先探索开展全成本绩效预算，将成本与绩效有机衔接，将绩效理念更深入地体现在政府预算中，能够有效优化财政资金配置，提高财政资金使用效益。开展全成本绩效预算，也为绩效理念更好地嵌入政府治理体系提供技术支撑。

五、上海、广东财政与人大配合互动推进预算绩效管理

在预算绩效管理实践中，上海闵行区、北京、浙江、广东等多个地方，人大均参与发挥了积极作用。关注近几年的实践进展，广东、上海的做法富有特色。

为有效推进预算绩效管理工作，进一步扩大影响力，上海市财政局与各区逐

步建立起政府人大报告机制。各区财政局在每年年末将预算绩效管理工作总结向区委区政府与人大进行汇报，一方面，在区委区政府与人大的指导之下安排来年的预算绩效管理工作；另一方面，也引起预算部门主管领导的重视，有利于后续预算绩效管理工作的推进。其中，普陀区与青浦区在上报政府与人大的基础上，与区人大、监察局、审计局形成了良好的信息共享合作机制，将预算绩效管理结果、绩效审计结果等实施共享，形成了显著的绩效合力，提高了财政资金支出的绩效性。

广东省财政与人大相互配合推进预算绩效管理的工作不断扩容提质，取得了良好成效。（1）将预算绩效目标信息纳入预算报告提交人大审议。从2016年开始，广东省财政提交省人大审议的预算报告中，增加了财政支出项目绩效目标的信息，覆盖范围主要是省级部门预算中500万元以上的项目支出。2017年，报省人大审议的预算绩效目标覆盖的资金范围和种类进一步扩大。报送的部门预算500万以上项目支出绩效目标达到1500多项、省级财政专项资金总体绩效目标48项（共51项，其中涉密3项）、省级一般公共预算转移支付资金总体绩效目标140项。人大批复预算报告后，省财政在下达预算的同时，会一并将其绩效目标批复给相关省级主管部门，作为当年开展工作和日后进行绩效评价的参考依据。（2）所有财政重点绩效评价报告与人大信息共享。财政重点绩效评价的报告，正式印发时均同步抄送省人大财经委和预算工委及相关监管部门，作为开展外部监督的参考。每年初召开省人大会议时，这些评价报告也会连同预算报告一起，提供给省人大代表查阅。（3）配合人大开展第三方预算绩效监督。从2014年起，广东省人大常委会启动委托第三方对财政专项资金支出绩效进行评估的工作，在全国范围内属首次。省人大常委会每年选择两项资金委托第三方进行评价，至今已完成对全省第二批、第三批战略性新兴产业发展专项资金中的LED和新能源汽车项目资金、基础教育创强奖补资金、农村危房改造补助资金、产业园扩能增效资金、企业技术改造资金的评价。2016年，省人大常委会印发了《广东省人大常委会开展预算资金支出绩效第三方评价办法》，使该项工作形成稳定机制。在此过程中，省财政厅一直积极配合人大开展绩效监督，一是在项目遴选方面提供参考意见；二是在前期制定评价方案时提供有效的建议；三是认真提供评价需要的各种资料和数据；四是与人大监督形成合理分工，对省人大已评价过的项目或资金原则上短期内不重复评价，利用有限资源用于其他资金的绩效评价，尽可能扩大绩效评价的覆盖面。

六、广东部门整体支出绩效管理规范化

广东省部门整体支出绩效管理在规范化方面有新突破。广东省的部门整体支出绩效目标管理已经实现了100%覆盖，2017年，403个一级预算部门全部申报了部门整体支出绩效目标，12个试点部门组织了自评，省财政厅委托3家第三方机构对试点部门实施了重点评价。省级绩效评价试点范围逐步扩大，2018年实现全覆盖。总结近年来部门整体支出绩效管理的试点情况，2018年，广东省财政厅对2015年《广东省省级部门整体支出绩效评价暂行办法》进行修订，出台《广东省省级部门整体支出绩效评价管理办法》。新的办法除对部门整体支出的含义、内容、指标、标准、程序和结果应用等规范做了进一步明确，着重对整体支出的绩效目标、评价指标体系和结果应用等做了较大修订。

部门整体支出绩效管理紧扣整体，从指标体系设置到绩效管理环节均实现了一体化。一是从绩效目标、绩效自评、重点评价等各个重要环节对部门整体支出实施一体化、链条式管理，实现了"源头上规划目标、过程中监督进度、完成后衡量效益"的目标；二是以预算管理为中心，搭建了"预算编制情况—预算执行情况—预算使用效益"的一级指标框架，实现了为预算服务的功能；三是以部门整体管理为主线，设置了围绕"目标管理—资金管理—项目管理—资产管理—人员管理—制度管理"6大方面的12个二级指标。新修订的部门整体支出绩效评价指标体系由3个一级指标、12个二级指标、27个三级指标组成。三级指标设置的特点突出表现为指标客观、标准量化。另外，数据易获取，结果公开。试点部门通过实施整体支出绩效管理，将绩效理念渗透到日常部门管理的每一个环节和所辖各个单位，通过充分调动职能单位力量，提高绩效管理的整体水平，形成部门履职尽责、提高效益的自我约束力。

七、广东1规程+1指南+1指标提升第三方评价质量

在绩效预算管理实践中，各地都先后引入第三方开展绩效评价。保障第三方绩效评价的质量，是实现绩效预算管理客观性和公信力的关键所在。广东省自

2011年整体委托第三方开展预算支出绩效评价以来，已从试点阶段的4个重点评价项目扩大到2017年的200个项目。7年来，第三方实施重点评价项目共494个，涉及财政资金8 249亿元。广东省财政厅通过1规程+1指南+1指标三个"1"探索从规范、操作和质量上指导第三方机构更好地参与预算绩效管理，有效提升预算绩效管理的客观性和公信力。

"1规程"，即《预算绩效管理委托第三方实施工作规程（试行）》，对委托第三方实施预算绩效管理工作中的各方职责分工、机构选取条件、委托程序及费用、工作环节、管理与考核等均作了明确规定。从宏观上规范预算绩效管理工作委托第三方实施的行为，确保了第三方机构客观、公正参与预算绩效管理，提高了预算绩效管理的公信力。

"1指南"，即《预算绩效管理委托第三方实施业务指南》，以第三方机构和主管部门为视角，立足于开展具体工作的实操性，明确预算绩效管理的基础概念、操作流程、常见问题、典型案例和注意事项等，从微观上引导第三方机构参与预算绩效管理工作的开展，有效控制绩效评价实施各环节的规范性和评判标准的一致性，从而提高绩效评价结果的质量。

"1指标"，即《广东省财政绩效评价报告质量控制和考核指标》，对财政绩效评价报告质量控制设置了一套指标，主要从绩效评价的指标体系、报告内容、报告形式等方面对第三方机构出具的报告进行考核。从质量上严控财政资金使用绩效第三方评价报告，切实提升了绩效评价报告的水平，从而提高绩效评价报告的权威性。

第三节 地方预算绩效管理实践经验启示

一、绩效预算改革充分体现中央地方联动，地方先行先试的改革路径

20世纪绩效预算改革的探索和实践在我国兴起。一些地方率先开始绩效预算的探索。从地方预算绩效管理改革的实践看，在中央统一领导，地方分级管理的行政管理体制下，特别是在分级财政体制条件下，预算管理改革的深化，都是中

央与地方联动。预算绩效管理改革的很多实践是在地方率先探索，或中央在地方试点，形成局部经验后推动中央全面实施。在某种程度上说，我国目前实施的预算绩效管理的很多制度安排，是地方成功经验的系统集成。即使改革的总体思路、改革理念由中央确定，这些理念在实践中如何具体化，也是通过地方的实践体现的。从这个意义上讲，总结地方实施的逻辑路径、成功经验、典型案例，对于未来全国改革政策的更好落实至关重要。

二、全过程绩效理念和管理机制逐步形成

随着预算绩效管理实践的推进，绩效理念日益普及，注入了预算管理的全过程，预算分配、执行与监督之间的关联更为紧密。财政部门内部的预算分配部门、财政支出部门与财政监督部门形成了较之从前更为紧密的业务合作关系，财政部门内部的绩效合力初步形成。

在预算编制环节，预算部门在项目实施之前已经形成经过科学论证的、与预算金额相匹配的绩效目标，部门职能、项目安排、资金匹配之间建立了有机联系。在财力有限的情况下建立科学合理的项目筛选机制，预算分配决策较从前更加趋于科学合理。在预算执行环节，通过及时、系统地反映预算执行过程中的项目绩效目标的运行情况和实现程度，纠正绩效运行偏差，促进绩效目标的顺利实现。项目完成后，及时开展绩效评价，对项目财政支出的经济性、效率性和效益性进行客观、公正的评价。全过程预算绩效管理如图4-14所示。

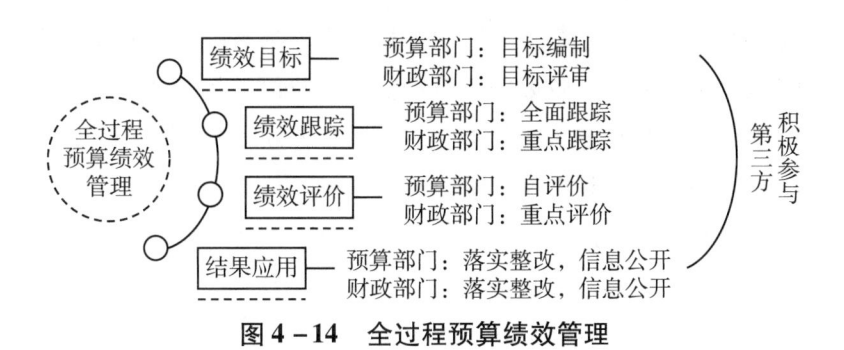

图4-14 全过程预算绩效管理

资料来源：上海市财政局。

三、预算绩效管理提高了预算透明度，推动政府决策的民主化、科学化

绩效预算管理推动了预算制度的完善，也为提高预算透明度创造了条件。实施绩效预算管理改革后，除了政府及其职能部门的预算、决算向社会公开之外，还可向社会公开绩效评价结果以及行政成本等社会高度关注的财政信息，预算公开的内容更为丰富，财政透明度进一步改善。以浙江省为例，省政府网站设立绩效预算管理专栏，定期上传政策文件，向社会公开发布评价结果。政府以白皮书的形式出版刊物，将公共支出政策绩效评价内容与结果告知于大众，并由第三方机构公开省政府委托的重点项目（政策）的绩效评价结果。众多措施使得财政预算更加透明。依据这些公开信息，社会公众不仅可以知晓政府的钱花在了哪里，而且知晓钱花的效果如何。为各利益相关方决策提供了更全面的信息。通过强化绩效目标管理、执行监控、绩效信息公开和绩效结果应用，倒逼政府职能部门提前筹谋预算，进一步提高预算支出与部门职能履行的匹配度，推进政府治理的民主化和政府决策的科学化。

四、通过绩效预算改革推动政府治理体系重塑

预算绩效管理为提高政府治理能力提供了重要工具。绩效评价为政府部门提高政策的科学性、准确性提供了依据，为政策设计科学、执行有效提供技术保障。预算绩效管理为优化政府管理流程提供可能。预算绩效管理对财政支出政策，甚至宏观经济社会政策形成一种外部制约。部门等相关主体都始终面临着接受绩效评价的压力，从而迫使他们在项目、政策的决策和执行等阶段，都能严格按照规定的运行程序开展工作。绩效评价信息为政策制定、调整、修正、延续和终止提供依据，提高财政支出政策的有效性和精准度。预算绩效管理为人大预算监督提供了新的载体，地方人大以绩效评价信息对政府部门进行预算监督。绩效评价结果的公开丰富了预算公开的内容，进一步提高了财政透明度，更有利于社会公众监督。绩效预算管理真正嵌入政府治理体系中，推动政府治理体系和治理能力的现代化。

（执笔人：石英华）

第五章
基于成果管理：中国预算绩效管理改革的总体设想

全面实施预算绩效管理，健全预算绩效管理机制，必须在全社会牢固树立一种绩效理念，培养一种绩效意识，转化为一种绩效行动，进而形成一种广泛的行动自觉。当前，我国包括预算绩效目标管理、预算执行动态监控、预算绩效评价在内的全过程预算绩效管理改革正扎实有序推进。从实际情况看，还存在诸多不足，主要表现在：绩效评价标准体系尚不健全，评价指标不能覆盖所有预算资金，评价指标和评价内容在一定程度上存在脱节现象，亟须建立行业标准库，明确技术标准；评价工作固化于填报报表和编制报告，弱化了单位自我纠偏的功能，评价重投入和过程评价，轻结果评价，评价结果与预算挂钩，并实施责任追究的机制尚没有确立等。为此，亟须对我国预算绩效管理实践进行系统性总结，坚持问题导向，确立短期与中长期改革目标，明确未来改革方向和措施路径，逐步探索建立中国特色的绩效预算制度。

第一节 短期目标：持续健全预算绩效管理制度体系

财政是一项政治性很强的专业工作，它必须牢固坚持为政治服务这一宗旨。就短期而言，应当以国家治理和地方治理为重点，按照深化财税体制改革实施方案，在全社会牢固树立预算绩效理念，学习借鉴国外先进经验，逐步建立以提高财政资金效益为核心,以提升政府公共服务供给能力为抓手,加快完善预算绩效管理制度顶层设计,夯实推进"全面建立规范透明、标准科学、约束有力的现代预算制度,全面实施预算绩效管理"物质基础。

一、树立国家治理视角下的预算绩效理念

"财政是国家治理的基础和重要支柱"。在此视野下,财政是政府、企业和个人利益关系的交汇点,是所有社会活动有序推进的基础,而预算是公共财政的基石,预算绩效管理是预算管理最终成果反映,是我国建立现代财政制度的必然选择。同时,预算绩效管理也泛化到财政与政府各职能部门的日常预算管理工作中。因此,应将预算绩效管理纳入国家治理和单位治理的范畴。

首先,要明确树立绩效理念、完善预算绩效管理的最终着力点在于提升政府的公共服务水平,转变政府职能,健全国家治理体系,提高中央与地方政府治理能力。其次,要在包括政府在内的全社会强化"绩效"观念,加强法制建设,积极培育第三方评价机构等社会组织,引导全社会形成重视绩效的治理共识,为推进预算绩效管理工作营造一个良好的社会生态体系。最后,在此基础之上,促使政府部门内部认识到全面树立"绩效"理念在公共治理中的重要性,主动积极地开展预算绩效管理等相关工作。[①]

二、营造预算绩效管理的良好法制环境[②]

绩效预算是一种以结果为导向的预算编制方式,它强调提高财政资料配制效率,以及产出效果最大化。与传统投入预算相比,绩效预算不仅意味着以新的方式配置资源,也意味着推陈出新的治理工具。两者都依赖于支持性的法治环境。实践证明,缺失法治环境的绩效预算不可能走得很远,也很难产生真正的和可持续的财政成果,中国正进入绩效预算新时代。西方国家政府绩效预算历经近半个

---

① 伍玥. 我国预算绩效改革研究 [D]. 北京:中国财政科学研究院,2017.
② 白景明,程北平,王泽彩等. 中国财政绩效报告——理论与实践(2018)[M]. 北京:中国财政经济出版社,2018.

第五章 基于成果管理：中国预算绩效管理改革的总体设想

世纪的发展，在节约政府开支、提高财政资金使用效率方面取得了显著成效。完善的绩效预算法律制度，为国家成功推行绩效预算改革提供了稳定的制度支持和制度保障。尽管我国绩效预算改革比发达国家起步较晚，却目前正在迎头追赶。[①] 绩效预算在我国预算制度改革中的定位是全面预算绩效管理。因此，绩效预算一直受到各级政府的高度重视。进入 21 世纪，特别是党的十六届三中全会以后，财政部逐步加快了预算绩效管理制度改革，先后印发了《财政支出绩效评价管理暂行办法》《中央预算绩效目标管理办法》《关于开展中央部门项目支出绩效目标执行监控试点工作的通知》《关于开展中央部门项目支出绩效自评工作的通知》《关于开展中央部门整体支出绩效评价试点工作的通知》《中央对地方专项转移支付绩效目标管理暂行办法》等部门规章。一些地方也陆续出台了绩效预算相关制度，为预算制度改革提供了法律保障。实践证明，只有法治才能提供最强有力的保障与最佳指引，采用行政手段推进绩效预算改革，在改革前期确实卓有成效，基本上可以将绩效管理制度快速融入了政府预算、部门预算编制和预算执行全过程中，真正起到了"讲求绩效"的重要作用。然而，随着改革的不断深入，从行政层面上的政府绩效管理，上升到法律层面上已具备约束力的财政绩效预算，由于行政性规章有其局限性，不足以为绩效预算提供最佳约束与引导。绩效预算只有建立在法治基础上才能扎根，绩效预算也只有在健全稳定的法治环境下才能长期稳定运行。改变资源配置方式与改变行为必须依赖立法。与传统的投入预算相比，绩效预算既要求资源配置方式与方法的制度变迁，即确保资源配置与政策目标及结果（Results）相关联，也要求官员行为与理念的根本改变，即从关注"多少"（内部福利意识）到关注"多好"（服务公众意识）转变。

分税制财政体制改革运行 26 年来，中央财政收入稳定增长，中央宏观调控能力显著增强，中央和地方政府事权和支出责任基本厘清，财政转移支付制度日趋完善，预算管理制度框架初步形成，地方税收体系建设逐步加快，等等。可以说，这些改革成果为推行绩效预算改革奠定了良好基础，也为绩效预算立法铺平了道路。2018 年 9 月 1 日，中共中央国务院印发了《关于全面实施预算绩效管理的意见》，为今后一个时期预算绩效管理制度改革绘就了时间表和路线图，成为各级政府、部门预算绩效管理的行动指南。一些省、自治区、直辖市也相继出台了地方性法规，北京、河北、湖北、广东等省市已经在推进绩效预算立法工作中迈出了

[①] 白景明，程北平，王泽彩等. 中国财政绩效报告——理论与实践（2018）[M]. 北京：中国财政经济出版社，2018.

实质性步伐。2014年新修订的《预算法》虽然有6条款强调了"绩效",但是绩效预算仍需要更明细的法律框架予以支持。如推进预算绩效评价,既要在实践中探索行之有效的制度安排,也要推进国家层面的立法工作,将绩效评估的制度架构、评估机制、方式和程序以法律形式固定下来,形成法制化的绩效评价体系,使得预算绩效真正"有法可依"。立法的共识正在逐步凝聚。目前,虽然我国尚未对绩效预算专门立法,绩效评价相关工作由国务院、财政部和有关部门主导实施。但是中央和地方普遍认识到,绩效预算立法的重要性和紧迫性已经摆在眼前,在评价主体、评价的公允性、评价结果反馈和应用、绩效问责机制等正在逐步凝聚预算绩效管理的立法共识。

通过立法推进绩效预算是国际上的通行做法。如美国、英国、日本、韩国等国家先后完成绩效预算专门立法。美国于1993年颁布了《政府绩效与结果法案》,并于2010年颁布了《政府绩效与结果修正法案》;英国于1999年颁布了《地方政府法案》;日本于2001年颁布了《行政机关政策评价法》;韩国于2006年颁布了《政府绩效评估框架法案》等。这些国家通过法制化的方式将绩效预算理念和内容融入政府管理体系中,形成了"追求绩效",即注重产出或结果的新型管理方式。从国际经验来看,各国绩效预算立法都不是一蹴而就的,而是通过长时间探索不断丰富和完善的。例如,美国从1970年开始全面推行绩效预算,1993年国会通过《政府绩效与结果法》,经过23年才为绩效预算正式立法。英国、日本、韩国从试行绩效预算到绩效预算立法也经历了10余年时间。绩效预算在国家治理中的地位依赖本国的政治体制、法治环境和国家治理水平。例如,1973年尼克松成立的《联邦生产力测量项目》,意图在美国联邦政府层面推行绩效预算,但结果不尽如人意,收效甚微。由于美国总统和联邦政府的权力受到选民、国会以及司法机构的制约,问责机制已经趋于完善,绩效预算的边际收益并不突出。而在加拿大、韩国等政府问责机制相对薄弱的国家,绩效预算取得了比较突出的成效。在各国绩效预算的发展过程中,立法的时间节点、立法的内容和重点也有所不同。美国绩效预算立法是克林顿政府在吸取1970年联邦政府推行绩效预算失败的教训后进行的,《政府绩效与结果法》出台时,美国超过2/3的州和地方政府已开展绩效预算。相反,日本在立法前则是首先通过少数中央部门和地方政府试点积累经验,再通过立法向全国推行。各国在立法内容、重点和绩效评价流程方面也各不相同。例如,美国注重结果导向,即对部门公共项目活动的结果进行评估。英国注重实施全面绩效评价,审计委员会开发了地方政府绩效评估的综合指标体系,它界定了地方优先事项和绩效标准,审计委员会定期对地方政府进行全面绩效评价，发布评价结果和定级情况。① 日本既对公共项目的实施效果进行评价，又对部门决策进行政策评价。韩国在政府业务评价委员会的统一管理下，实行部门自我评估和特定事务评估相结合，自我评估由各部门自行实施，特定事务评估由政府业务评价委员会直接组织实施。

从西方国家实践看，绩效预算的法律框架大体包括以下几个部分。

第一，搭建三个支柱。即基本原则、权限与职责、运作流程。

第二，确定基本原则。提供至关重要的方向感与目标感。结果导向的受托责任（区别于传统的合规性责任）、透明度（报告机制）、社会参与和回应性应得到特别强调形成服务公民的意识与约束。绩效目标设置核心内容，要求与组织任务和绩效战略计划一致。绩效目标设置是绩效管理中承上启下的关键环节，它将绩效战略与计划具体化，也为后期绩效测量等环节明确目标。例如，英国 LGA 中强调，绩效目标体现组织目标和绩效计划一致。美国的 GPRAMA 中提出，组织绩效目标设置的核心内容要与组织任务、绩效战略计划一致，将绩效战略与计划具体化为客观的、量化的和可测量的绩效目标，为后期绩效测量等环节明确目标。国外绩效评价立法，详细规定了反馈绩效信息发布方式、公开程度、保证信息透明的措施。例如，美国、英国、日本、澳大利亚四个国家的绩效评价立法都明确要求绩效报告应提交绩效评估完成度，即比较绩效计划与实际绩效指标测量的结果。分析绩效目标完成的成功因素，指出实际完成中遇到的困难和挑战，明确绩效信息反馈中的相关时间点。

第三，界定职能权限。立法聚焦立法机关（在中国为全国人大）权限与行政部门职能界定。行政部门（预算单位）应被赋予有效的执行权，立法机关应被赋予强有力的代表、立法和监督权，充分体现"一府两院对人大负责"的问责制框架。国外绩效评价立法，都明确赋予了行政部门制定绩效评价战略和计划的权力。美国的 GPRAMA 中确定了联邦预算管理局作为政府绩效战略和计划制订主体机构的职责及工作程序，每个联邦政府机构内组建绩效促进办公室来负责机构内绩效战略和计划具体事务，首席执行官员是主要负责人。英国的 LGA、澳大利亚的 PGPA 和日本的 GPEA 也都要求政府机构自身是机构绩效计划制订的主体。规范绩效评价主体机构的目的，在于赋予相应级别政府制定绩效评价战略和计划的自主权，同时明确其实现绩效目标的责任。

---

① Teresa、Steve、Joanna、Derek：在财政部与 IMF（国际货币基金组织）共同举办的"预算绩效管理国际交流研讨会"上的讲话，2019 年 4 月 24～30 日。

第四，清晰运作流程。谁、在何时、就何事对谁负责？流程应包括绩效审计，覆盖绩效预算的全过程。国外绩效评价立法要求绩效评价主体如实反映绩效信息，并详细说明未完成绩效目标的原因和承担的相应责任。例如，美国的 GPRAMA 规定，如果组织没有完成绩效目标，需要解释哪些目标没有完成及其原因，并提交完成此目标新的计划和日程表。如果连续 3 个财政年度都没有完成目标，联邦预算管理局需要提交报告给国会重新评定该项目。英国的 LGA 也要求说明和总结未完成绩效目标的内容。同时，国外绩效评价立法规定，依据绩效信息对政府绩效管理系统进行调整。美国的 GPRAM 提出至少每两年一次，政府机构和国会相关委员会协商对绩效战略和绩效计划作调整。日本的 GPEA 要求行政机构使用政策评估结果信息来调整政策计划和发展规划。绩效评价立法中规定，绩效信息还要用于绩效审查和机构预算编制。例如，美国的 GPRAM 提出，总审计长依据绩效信息向国会提交此法案的实施报告。英国的 LGA 规定，审计委员会对绩效报告的审计。澳大利亚的 PGPA 规定，审计长检查并报告年度绩效报告。

当前，我国绩效预算立法中需要明确的关键问题如下：一是明确绩效预算责任主体。绩效预算立法需要明确回答绩效评价由谁主导、由谁完成这一问题，究竟是由各级人大牵头负责，还是由财政系统组织开展，或是由第三方负责实施，这还需要通过实践不断探讨。从国际经验来看，绩效预算大多由行政部门主导，立法机构负责监督问责，如美国、英国等国家都成立了专门的行政机构负责绩效预算工作。二是绩效评价结果应用。绩效预算立法也需要明确回答绩效评价结果要不要与下一年度预算安排挂钩，以及如何挂钩问题。目前，我国新修订的《预算法》只规定编制预算时，参考上一年绩效评价结果，而没有明确参考的具体衡量标准。三是绩效预算交互机制。绩效预算立法还需要明确回答上级政府要不要干预下级政府绩效预算的问题。由于我国政府间财政关系还需进一步理顺，层级政府之间转移支付规模较大，这一部分财政资金的绩效评价需不需要上级政府的干预，也需要进一步讨论。目前，我国绩效预算改革有立法需求，绩效评价工作需要更具体且更完善的法律制度规范和引导，并且绩效预算立法条件相对成熟，但是我们也应该认识到立法工作注定是一个长期的过程，一些关键问题需要反复研讨并通过实践的检验。"他山之石，可以攻玉"，我们还是需要不断学习和借鉴国外在绩效预算法制建设过程中的先进做法和经验，去伪存真、去粗取精，将其转化为适合中国特色的公共财政的分配方法和治理措施，让中国绩效预算法制建设之路可以走得更快更稳。

三、完善预算绩效管理框架体系

在新《预算法》指导下,要继续探索预算绩效管理的制度创新,着力建立健全绩效管理相关制度体系。一是加强规章制度建设。建立涵盖绩效目标、绩效监控、绩效评价及结果应用、绩效问责、绩效信息公开各绩效管理环节的规章制度体系,为全过程预算绩效管理新机制运行提供强有力的支撑。同时,完善预算单位决算报表、部门项目支出标准等体系建设。二是加强业务规程建设。依据相关法律、法规及管理办法,制定系统、规范的绩效管理工作流程和操作细则,明确各相关机构和人员在预算绩效管理工作中的职责,规范操作程序和质量控制要求,健全协调机制,建立分级分类、适用高效、便于操作的实施细则及业务规范。

四、协调政府与预算单位参与绩效管理

首先,预算绩效管理部门要发挥主观能动性。对内,要实现与监督检查、投资评审的资源整合、信息共享。对外,要思考建立信息交互机制和责任传导机制,充分发挥预算部门的主导作用。要思考借力第三方参与绩效管理的问题,充分发挥专业性支撑的作用,要思考建立常态化的报告制度,充分发挥党委、政府的领导作用。

其次,要加强绩效主管部门的对外协调。要积极争取加大政府的指导、支持力度,促成评价结果与政府目标考核挂钩,并作为行政问责的重要依据。通过目标编制、自我监控、自我评价等流程再造,进一步落实部门管理责任。同时,以目标评审、中期评估、重点评价和再评价等手段,实现对关键节点的制衡与约束。

最后,要建立与各方互动机制。借助专家学者、中介机构、人大、审计、社会公众等力量,使得绩效管理专业化程度得以提高。[①]

---

① 李金珊,胡凤乔.国家治理体系下绩效预算改革的路径选择[J].财政科学,2018(12).

五、建立分领域、分行业、分层次预算绩效评价指标体系

当前,我国已经建立项目、部门以及财政预算绩效指标体系,但这些都是共性指标。行业指标体系尚在建立过程中,针对支出政策的绩效指标体系也还在探索。未来,应在广泛吸收国外及国内先进地方经验的基础上,设立规范化的评价标准,建立健全绩效评价指标框架,逐步形成涵盖各项支出的绩效评价指标体系,促进绩效评价质量提升。同时,可统筹考虑绩效预算编制和绩效评价需求,尝试建立绩效指标库,将评价指标择优纳入指标库管理,实现一套指标满足绩效预算编制、执行监控和监督评价等各环节的需求,可以保证绩效信息的一致性和有效性。[①]

六、预算绩效目标与预算评价方法的选择

探索"目标+结果"的预算绩效管理制度,对预算绩效目标的设立加以完善和修订。要构建相应机制,从而达到对绩效目标的管理进行约束的目的。在编制预算时,综合考虑政府政策目标与财政资金的使用效益,从专业的角度对绩效目标的合理性、可操作性进行分析,绩效目标一旦确立,不得随意更改,使其成为绩效评价的重要依据。同时,结合我国正在进行的中期财政规划,尝试逐步推进滚动预算绩效目标管理,切实加强重点项目绩效目标的审核论证,逐步建立项目库动态监管机制,促进绩效目标编审结果与预算编制有机结合。

要积极探索"规划+重点"的预算绩效管理,全面拓宽绩效评价领域范围。要适应预算管理制度改革和中期财政规划管理要求,以创新财政投入方式、民生财政政策为重点,逐步以部门项目支出绩效评价向财政政策、制度和管理、部门整体评价等多个领域延伸,形成部门绩效自评、财政重点评价和预算绩效监督相结合的综合管理模式,发挥绩效评价的积极作用。具体来说,应从绩效评价的组织实施和机制建设等方面持续发力,全面提升预算绩效评价水平。一

[①] 王泽彩,毕瑞祥. 智能预算绩效管理体系建设研究 [J]. 财政监督,2018 (11).

是扩大绩效评价的范围。在当前主要针对项目评价的基础上，逐步将所有财政资金全部纳入绩效评价范围，实现财政资金绩效管理的全覆盖，并在目前项目评价的基础上引入部门整体和财政政策评价。二是完善部门自评、财政重点再评价和第三方独立评价相结合的绩效评价机制。通过公开招标等政府购买方式，引入由专业人才组成的第三方评价机构，确保评价结果的独立性和公正性。三是提升绩效评价的科学性。对绩效评价主体、方法、指标、结果等开展全方位评估，择优以评价模型的形式固化下来，逐步形成分层次、分行业、分区域的绩效评价体系并不断优化，提升绩效评价的针对性和有效性。此外，应尝试建立财政部门与审计部门的协调机制，使审计部门和财政监督部门可以直接应用预算部门、各职能部门或者第三方已得到认可的绩效评价结果，以解决工作范围交叉的问题。

七、强化预算绩效评价结果应用

预算绩效评价结果得到应用是预算绩效管理发挥作用的关键环节。首先，应该将预算安排与绩效评价结果挂钩，将部门预算项目、工作活动及综合绩效评价情况作为制定财政政策、安排年度预算的重要依据，以调动各部门参与改革、推进改革的积极性。其次，还应进一步推进绩效信息公开。财政部门报送年度决算时，已将部分重点民生政策和重大专项支出绩效评价结果以附件的形式上报人大常委会。接下来要做的，应逐步推进预算部门的绩效目标随部门预算、决算向人大机关报告，向社会公开，自觉接受社会监督，提高政府预算管理的透明度。[①]

当前，应加快探索制度预算绩效评价结果与预算编制挂钩办法。诸如根据评价结果决定是否增加、减少或维持与上年预算安排规模相当的预算安排，是否终止、调整、维持原来的财政扶持政策，是否考虑与产业政策、行业扶持政策挂钩，是否与部门整体绩效考核挂钩，是否与个人年度考核评价挂钩？这些都是亟待破解的难题。

---

① 马蔡琛，赵青．预算绩效评价方法与权重设计：国际经验与中国现实［J］．中央财经大学学报，2018（8）．

八、探索权责发生制下的成本绩效预算编制

作为政府会计制度的权责发生制是绩效预算的重要制度基础。新西兰等绩效预算改革推进较为全面的国家的一条成功经验，就是推行了政府会计的权责发生制。权责发生制政府会计制度的一个重要特点，是将预算收支确认标准由投入转向结果，同时还可以反映长期项目以及或有债务的信息，使政府的业绩更加透明化，政府预算更加完整、可信，有利于广大纳税人及社会公众考评政府部门履行职能的状况及其工作效率。总的分析，结合其他国家的成功经验，可分以下步骤探索实行权责发生制制度：首先，完善我国现有的现金收付制，使其提供更全面的财政报告信息；其次，搭建基本制度框架，由收付实现制向权责发生制过渡；最后，实现完全的权责发生制政府会计制度。这一改革进程可以伴随着我国绩效预算改革的进程一同进行。同时，推动预算与绩效管理深度融合。逐步实现事前绩效评估、预算编制、预算执行、事后绩效评价、绩效结果应用的集成化、一体化，把绩效管理的理念和方法融入到预算编制、预算执行、财政监督的各环节，注重成本预算与绩效管理深度融合。抓住预算编制阶段这个关键环节，将绩效关口前移，逐步推进预算项目事前绩效评估，更加突出绩效导向，逐步调整和优化没有预期绩效的项目预算或政策预算，从源头上防止低效、无效问题发生。

北京市政府 2019 年预算编制方式充分体现了"成本绩效预算"的初衷。但是，能否在分领域、分行业、分部门真正体现降成本，还有待实践层面加以检验。

第二节 中长期目标：探索细化中期绩效框架

短期不断推行的预算绩效管理工作，将不断夯实绩效预算改革的制度保障、技术手段、组织人员等基础设施，在某种程度上可以说是绩效预算的实践基础。但是从长远来说，结合国际经验与中国实践，要实现从预算绩效管理向全方位绩效预算质的飞跃，应以战略规划和预算编制这两个关键点为突破口。具体来说，厘清政府职能，根据政府职能确立政府战略规划，结合当前正在推行的中

期滚动预算改革，制定部门跨年度绩效目标体系，强化跨年度预算平衡的绩效目标考核。同时，结合国际经验，与我国当前部门预算改革需求，探索实行绩效预算编制。

一、探索制定中期绩效预算框架（MTPF）

第一，制定中长期绩效预算改革战略规划。美国、新西兰、英国等OECD国家的绩效预算改革取得成功的一个重要经验，就是根据政府职能制定了详细可行的中期工作计划，并且将其与预算安排紧密结合。政府职能明确了政府部门的使命和权责范围，而各部门制定的中长期战略规划是其职能的具体表现形式，决定了一定时期政府的管理目标与方针政策，是绩效预算的目标设立、行动框架确立的根本依据，是绩效预算管理的出发点和关键环节。政府如果没有战略规划，行动将缺乏指南，绩效评价也将失去标的。当前，我国编制经济社会五年发展规划，财政部门也在编制三年期财政规划，但是总体来说中长期战略规划的编制依然存在以下不足：即中长期规划编制相对粗略，缺乏对经济的准确分析，对战略目标与具体规划描述不清晰；尚未做到根据经济发展或者财政实际情况适时调整规划内容；中长期战略规划没有与预算绩效管理产生衔接，使其不能充分发挥对财政资源与预算管理的导向作用。当前，我国预算绩效评价客体多是当年的项目。推行绩效预算改革时，应强化战略规划的作用，根据政府部门的职能制定清晰可行的中长期战略规划，并适时作相应调整；依据战略规划制定绩效预算的目标与工作架构，将预算安排与战略规划挂钩；加强对中长期项目的绩效考核。

第二，强化中期规划对年度预算的约束力。国民经济和社会发展五年规划是实现国家规划管理现代化的重要基础，而中期规划若不能很好地衔接，可能会导致规划的改革方向偏离目标，导致无法指导年度预算，降低预算的前瞻性。年度预算、中期滚动规划、五年规划存在内在的逻辑关系，年度预算执行效果直接影响规划、中期滚动预算绩效目标的完成情况，而中期滚动预算为年度预算提供指导，五年规划则引导中期滚动预算的战略方向。五年规划与中期滚动规划的衔接可以从时间和任务两个方面构建。具体来看，首先，时间安排上，建议实施五年周期的中期规划。五年规划自新中国成立以来便发挥着统筹的作用，要对其变革可能会面临极大的阻力，所以建议将中期规划设计为五年周期，与五年规划同步编制，强化中期规划对预算的指导作用，提高中期规划与预算决策的衔接程度。其次，任务安排上，五年规划确定的主要目标，一般都需要一系列重大任务来落实，而中长期重大战略任务，需要将五年规划中的重大任务同中期规划有机衔接，保证财政资金的支付落实到具体的项目中，强化中期规划对年度预算的约束力。最后，进一步强化中期规划的法律支持，为了确保中期规划对年度预算的约束力，应在《预算法》中肯定中期规划的法律地位，打破既得利益者对中期规划改革的阻扰，为中期规划与年度预算联动机制实施提供法律保障。

第三，推进绩效预算与中期预算改革结合。中期预算制度有利于财政资源的跨年度有效配置。传统预算按照年度编制财政收支的模式，对财政支出政策的考察往往只局限于一个财政年度，而忽视了中长期的财政效益，很有可能会出现一项支出在短期内看是合理的，但是长期来看却发现与财政目标相悖的情况。因此，编制中期预算，可以使政府在制定财政政策时有更长远的目光，跨年度考虑财政收支安排，在一个较长的时期统筹协调收入与支出，依据政府战略规划确定的目标与工作安排来核定政策或者项目顺序，使财政资源在中长期也获得有效的配置与运用。中期预算有利于多年期项目绩效目标的建立和有效执行。基础设施建设、科技、教育发展规划等许多项目，或者政府规划需要多年财政资金支持才能完成，项目成效在立项之后也不能立即呈现。如果仅仅从一年期的预算安排考虑，多年期项目显然是不合算的。因此，中期预算可以打破预算编制的一年时间局限，提高预算的预见性，避免政府的短视行为，中期绩效预算势在必行。

第四，强调中期财政规划绩效优先。中期财政规划在制定时，也应注重绩效、确立中期可操作的绩效目标，以确保在中期财政规划中财政资金的使用者可以更好地对跨年度的项目作出计划安排。在实际操作中，结合西方国家在中期财政规划中的做法，应注意：预算绩效的详细程度，即时间跨度与年度间预算绩效变化的调整。在预算绩效的详细程度方面，对申报的预算项目，相关单位必须提交可行性研究方案，明确提出项目的绩效目标，逐步建立科学、规范的项目约束管理机制，在中期财政规划中形成全局性、科学性的绩效观念，提高绩效项目涉及的科学性，减少盲目和重复项目的发生，提高效率。在时间跨度方面，可以根据西方发达国家的经验，调整为3~5年的预算周期。在年度间预算绩效变化方面，对相关指标应根据经济社会发展的变化"相机"调整，以避免预算或财政支出安排与实际情况脱节，保证财政政策与政府宏观调控政策一致性与连续性。同时，要注重跨年度预算平衡的绩效目标考核。在跨年度预算平衡中引入绩效目标考核，对财政支出效果进行评价，将预算安排与支出绩效评价结果有机结合。使预算支出项目有明确、量化、分阶段的预算绩效目标，提高财政资金配置和使用效率，有利于加强财政监管，将预算绩效评价结果作为财政预算安排的重要依据，更有利于督促政府各职能部门强化绩效理念，提高资金使用效率。

二、探索科学规范的绩效预算编制

绩效预算的实质是以绩效为导向来分配财政资金、制定预算，重点在于将产出效果等绩效信息与预算编制程序相结合。因此，科学规范的绩效预算编制程序是真正实行绩效管理和绩效预算制度的重要标志与政策手段，也是我国推行绩效预算改革的关键突破口。中期视角下绩效预算的编制考虑了中长期财政年度的整体约束，对于编制时间和要求都要比年度预算高。我国现行的预算由本级的财政部门汇总，然后交由同级人民代表大会审核，而预算草案是在召开代表大会的前一个月上交人民代表大会，造成没有足够的时间详细了解预算，对预算审议的科学性也就大打折扣。考虑到预算具有很强的专业性，建议将预算的审查时间延长，对预算初审进行比较广泛和深入的调研，尤其是对中期与年度衔接的落实，确保预算审议的科学性和严谨性，进而减轻全国人大审议工作量，提高预算的有效性。同时，细化预算审查项目，针对中期与年度的衔接内容。政府预算要列出专栏和相关项目清单，使人大代表清楚地了解项目的来源、绩效目标和资金分配情况，提高中期与年度的有机衔接，深化绩效预算改革。我国目前采用"二上二下"的预算编制程序，造成了部门不断膨胀的支出需求，考虑到中期视角下绩效预算编制的要求，应改革目前预算编制程序，建立和实施"自上而下"和"自下而上"相结合的战略性程序。"自上而下"的预算模式强化了部门对中期支出的责任，确保预算过程在一开始就能得到强有力的指导，提高了资源使用效率。同时，"自下而上"的战略辅助程序确保了中期与年度的衔接，政府各部门不仅可以在预算实施过程中明确预算期内的主要目标，而且可以根据环境的变化，对中期和年度的衔接内容进行适当的修改，确保重大战略目标任务的顺利完成。

第一，尝试西方国家分阶段绩效预算编制模式。通过考察以美国为代表的发达国家绩效预算编制发展历程，可以发现，其预算编制工作大致经历了以下五个阶段：一是条目预算阶段。传统的"条目"预算，是19世纪末和20世纪初实行的，主张建立重视经济效率、包含对资源使用责任制的预算编制体系，其改革重点是通过列出详细的支出"条目"，以达到有效控制政府预算账户的目的。二是早期绩效预算阶段。20世纪50年代，美国政府试图建立与基于增量的传统条目预算不同的绩效预算，这种预算编制的基础来源于对政府未来工作的预期，制定一套与政府活动相关的工作量标准，以此为依据，将财政支出分配给每个部门。此时的"旧"绩效预算已具备绩效预算制度的雏形，但由于很少被用于整个预算过程，因此，并没有实现预算决策上的根本性变革。三是计划—项目—预算（PPBS）阶段。与早期绩效预算不同，PPBS预算编制不是一种管理体系，而是资源分配体系，它将重点确定为各项竞争性政策的预算选择，关键在于项目本身的目标及其工作安排。PPBS预算编制将预算按项目进行分类，并衡量其产出与结果，同时对不再局限于一个财政年度考察项目目标。四是项目预算阶段。PPBS宣告失败后，美国依然按照项目将预算分类。同时由于中期预算的推进、绩效指标体系的建立、会计和预算信息系统的完善、预算分析等相关技术的发展，进一步推动了美国政府的预算发展进程：项目的成本目标和绩效信息等已成为决策时的重要参考。与此同时，这一预算方法通过1965年联合国发布的项目和绩效预算手册，被世界范围内的多个国家采用。五是产出预算和结果导向的绩效预算。20世纪90年代，伴随着新公共管理改革的兴起，西方发达国家开始强调财政支出效果，强调将绩效信息融入预算管理中，推行绩效预算制度条件是在良好的项目预算基础上，将预算收支分类和预算编制方式作为改革的基础。当前，我国正处于项目预算不断深化的阶段，可以积极探索将绩效预算改革与项目预算相结合，如对部分项目支出实行"项目绩效预算"改革试点，在此基础之上，扩大范围至所有部门预算编制，最终达到全面推行部门绩效预算的目标。

第二，基于部门绩效预算编制的流程设计。当前，中国实行的部门预算，主要是将支出分为人员支出和公用支出的基本支出预算与项目支出预算。结合国际经验，预算编制方式的改革可先从项目支出预算开始，逐步向基本支出预算覆盖。从西方国家实践经验和我国预算管理现状可以看出，设计绩效预算编制流程如图所示，绩效预算编制流程的重点在于客观地评估支出绩效、以绩效结果约束政府部门，最终达到高效配置资源的目的。整个流程分为事前、事中、事后这三个环节，如图5-1所示。

事前明确目标。政府的每一个职能部门在一个预算年度开始时首先应当明确包括项目目标在内的部门目标是什么；制定达到目标的规划以及衡量政府部门或

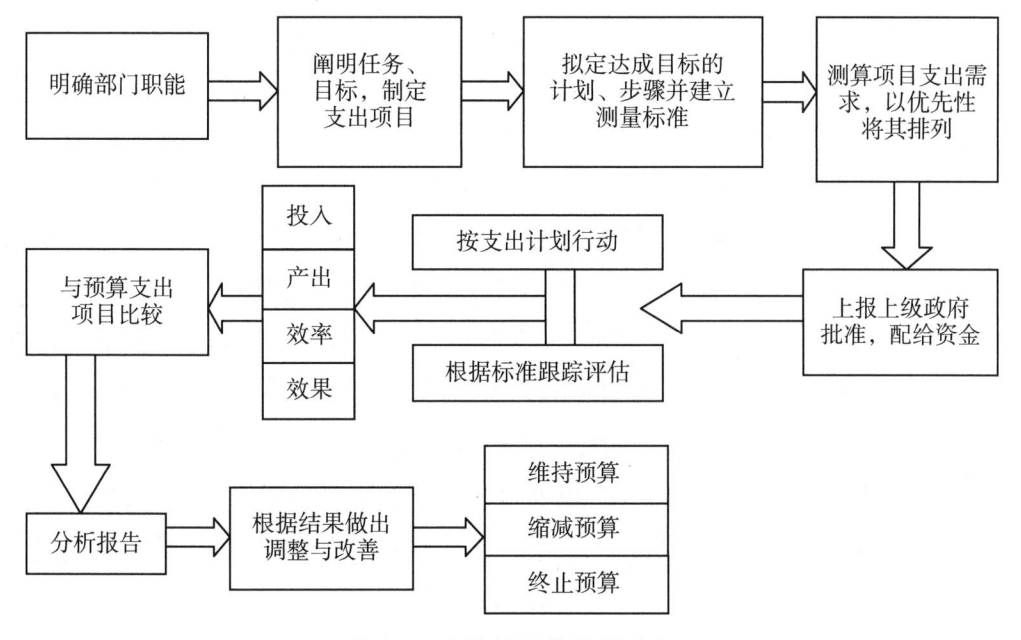

图 5-1 绩效预算编制流程

者项目支出效果的目标指标体系。明确目标的目的是强调在绩效预算中更关心的是政府通过财政支出做了些什么，而不是简单的政府财政支出什么。

事中跟踪评估。在预算执行过程中，要根据绩效标准对部门工作进展，或项目执行情况进行跟踪评估是绩效预算的重点也是难点内容。结合部门目标与规划考察预算支出的效率与效果，将绩效评估渗透进部门预算的每一个过程以及政府各部门，使绩效理念真正应用于政府预算管理的全过程中。

事后评价调整。绩效预算的最后一个关键环节，是根据绩效评价结果的分析报告对预算进行事后考核，并作出相应调整。将最后得到的评价结果与预算支出目标相比较，得到财政支出是否达到最初的目的、未达标的因素有哪些、有哪些地方还应进一步调整改进等相关信息，并以此为依据对该部门或项目下一个财政年度的预算进行调整。

三、构建中期预算与年度绩效预算的联动机制

中期预算的编制，在预测宏观经济形势、财政收支基础之上，考虑国家层面政策方针，制定相应的预算限额。虽然中期预算强化了预算前瞻性，但也增强了

项目持久性，使一些过去合理但现在已不合时宜的项目退出十分困难。以可用资金的"上限"为例，整个中期范围内，由于不能完全保证预测数据的实现，更无法预测紧急情况和问题，若不及时跟踪评估中期可用资金的"上限"，不仅无法有效地指导年度预算，而且也无法实现中期整体战略目标。因此，在预算执行过程中，各级政府应考虑经济形势的变化，动态跟踪评价中期进展情况，注重中期绩效评价与年度绩效评价的结合，及时调整项目情况。要定期收集绩效执行数据。重点收集绩效目标完成情况的相关数据，如目标准备数据、计划进展数据、措施落实数据、取得的产出数据、预计的未来产出数据等。同时，形成绩效评价报告。在全面收集绩效目标数据的前提下，分析目标计划与实际执行之间的差异，形成预算执行过程中的绩效评价报告。如可用预算资金的"上限"，可以设置稳定调节基金来进行必要的调整，若绩效评价报告显示部门对预算资金的需求量超过了已确定的年度"上限"，则部门可依据动态绩效评价报告，申请动态扩大本部门年度预算上限，及时调整中期项目进展。

四、注重中期预算编制的分析预测质量

国家战略规划的制定是推行中期视角下绩效预算的起点，而科学的经济、财政预测则是制定战略规划的基础，为中期和年度绩效预算的衔接提供有价值的重要参考依据。作为中期视角下绩效预算的起点，中长期预测很大程度上决定了整个预算过程的质量。结合我国预算的实际情况，中长期的预测准备程序应注意：一是经济和财政预测报告。新中国成立以来就一直由发改部门和统计部门负责宏观经济的预测工作，而由财政部门负责财政收支的预测工作，针对经济和财政预测报告，应由财政部牵头，统计部门和发改部门协助共同完成，给出未来五年的经济形势、财政收支预测，作为预算编制的重要依据。二是政策报告。预算政策报告是中期与年度绩效预算衔接不可或缺的一部分，报告内容应详细列出政府短期财政计划（1~2年）、中期战略目标及说明中期和年度预算衔接的基本内容，其中重点应放在评估政策的优先性和未来五年的成本效益上。三是债务报告。财政部门应根据经济和财政预测报告，公布债务总额，并将其作为财政支出限额的重要参考依据，制定年度预算的支出限额，保障预算的连贯性。

五、促进绩效预算与政府会计改革融合

长期以来，我国预算会计主要采取的是收付实现制，但随着预算会计环境的变化和市场经济对政府资金管理的需要，以收付实现制为基础的预算会计暴露出诸多问题。如不能及时记录负债情况，增大了财政风险。现收现付制只包括了以现金实际支付的部门，并不能反映出已经发生但尚未支付部门的隐形负债。同时，不利于年终结转，容易造成信息虚假。针对跨年度项目可能会出现实际拨付数小于预算支出列示出来的金额，出现预算结余，造成预算信息不真实，为以后的预算安排造成资金结余的假象。因此，在推进绩效预算改革的过程中，也需改革预算会计，采取权责发生制的会计模式。权责发生制可以全面反映政府所拥有的财政资源及其使用情况，结合中期战略规划，可以使政府提高财政管理水平，实现预算绩效管理。参照我国预算会计发展及管理现状，可以从以下几个方面稳步推进会计模式改革：首先，大力推进政府综合财务报告编制试点。目前，我国已陆续组织近20多个省市区试点政府编制会计权责发生制综合报告，并取得了一定的成效。应在总结试编经验的基础上，在全国有序铺开权责发生制编制工作，完善科学的编制方法，同时积极推动各级政府会计模式的改革，强化财政会计人员培训，为试编工作提供人员保障。其次，完善政府会计信息系统。权责发生制政府会计需要大量的数据信息，而目前我国信息工作主要依靠人工进行操作，效率低下。因此，应研究开发自下而上的政府会计信息系统。完善部门统一财务核算系统、总账系统、决算系统等，并积极实现与国有企业会计数据的对接，健全综合的政府会计信息系统。同时，深化政府会计配套改革。加快建立权责发生制的基本准则，明确会计核算范围，深化现行部门预算、国库集中收付、政府采购等改革，实现政府会计与预算管理的相互衔接，确保引入权责发生制改革的顺利实施。另外，要稳步推行综合报告公开透明。编制权责发生制综合财务报告的目的就是为了满足内部、外部的会计信息要求，对内各级财政部门依据财务报告实施资金管理，对外监督机构、广大公众依据报告更好地了解政府会计的运行情况。在提高报告公信力的基础上，细化公开各项内容，结合绩效审计，稳步公开政府综合财务报告，提高政府预算绩效的公开透明度。

第三节 逻辑趋势：全面实施预算绩效管理的对策建议

一、完善财政绩效评价框架体系

（一）横向架构

根据财税体制改革的总体方案，以财政运行体系的内容为基础，按照财政运行评价主客体差异，可以将预算绩效评价体系内容分为五部分：财政收入评价、财政支出评价、财政管理体制评价、财政运行风险评价以及财政平衡评价，具体关系如图5-2所示。

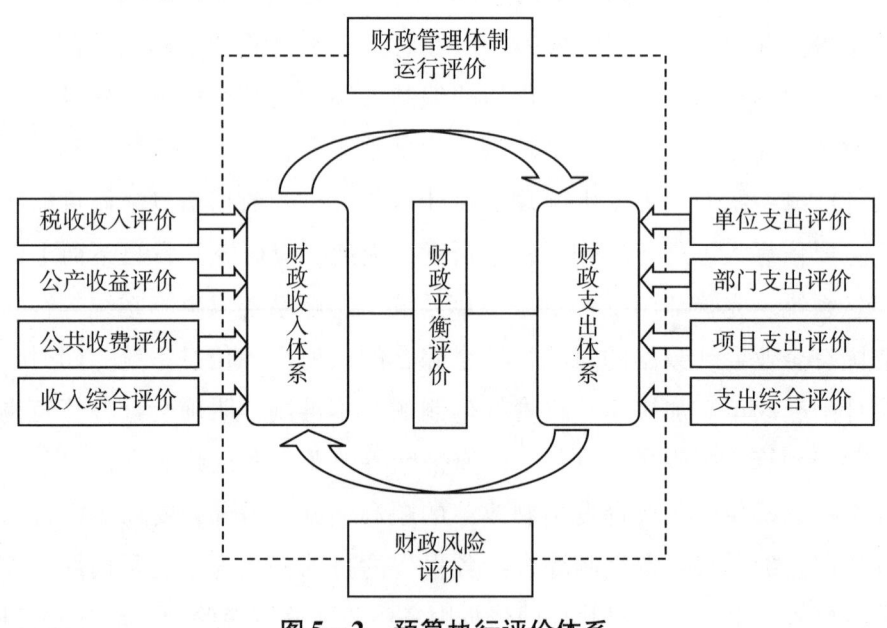

图5-2 预算执行评价体系

1. 财政支出绩效评价与绩效预算。

与财政支出绩效评价联系密切的一个关键术语就是绩效预算，西方国家自20

世纪中叶起推行绩效预算以来,直至今日对绩效预算的理解仍然难以达成共识。按世界银行专家沙利文的理解,绩效预算是一种以目标为导向、以项目成本为衡量、以业绩评估(财政支出绩效评估)为核心的一种预算体制。绩效预算系统极为复杂,它主要包括政府绩效评价体系、财政支出评价体系和组织管理体系三部分内容。首先,政府绩效评价体系是绩效预算的基础部分,政府绩效评价体系的目标、结构、评价指标、评价标准确定,则财政支出绩效评价就有了测定依据。其次,财政支出绩效评价体系是绩效预算的核心内容。财政支出绩效评价从质和量两方面描述财政资金支出的使用状况及效果,以考核政府的职能实现程度和财政效率。最后,组织管理体系是绩效预算实现的保障条件。与其他预算模式相比,绩效预算更需要严密、规范、强有力的组织体系作后盾,它将为绩效预算的编制、评价、实施提供人力资源、管理制度、思想方法、技术工具等一系列保障性资源。

绩效预算的核心和关键点在于财政资金支出绩效评价。财政支出绩效评价是绩效预算得以实施的主要工具和载体,而绩效预算又进一步为改善政府管理提供新视角——基于投入产出角度来观察政府绩效、政府职能履行等情况。如果没有财政支出绩效评估,绩效预算则与传统预算无本质区别。在绩效预算体制下,要消减财政赤字,减轻财政支出压力,就必须对大量各类政府财政支出项目进行绩效评估。在美国财政支出绩效评估适用于预算过程的不同阶段和不同组织层级:一是政府机构可以将财政支出绩效评估应用于项目管理,从界定项目绩效的测度,到收集数据,再到对项目绩效评估的整个过程。二是政府机构可以将绩效信息作为他们向中央预算办公室要求拨款的依据之一。三是中央预算办公室在向行政长官提出资金分配建议时参考绩效信息。四是政府和国会在内的政策制定者,根据绩效信息决定给哪些机构和项目拨款。可见,财政支出绩效评价是实现绩效预算的关键手段和中心环节。

2. 财政支出绩效评价与财政支出绩效管理。

财政支出绩效评价贯穿于财政支出预算安排和使用的全过程,既包括对财政资金投入的预算决策是否合理恰当、支出使用过程是否合理合规、投入产出是否有效率的评价,也包括对支出使用结果的有效性进行综合评价。财政支出绩效评价注重的是围绕支出绩效如何开展评价的技术和方法问题,作为一种绩效管理工具,虽然其本身不具有实际的约束力,但它是建立和强化财政支出绩效管理的核心环节,是绩效管理工作赖以开展的基础。财政支出绩效管理本身包含并有赖于财政支出绩效评价工作及其成果,财政支出绩效管理还要在绩效评价结果的基础上,根据不同的绩效支出水平设计出一整套的激励和约束机制,形成较强的制度约束力,影响决策系统以及相关制度的改进。

(二) 纵向架构

为了有效地开展财政支出绩效评价工作,首先需要构建相关的理论框架,为实际评价工作奠定坚实的基础,包括提供必要的依据、阐述科学的方法、规划可行的方案等。财政支出种类繁多,实施主体、政策目标、执行过程、实际效果千差万别,因此,对财政支出的绩效评价是一项复杂的系统工程,要建立一个科学合理、规范统一的评价框架体系离不开对财政支出共性的准确把握,涉及方方面面的考虑。结合我国的实际情况,明确指标体系、方法体系、标准体系、组织体系和制度体系五大子体系有机构成,构建较为系统的财政支出绩效评价框架体系,如图5-3所示,突破传统财政支出绩效评价的范畴,将财政绩效评价提升到政策层面的高度。

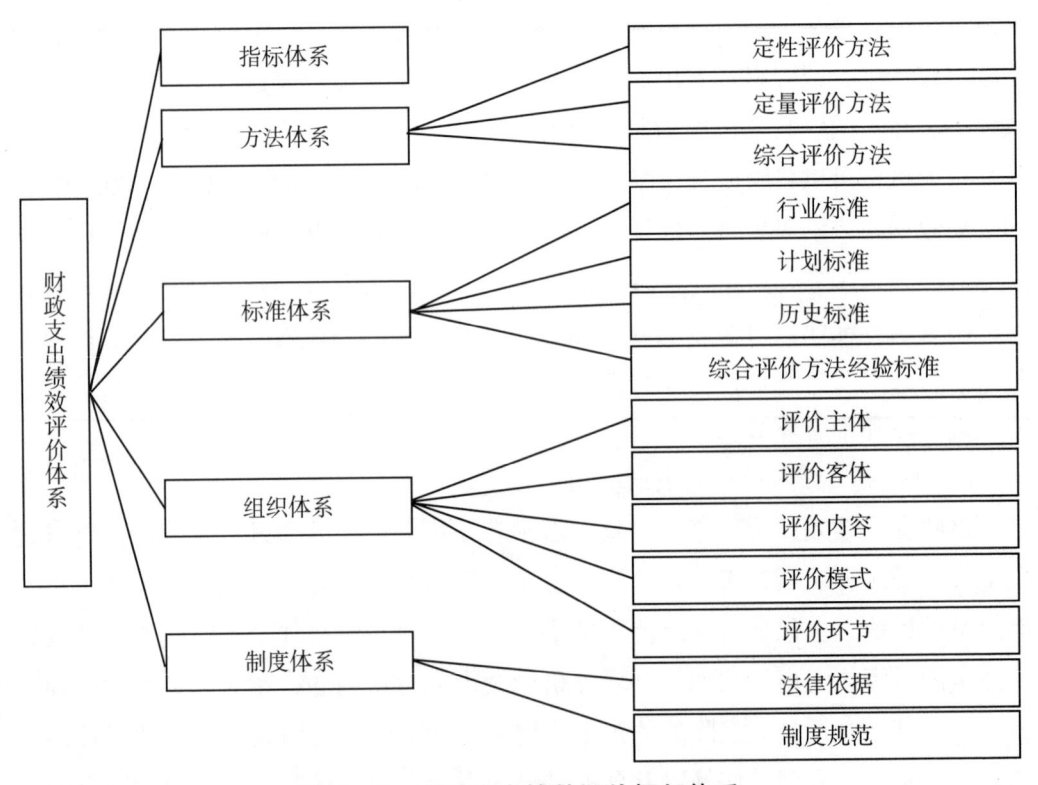

图5-3 财政支出绩效评价框架体系

1. 财政支出绩效评价的指标体系。

财政支出绩效评价的指标体系是指能够较好地体现财政支出共性的一套科学合理、层次分明、使用可行的绩效评价指标集；财政支出绩效评价的方法体系是指用来进行财政支出绩效评价的模型和方法；财政支出绩效评价的标准体系是指在应用指标体系对财政进行绩效评价时衡量支出绩效大小的标准值；财政支出绩效评价的组织体系是指财政支出绩效评价工作的组织和运行方式，包括确定评价主体、评价客体、评价内容、评价模式、评价环节、评价结果如何应用等；财政支出绩效评价的制度体系是指规范财政支出评价工作的各项法律和规章制度。

财政支出绩效评价指标框架如表5－1所示。

表5－1　　　　　　　　　　财政支出绩效评价指标框架

一级指标	二级指标	评价要点
决策指标（30%）	支出必要性（5%）	适应形势程度：政策出台是否符合当前的政治、经济、文化、财政金融等的大趋势和大方向？
		满足需求程度：政策目标实现，是否能够切实满足现实存在的、正常的迫切需求？
		政策交叉程度：目前有无其他政策，和本政策存在财政目标、支持对象及支持方式等方面的交叉和雷同？
	支出可行性（5%）	条件具备程度：目前是否具备出台和实施该政策的内外部条件？
		环境允许程度：目前出台和实施该政策的环境是否具备？
	支出合规性（5%）	是否符合法律法规：政策的方向、具体内容是否符合当前的法律法规？
		方针规划符合程度：政策是否与国民经济与社会发展总体规划、行业发展规划、地区发展规划等相关且符合？
		部门职责符合程度：政策是否与政策实施主管部门的职责相关？
	支出合理性（10%）	依据充分程度：出台政策之前，是否经过充分的调研论证，基本依据是否充分、合理？
		定位准确程度：该政策的基本定位（方针、原则）是否准确？
		目标清晰、恰当程度：政策目标是否具体、是否明确？可量化程度是否高？政策目标设定是否与资源条件相匹配？
		路径方法合适程度：政策目标实现以及政策任务达成的实现路径、实现方法是否合适？

续表

一级指标	二级指标	评价要点
决策指标（30%）	支出合理性（10%）	实施主体得力程度：政策任务安排是否恰当？涉及的各个机构（组织）职责是否清晰、分工是否明确？
		财政投入额度恰当程度：政策涉及的财政投入金额依据是否充分，预算是否细化？
	支出公平性（5%）	资金分配公平性（无差异性和排他性）：预算支出在受益对象或者分解任务之间的分配是否体现公平性原则？是否将本应予以支持的对象排除在支持范围之外？
		政策预期效益的公平性（无差异性和排他性）：各受益对象在政策实施后预期的受益程度是否公平？是否存在应受益的群体被排除在受益范围之外？
管理指标（25%）	计划方案合理性（5%）	计划合理性：政策任务实施和政策任务达成，是否拟定翔实、合理的实施计划？
		方案合理性：是否拟定翔实、合理的政策实施方案？
	计划预算执行率（5%）	计划执行率：政策实施有没有严格地按照计划实施？资金的拨付额度、进度是否严格遵循预算？
		预算执行率：资金拨付是否及时，预算执行是否到位？
	保障充分性（5%）	资金保障程度：政策实施是否有充分的资金保障？
		人员保障程度：政策实施是否有充分的组织和人员保障？
		技术保障程度：政策实施是否有充分的技术保障？
		其他保障程度：其他方面的保障是否充分？
	过程管理严谨性（5%）	管理制度的完备性：针对政策实施，有无拟定翔实、合理的资金等方面的管理制度？
		法规、制度的执行性：在政策实施和执行中，各方政策主体是否严格遵循国家法律法规及相关规章制度的要求？
	政策动态调整性（5%）	调整适时性：在政策执行中，如果外部环境等发生重大变化导致政策出现了不适应，有没有适时启动调整程序？
		调整合理性：针对政策的调整是否必要和合理？调整能否适应形势和环境的变化？
		调整程序合规性：政策调整是否遵循相应的论证、审批程序？

续表

一级指标	二级指标	评价要点
效果指标（45%）	支出产出（15%）	数量产出目标达成程度：政策原定的数量产出目标，完成情况如何？
		质量产出目标是否达成：政策原定的质量产出目标，完成情况如何？
	支出效果（20%）	经济效益：政策实施对经济发展所带来的直接或间接影响情况如何？
		社会效益：政策实施对社会发展、公共福利等所带来的直接或间接影响情况如何？
		环保效益：政策实施对环境保护所带来的直接或间接影响情况如何？
		其他效益：政策实施对其他方面所带来的直接或间接影响情况如何？
	产出与效果可持续性（10%）	环境可持续性：政策持续发挥作用、产生效果的基本环境是否具有可持续性？
		条件可持续性：支持政策持续发挥作用、产生效果的基本条件是否具有可持续性？

2. 财政支出政策绩效评价的方法体系。

（1）定性评价方法。

A. 目标与实施结果比较法。通过对财政支出政策所产生的实际效益同预定目标进行对比，分析目标完成情况以及未完成目标的原因，进而对比预定目标和实际效益、横向部门和地区同类投入实施效果，以及本部门和地区历史记录与当前状况，从而评价绩效目标的实现程度。

B. 因素分析法。通过对所有影响政策实施结果、投入和产出的内外因素的列举分析，来评价绩效目标的实现程度。这一评价方法侧重于内外因素的详实列举和对这些因素的综合分析。

C. 专家评议法。通过专家对财政支出政策效果进行评价，汇总分析专家意见后得出绩效目标的实现程度。对于大多数的定量评价指标，可以用准确的数字来描述，但对于许多定性指标的评价，则需要进行适当的变换。

D. 德尔菲法。德尔菲法是一种改进的专家评议法。应用德尔菲法评价财政支出政策绩效时，调查者先制定调查表，之后根据设定程序，用信件方式向各位专家进行征询，各位专家再以匿名信件的方式反馈意见。经过反复几次征询与反馈，各位专家的意见逐渐统一，最终获得一个具有较高准确率的结果。德尔菲法最重要的特征是能够让各位专家充分发挥其学识和经验，保障最大可能的可靠性。每位专家都可以独立做出判断和评价，尽量减少其他因素的干扰。该办法简单易行，具有科学性和实用性的操作特点,可避免传统的专家评议法出现的追随权威现象。此外,由于评价过程的公平性和严谨性,评价结论也更为客观、中肯。

(2)定量评价方法。

A. 主成分分析法。在进行财政支出政策绩效评价分析时,往往会面临变量个数和观测数据较多的情况,这些变量和数据有些不能直接利用,有些对绩效评价结果影响很小。在这种情况下,主成分分析法可以通过对变量和数据的处理,推导出更多的有用信息。它可以在众多变量中选出几个特别重要的变量进行统计分析,从而把多指标转化为少数的几个综合指标。

B. 层次分析法。一般情况下,财政支出政策绩效评价属于复杂的多目标决策问题,层次分析法是将其作为一个系统,将目标分解为多个目标或准则,进而分解为多指标(或准则、约束)的若干层次,通过定性指标模糊量化方法算出层次单排序(权数)和总排序,以作为目标(多指标)、多方案优化决策的系统方法。

C. 模糊综合评价法。在现实中进行财政支出政策绩效评价时,有很多情况是不能用绝对的"对错"和"优劣"来评价,存在很多中间带的情况。这种模糊性的状态,就是模糊综合评价法。它是解决这种"亦此亦彼"情况的有效方法。从诸多指标对评价客体的隶属关系进行综合性评价,对评价客体的变化区间进行划分,既可以照顾客体的层次性,使它的模糊性显现出来,又可以融入人的主观评价因素,从而使整个评价结果变得更立体与客观,从而能够解决财政支出政策绩效评价中复杂、不容易用精确数学描述的问题。模糊综合评价法以模糊数学为基础,利用模糊数学中的隶属度理论将定性分析变为定量分析,当面向一个受到多重因素影响的客体时,它做出的评价结果会更清晰。模糊综合评价方法在财政支出政策绩效评价中的应用可分为两个步骤:首先,对各个评价指标因素进行隶属度评判。其次,根据各评价指标的权重综合所有评价指标隶属度对被评价对象做出综合评价结果。

D. 数据包络分析法(DEA)。DEA 的基本思想是使用数学规划模型比较多个输入和输出的决策单元间的相对效率。它作为一种非参数评价方法,仅依赖投入、产出指标数据就可以对决策单元进行评价。数据包络分析法的基本思路是将每个被评价对象都视为一个决策单元,多个决策单元就组合成被评价群体,将投入和产出比率进行综合分析,以各决策单元的投入和产出指标的权重为变量进行评价运算,计算有效生产前沿面,根据各决策单元与有效生产前沿面的距离状况,确定各个决策单元是否有效。DEA 不需要预先估计参数,在避免主观因素和简化运算、减少误差等方面有着不可低估的优越性。

E. 功效系数法。功效系数法可以解决财政支出政策绩效评价中各个指标之间量化标准不明确带来的不可比问题,将独立的指标数据变为统一的可比较的分值。该方法假设功效分值和各指标数值为线性相关关系,即功效函数为线性函数。如果采用百分制,则计算公式为:单项指标分数=60+(该指标实际值−该指标不允许值)/(该指标满意值−该指标不允许值)×40;如果采用5分制,则计算公式为:单项指标分数=3+(该指标实际值−该指标不允许值)/(该指标满意值−该指标不允许值)×2。公式中指标的"不允许值"和"满意值"是该指标的评价基准,需要根据该指标的具体内容和性质确定。

3. 财政支出绩效评价的标准体系。

(1) 行业标准。行业标准是以某一具体行业许多个体或某项财政经费的相关指标数据为样本,运用数理统计方法,计算和制定的该行业评价标准。行业标准可方便财政部门对各类支出的绩效情况进行纵向的或横向的比较分析;行业标准具有易取得性、权威性和客观性,广为评价工作者使用。然而,行业标准的充分应用需要强大的数据资料库做支撑,由于现阶段我国财政管理数据库还较不完善,绩效评价的行业标准值较难获得。

(2) 计划标准。计划标准是指以预先制订的计划、目标、预算或定额等数据作为绩效评价标准。计划值作为评价的标准旨在通过将实际完成值与预定值对比,找出两者的差异,从而达到评价目的。但由于容易受主观因素影响,计划标准的制定要求较高。若制定的科学合理,就能产生较好的激励效果;若标准定得过高,就会完不成;标准过低,又起不到激励作用。

(3) 历史标准。历史标准是以绩效评价指标的历史数据作为样本,运用一定的统计学方法,计算出各类指标的平均历史水平。在运用历史标准进行评价时,要对其根据价格指数、统计口径或核算方法的变化对历史标准进行修订和完善。

(4) 经验标准。经验标准是指根据长期的财经活动管理实践,由在该领域中具有丰富经验的专家学者经过严密分析与研究得到的相关指标标准。该标准适用于缺乏同行业标准之时。即便行业标准与经验标准两者都可得到并使用,如果前者不如后者有权威性时,为保证评价结果的认可度,也应当选择经验标准,而不是选择行业标准。在财政支出政策绩效评价的实际工作中,应根据评价的目的、环境和信息采集条件等来确定具体采用哪种标准进行评价。

4. 财政支出绩效评价的组织体系。

(1) 评价主体。根据财政支出绩效评价的基本原则和国际经验借鉴,财政支出绩效评价最好由与财政支出实施主体与受益主体无关的第三方承担,但我国的现实情况决定，财政支出绩效评价难以游离于政府部门之外，因此，可开展财政支出绩效评价的一般评价主体，包括财政部门、各级人大、主管部门和社会中介机构等多类机构。在实际的绩效评价工作中，评价主体应根据评价类型确定。A.一般评价主体。一是财政部门，主要负责选择哪些支出进行绩效评价，以及具体组织实施绩效评价，包括建立本级政府绩效评价制度、制定绩效评价指南和技术规范、制定和发布相关评价政策、组织绩效评价、利用评价结果改进预算管理和提高政府决策水平等。二是各级人大，人大是最高权力机关，它有权利要求各级政府及相关职能部门定期提供财政支出的绩效评价报告，有责任对政府配置资源的效率性、效益性和有效性情况进行检查监督。人大的特殊地位可以保证综合绩效评价的独立性，各级人大及其专门委员会可以作为对应级次政府财政支出综合绩效评价的主体。三是主管部门，主要是协助财政部门、各级人大和审计部门开展财政支出绩效评价工作，根据财政部门制定的财政支出绩效评价的规章制度，具体组织实施和本部门相关的支出绩效评价工作，指导、监督、检查所属单位的绩效自评工作，向财政部门报送绩效评价报告；根据绩效评价结果提出完善的相关政策和规章制度的政策建议。四是社会中介机构，为了实现绩效评价的公平公正，可以借助社会中介机构对财政支出进行绩效评价，成立评价工作小组和专家咨询小组，共同进行评价工作的组织协调、技术处理、绩效分析和验收评价等工作。其中，专家小组成员可以从财政部门组织成立的绩效评价专家库中选取。B.现实评价主体的选择。评价主体由评价类型决定。评价类型处于战略层面，决定着财政支出绩效评价的思路、方向、内容和价值，不同的评价类型选择直接导致不同的评价效果。我国的财政支出绩效评价可分为自评价、参与式评价和第三方独立评价三种类型，三种类型特点各异，有各自不同的适用范围，在开展财政支出绩效评价时应根据实际情况选择适当的评价类型，并据此确定相应的评价主体。第一，自评价模式。财政支出的自评价是以政策制定或实施者为评价主体，自行实施的支出绩效评价。我国现有的财政支出制定及执行主体一般皆为各级政府部门，所以，我国的政策自评价基本可视为各级政府部门对其所发布政策的必要性考量或是对政策执行效果的评价。自评价是目前我国政策评价实践中应用最为广泛的一种评价模式。理想化的情境下，绝大多数的财政支出都应当由政府部门实施自评价。这是因为：首先，政府部门处于政策活动的关键位置，对行政组织与政策过程有着更为详尽、透彻的了解，有效的自评价可以为管理者提供必不可少的支持，因而，在持续性的长期方案评价中更具优势；其次，自评价更易获取有关政策效果、政策制定和执行过程的第一手资料，使评价更为真实、可靠；最后，政策制定者或执行者直接影响政策的形成与执行,对评价的政治因素有着较为深刻的感受,提出的政策建议更容易被有关部门所采纳。在构建责任型政府的趋势下,财政支出绩效评价应当更贴近那些被政策直接影响的民众,只有不断增进政策回应性和扩大公民参与,才能真正增进行政官员与公共管理者公共责任的牢固确立,保证责任政府各项目标的落实。第二,参与式评价模式。财政支出的参与式评价是以政策决策、执行部门的代表与利益相关者共同作为评价主体,一起设计和实施评价活动,并一起分析解释评价结果的政策评价模式。政策参与式评价的基本理念是以政策目标受益群体为核心和主体,通过一系列正在发展和完善的参与式工作方法和工具使政策利益相关者一起对政策实施所产生的效果、效率、影响进行评价,并充分吸纳各方的意见,从而实现支出评价的科学性和民主性,促进支出绩效的提高。相比于支出自评价,支出参与式评价的本质区别是:引进了外部压力机制,打破了政府机关自评价的封闭性,使支出评价真正走向客观和理性。支出参与式评价常见的模式有"听证会""公民调查""咨询会"等,但更具科学性和实用性的支出参与式评价模式应是由政府部门发起组织(提出评价要求、提供经费和资料支持、并配合后续调研),独立的第三方评价机构具体执行(包括前期问卷设计、中期调研、后期的调研报告撰写),支出目标群体广泛受访。在这一过程中,政府工作是评价过程的开始和前提,政府部门是评价过程的发起者和组织者,由其来制定评价目标,组织第三方评价机构来实施评价,并在评价工作中提供经费和资料支持;第三方评价机构是评价的具体执行者,在政府部门的支持下,通过问卷调查了解支出的真正运行效果,问卷调查又分为两个方面,一方面,访问支出目标群体,了解支出的实施效果如何;另一方面,访问支出基层执行部门,了解支出在实施过程中是否规范和支出实施时的问题或不足。第三方评价机构在调查结束后,根据调查结果,撰写政策评价报告,提交至政策主管部门;政策目标群体不再游离于政策评价过程之外,而是评价过程的参与者和建议者,由他们根据自身的感受对支出的实施效果进行评价,并可提交支出改进的建议。第三,第三方独立评价模式。财政支出的第三方独立评价是以政策决策、执行部门以外的组织或个人独立进行的评价。从被评价政策的选取,到具体评价工作的实施,都由第三方来独立完成,而不受其他任何对象责任人的影响和控制。一般意义上的第三方包括专业机构(大学院校和研究机构等)、社会组织和公众、舆论界、中介组织等,其非营利性、非强制性、民间性、独立性和组织性的特点,使第三方在政策评价的过程中天生具有超然地位,评价结论较为客观、公正。和参与式评价一样,第三方独立评价在支出绩效评价具体执行上都由第三方机构来实施,但是两种评价方式有以下几个方面的区别:首先,评价开始选择被评价的支出时。参与式评价是由政府部门发起组织,意即评价什么支出,评价支出的哪些方面都由发起政府部门规定;第三方独立评价则完全是自主选择被评价支出,一般是出于第三方机构的兴趣或者学术目的,又或是某些社会民意关注较高的支出,所以第三方独立评价的评价范围往往更为广泛,开展方式更为灵活。其次,在评价过程中。参与式评价由于是受政府部门的委托,其各方面的工作中都有政府部门作为支撑,能够掌握公共支出运行的第一手资料,同时,政府资金的支持也使评价工作没有后顾之忧,使评价更为详尽、具体。而第三方独立评价则是自主选择被评价支出,所以其评价工作也只能独立完成。一般而言,政府部门对外来力量介入支出评价有着天然的抗拒心理,这样第三方如果试图去了解支出运行的第一手资料时,其从政府部门获取的帮助必然有限。另外,绩效评价工作的经费需要自筹,调查工作就不可能太细致。局限于有限的资料和资金,第三方机构往往只能对支出运行的大体效果进行评价,评价结果可能稍显空泛而不够具体和细致。最后,注重评价结果的应用。参与式评价受政府部门委托,在花费了大量政府财政资金后,政府部门需要一个评价结果来向上级部门做出解释,同时参与式评价的评价结果较为详尽、具体,其对支出运行的效果、问题分析以及所提供的建议也比较贴近实际,所以往往更受支出主管部门的关注,对支出运行及改进的建议也更容易被采纳。而出于自身兴趣或学术目的的第三方独立评价,最后的评价结果往往是只能作为学术研究成果发布,所以其评价结果比较不容易被政府部门采纳,评价结果反馈需要一个说服决策者的过程,对支出实际运行改进的帮助有限。

(2) 评价客体。

A. 一般评价客体。评价客体是指评价主体负责评价的对象,财政支出绩效评价客体是各类财政支出。根据财政支出分类的不同,财政支出绩效评价客体也各不相同,一般评价客体包括功能性支出、经济性支出、税式支出、不同政府层级支出四大类,如图5-4所示。

中国财政支出绩效评价客体还可根据不同的标准进行分类。一是可以按政府主要职能活动分类,进一步细分还可分为类、款、项三级。以类级为例,财政支出绩效评价客体主要包括一般公共服务、外交、国防、公共安全、教育、科学技术、文化体育与传媒、社会保障和就业、社会保险基金支出、医疗卫生、环境保护、城乡社区事务、农林水事务、交通运输、采掘电力信息等事务、粮油物资储备及金融监管等事务、国债事务、转移性支出等各类支出。二是可以按支出的经

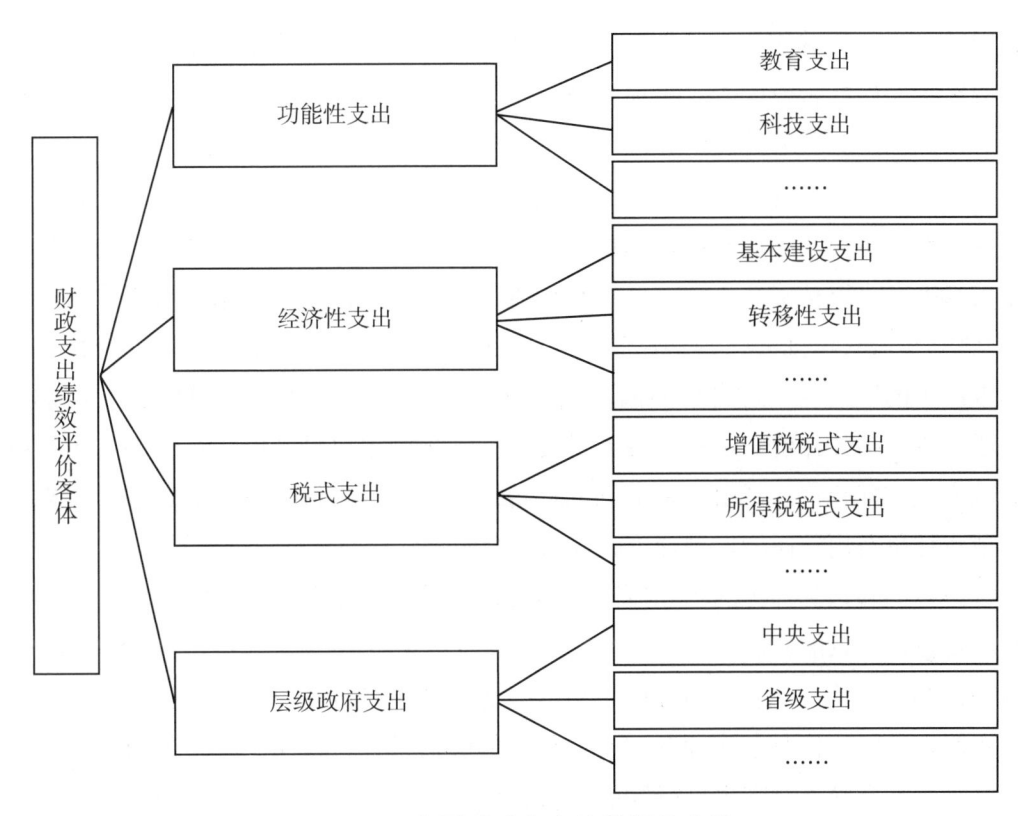

第五章 基于成果管理：中国预算绩效管理改革的总体设想

```
                    ┌─ 功能性支出 ─┬─ 教育支出
                    │              ├─ 科技支出
                    │              └─ ……
                    │
                    ├─ 经济性支出 ─┬─ 基本建设支出
财政支出绩效评价客体 │              ├─ 转移性支出
                    │              └─ ……
                    │
                    ├─ 税式支出 ───┬─ 增值税税式支出
                    │              ├─ 所得税税式支出
                    │              └─ ……
                    │
                    └─ 层级政府支出┬─ 中央支出
                                   ├─ 省级支出
                                   └─ ……
```

图 5-4 中国财政支出绩效评价客体

济性质和具体用途分类，进一步细分还可分为类、款两级。以类级为例，财政支出绩效评价客体主要包括工资福利支出、商品和服务支出、对个人和家庭的补助、对企事业单位的补贴、转移性支出、赠与、债务利息支出、债务还本支出、基本建设支出、其他资本性支出、贷款转贷及产权参股等各类支出。三是国家为达到一定的支出目标，在税法中对正常的税制结构有目的、有意识地规定一些背离条款，造成对一些特定纳税人或课税对象的税收优惠，以起到税收激励或税收照顾的作用，基于这些对正常税制结构的背离条款所导致的国家财政收入的减少、放弃或让与就构成财政上的税式支出。从科学和系统的角度，税式支出同样也应作为财政支出的一个重要方面加以评价，可根据税种的不同而进一步细分。四是可以对不同政府层级实施的财政支出分别进行绩效评价，包括中央级、省级、市级等各级政府的支出等。除此之外，还可以和前三类支出交叉进行，如以省级政府的教育支出作为绩效评价的客体。

B. 现实评价客体的选择。理论上而言，所有的财政支出都可以而且应该进行绩效评价，但是在实际的操作过程中，并不是所有的财政支出都适合被科学地评价，那么在对一项财政支出实施绩效评价，即将其作为评价客体时，首先要确定该财政支出的"确定可评价性"(evaluability assessment），或称"评价能力确定"，即分析、明确能否或应否对一项财政支出进行评价。在确定财政支出的可评价性上，可以借鉴著名公共支出分析家波兹曼和马瑟的"十一项"原则，具体为：选择支出执行与社会变化存在明显因果关系的支出；选择支出直接影响比间接影响更为主要也更为显著的支出；选择短期效益具有价值的支出，长期项目受多种因素的影响，难以精确衡量；选择具有代表性的支出，这样评价结果可以推广；选择运作充分，执行信息资料丰富的支出；选择高成本，高效益的支出；选择支出绩效产生的原因明显且易说明的支出；支出执行中所做的工作不能明确判定时，要避免进行绩效评价；选择有关人员支持的评价，主要是政府决策者和支出执行者的支持与配合；选择由经费资助的评价；借助社会力量进行评价，这样一来可以节省评价费用，还能促进理论研究与社会实践的沟通。

波兹曼和马瑟提出的指导原则虽然有一定的价值，但是，在实际应用上却存在一定偏差，只能从微观层面上提供支出评价的策略指导。结合我国的实际情况，应该遵循有效性、必要性和可行性相结合的原则来确定支出可评价性。有效性即是指所选择的评价对象必须确实有价值，能够通过评价，达到一定的目的；必要性是指有没有必要对支出进行绩效评价；可行性是指所选择的评价对象必须是可以进行评价的，即评价的时机、评价所需的人力、物力、财力均能满足评价的需要。具体来说，确定财政支出的可评价性时应主要考虑以下几种情况：法定评价项目，制度或法律规定某项支出应进行评价，则必须将其确定为评价项目，而无须考虑支出评价的难度。问题较大的支出，如果支出在执行过程中出现了较大问题，则应该及时进行评价，以求尽快修正或终结，避免更大损失。效果显著的支出，如果一项支出效果明显，则应通过评价总结经验，以便推广和借鉴。应要求评价，如果社会各界均对某项支出提出评价的要求，则应进行评价，一方面满足需求；另一方面也对支出进行系统检验。长期项目的阶段评价，长期项目虽然在总体上难以把握，但阶段性评价可通过对支出效能、效率、执行过程、综合影响及阶段性目标的实际情况进行衡量和评判，以达到对总体目标实现的保障作用。因此，长期项目应根据阶段性要求确定是否进行评价。

二、探索引进社会第三方机构技术和服务

单一政府主导的财政支出绩效评价势必引起争议，在逻辑上也不能保证评价

效果的客观性和准确性，更不能有效地将不合理的支出予以调整和修正。因此，在财政支出绩效评价过程中必须引进中介组织，以其作为专业的第三方机构进行绩效评价技术环节的操作。由于第三方既没有参与预算编制，也不参与预算执行，在评价过程中能够以更公正、客观的态度来实施评价。通过中介机构实施财政支出绩效评价的具体计算和统计，有助于政府自身了解财政支出是否合理，让社会公众了解财政支出是否满足人民群众的根本利益，并进一步改善政府的支出行为。这个过程可以提高政府的决策水平，为建立廉洁高效的政府奠定基础。

中介机构作为第三方在实施财政支出绩效评价时要设立绩效评价指标体系和绩效评价标准。绩效评价指标应根据各部门各项支出的不同性质，建立定量指标与定性指标结合、个性指标与共性指标项结合的综合评价指标体系。绩效评价标准是衡量财政支出绩效目标完成程度的尺度，包括计划标准、行业标准、历史标准和经验标准。由于第三方往往是专业的审计、评估机构，他们有能力也有义务在评价中不断完善评价方法，做出公开、公正、公平的评价结果。而后，财政部门再对各部门绩效计划的执行情况、完成结果、提交的年度绩效报告进行综合评价。针对评价结论及建议，提出改进财政支出管理的措施。评价结果也是安排下一年度预算拨款的重要依据。当然，财政部门的绩效评价报告应提交各级人大对其进行审查监督。

通过第三方具体实施财政支出的绩效评价，并把评价的结果作为预算安排的重要依据，能够从源头上规范财政资金的合理分配，为管理好财政支出建立起良性的循环体系，这将使国家的经济损失及浪费减少，各级政府财政资金使用中的低效甚至无效的现象将会得到一定程度的遏制。政府的各项经济决策将更加准确，公共资源配置效率不断提高，整个社会效益不断增大。可以说，财政支出绩效评价为建立廉洁高效的政府奠定了坚实的基础，在目前的供给侧改革中将会发挥更大的作用。

三、研究绩效评价成果应用的可行性对策

实施财政支出的绩效管理，并通过相应的法律程序使其合法化、规范化，又通过一系列的技术手段促进绩效评价工作顺利、高效、准确地展开，将会对财政体制改革起到巨大的推动作用。当然，这还不是最终目标，我们希望通过绩效评价以及评价成果的高效应用，最终实现财政治理的科学化、民主化、法制化，为

我国实现国家治理的现代化进程做出重要贡献。

第一，推进评价结果公开机制，促进数据和信息共享。在财政支出绩效评价改革的推进过程中，我们必须逐步形成评价结果的公开机制，将评价结果实实在在地用于预算管理工作的改善和改进中，进而推进我国政府治理的改革和发展。我们应当理解，财政支出绩效评价的结果不仅用于财政部门的工作开展和工作改善，更要实现国家治理中预算绩效管理的提升。这就需要不断完善、公开绩效评价的结果甚至过程，将评价活动做成一个政府运行的现行系统，还要让这个系统主动地接受包括人民代表大会及其常务委员会、审计机关甚至普通公民的监督和有益建议，并进一步优化财政支出绩效评价的程序和工作方式。另外，随着大数据、云计算等先进技术越来越广泛地在各行各业得到普遍的运用，我们也可以尝试以这些新的技术和方法来改革、完善财政支出绩效评价体系，把财政、金融、工商、税务、海关乃至公检法司等各部门相对碎片化的信息集合起来，用技术手段把这些表面上没有关联的数据做成巨大的信息库，再用这个信息库中的数据加总、计算、推演，来实现碎片信息集合后清晰、精准的利用，这也将大大提升财政支出绩效评价的工作效率和实施效果。

第二，探索以更科学的评价制度推进财政体制改革。推行财政支出绩效评价的工作，最终目的不仅是关注财政支出取得的成效，以及为管理及决策提供的信息，更为关键的是能够依据评价结论，通过采取适当和必要的措施，提高财政支出管理水平，有效地控制财政投资风险。而且评价结果也是合理安排下年度预算的重要依据。另外，通过将政府目标管理考核与绩效评价相结合，能够逐步建立起财政支出绩效激励与约束机制，并以此为基础探索建立绩效评价信息的公开制度，强化财政支出的透明度，提高依法行政水平。最终实现财税体制改革在更高层面上实现突破。另外，在财税体制改革的进程中，也有助于财政支出绩效评价工作更好地开展，并有利于尽快将整个预算过程纳入科学的绩效评价体系中。长期以来，在我国各级财政支出安排过程中，虽然逐步建立了项目前期论证、投资评审、招标采购等审批执行程序，调整支出结构、保障重点需要也取得了一定成效，但以资金使用绩效为导向的财政预算管理体制尚未完全建立起来，"重分配、轻管理，重支出、轻绩效"的问题没有得到根本性解决。随着公共财政改革的逐步深化，社会公众对政府提供公共服务的科学性、有效性和规范性要求越来越高，对绩效管理工作形成了新的压力。因此，我们应该把握住财政支出绩效评价改革这个契机，加快财税体制的全面改革，助力国家财政资金提质增效。

第三，探索预算绩效管理科研成果应用的顶层设计。由中国财政学会绩效管理研究专业委员会负责的《预算绩效指标体系建设》课题，已经顺利进行并形成了第一轮研究成果。该课题在财政部主要领导的指示下，在财政部预算司的具体指导和帮助下，在农业部、林业部、水利部、科技部、教育部国家五部委的大力协助下，建立了完善的预算绩效指标管理体系。每一类预算项目都有对应的产出评价指标、效果评价指标、满意度评价指标等。通过该指标体系的应用，在各部门预算编报的过程中，可以按"部门职责—工作活动—预算项目"的管理框架编报部门整体支出和具体项目支出的绩效目标，报同级财政部门审核，实现整个部门绩效目标申报与编制部门预算同步编制，同步报送。为实现预算编制、预算执行、绩效评价及结果应用的闭环管理机制奠定了基础。目前一些中央转移支付项目已经采用此预算指标体系的内容作为随同专项资金下达的绩效目标。对于此类成熟的有实用价值的预算绩效管理类科研成果，要积极总结应用经验，通过原研究团队的持续完善、提炼和优化，逐步推广到全国各地区的财政部门，全面提升预算绩效管理的效率和质量。

四、加快培育和发展预算绩效管理专业人才队伍

财政支出绩效评价是一项技术性较强的工作，但目前我国在推行该项改革的过程中，明显感觉到专业技术人员不足、相关技术路径有待于完善等相关问题，因此，有必要加快人才梯队的建设，目前看可以从以下几个方面着手。

第一，组织专家团队开展预算绩效专题培训。在推进财政支出绩效评价的过程中，可以通过三个层次的人力资源管理工作来培养应用型人才。首先，在绩效评价过程中，通过专家指导操作人员、操作人员传帮带、各部门熟练的操作人员充当教练工作，快速带出一批可以即时进入绩效评价工作岗位的工作者。其次，在绩效评价工作推进的过程中，还需要由财政部门专业的绩效管理人员对各单位、各部门的绩效评价负责人进行辅导，帮助其快速了解相关工作流程，思考相关工作的内涵，熟悉具体业务操作程序。最后，由管理部门的相关专家或操作部门的负责人员一起，定期举办相关培训工作，让更多的预算、财务管理工作者加入绩效评价改革的队伍中来。

第二，在科研院所开设财政绩效预算管理专业。财政支出绩效评价是一类新的改革任务，在改革中不仅需要操作者参与进来，也需要研究者进行深入的理论

研究和探讨，但实际上理论研究力量不足也成为该项工作在推进过程中的障碍。如果能够在科研院所开设相关专业，或起码在已有的财政学、财务管理、政策性金融、会计学等学科中增设财政绩效预算管理的主干课程，则有助于在人才培养的过程中形成扎实的基础研究梯队与务实的实际操作团队，这对于该项改革工作的推进一定是大有裨益的。

第三，在相关领域培育一批领军人才。在人才梯队的建设过程中，仅有一般性的理论研究者和实际操作者还是不够的，应以财政部预算和研究部门牵头，用几年时间培育一批领军人才，这些人才熟悉财政支出绩效管理工作的全过程，他们不仅是理论方面的专家，而且也是实践操作方面的佼佼者，这批领军人才在推进该项改革的同时，有助于在该领域形成一个良性的人才生态空间。

五、统一规范预算绩效管理信息系统建设

通过预算绩效管理信息化建设，将建立覆盖财政支出绩效全业务，涵盖政府机构、第三方机构、专家、监督机构、公众等预算绩效业务关联方的预算绩效管理信息系统，将绩效管理理念、评价结果渗透到包括预算决策、预算编制、预算执行、财政决算、财政监督等财政业务管理的各个环节中，将实现对与财政支出有关的各类财政数据、评价反馈数据等各方面数据的统计和分析，最终形成财政"绩效监督"，有利于保证财政管理的有效性、科学性、公信力，有利于强化政府的服务理念。

目前，国内金财工程建设成就瞩目，已经实现了对预算编制、预算执行、行政办公等各财政工作主要环节的覆盖。预算绩效管理信息系统是目前财政信息化工作中少有的短板。预算绩效管理信息系统发展缓慢的一个重要原因是预算绩效管理工作需要的大量数据不属于财政部门的管控范围，虽然各地区金财工程建立了完善的财政信息化基础设施、性能优异的财政管理软件系统，但预算绩效管理信息系统只是实现手工处理流程的翻版和自动化，各个环节的大量数据都需要现场收集、人工录入。绩效评价工作中有大量的原始凭证、文件等佐证材料，有大量的项目现场图片、视频资料等非结构化数据，这都增加了预算绩效管理信息系统的深层次应用难度。

目前，财政信息化建设的一个重要价值是提高工作效率，而财政数据价值、财政监督价值、财政决策价值还没有得到全面挖掘和发挥，预算绩效管理信息系

统建设将直接推动财政大数据发展，带动智慧财政、电子财政的发展，促进财政决策支持系统的发展和应用，预算绩效管理信息系统的不断发展成熟将使财政信息化的价值和作用得到指数级增长，预算绩效管理信息系统建设将是未来财政信息化建设的关注点。

加强信息技术在预算绩效管理工作中的应用，全面提升预算绩效管理信息化水平是大势所趋。在预算绩效管理信息系统建设中需要重点关注的几个难点为以下几个方面。

（1）逐步实现基于财政大数据的智能预算绩效管理。目前，智能化已经是社会发展的重要趋势，如一些制造业已经实现全生产线自动化作业，大型企业财务部门已经引入财务机器人，实现电子发票验证、往来款核销、财务审核、财务记账自动化，一些公安部门已经引入人工智能平台实现辅助刑事案件侦破。预算绩效管理涉及全社会的方方面面，涉及的数据量也非常庞大。随着预算绩效管理的全面建设和推进，预算绩效管理工作量大增，如何高效率、客观准确地完成预算绩效管理工作，需要创新思路。在预算绩效管理工作中逐步引入智能化技术和设备，在财政大数据的基础上，实现大部分预算绩效管理工作自动化、智能化，实现预算绩效管理工作的实时化，为智慧财政、数字财政建设奠定基础。

（2）逐步建立预算绩效风险预警系统。财政资金在产业发展、产业链成熟等方面起到重要的引导作用，但如果不能掌握产业链的整体情况，财政资金的投入则不能取得预期效益。在进行相关财政资金补助支持前，基于财政大数据进行预算项目事前绩效评估，结合各地区产业链的各环节投入情况、产业市场发展情况、未来产业发展趋势预测等数据，进行综合绩效评估，如果评估结果不理想，就可以调整预算投入方向，以有限的预算资金发挥最大的效益，对产业链的发展也起到积极的作用。目前，国内财政系统开展了大量预算项目事前绩效评估和支出后绩效评价工作，但在预算绩效风险预警方面还处于空白，预算绩效风险预警系统建设等问题还需要进一步深入研究。

（3）逐步构建预算绩效大数据分析应用系统。随着预算绩效管理工作的深入推进，财政大数据建设工作力度将逐步加大，财政大数据的成熟度将上一个新台阶。以财政大数据作为基础，对预算编制、政策和预算执行、项目过程管理和评估环节的结构性等问题进行分析，以绩效导向分析其中差异与合理性，通过绩效专家服务系统、预算绩效指标与评价标准库系统等一系列智能辅助支持系统，为领导决策提供便捷、有力帮助，推进预算绩效管理工作不断发展和创新，推进财政决策支持系统的发展。

　　总之,预算绩效改革的重点在于建立一个与政府其他方面的制度体系互相配合的新制度,这是一个长期的过程,必须尊重预算制度发展变迁的客观规律。中国预算改革也必将坚持继续建立健全预算绩效管理体系,不断进行理论与实践创新,最终实现结果导向的绩效预算,建立现代预算制度,助力成就现代财政逻辑框架。